경성제국대학
부속도서관
장서의 성격과 활용

식민주의와 총동원체제

엮은이

진필수(陳泌秀, Jin, Pilsu) 서울대 일본연구소 HK연구교수, 서울대 인류학박사. 그동안 지은 책과 논문으로『오키나와 문화론-미군기지와 촌락공동체』,「이민과 고향-오키나와 킨정에서의 주민과 이민자의 교류」,「일본 신도시에 있어 고령화 문제와 지역조직의 양상 및 역할-오사카 센리뉴타운의 사례」,「월북인류학자 한흥수의『독립』기고문 소개」등이 있음.

글쓴이

오창현(吳昌炫, Oh, Changhyun) 국립민속박물관 학예연구사, 서울대 인류학박사. 최근 연구로는「19~21세기 한국사회의 변동과 남서연안부의 지역축제-근대 민족주의, 소비주의, 그리고 지역성을 중심으로」,「물고기, 어업 기술, 민족 관습-식민지기 어업경제 구조에 대한 경제인류학적 연구」,「20세기 선반 일본 안강망 기술의 진파와 조선 이민의 수용 과정-서해 조기 어업이 특징과 안강망 기술의 문화적 변용」등이 있음.

김순주(金順珠, Kim, Sunju) 한국학중앙연구원 선임연구원, 한국학중앙연구원 문학박사(인류학전공). 그동안 지은 책과 논문으로『농아시아 관광의 상호시선』(공저),「'영화 시장'으로서 식민지 조선」등이 있음.

문혜진(文慧珍, Mun, Heajin) 동서대 일본연구센터 연구원, 한양대 문화인류학박사, 그동안 지은 논문으로「1910~1925년 경성신사의 제사-경성신사 제전과 제신의 식민지적 성격을 중심으로」,「1930~1945년 신궁대마의 배포와 가정제사」,「식민지 조선의 국폐소사에 관한 일고찰」등이 있음.

김광식(金廣植, Kim, Kwangsik) 일본학술진흥회 특별연구원, 동경학예대 학술박사. 그동안 지은 책으로『식민지 조선과 근대설화』,『植民地期における日本語朝鮮説話集の研究』등이 있음.

경성제국대학 부속도서관
장서의 성격과 활용   식민주의와 총동원체제

초판 1쇄 발행 2017년 8월 25일
초판 2쇄 발행 2018년 9월 30일
엮은이 진필수 **펴낸이** 박성모 **펴낸곳** 소명출판 **출판등록** 제13-522호
주소 06643 서울시 서초구 서초중앙로6길 15, 1층
전화 02-585-7840 **팩스** 02-585-7848 **전자우편** somyungbooks@daum.net **홈페이지** www.somyong.co.kr

값 24,000원 ⓒ 진필수, 2017
ISBN 979-11-5905-212-5 93020

경성제국대학 장서 연구 | 1 |

경성제국대학 부속도서관 장서의 성격과 활용

식민주의와 총동원체제

진필수 엮음

LIBRARY TELLS COLONIALISM
AND TOTAL MOBILIZATION:
A CASE OF KEIJO IMPERIAL UNIVERSITY

소명출판

일러두기

이 책에는 두 종류의 문헌자료가 등장하고 있다.

한 가지는 본 연구의 분석대상으로서 경성제국대학 도서관에 소장되어 있었던 문헌들이다.

다른 한 가지는 도서관 문헌들의 가치와 연구사적 의의를 검토하기 위해 동원한 참고문헌이다.

후자의 참고문헌은 각 장마다 참고문헌으로 정리되어 있고,

전자의 분석대상 문헌은 각주에만 서지사항이 표시되어 있다.

    이 책은 2014년 6월 2일부터 12월 1일까지 수행된 서울대학교 중앙도서관 연구용역과제, '경성제대 컬렉션 및 근대 기록 문화재 보존관리 사업'의 일환으로서, "부속도서관 장서분석을 통한 경성제국대학 학지의 연구—식민지에서 점령지로"의 연구 성과를 발전시켜 정리한 것이다. 이 연구과제의 목적은 서울대학교 중앙도서관 고문헌자료실에 보존되고 있는 경성제국대학 부속도서관 장서의 문헌적 가치를 재발견하고, 새로운 세대의 연구자들에게 이 장서가 더 많이 활용될 수 있도록 하는 방안을 모색하는 데 있었다. 총 7명으로 구성된 우리 연구팀은 여러 분야의 문헌들을 개괄적으로 혹은 세밀하게 검토하면서 이 장서가 어떻게 구성되어 있고 어떤 특질을 가지고 있으며 어떤 활용가치가 있는가를 파악하는 데 많은 노력을 기울였다. 이 책은 이러한 노력의 결실이며, 향후 관련 분야에서 새롭고 창의적인 연구를 생성시키는 밑거름이 될 수 있기를 기대한다.

    경성제국대학 장서는 일제강점기의 유산이다. 그리고 장서의 상당수가 일본어 문헌으로 되어 있다. 1990년대까지 이 장서는 교수 및 대학원생에게 개가식으로 이용된 적도 있었지만, 이후 장서의 보존 문제가 중시되면서 폐가식으로 전환되었고 이용자들이 문헌을 열람하기 위해서는 문헌의 서지사항을 미리 알고 있거나 도서관 홈페이지에서 검색해야만 하는 상황이 되었다. 이외에도 장서의 이용이 갈수록 줄어드는 것은 영미권 이론과 문헌에 대한 의존도가 심화되어온 한국학계의 현실과도 무관하지 않다.

한반도의 지난 역사를 되돌아보면서 한국의 인문학, 사회과학, 자연과학이 어떤 방식으로 지식을 축적하면서 발전되어 왔는지를 생각할 때가 있다. 경성제국대학 장서 연구는 필연적으로 이 생각을 하게 만든다. 그리고 그 과정에서 근대학문의 형성기가 얼마나 중요했던가를 인식하게 만든다. 문학, 사학, 법학, 사회학, 인류학, 의학 등 각 학문분야의 학문사를 연구한 선학들은 이 점을 통감했을 것이고, 경성제국대학 장서의 의미를 가장 잘 알고 있었을 것이며, 이 장서 속의 자료에 많이 의존했을 것이다. 지식 축적의 역사를 조선시대에서 곧바로 현대 한국으로 연결시킬 수는 없다. 일제강점기를 전후한 짧지 않은 기간의 지식축적의 역사를 무시할 수는 없다. 특히 문헌자료의 측면에서 그렇다. 경성제국대학 장서와 같이 일제강점기에 생성된 많은 문헌자료를 도외시한다면, 소위 근대 자료의 결핍 속에서 근대에 관해 논해야 하는 상황이 되고 말 것이다. 과거 일본제국의 영역 안에서 수많은 주체들에 의해 생성된 문헌자료들은 일본인들만의 지적 재산도 아니고, 그들의 역사적 과오를 나타내는 증거로만 생각될 수는 없다. 이들은 한국의 근대, 식민지 조선의 근대를 좀 더 넓은 시야에서 이해하기 위해 불가피하게 대면해야 하는 자료들이다.

필자가 대학원에서 수학 중이던 1990년대 후반 한국학계에서도 에드워드 사이드의 저서 『오리엔탈리즘』이 큰 주목을 받았다. 당시 필자는 대학원 선후배들과 이 책에 관해 토론하면서 식민지에 대한 교묘한 지배 논리와 서구 중심의 지식 형성 메커니즘을 꿰뚫어내는 사이드의 이론적 창의성에 큰 감화를 받았다. 그러나 책을 읽으면서도 그처럼 신선하고 현란한 논의가 나오기까지 서구제국이 동양 각지에 관해 수백 년 동안 축적해 놓은 자료의 방대함과 깊이에 대해서는 관심을 갖지 못했다. 또한 서구 인류학에서 나온 아프리카, 남아메리카, 아시아, 태평양제도 각지에 대한 훌륭한 민족지들도 식민주의의 역사와 상황을 선지식으로 전제하거나 방대한 식민지 자료를 구사한 경우가 많지만, 한국의 인류학도로서 필자는 그 자료의 폭과 깊이를 헤아리기 힘들었다. 그래서 그 훌륭한 책들이 이해하기 힘들고, 충분히 이해되지 않았는지도 모른다.

지금 생각해 보면, 사이드의 『오리엔탈리즘』은 식민지 자료의 성격과 경향성을 파악하고 해석의 관점을 얻는 데 큰 도움이 된다. 그러나 그것은 훌륭한 서구인 학자가 발견한 설득력 있고, 식민주의 제국의 시선을 이해하는 데 유용한 하나의 관점일 뿐이라고 생각할 수도 있다. 똑같은 식민지 자료에 대해 그 식민지 출신 연구자나 지식인은 다른 의미나 해석을 제시하면서 즐거움을 느낄 수도 있다. 고대 이집트에 대한 자료가 영국 대영박물관에 있거나 일제강점기 경성에 관한 문헌자료가 일본 어딘가에 있다고 해서 분노하기보다는 사실자료의 가치와 중요성을 다각도로 논의하는 것이 필요하다. 식민지 출신 연구자가 겪는 어려움은 언어의 장벽과 식민지자료 서고에 대한 접근성이다. 주변에서 근대 문헌자료를 자주 접하지 않기 때문에 자료의 독창성이나 중요성보다는 이론의 창의성을 인식하는 데 익숙해지는 경향이 생기는지도 모른다. 한국학계의 여러 학문분야가 이론 구성의 정교함 이상으로 자료 구성의 풍부함과 해석의 타당성을 좀 더 중시하는 방향으로 흘러 왔다면, 일본, 일본인에 대한 선입견을 넘어 근대 문헌자료에 대한 주체적인 활용이 충분히 논의되어 왔다면, 이 책의 출간이나 연구과제는 필요하지 않았을 것이다.

이 책은 경성제국대학 장서에 대한 해설적 연구를 시도한 것이다. 경성제국대학 장서의 구성과 그 특징을 분석하고, 이 장서를 토대로 어떠한 연구가 가능한지를 예시한 것이다. 도서관 장서에 대한 해설적 연구라고 하면, 대개 특정 학문분야나 주제의 도서들을 선정하여 한 권 한 권에 대해 해제를 하는 것이라고 생각되고 있다. 그러나 이 책의 공동연구자들은 이러한 방식만으로는 불충분하다고 생각하였다. 처음 이 연구를 계획할 때 공동연구자들은 세 가지 차원의 장서 분석이 필요하다는 데 공감하였다. 경성제국대학 장서를 개별, 부분, 전체의 세 차원에서 분석함으로써 그 특징과 가치를 좀 더 풍부하게 펼쳐보여야 한다고 생각하게 되었다.

우선 경성제국대학 장서의 전체적 성격을 이해하는 데 있어 이 책은 식민주의와 총동원체제라는 두 가지 관점을 제시하였다. 식민지 조선 최고의 관학기관이었던 경성제국대학의 도서관 장서에 식민주의의 지식체계가 체현되어 있을 것이라는 것은 새로운 연구를 요하지 않는 것으로 생각될 것이다. 또한 일본제국의 식민주의는 매우 오래되고 방대한 연구주제여서 독창적 연구 성과가 도출되기 어렵다. 이 책은 경성제국대학 장서를 분석대상으로 하여 그 자료들이 인도해 주는 길을 따라가면서 일제 식민주의의 실상을 펼쳐 보이는 데 의의가 있다. 이 책에 나타난 연구결과는 식민주의가 얼마나 포괄적인 지식체계를 필요로 하는 정책, 이념, 사회현상인가를 잘 보여주고 있고, 근래 일제 식민주의 연구가 얼마나 협소한 범위로 왜소화되고 있는가를 반증하고 있다. 이 책에 제시된 여러 분야의 장서 정보는 식민주의 연구의 새로운 영역과 주제를 개발하는 데 수많은 단서를 내포하고 있다.

경성제국대학 장서를 활용하려는 사람들이 유념해야 하는 또 하나의 관점으로서, 필자는 총동원체제라는 용어를 제시하였다. 경성제국대학이 운영된 1926~45년은 일본에서 '15년 전쟁'이라 일컬어지는 전쟁의 기간과 상당 부분 겹친다. 특히 1937년 7월 중일전쟁 이후 경성제대의 상황은 일본제국 전체가 전쟁수행을 위해 움직였던 국가총동원의 사회체제와 분리시켜서 생각할 수가 없다. 전쟁수행을 위한 동원의 지식체계는 식민주의의 지식체계라는 토대 위에서 형성되었지만, 그것과는 질적으로 상이한 것이었다. 경성제국대학 장서에는 전쟁수행이나 군사 목적과 연관된 도서들이 아주 많다. 해군성과 육군성을 비롯해 군사관계 기관 및 단체가 기증한 문헌들도 있고, 각계각층 지식인 및 연구자들이 '학문보국'을 위해 발간한 문헌들이 모든 분야에 걸쳐 있다. 식민주의라는 하나의 시선만을 가지고 경성제국대학 장서를 바라보면, 많은 문헌들이 이 시선에 걸리지 않고 빠져나가 버린다. 1930년대 중반 이후에 발간된 문헌들은 총동원체제라는 또 하나의 시선을 가졌을 때 그 의미와 가치가 생생하게 살아나는 경우가 많이 있을 것이다. 그리고 이 시선이 경성제국대학 장서의 활용성을 크게 제고할 것이다. 1930년대 이후 전쟁의 시대적 상황을 표현하는 용어로서 이 책에서는 총동원체제 외에도, 각 장의 필자에 따라 전시체제, 점령지주의,

총력전체제 등이 혼용되고 있다.

다음으로 경성제국대학 장서를 부분별로 나누어 그 구성과 특징을 검토하기 위해 이 책의 공동연구자들은 13개 분야를 선정하였다. 1979년 발간된 서울대학교 도서관 [구장서분류표]의 분류 용어에 따라, 군사, 행정, 식민, 산업, 교통, 지지, 풍속, 인류학·인종학, 종교, 윤리학, 사회, 구비문학, 교육의 13개 항목을 선정하였다. 이 중에서 최종적 연구 성과를 얻게 된 것은 식민, 군사, 산업, 수산업, 지지, 신도, 윤리, 구비문학의 8개 항목이며, 이 항목들은 이 책의 2장에서 7장을 구성하고 있다. 각 항목의 장서 분석은 공동연구자 개개인이 자유로운 연구가정을 설정하여 진행하였다. 그 결과는 2014년 12월 이 연구용역과제의 최종보고서로 제출하였다. 이후 보고서 내용을 발전시킨 6편의 논문이 국내학술지에 게재되었으며, 그 내역은 다음과 같다.

제2장 : 진필수, 「경성제국대학 부속도서관 장서구성에 대한 일고찰－'식민' 항목의 경우」, 『사회와역사』 제105집, 2015.3, 147～208쪽.

제3장 : 진필수, 「일제 총동원체제의 기원과 특징에 대한 재검토 : 전쟁인류학의 모색」, 『비교문화연구』 제22집 2호, 2016.7, 425～473쪽.

제4장 : 오창현, 「일본 제국의 통치합리성으로서 학문지식의 진화－경성제대 도서관 장서(산업 및 수산업편)의 시계열적 분석」, 『동방학지』 178집, 2017.3, 133～169쪽.

제5장 : 김순주, 「경성제국대학 부속도서관 지지(地誌) 장서 연구－일본 및 일본의 해외 식민지 지지를 중심으로」, 『사회와역사』 제114집, 2017.6, 한국사회사학회, 131～173쪽.

제6장 : 문혜진, 「일제 식민지기 국가신도의 국민도덕화 담론에 관한 소고(小考)」, 『정신문화연구』 제38권 제4호, 2015, 180~205쪽.

제7장 : 김광식, 「경성제국대학 부속도서관의 문학부 계열 장서 분석─법문학부 민요조사와의 관련 양상을 중심으로」, 『연민학지』 25집, 2016.2, 211~244쪽.

2장에서 7장까지 여섯 장의 내용은 장서 분석의 방법에 있어 일정한 통일성을 가지고 있다. 각 항목에 있는 장서를 가능한 한 폭넓게 검토한 후 개별도서나 도서군의 의의 및 가치를 설명하기 위해 관련된 연구사를 찾아보는 작업을 하였다. 역으로 연구사를 숙지한 상태에서 항목 내의 도서를 선별해낸 경우도 있었지만, 기존 연구사에 의해 선입견을 갖지 않도록 노력하였다. 각 항목의 분석 내용에 있어서는 각 연구자의 관심사와 전문성이 충분히 드러나도록 하였으며, 이에 따라 다양한 층위의 분석 결과를 얻게 되었다. 어떤 장에서는 연구자가 설정한 연구가정을 입증해 가는 과정 속에서 개별도서의 내용, 의의, 가치를 소개하고 있으며, 어떤 장에서는 항목 내의 도서군을 일정한 기준에 따라 분류한 후 연구자의 관심사 및 전문성에 따라 개별도서를 선별적으로 소개하고 있다.

식민주의 및 총동원체제와 연관된 문헌자료는, 각 장에 따라 편차는 있지만 공통된 요소로 나타나고 있다. 각 장의 내용은 경성제대의 학지와 도서관 장서에 내포되어 있던 식민주의와 총동원체제의 양상을 재구성하는 데 상호보완성을 드러내고 있다.

이번 공동연구의 최초 연구계획에서는 경성제대의 운영 상황과 구성원 활동 양상, 특히 교수들의 연구 업적과 항목별 장서 구성의 연관성을 추적하는 작업도 논의되었다. 그 결과 『경성제국대학학보』에 등장한 인명을 색인으로 정리한 경성제국대학인명록을 만들 수 있었다. 그러나 도서관 장서 구성을 경성제대의 제도 및 구성원 활동과 관련시켜서 분석하는 작업은 충분한 시간과 자료를 가지고 진행되지 못했다. 향후 이 작업이 만족할 만한 수준에 이르렀을 때 경성제국대학인명록도 별도의 단행본으로 출간할 생각이다.

각 항목의 장서 구성을 다른 도서관의 그것과 비교하는 작업도 당초 연구계획에 포함되어 있었다. 가령 경성제국대학 도서관의 식민, 군사, 산업, 수산업, 지지, 신도, 윤리, 구비문학 항목에 어떤 도서들이 있는지를 검토한 후 다른 제국대학 도서관에는 이와 유사한 항목의 도서들이 어느 정도로 구비되어 있거나 구비되어 있지 않은지 확인하는 작업을 해 볼 수 있다. 즉 경성제국대학 장서가 어떤 분야에 특화되어 있는지를 알아볼 필요도 있다. 연구 기간의 한계로 이에 관한 연구도 본격적으로 수행되지 못했지만, 제1장 도서목록과 도서원부가 이러한 연구 관심을 미흡하나마 충족시키고자 한 것이다.

마지막으로 개별도서의 분석에 있어서는 항목별 장서 분석에서 파악된 중요도서와 공동연구의 취지나 연구자의 전문성에 잘 부합되는 도서에 대한 해제 작업을 추진하였다. 도서의 목차와 내용을 간략히 소개하는 데 그치지 않고, 당해 도서의 연구사적 의의와 관련 문헌을 함께 소개하는 전문가용 해제를 시도하였다. 이 작업의 성과는 향후 별도의 단행본으로 출간하는 것을 검토하고 있다.

이 책은 과거 경성제국대학 도서관에 소장되어 있던 분야별 장서의 구성을 보여주고, 각각의 도서들이 어떻게 활용될 수 있는가를 생각하게 하는 일종의 안내서 내지 권학서라고 할 수 있다. 이미 잘 알려진 몇권의 책을 골라내어 해제를 단 것이 아니라, 여러 항목의 문헌자료들을 끄집어내어 늘어놓고 이를 토대로 어떤 연구들이 가능하고 어떤 방향의 연구가 심화되어야 할지 한국의 독자와 학계에 질문을 던지고 예시해본 것이다. 이 책의 내용이 독자들의 교양을 늘리는 데 혹은 연구의 단서나 지침을 마련하는 데 조금이나마 도움이 되기를 기대할 따름이다.

2017.7.14
진필수 씀

제1장

도서목록과 도서원부

진필수

1. 일제시대 도서관들의 분류와 비교의 의의

경성제대 도서관 장서의 특징을 논의하는 데는 여러 가지 방법이 있을 수 있다. 그 중에서도 경성제대 도서관 장서의 구성을 당대 다른 도서관들의 장서 구성과 비교하는 것이 하나의 방법이 될 수 있다. 1926년 경성제국대학의 운영이 시작될 당시 식민지 조선과 일본제국 각지에는 이미 많은 도서관이 설립되어 있었고, 그 후에도 각종 도서관의 설립이 지속되었다. 1901년부터 1945년까지 일제강점기를 거치는 동안 조선에 세워진 도서관은 355개로 집계된 적이 있다.[1] 김남석은 식민지 조선의 도서관을 일본인이 설립한 식민지교화 도서관과 조선인이 설립한 민족계몽 도서관의 두 유형으로 나누고, 전자를 일본인 개인 설립 도서관, 행정기관 설립 도서관, 교육기관 설립 도서관, 향교재산 설

---

1   김남석, 『일제치하 도서관과 사회교육』, 태일사, 2010, 56쪽.

립 도서관으로, 후자를 조선인 개인 설립 도서관, 지역유지 설립 도서관, 청년단체 설립 도서관, 종교단체 설립 도서관으로 분류한 바 있다.[2]

1938년 3월 일본 청년도서관원연맹青年圖書館員聯盟이 발간한 자료에서는 조선총독부 도서관朝鮮總督府圖書館과 철도도서관鐵道圖書館의 2개 관립도서관을 비롯하여 13개 부립府立도서관, 2개 읍립邑立도서관, 2개 사립私立도서관의 실태가 보고된 바 있다.[3] 1925년 개관한 조선총독부 도서관은 조사시점인 1937년 3월 말 현재 199,032건의 장서를 보유하고 있었고, 1년 열람인원 341,716명, 1일 평균 열람인원 949명을 기록하였다. 이 도서관의 장서 수는 1945년 폐관 시점에서 284,443건에 이르렀다.[4] 1920년 만철경성도서관滿鐵京城圖書館으로 개관하여 1925년 개칭한 철도도서관은 이 조사 당시 145,227건의 장서를 보유하고 있었고, 1년 열람인원은 173,815명에 달했다. 이 도서관의 장서 수는 1941년 185,106건에 이르렀다.[5]

부립도서관 중에는 경성부립도서관京城府立圖書館, 평양부립도서관平壤府立圖書館, 부산부립도서관釜山府立圖書館, 대구부립도서관大邱府立圖書館 등에 관한 자료들이 서울대학교 중앙도서관 고문헌자료실에 소장되어 있

---

2   위의 책, 91~253쪽.
3   天野敬太郎·森清 共編, 『圖書館總覽 : 昭和十三年版』, 靑年圖書館員聯盟, 1938, 86-87쪽.
4   조선총독부도서관에 관한 문헌으로 서울대학교 중앙도서관 고문헌자료실에 다음과 같은 것들이 소장되어 있다. 朝鮮總督府圖書館 編, 『新書部分類目錄 : 昭和12年1月1日現在』, 京城 : 朝鮮總督府圖書館, 1937~38; 朝鮮總督府圖書館 編, 『文獻報國』, 京城 : 朝鮮總督府圖書館, 1935~43. 주지하는 바와 같이 조선총독부도서관은 해방 후 국립중앙도서관으로 전환되었다.
5   철도도서관에 관한 문헌으로 다음과 같은 것들이 소장되어 있다. 鐵道圖書館 編, 『(鐵道圖書館)藏書目錄』第一卷, 京城 : 鐵道圖書館, 1929; 鐵道圖書館 編, 『鐵道圖書館藏書目錄 : 昭和12年』, 京城 : 鐵道圖書館, 1937; 朝鮮總督府鐵道局鐵道圖書館 編, 『鐵道圖書館藏書目錄 : 技術關係之部 昭和十五年三月末現在』, 京城 : 鐵道圖書館, 1941; 鐵道圖書館, 『鐵道圖書館案內』, 京城 : 鐵道圖書館, 1934.

다. 1922년 명동에서 개관한 경성부립도서관은 1926년 종로분관을 설치하기도 했고, 1935년 시점에서 본관과 분관을 합쳐 6만여 건의 장서를 보유하고 있었다.[6] 이 조사시점에서는 70,501건의 장서를 보유한 것으로 나타났고, 1년 열람인원 619,772명, 1일 평균 1,806명은 조선총독부도서관을 능가하는 것이었다. 1928년 8월 설립된 평양부립도서관은 조사 당시 22,419건의 장서를 보유하고 있었고, 1년 열람인원 97,042건, 1일 평균인원 289명이었다.[7] 1901년 설립된 부산부립도서관은 조사 당시 14,192건의 장서를 보유하고 있었고, 1년 열람인원 21,025명, 1일 평균인원 72명을 기록했다.[8] 1919년 개관한 대구부립도서관은 조사 당시 13,631건의 장서를 보유하고 있었고, 1년 열람인원 34,607명, 1일 평균인원 107명을 기록했다. 이 도서관의 장서 수는 1941년 15,526건에 이르렀다.

경성제대 도서관은 상기한 조사시점에서 449,833건의 장서를 보유하고 있었고, 1년 열람인원은 30,104명, 1일 평균인원은 148명이었다. 이 도서관은 1931년 시점에서 이미 351,388건의 장서를 보유하고

---

6   경성부립도서관에 관한 문헌으로 다음과 같은 것들이 소장되어 있다. 京城府立圖書館 編, 『(創立10週年を迎へたる)京城府立圖書館』, 京城 : 京城府立圖書館, 1932; 京城府立圖書館 編, 『京城府立圖書館概要』, 京城 : 京城府立圖書館, 1935; 京城府立圖書館, 『京城府立圖書館成績槪要』, 京城 : 京城府立圖書館, 1932~1933; 京城府立圖書館 編, 『(京城府立圖書館)圖書目錄 : 昭和8年7月31日現在』, 京城 : 京城府立圖書館, 1934; 京城府立圖書館, 『京城府立圖書館報』, 京城 : 京城府立圖書館, 1936.

7   평양부립도서관에 관한 문헌으로는 다음과 같은 것들이 소장되어 있다. 平壤府立圖書館, 『平壤府立圖書館要覽』, 平壤 : 平壤府立圖書館, 1931~35; 平壤府立圖書館 編, 『平壤府立圖書館一覽 : 昭和12年4月』, 平壤 : 平壤府立圖書館, 1937; 平壤府立圖書館 編, 『平壤府立圖書館增加圖書目錄』, 平壤 : 1934~38.

8   부산부립도서관에 관한 문헌으로는 다음과 같은 것들이 소장되어 있다. 釜山府立圖書館 編, 『圖書分類目錄』, 釜山 : 釜山府立圖書館, 1941; 釜山府立圖書館 編, 『釜山府立圖書館圖書分類目錄 : 昭和14年 6月末現在』, 釜山 : 釜山府立圖書館, 1941.

도서관명	설립년월	종류	장서책수	열람인원	
				1년총수	1일평균
경성제국대학부속도서관	1926.4	제대부설	449,833	30,104	148
조선총독부도서관	1923.11	관립	199,032	341,716	949
철도도서관	1920.7	관립	145,727	173,815	482
경성부립도서관	1921.10	부립	70,501	619,772	1,806
대구부립도서관	1919.5	부립	13,631	34,607	107
부산부립도서관	1901.10	부립	14,192	21,025	72
평양부립도서관	1928.8	부립	22,419	97,042	289

있었고, 1945년 해방 후 경성대학으로 전환되는 시점에서는 55만 건에 달하는 장서를 보유하고 있었다. 경성제대 도서관은 장서의 규모에서 식민지 조선 최대의 도서관이었다. 특히 서양서의 비중이 매우 높아서 1931년 시점에서 87,973건, 1937년 3월말 130,188건, 경성대학으로 전환하는 시점에서 14만여 건이 소장되어 있었다. 상기한 55만 건 중에는 조선총독부가 1928~30년 경성제대 도서관으로 보관전환한 조선시대 규장각 도서 16만여 건이 포함되어 있었고,[10] 이를 제외한 동양서는 27만 5천 건에 달했다.[11] 당시 조선의 사립전문학교인 연희전문학교, 보성전문학교, 이화여자전문학교의 도서관 장서가 1935년 시점에서 1만 6천 건에서 4만 9천 건이었던 것만 보더라도 경성제대 도서관의 독보적 위상을 확인할 수 있다.[12]

---

9 天野敬太郎·森清, 앞의 책, 86~87쪽.

10 이에 관한 좀 더 자세한 조사 결과는 이 책의 5장을 참조하기 바란다.

11 1945년 8월 경성제국대학이 폐교되고 경성대학으로 전환되는 시기에 도서 수집 및 관리에 적지 않은 혼란이 있었기 때문에 이 시기의 서양서와 동양서의 수치는 개략적인 것을 제시하는 것이 타당하다.

경성제대 도서관의 위상은 식민지 조선을 넘어 일본제국 전체 속에서 파악될 필요가 있다. 〈표 2〉는 일본제국 내의 도서관 중에서 1937년 3월말 현재 10만 권 이상의 장서를 보유한 38개 도서관을 나열한 것이다. 경성제대 도서관은 이 중에서도 다섯 번째로 많은 장서를 보유하고 있었다. 화한서만을 놓고 보면, 도쿄와 교토의 2개 제국대학과 일제의 국립도서관이었던 제국도서관 다음으로 많은 장서를 보유하고 있었다. 경성제대 도서관은 식민지 조선뿐만 아니라, 일본제국을 대표하는 하나의 도서관으로서 다른 도서관들에 비견될 만한 것이었다.

〈표 2〉에는 당시 8개 제국대학 부속도서관이 모두 포함되어 있다. 경성제대 도서관의 위상과 특징은 우선 다른 제국대학 도서관들과 비교되어야 할 부분이 적지 않다.[13] 제국대학 도서관들은 장서 규모에서

---

12 정근식, 「경성제국대학 부속도서관의 형성과 운영 – 제도이식론과 권력의 재현 사이에서」, 『사회와역사』 제87집, 2010, 40, 56, 58쪽.

13 일본제국에는 9개 제국대학이 설립된 바 있다. 1886년 구 도쿄대학을 개편한 제국대학(帝國大學)이 처음 설치되었고, 1897년 교토제국대학이 설립되면서 기존 제국대학은 도쿄제국대학으로 개칭되었다. 1907년에는 센다이에 도호쿠제국대학이 설립되었고, 홋카이도에 있던 삿포로농학교가 도호쿠제국대학 농과대학으로 통합되었다. 1910~11년에는 교토제국대학의 일부였던 후쿠오카의과대학과 신설 공과대학으로 구성된 규슈제국대학이 설립되었다. 1918년에는 도호쿠제국대학 농과대학을 중심으로 홋카이도제국대학이 삿포로에 새롭게 설립되었다. 1924년에는 경성제국대학 관제가 공포되고 예과가 먼저 개교하였으며, 1926년 법문학부와 의학부로 구성된 경성제국대학이 정식으로 출범하였다. 1928년에는 타이페이에 문정학부와 이공학부로 구성된 대북제국대학이 설립되었고, 식민지에서는 두 번째였다. 1931년에는 오사카의과대학을 확대·발전시키는 형태로 의학부와 이학부로 구성된 오사카제국대학이 설립되었고, 1939년에는 나고야에도 과학진흥과 산업발전에 대한 사회적 요구에 편승하여 나고야의과대학을 종합대학으로 확대한 나고야제국대학이 설립되었다. 제국대학 설립 시기와 경위는 국립중앙도서관 전자도서관(소장원문 메뉴)과 일본 국회도서관 디지털 아카이브에서 제공하는 디지털 자료 중 각 대학의 창립기념지나 일람을 통해 파악할 수 있다. 이외에도 1937년 만주국의 국립대학으로 설립된 건국대학도 일본제국 영역 내의 제국대학과 유사한 성격을 가지고 있었고, 도서관 업무에 있어 일본 본국의 기관 및 단체와 빈번히 교류하였다(大場利康, 「満洲帝国国立中央図書館籌備処の研究」, 『参考書誌研究』 第62号, 2005).

〈표 2〉 일본제국 내 10만 권 이상의 장서를 보유한 도서관(1937년 3월말 현재)[14]

도서관명	설립년월	종류	장서책수			열람인원	
			총책수	화한서	서양서	1년총수	1일평균
1 京都帝國大學 附屬圖書館	1899.12	제대부설	1,138,878	517,030	621,848	25,262	79
2 東京帝國大學 附屬圖書館	1892	제대부설	1,038,414	562,083	476,331	993,561	3,236
3 帝國圖書館	1872.5	관립	847,676	717,935	129,741	436,700	1,327
4 九州帝國大學 附屬圖書館	1925.4	제대부설	566,542	256,675	309,966	32,514	99
5 京城帝國大學 附屬圖書館	1926.4	제대부설	449,833	319,695	130,188	30,104	148
6 東北帝國大學 附屬圖書館	1911.6	제대부설	429,758	202,804	226,954	19,917	60
7 早稻田大學圖書館	1902.9	사립	408,592	267,792	140,800	132,655	420
8 臺北帝國大學 附屬圖書館	1928.5	제대부설	346,832	206,855	139,977	6,268	25
9 北海道帝國大學 府屬圖書館	1922.5	제대부설	299,981	126,986	172,995	108,884	367
10 大阪商科大學 圖書館	1892.4	공립	282,898	151,616	131,282	22,908	91
11 慶應義塾大學 圖書館	1873	사립	281,770	177,825	103,945	104,736	317
12 大阪府立圖書館	1903.4	부립	271,170	215,241	55,929	443,706	1,332
13 東京文理科大學 附屬圖書館	1871.4	관립	260,501	188,654	71,847	20,081	68
14 龍谷大學圖書館	1879.1	사립	230,935	200,838	30,097	13,961	68
15 廣島文理科大學 附屬圖書館	1902.9	관립	216,834	160,609	56,225	32,102	108
16 滿鐵 大連圖書館	1907.4	사립	212,876	미상	미상	50,202	159
17 大谷大學圖書館	1911.8	사립	207,758	183,518	24,240	5,874	23
18 朝鮮總督府 圖書館	1923.11	관립	199,032	미상	미상	341,716	949
19 東京市立日比谷圖書館	1906.11	시립	196,063	미상	미상	281,601	853
20 東洋文庫	1924.11	사립	192,228	미상	미상	4,528	15
21 東京商科大學 附屬圖書館	1886	관립	191,927	80,594	111,333	63,278	290
22 京都府立京都圖書館	1898.4	부립	168,147	160,733	7,414	128,797	389
23 臺灣總督府 圖書館	1914.4	관립	154,475	미상	미상	181,964	551
24 鐵道圖書館	1920.7	관립	145,727	미상	미상	173,815	482
25 岡山縣立圖書館	1906.3	현립	143,278	136,246	7,032	222,757	681
26 大橋圖書館	1902.6	사립	140,136	미상	미상	506,365	652

27 神戸商科大學 附屬圖書館	1903.5	관립	131,249	71,282	59,967	12,627	47
28 市立名古屋圖書館	1915.5	시립	128,209	미상	미상	321,386	944
29 宮城縣圖書館	1881.7	현립	120,864	118,724	2,140	80,929	246
30 學習院圖書館	1876	고교 부설	116,973	91,562	25,411	미상	미상
31 神宮文庫	1907.4	관립	114,971	114,904	67	1,233	3
32 同志社大學 圖書館	1888.11	시립	114,001	76,521	37,480	14,592	60
33 成田圖書館	1901.1	시립	113,560	미상	미상	71,622	162
34 旅順工科大學 圖書館	1910.4	관립	113,356	28,775	84,584	14,357	49
35 哈爾濱鐵路圖書館	1935.5	시립	111,101	미상	미상	82,650	219
36 山口縣立山口圖書館	1902.12	현립	106,333	101,428	4,905	75,481	227
37 東京美術學校文庫	1889.4	전문 부설	102,904	97,103	5,801	10,722	38
38 大阪帝國大學 附屬圖書館	1931	제대 부설	101,521	26,717	74,804	53,711	182

다른 도서관들에 대해 압도적인 우위에 있었다. 1931년 의학부와 이학부로 설립된 오사카제국대학 부속도서관을 제외하면, 7개 제국대학 부속도서관이 10위 내에 위치해 있다. 경성제대 도서관은 8개 제국대학 중 4위에 해당하는 장서 규모였다. 당시의 학생 수는 도쿄제국대학 8,294명, 교토제국대학 5,714명, 홋카이도제국대학 2,305명, 규슈제국대학 2,052명, 도호쿠제국대학 1,776명, 오사카제국대학 1,010명, 대북제국대학 567명, 경성제국대학 524명의 순이었는데,[15] 경성제대 도서관의 장서는 학생 수에 비해서도 방대함을 자랑할 만한 것이었다. 경성제대 도서관의 장서 규모는 식민지에 세워졌음에도 불구하고 제국대학의 위력을 실감케 하는 것이었으며, 당시의 명문 사립대학이나 유서 깊은 관공립대학의 장서 규모를 능가하는 것이었다.

---

14   天野敬太郎・森淸, 앞의 책, 42~129쪽.
15   天野敬太郎・森淸, 앞의 책, 90~91쪽.

각 제국대학 도서관의 열람인원은 도서관의 운영방식에 따라 좌우되는 부분도 있었을 것이다. 도쿄제국대학 도서관의 이례적인 수치를 제외하면, 경성제대 도서관의 열람인원은 제국대학들 사이에서는 높은 수준을 유지했다. 대중의 출입과 열람이 허용된 관립도서관이나 지자체 도서관에 비해서는 1일평균 열람인원이 적지만, 학교부설 도서관 중에서는 1만 명 이상의 학생 수를 가진 명문 사립대학 다음으로 높은 수준을 유지하고 있었다.

제국대학 도서관들의 장서에서는 서양서의 비중이 매우 높았다. 제국도서관, 총독부 도서관과 같은 관립 도서관, 지자체 설립 도서관, 사립 도서관 및 사설 문고에서는 서양서의 비중이 상대적으로 낮았다. 학교부설 도서관 중에서도 고등학교 및 전문학교 도서관보다는 대학도서관이, 대학도서관 중에서도 제국대학 도서관이 많은 서양서를 보유하고 있었다. 경성제대 도서관의 서양서 규모 및 비중은 식민지 조선에서 독보적 위치에 있었지만, 다른 제국대학이나 명문 사립대학에는 뒤지는 수준이었다.

학교부설 도서관으로서 경성제대 도서관의 위상은 말할 것도 없이 고등학교, 전문학교, 사립대학, 관공립대학, 제국대학의 위계 속에서 이해되어야 한다. 학교부설 도서관은 학술연구에 필요한 참고도서의 구비라는 공통의 목적을 가지고 있지만, 어떠한 학문 분야의 전문성을 어느 정도까지 추구하는가에 따라 장서 구성의 편차와 특징이 나타날 수밖에 없다. 법문학부, 의학부, 이공학부로 구성되었던 경성제대는 소위 종합대학의 면모를 갖추고 있었고, 장서 구성에도 이 점이 반영되어 있다.

그러나 식민지 대학의 지정학적 위치나 설립 시기와 같은 비학술적 요인이 장서 구성에 영향을 미치기도 했다. 경성제대 도서관은 만주와 몽고를 비롯한 대륙관계 문헌을 구비하는 데 특화되고, 1930~40년대 전쟁 시기에 발간된 문헌이 높은 비중을 차지할 것으로 추정되어왔다. 이러한 점들은 다른 제국대학, 관공사립 대학, 고등학교, 전문학교 도서관들의 장서 구성과의 세밀한 비교분석을 통해 앞으로 실증적으로 논의될 수 있다.

〈표 2〉에는 오사카상과대학大阪商科大學, 도쿄문리과대학東京文理科大學, 히로시마문리과대학廣島文理科大學, 도쿄상과대학東京商科大學, 고베상과대학神戸商科大學, 여순공과대학旅順工科大學과 같은 관립대학 도서관이 다수 포함되어 있다. 경성제대 장서는 문리과, 상과, 공과와 같은 분야를 전문화시킨 대학의 장서들과의 비교를 통해 각 분야 장서들의 전문성을 검토해 볼 수 있다.[16] 또한 와세다대학早稻田大學, 게이오의숙대학慶應義塾大學, 류코쿠대학龍谷大學, 오타니대학大谷大學, 도시샤대학同志社大學과 같은 사립대학 도서관 장서와의 비교를 통해 관학적 지식체계의 특성을 가늠해 볼 수도 있다. 이외에도 일본제국에는 35개 고등학교와 여성, 황학皇學, 법학, 의학, 치과의학, 공업, 광산, 상선, 농림, 원예, 잠사, 상업, 수산, 미술, 회화, 음악, 외국어 등을 특화시킨 전문학교가 있었는데, 이 중에는 전문 분야에 관해 대학도서관에 필적하는 수준의 장서를 갖

---

16 법학 분야의 동양서 구성에 관해서는 이미 기초적인 연구가 이루어진 바 있고(鄭肯植, 「京城帝國大學附屬圖書館東洋法書の特徵」, 『国際研究集会報告書』, 国際日本文化研究センター, 2013), 주요 도서에 관해 해제 작업도 진행된 바 있다(최종고, 「서울대학교 도서관소장 귀중법학서의 연구」, 『법사학연구』 제17호, 1996). 문학분야에 관해서는 이 책의 7장을 참조하기 바란다.

춘 경우가 있었다. 고등학교 및 전문학교의 도서관 장서에 대한 검토를 통해 일제 고등교육의 실태에 접근해 볼 수도 있다. 〈표 2〉에는 가쿠슈인도서관學習院圖書館과 도쿄미술학교문고東京美術學校文庫가 10만 권 이상의 장서를 갖추고 있었던 것으로 나타나 있다.

한편 경성제대 도서관의 장서 구성은 제국 중심부와 식민지의 주요 관립 도서관, 정부기관 부속도서관의 장서 구성과 비교되어야 할 부분이 있다. 〈표 2〉에서 관립도서관으로는 제국도서관帝國圖書館, 조선총독부노서관朝鮮總督府圖書館, 철도도서관鐵道圖書館, 대만총독부도서관臺灣總督府圖書館, 만철 대련도서관滿鐵 大連圖書館, 하얼빈철로도서관哈爾濱鐵路圖書館[17]이 포함되어 있다. 경성제대 도서관 장서를 일제 주요 관립도서관의 장서와 비교하는 작업은 식민지 관학기관이 제국의 통치기관에 대해 어떠한 종속성과 자율성을 가지고 있었는지를 검토하는 하나의 방안이 될 수 있다. 경성제대 도서관은 관립도서관의 네트워크 속에서 제국의 행정, 교육, 군사 기관을 비롯하여 각종 정책 기관 및 관변 단체의 자료를 공급받기 좋은 위치에 있었다. 경성제대 장서에서 일제 통치기관의 영향력을 확인하는 데는 내각문고, 궁내성 도서료圖書寮, 해군문고, 사법성 조사과, 척무성 문서과, 중의원 도서관, 도쿄제실박물관東京帝室博物館 도서실, 해군대학교문고와 같은 일제 정부기관 부속도서관들의 장서와 비교하는 작업이 유용할 수 있다.

경성제대가 식민지 조선 최고의 관학기관으로서 조선총독부의 관할 하에 있었기 때문에 도서관 운영에 있어 조선총독부의 영향력을 고려

---

17 본고에는 이 도서관의 명칭이 만철 하얼빈도서관으로 표기된 곳도 있다.

해야 하고, 도서관 장서 구성에서 두 기관의 연계성과 차별성이 어떻게 드러나는지를 검토해야 한다. 시야를 일본제국 전체로 넓혀 본다면, 경성제대 장서를 일본제국 최고의 관립도서관이었던 제국도서관의 장서와 비교하는 작업도 필요하다.[18] 나아가 대만총독부도서관[19]이나 만철 관계 도서관[20]들의 장서에 대한 검토를 통해 식민지 통치기관이 지정

18　1897년 메이지정부는 일본 국립도서관으로서의 제국도서관(帝国図書館) 관제를 공포하여, 1906년 도쿄 우에노공원 도쿄음악학원 부지 내에 동 도서관을 개관하였다. 제국도서관의 전신은 1872년 문부성이 도쿄 유시마(湯島)에서 개관한 서적관(書籍館), 1875년 도쿄서적관(東京書籍館), 1877년 도쿄부서적관(東京府書籍館), 1880년 도쿄도서관(東京圖書館)으로 변천을 거듭하였다(加藤一夫・河田いこひ・東條文規, 『日本の植民地図書館』, 社会評論社, 2005, 26쪽). 제국도서관은 1947년 12월 국립도서관(國立圖書館)으로 개칭하였고, 1948년 일본 국립국회도서관(國立國會圖書館)이 설치되자 다음해 4월 여기에 통합되어 국립국회도서관지부 우에노도서관(上野図書館)이 되었다. 서울대학교 중앙도서관 고문헌자료실에는 제국도서관에 관한 문헌으로 다음과 같은 것들이 소장되어 있다. 帝國圖書館 編, 『帝國圖書館報』, 東京 : 帝國圖書館, 1931~43; 帝國圖書館 編, 『帝國圖書館年譜摘要』, 東京 : 帝國圖書館, 1915.

19　1895년 일본으로 병합된 대만에서는 1901년부터 일본인들의 사설 문고가 등장하였는데, 1914년 설립된 대만총독부도서관과 1928년 대북제국대학 설립과 함께 개관한 대북제국대학 부속도서관은 대만을 비롯한 소위 남방자료의 집적 장소가 되었다. 대만의 도서관에 관한 문헌으로 서울대학교 중앙도서관 고문헌자료실에는 다음과 같은 것들이 소장되어 있다. 臺灣總督府圖書館 編, 『臺灣總督府圖書館槪覽』, 臺北 : 臺灣總督府圖書館, 1936~41; 臺灣總督府圖書館 編, 『臺灣總督府圖書館要覽』, 臺北 : 臺灣總督府圖書館, 1935; 臺南市立圖書館, 『臺南圖書館新着圖書目錄』, 臺南 臺南市立圖書館, 1939~41; 南方資料館, 『洋書著書目錄 : 昭和十六年現在』, 臺北 : 南方資料館, 1936~41.

20　만주의 일제 도서관을 이야기할 때는 남만주철도주식회사(南滿州鐵道株式會社 : 이하 약칭 만철이라고 함)의 도서관에 주목해야 한다. 1906년 6월 천황의 칙령으로 설립된 만철은 만주 일대에 대한 일본정부의 식민지 개척과 경영을 대행하고 관동도독부의 군사활동을 정보와 선전의 측면에서 지원하는 일종의 특허회사(chartered company)였고, 다음 해 4월 도쿄에서 대련(大連)으로 옮겨 업무를 개시했다. 만철조사부는 만주, 몽고, 중국, 소련, 동남아시아 등지의 각종 자료를 독자적으로 수집, 보존, 유통시키는 거대한 정보기관이었고, 도서관 활동과도 밀접한 관계를 가지고 있었다((滿鐵圖書館業務研究會, 『滿鐵圖書館業務研究會年譜』, 大連 : 滿鐵圖書館業務研究會, 1935; 滿鐵上海事務所編, 『資料分類目錄』, 上海 : 滿鐵上海事務所, 1940 등). 만철 총무부 자료과에서 발간한 간행물 목록을 보면 만철의 조사활동 및 정보 축적의 개략을 알 수 있는데, 지역 및 주제가 대단히 포괄적인 범위에 걸쳐 있다(南滿洲鐵道株式會社 編, 『調査部資料科資料分類目錄

학적 조건에 따라 어떠한 지식체계를 필요로 하고 축적하고자 했는지
를 논의해 볼 수도 있다.[21] 이외에도 만주국에 설립되었던 만주국립봉
천도서관[22]과 중국 각지에 설립되었던 일제 도서관[23]의 간행물들이 경

: 第1輯』, 大連 : 南滿洲鐵道株式會社, 1939). 만철의 도쿄지사에는 1908년 동아경제조
사국(東亞經濟調查局)이 설치되어 세계경제, 동남아시아, 중동, 호주 등에 관한 폭넓은
정보를 수집해서 유통시키는 활동을 하였다. 상기한 일본 청년관원연맹 자료에서는 동
아경제조사국이 소장한 화한서가 450,000건에 이르는 것으로 추정되고 있다(天野敬太
郞・森淸, 1938, 114~115쪽).

만철이 운영한 주요 도서관으로는 대련도서관(大連圖書館), 봉천도서관(奉天図書館),
하얼빈도서관(哈爾濱圖書館)의 세 도서관이 있었다(滿鐵大連圖書館,『書香』, 大連 : 滿
鐵大連圖書館, 1929~42; 滿鐵奉天圖書館,『收書月報』, 奉天 : 滿鐵奉天圖書館, 1936~
41; 哈爾濱圖書館 編,『哈爾濱鐵路圖書館要覽』, 哈爾濱 : 哈爾濱圖書館, 1937; 哈爾濱鐵
路圖書館 編,『北滿鐵路中央圖書館の接收』, 哈爾濱 : 哈爾濱鐵路圖書館, 1935 등). 이외
에도 만철이 건설한 철도의 연선(沿線) 주변과 부속지에는 일본인들의 집거지가 생겨났
고, 이 중에는 소학교 도서실이나 거주자들의 납세로 운영되는 소위 연선 도서관이 있었
다(滿鐵撫順圖書館,『撫順圖書館報』, 撫順 : 滿鐵撫順圖書館, 1936). 연선 도서관들은 이
후 만주국에 편입되었다.

21 〈표 2〉의 자료를 수집한 일본 청년도서관원연맹은 만철을 하나의 회사로 보고, 만철관계
도서관을 사립도서관으로 분류했지만, 만주 일대의 식민지 통치기관이었던 측면을 고려
하면 총독부 도서관과 동열에 놓을 수도 있다.

22 1931년 만주사변 이후 15년의 전쟁 동안 일제는 만주, 중국, 동남아시아로 점령지를 확
대하면서 각 지방의 귀중한 문헌들을 약탈하고 그것을 보관하기 위한 서고나 도서관을
만들기도 했다. 경성제국대학에 소장되었던 조선의 규장각 도서도 이러한 약탈 도서의
대표적인 예라 할 것이다. 1932년 6월 개관한 만주국립봉천도서관(滿洲國立奉天圖書
館)은 봉천궁전(奉天宮殿)의 사고전서(四庫全書), 청조실록(淸朝實錄) 등 약 20만 건의
청조 문헌을 접수하여 만든 도서관이었다(加藤一夫・河田いこひ・東條文規, 앞의 책,
238~244, 256쪽). 이후 만주국에서는 국립중앙도서관 설치를 위한 준비가 진행되었는
데, 당시 준비 기관의 자료공보가 경성제대 장서에 소장되어 있다(滿洲帝國國立中央圖
書館壽備處,『資料公報』, 新京 : 滿洲帝國國立中央圖書館壽備處, 1935).

23 북경근대과학도서관(北京近代科學圖書館)은 1936년 12월 중일간의 상호이해와 상호융
화를 촉진하기 위한 문화사업의 명목으로 당시 일제의 북경인문과학연구소 부속도서관
을 독립시키는 형태로 설립된 바 있고(北京近代科學圖書館,『北京近代科學圖書館報告』,
北京 : 北京近代科學圖書館, 1937), 상해근대과학도서관(上海近代科學圖書館) 역시 비
슷한 취지에 따라 1937년 5월 설립되어 잠시 운영되었다. 1901년 설립된 동아동문서원
(東亞同文書院)은 상해 일본인사회의 최고학부로 명성을 떨쳤으며, 중일전쟁이 한창인
1939년 일제의 대학으로 승격되었다. 동아동문서원의 도서관에는 당시 중국의 사정에
대해 다양한 기록을 담은 약 10만 건의 귀중한 문헌이 소장되어 있었으나 전쟁으로 소실되

성제대 장서에 소장되어 있는데 향후 이에 관한 분석도 흥미로운 연구 주제이다.

한편 〈표 2〉에는 오사카부립도서관大阪府立圖書館, 도쿄시립히비야도서관東京市立日比谷圖書館, 교토부립교토도서관京都府立京都圖書館, 오카야마현립도서관岡山縣立圖書館, 시립나고야도서관市立名古屋圖書館, 미야기현도서관宮城縣圖書館, 야마구치현립야마구치도서관山口縣立山口圖書館과 같은 지자체 설립 도서관이 다수 포함되어 있다. 또한 오하시도서관大橋圖書館, 나리타도서관成田圖書館과 같이 사립도서관 및 사설문고의 범주에 속하는 도서관들도 있으며, 동양문고東洋文庫와 신궁문고神宮文庫와 같이 특정 분야의 전문서적을 집중적으로 수집하는 소위 참고도서관도 포함되어 있

었다(중국 전체의 도서관 개황은 楊家駱, 『圖書年鑑』, 南京 : 劉寒鳥, 1933; 燕京大學圖書館, 『燕京大學圖書館報』, 北京 : 燕京大學圖書館, 1934~9 등을 참조할 것). 한편 중국의 천진(天津), 북경, 상해 등의 일본인 거류지에도 도서관이 설립되었다. 천진일본도서관(天津日本図書館)은 1905년 러일전쟁 직후 거류 일본인들에 의해 설립된 도서관인데, 약 8만 건의 장서가 현재 중국 천진도서관 일본문고로 남아 있다(加藤一夫・河田いこひ・東條文規, 2005, 244~261쪽).
1937년 이후에는 중국과 동남아시아의 점령지에서 일제 당국이 귀중한 문헌과 서고를 접수했고, 문헌의 일부는 본국으로 수송하기도 했다. 중국에서는 1937년 12월부터 일제의 상해파견군특무부, 만철상해사무소, 동아동문서원, 상해자연과학연구소 등의 관계자들이 협의하여 '점령지구도서문헌접수위원회'를 조직하였고, 이후 '중지건설자료정비위원회(中支建設資料整備委員會)'로 개편하여 활동하다가 1942년 3월경 해산한 것으로 알려져 있다(金丸裕一, 「中支建設資料整備委員会とその周辺-「支那事変」期日本の対中国調査活動をめぐる習作」, 『立命館経済学』第49卷 第5号, 2000). 이에 관한 문헌으로 경성제대 도서관 장서에는 다음과 같은 것들이 소장되어 있다. 中支建設資料整備委員會, 『中支建設資料整備委員會業務概況』, 南京 : 中支建設資料整備委員會, 1941; 中支建設資料整備委員會, 『中支建設資料整備事務所南京圖書部華文雜志公報目錄 : 昭和十五年三月末現在』, 南京 : 中支建設資料整備委員會, 1940; 中華民國行政院文物保管委員會 編, 『中華民國行政院文物保管委員會年刊』, 南京 : 中華民國行政院文物保管委員會, 1941~2; 帝國圖書館, 『國際圖書交換參考資料』, 東京 : 帝國圖書館, 1943. 일본의 패전 후 연합국사령부(GHQ)는 1946~8년에 걸쳐 이러한 약탈 도서의 반환을 추진하였다(加藤一夫・河田いこひ・東條文規, 앞의 책, 261~274, 285~310쪽).

다. 이외에도 연구소 도서관, 특정 단체 혹은 신사·사원 도서관, 식민지 도서관과 같이 다양하게 분류되는 도서관들이 있었다. 이러한 도서관들은 대부분 학교부설 도서관이나 관립도서관과는 계통을 달리하는 것으로, 대중의 지식욕구 충족과 교화를 목적으로 하는 소위 통속도서관의 흐름 속에서 생겨난 것들이다.

1899년 일본에서 최초의 도서관령이 공포되었을 때 국공사립 도서관을 모두 합쳐 38개 도서관밖에 없었다. 당시까지 일본에서 도서관은 학교교육의 부속시설 정도로 간주되었고, 처음 생겨나는 단계에서부터 국가의 통제 하에 있었다. 그러나 메이지 초기 서구의 당대 도서관을 견학했던 일본의 교육계 인사들 사이에서는 종래의 지식인 계급을 위한 서고나 학술참고 도서관이 아니라, 인민의 생각과 기호에 부합되는 실용적 도서를 구비하고 그들에게 폭넓게 이용되는 소위 통속도서관의 설립을 지향하는 사상이 유포되고 있었다. 1887년 설립된 대일본교육회도서관大日本教育会図書館은 이러한 대중을 위한 공공도서관의 시초였으며, 도쿄시립도서관東京市立圖書館의 원류가 되었다. 일본의 공사립 도서관은 러일전쟁 이후 추진된 지방개량운동 속에서 비약적으로 그 수가 증가했다. 대일본교육회가 문부성의 교육행정을 지원하는 외곽단체였지만, 지방 각지의 교육회를 중심으로 각급 지자체 도서관과 사립도서관 등을 설립하는 움직임이 확산되어 갔다. 1904년 99개였던 공사립 도서관은 1926년 4,336개까지 증가했다. 이 중 상당수는 지방의 청년단이 설립한 도서관이었는데, 그 유지비는 지자체나 지방 교육회의 보조금에 의존하는 경우가 많았으며 내무성, 문부성, 군부의 통제도 갈수록 강화되었다.[24]

경성제대 장서 중에서도 화한서 구성을 지자체 설립 도서관의 그것들과 비교하는 것은 전문성을 갖는 학술지식 및 실용지식과 대중적 교양으로 통용되던 지식을 판별하는 데 유용하다. 도부현과 시정촌의 각급 지자체 도서관에는 그 지방의 향토자료가 집적되어 있고, 이러한 자료들은 제국대학 도서관이나 주요 관립도서관이라 하더라도 충분히 구비할 수가 없다. 또한 각종 참고도서관의 장서는 특정 분야의 전문서적에 있어 제국대학 도서관과 관립도서관의 장서를 능가하는 경우가 흔히 있기 때문에, 앞서 언급한 비교 작업은 경성제대 각 분야 장서의 전문성을 시험하는 잣대가 될 수 있다. 사립도서관 및 사설문고 중에서는 유서 깊은 가문, 학자, 단체(주로 신사나 불교사원)의 고유한 문헌 자료를 가진 경우가 많아서 소장자료의 가치와 독창성을 판별하는 것 자체가 연구의 과제라 할 만하다.

2. 도서목록의 비교

경성제대 장서의 성격과 특징을 구체적으로 분석하는 데 유용한 방법이 되는 것은 당대 도서관들이 소장하고 있던 도서들의 목록을 구해서 비교하는 것이다. 앞에서 살펴본 바와 같이 경성제대는 일본제국 전

---

24 加藤一夫・河田いこひ・東條文規, 앞의 책, 17~32쪽.

체에서도 최고 수준의 도서관 장서를 보유하고 있었고, 장서 중에는 별도로 분류된 당대 다른 도서관들의 도서 목록이 다수 소장되어 있다. 당대 다른 도서관들의 도서목록은 현재 서울대 도서관 [구장서분류표] 상으로, 0420 図書目録에 71건, 0430 日書目録에 35건, 0460 図書館 蔵書目録에 226건이 소장되어 있다.[25] 이 도서목록들을 세밀하게 비교 분석하면, 경성제대 도서관을 비롯한 특정 도서관의 장서 구성과 그 특징에 관해 풍부한 논의를 전개할 수 있다. 다만, 본 연구는 이에 관한 본격적 연구라기보다 이러한 연구 과제를 세출하는 수준의 기초적 연구라고 해야 할 것이다.

본 연구에서는 상기한 도서목록 총 332건을 전수조사하는 방법을 사용하였다. 연구자의 관심에 따라 도서목록은 다양하게 분류할 수 있다. 필자는 332건의 도서목록을 ① 식민지 조선 도서관, ② 제국대학, 관공사립대학, 각종 연구소 부속도서관, ③ 각종 고등학교 및 전문학교 부속도서관, ④ 본국, 식민지, 점령지, 중국 등지의 관립도서관 및 정부기관 부속도서관, ⑤ 지자체 도서관, ⑥ 사립도서관 및 사설문고, 출판

25　이외에도 0400 図書・書誌学 82건, 0440 韓国書目録 11건, 0450 漢書目録 153건, 0480 解題・考証 88건, 0500 図書館 115건에도 각종 도서목록이 포함되어 있다. 특히, 0500 図書館에는 근대적 도서분류 방식에 대한 문헌들이 소장되어 있어 일본의 여러 도서관에 서양식 도서분류 체계가 어떻게 도입되었는지에 대한 연구를 가능하게 하고 있다. 한편 경성제대 장서의 서양서에도 각종 도서목록이 소장되어 있다. 전체적으로 볼 때, 서구 도서관이나 출판사의 도서 목록은 빈약한 편이다. 일제 도서관의 장서 목록을 영미권에 소개하는 경우가 많은데, A465 Japanese(Liberary catalogues)에 66건이 소장되어 있다. 이외에도 서양의 도서관에 관한 문헌이 A500 Libraries에 58건 소장되어 있고, 서구의 도서분류 체계 및 업무에 관한 문헌이 A550 Cataloguing & classification에 78건 소장되어 있다. A451 Japanese(National bibliographies)에 소장된 20건의 문헌은 일본에 관한 각국 언어의 도서목록들로 구성되어 있다. 한편 화한서와 서양서의 연속간행물에서도 Y04 図書・図書館・博物館 136건과 YA General 중에 약간의 도서목록이 포함되어 있다.

사 도서목록, ⑦ 특수용도 도서목록으로 분류할 수 있었다.

도서관마다 여러 종류의 도서목록을 발간하였는데, 일정 시점의 소
장 도서 전체를 수록한 것도 있고 특정 분야의 소장 도서만을 선별한
것도 있고 일정 기간 동안 추가된 도서의 목록도 있다. 이 중에서도 도
서목록 비교에서 유용성이 큰 것은 각 도서관의 도서분류체계에 따라
작성된 도서목록이다. 흔히 도서분류목록이라고 지칭되는 것인데, 이
러한 도서목록은 각 도서관의 장서가 어떠한 지식체계를 지향하고 있
는가를 일목요연하게 보여준다. 각 도서관의 장서를 화한서(동양서)와
양서(서양서)로 대별할 때, 양서의 비중과 중요성이 컸던 것은 ② 제국
대학, 관공사립대학, 각종 연구소 부속도서관, ③ 각종 고등학교 및 전
문학교 부속도서관, ④ 본국, 식민지, 점령지, 중국 등지의 관립도서관
및 정부기관 부속도서관의 경우이다. 나머지 도서관들의 장서에 대해
서는 화한서의 분류 체계와 분류 항목의 장서량을 검토하는 것으로 충
분하다.

① 식민지 조선 도서관의 도서목록으로는 경성제국대학 도서목록 3
건,[26] 조선총독부도서관 도서목록 4건,[27] 철도도서관 도서목록 3건,[28]

---

[26] 京城帝國大學附屬圖書館, 『和漢書分類表』, 京城 : 京城帝國大學附屬圖書館, 출판년도 미
상; Keijo Imperial Univ. Lib. ed., *Classification of European books*, Keijo : Keijo Teikoku
Daigaku Toshokan, 1934; 京城帝國大學附屬圖書館 編, *Catalogue of European books in
the Keijo Imperial University Library*, 京城 : 京城帝國大學附屬圖書館, 1933~1940.

[27] 朝鮮總督府 編, 『朝鮮總督府圖書目錄』, 京城 : 朝鮮總督府, 1911; 朝鮮總督府參事官室
編, 『引繼圖書目錄』, 京城 : 朝鮮總督府, 1914; 朝鮮總督府圖書館 編, 『新書部分類目錄 :
昭和12年1月1日現在』, 京城 朝鮮總督府圖書館, 1937~38; 朝鮮總督府圖書館 編, 『(昭
和十二年一月一日 現在)新書部分類目錄』 上·下, 京城 : 朝鮮總督府圖書館, 1937. 조선
총독부도서관의 서양서 도서분류목록은 국립중앙도서관에서 디지털 자료로 열람할 수
있다.

[28] 鐵道圖書館 編, 『(鐵道圖書館)藏書目錄』 第一卷, 京城 : 鐵道圖書館, 1929; 鐵道圖書館

경성부립도서관 도서목록,[29] 평양부립도서관 도서목록,[30] 부산부립도
서관 도서목록 3건[31] 등이 소장되어 있다. 식민지 조선에는 13개 부립
도서관을 비롯해 많은 공사립 도서관이 있었지만, 조선 내 도서관들의
도서목록은 매우 적게 소장되어 있다.

② 제국대학, 관공사립대학, 각종 연구소 부속도서관의 도서목록으
로는 도쿄제국대학 도서목록 3건,[32] 교토제국대학 도서목록,[33] 규슈제
국대학 도서목록,[34] 도호쿠제국대학 도서목록,[35] 오사카제국대학 도서
목록,[36] 만주국 건국대학 도서목록,[37] 와세다대학 도서목록 3건,[38] 게이

　　　編, 『鐵道圖書館藏書目錄：昭和12年』, 京城：鐵道圖書館, 1937; 朝鮮總督府附鐵道局鐵道
　　　圖書館 編, 『鐵道圖書館藏書目錄：技術關係之部 昭和十五年三月末現在』, 京城：鐵道圖
　　　書館, 1941.

29　京城府立圖書館 編, 『(京城府立圖書館)圖書目錄：昭和8年7月31日現在』, 京城：京城府
　　　立圖書館, 1934.

30　平壤府立圖書館, 『平壤府立圖書館增加圖書目錄』, 平壤：平壤府立圖書館, 1934~8.

31　釜山府立圖書館 編, 『釜山府立圖書館圖書分類目錄：昭和14年 6月末現在』, 釜山：釜山
　　　府立圖書館, 1941; 釜山府立圖書館 編, 『圖書分類目錄』, 釜山：釜山府立圖書館, 1941; 釜
　　　山府立圖書館 編, 『釜山府立圖書館增加圖書目錄』, 釜山：釜山府立圖書館, 1941~2.

32　帝國大學圖書館 編, 『(東京)帝國大學圖書館和漢書分類目錄：明治12年1月1日調』, 丸善
　　　商社書店, 1893(국립중앙도서관 소장); 東京帝國大學附屬圖書館 編, 『東京帝國大學和
　　　漢圖書目錄 增加』第1~5, 東京：東京帝國大學附屬圖書館, 1938~42; 東京帝國大學附
　　　屬圖書館, 『東京帝國大學洋書目錄(Catalogue of foreign books in the Tokyo Imperial
　　　University Supplement)』, 東京：東京帝國大學附屬圖書館, 1938.

33　京都帝國大學附屬圖書館 編, 『京都帝國大學附屬圖書館和漢圖書分類目錄』, 京都：京都
　　　帝國大學 附屬圖書館, 1938~42.

34　九州帝国大学附属図書館, 『九州帝国大学附属図書館和漢書分類目錄 增加第1』, 福岡：
　　　九州帝国大学附属図書館, 1925.

35　Tōhoku Teikoku Daigaku Toshokan, *Catalogue of European books in the Tōhoku Imperial
　　　University Central Library*(東北帝國大學圖書館 洋書目錄), Sendai：Tōhoku Teikoku
　　　Imperial University, 1912~22.

36　大阪帝國大學附屬圖書館, 『大阪帝國大學洋書目錄(Catalogue of foreign books in the
　　　Osaka Imperial University)』, 大阪：大阪帝國大學附屬圖書館, 1942~43.

37　建國大學研究院資料室圖書科, 『建國大學圖書特殊目錄』, 新京：建國大學研究院資料室
　　　圖書科, 1941.

오의숙대학 도서목록 4건,[39] 도쿄문리과대학 도서목록 2건,[40] 히로시마 문리과대학 도서목록,[41] 메이지대학 도서목록 2건,[42] 국학원대학 도서목록,[43] 도시샤대학 도서목록,[44] 류코쿠대학 도서목록 2건,[45] 오타니대학 도서목록 2건,[46] 고마자와대학 도서목록,[47] 동아경제조사국 도서목록 2건[48]이 비교 연구의 자료가 될 수 있다. 경성제대 장서에는 8개 제

38 早稻田大學附屬圖書館 編,『早稻田大學附屬圖書館藏書目錄 : 和漢之部(明治 三五年 一二
    月 現在)』, 東京 : 早稻田大學附屬圖書館, 1903; 早稻田大學圖書館 編,『早稻田大學圖書館
    和漢圖書分類目錄 : 昭和九年 三月末 現在』, 東京 : 早稻田大學圖書館, 1936; Waseda
    Daigaku Toshokan, *Catalogue of European books in the Waseda University Library*(早稻田
    大學圖書館洋書目錄). Tokyo : Waseda Daigaku Toshokan, 1922~39(국립중앙도서
    관 및 일본국회도서관 디지털자료도 참조).
39 慶應義塾圖書館 編,『慶應義塾圖書館和漢圖書目錄』, 東京 : 慶應義塾圖書館, 1912; 慶應
    義塾圖書館 編,『慶應義塾圖書館和漢圖書分類目錄』, 東京 : 慶應義塾圖書館, 1937; Keiō
    Gijuku Toshokan, *Catalogue of the Keiogijuku Library*. Tokyo : Gijuku Toshokan, 1912;
    Keiō Gijuku Toshokan, *Catalogue of the Keiogijuku Library*(classified), Tokyo : Keiō
    Gijuku Toshokan, 1929.
40 東京文理科大學附屬圖書館 編,『東京文理科大學附屬圖書館和漢書分類目錄 上・下卷,
    索引』, 東京 : 東京文理科大學附屬圖書館, 1934; Tokyo Bunrika Daigaku, *A Classified
    catalogue of books in European languages in the Library of the Tokyo University of Literature
    and Science*, Tokyo : Tokyo Bunrika Daigaku, 1934.
41 廣島文理科大學 編,『廣島文理科大學和漢圖書目錄 追加1, 上・下・索引』, 廣島 : 廣島文
    理科大學, 1933.
42 明治大學 編,『明治大學和漢圖書分類目錄 : 第一冊總記』, 東京 : 明治大學, 1934; Meiji
    Daigaku Toshokan, *Special catalogue of foreign books in the Meiji University Library :
    Philosophy*, Tokyo : Meiji Daigaku Toshokan, 1935.
43 國學院大學圖書館 編,『國學院大學圖書館和漢圖書分類目錄』, 東京 : 國學院大學圖書館,
    1938~41.
44 同志社大學圖書館 編,『(同志社大學圖書館)圖書分類表 : 昭和10年改正』, 京都 : 同志社
    大學圖書館, 1937.
45 龍谷大學圖書館 編,『龍谷大學和漢書分類目錄』, 京都 : 龍谷大學圖書館, 1926~41; 龍谷
    大學圖書館 編,『龍谷大學增加圖書分類目錄 : 眞宗之部・佛敎之部 : 昭和九年七月末現
    在』, 京都 : 龍谷大學圖書館, 1935.
46 大谷大學圖書館 編,『大谷大學圖書館和漢書分類目錄 : 大正14年5月』, 京都 : 大谷大學圖
    書館, 1925; 大谷大學圖書館 編,『第二大谷大學和漢圖書分類目錄』, 京都 : 大谷大學圖書
    館, 1932~35.
47 駒澤大學圖書館 編,『和漢圖書分類表』, 東京 : 駒澤大學圖書館, 1935.

국대학의 화한서 및 서양서 도서목록이 1건 이상 소장되어 있고, 15개 공사립대학 및 3개 연구소의 화한서 목록과 10개 공사립대학의 서양서 목록이 소장되어 있다. 여기서 제시한 도서목록은 주로 각 도서관의 도서분류체계가 드러나 있는 것들이다.

③ 각종 고등학교 및 전문학교 부속도서관의 도서목록으로는 센다이고등공업학교의 도서목록 2건,[49] 돗토리고등농업학교 도서목록 3건,[50] 야마구치고등상업학교 도서목록 2건,[51] 오이타고등상업학교 도서목록 2건,[52] 히로시마고등사범학교 도서목록,[53] 시즈오카현 시즈오카사범학교 도서목록,[54] 대북고등상업학교 도서목록 2건[55]이 비교연구

48 東亜経済調査局 編,『資料分類目錄』, 東亜経済調査局, 1936; 東亞經濟調查局 編,『東亞經濟調查局所藏邦華文圖目錄 : 昭和12年3月現在』, 東京 : 東亞經濟調查局, 1937.

49 仙臺高等工業學校,『仙臺高等工業學校和漢書目錄』, 仙臺 : 仙臺高等工業學校, 1942; Sendai Koto Kogyo Gakko, *Catalogue of European books in the Sendai Higher Technical School Library*, Sendai : Sendai Koto Kogyo Gakko, 1938.

50 鳥取高等農業學校圖書館 編,『鳥取高等農業學校圖書館和漢書分類目錄』, 鳥取 : 鳥取高等農業學校 圖書館, 1931; 鳥取高等農業學校圖書館 編,『和漢書分類目錄』, 鳥取 : 鳥取高等農業學校圖書館, 1931; Tottori Agricultural College, *A Classified catalogue of the books written in European languages in the Library of the Tottori Agricultural College, Tottori*, 鳥取市古等農林學校, 1932.

51 山口高等商業學校圖書課, 東亞經濟研究所 編,『山口高等商業學校東亞關係圖書目錄 : 和漢書分類之部, 昭和十六年十月末現在』, 神戶 : 山口高等商業學校, 1942; 山口高等商業學校 圖書課, 東亞經濟研究所 編,『山口高等商業學校東亞關係圖書目錄 : 和漢書索引之部, 昭和十六年十月末現在』, 神戶 : 山口高等商業學校, 1944.

52 大分高等商業學校 編,『大分高等商業學校圖書分類目錄 : 和書 昭和二年 六月末 現在』, 大分 : 大分高等商業學校圖書課, 1928; 大分高等商業學校 編,『大分高等商業學校增加圖書目錄』第1~14號, 大分 : 大分高等商業學校圖書課, 1927~36.

53 Hiroshima Kōtō Shihon Daigaku Toshokan, *A Classified catalogue of European books in the Hiroshima Normal College Library*, Hiroshima : Hiroshima Kōtō Shihon Daigaku Toshokan, 1926.

54 靜岡師範學校,『貴重洋書目錄』, 靜岡 : 靜岡師範學校, 출판년도 미상.

55 臺北高等商業學校圖書館 編,『臺北高等商業學校圖書館和漢書目錄 : 昭和四年四月現在』, 台北 : 臺北高等商業學校圖書館, 1930; Taiwan Sotokufu Taihoku Kōtō Shōgyō Gakkō, *Catalogue of foreign books(June, 1919~April, 1929)*, Taihoku : Taihoku Kōtō

의 자료로 사용될 수 있다. 경성제대 장서에는 10개 고등학교 및 전문학교의 화한서 목록과 6개 고등학교 및 전문학교의 서양서 목록이 소장되어 있는데, 여기서는 주로 도서분류체계가 드러나 있는 목록을 선별하여 제시하였다.

④ 본국, 식민지, 점령지, 중국 등지의 관립도서관 및 정부기관 부속도서관의 도서목록으로는 제국도서관 도서목록 2건,[56] 상기한 조선총독부도서관 도서목록 4건, 대만총독부도서관 도서목록 8건,[57] 만철 대련도서관 도서목록 6건,[58] 만철 하얼빈도서관 도서목록,[59] 북경근대과

Shōgyō Gakkō, 1930.

[56] 帝國圖書館 編,『增訂帝國圖書館和漢圖書分類目錄』, 東京 : 帝國圖書館, 1902~5; Teikoku Toshokan, *Catalogue of the Imperial Library* : 帝國圖書館洋書目錄, Tokyo : Teikoku Toshokan, 1898.

[57] 臺灣總督府圖書館 編,『臺灣總督府圖書館和漢圖書分類目錄 : 大正六年十二月末現在』, 臺北 : 臺灣總督府圖書館, 1918; Formosa Government Library, *Catalogue of books in foreign languages relating to Formosa, China, French Indo-China, Siam, Burma, India, Oceania, Malay Peninsula, Dutch East Indies, Philippine Islands and Colonies*, 東京 : 臺灣總督府圖書館, 1920; 臺灣總督府圖書館 編,『臺灣總督府圖書館增加和漢圖書分類目錄 : 教育, 文學語學之部』, 臺北 : 臺灣總督府圖書館, 1924; 臺灣總督府圖書館 編,『臺灣總督府圖書館增加和漢圖書分類目錄 : 歷史地誌, 法制經濟社會統計植民之部』, 臺北 : 臺灣總督府圖書館, 1925; 臺灣總督府圖書館 編,『臺灣總督府圖書館和漢圖書分類目錄 : 臺灣之部』, 臺北 : 臺灣總督府圖書館, 1926; 臺灣總督府圖書館 編,『臺灣總督府圖書館增加和漢圖書分類目錄 : 總類, 哲學之部 : 大正七年一月至昭和元年十二月增加』, 臺北 : 臺灣總督府圖書館, 1927; 臺灣總督府圖書館 編,『臺灣總督府圖書館增加和漢圖書分類目錄 : 理學醫學, 工學兵學之部 : 大正七年一月至昭和三年三月增加』, 台北 : 臺灣總督府圖書館, 1929; 臺灣總督府圖書館 編,『臺灣總督府圖書館增加和漢圖書分類目錄 : 昭和一〇年末現在』, 臺北 : 臺灣總督府圖書館, 1940.

[58] 大連圖書館 編,『南滿洲鐵道株式會社 大連圖書館 和漢圖書分類目錄』, 大連 : 大連圖書館, 1927~1934; Minami Manshū Tetsudō Kabushiki Kaisha Dairen Toshokan, *Classified catalogue of books in European languages in the Dairen Library of the South Manchuria Railway Company. Far East*, Dairen : Dairen Toshokan, 1937; 南滿州鐵道株式會社調査部 編,『調査部資料課資料分類目錄 第1輯(昭和13年12月31日現在)』, 大連 : 南滿州鐵道株式會社, 1939; 南滿州鐵道株式會社調査部 編,『(大連圖書館資料室)資料分類目錄 第2輯(昭和13年度)』, 大連 : 滿鉄大連図書館, 1940; 南滿洲鐵道株式會社,『大連圖書館增加圖書分

학도서관 도서목록 2건,[60] 상해일본근대과학도서관 도서목록,[61] 만주
국립봉천도서관 도서목록 3건,[62] 중지건설자료정비위원회 자료,[63] 중
화민국행정원문물보관위원회 자료,[64] 내각문고 도서목록,[65] 궁내성 도
서료 도서목록 2건,[66] 해군문고 도서목록 2건,[67] 해군대학교문고 도서
목록 2건,[68] 척무성 문서과 도서목록,[69] 중의원 도서관 도서목록 2건[70]

　　　類目錄』, 大連：南滿洲鐵道株式會社, 1941〜2; 南滿州鐵道株式會社, *Classified list of the*
　　　books added to the S.M.R. Library, Dairen：南滿州鐵道株式會社, 1928〜30.
59　Minami Manshū Tetsudō Kabushiki Kaisha Harbin Toshokan, 『КаТаЛог：亞細亞文庫
　　　圖書目錄』, Harbin：Harbin Toshokan, 1938.
60　北京近代科學圖書館, 『北京近代科學圖書館報告』, 北京：北京近代科學圖書館, 1937; 北
　　　京近代科學圖書館, 『北京近代科學圖書館書目 第十二 新着圖書目錄』, 北京：北京近代科
　　　學圖書館, 1938.
61　上海日本近代科學圖書館 編, 『上海日本近代科學圖書館藏書特種目錄 第1輯』, 上海：上
　　　海日本近代科學圖書館, 1939.
62　(滿洲)國立奉天圖書館 編, 『文遡閣四庫全書要略』, 奉天：國立奉天圖書館, 1933; 滿洲國
　　　立奉天圖書館 編, 『滿洲國立奉天圖書館圖書分類目錄：康德 二年 六月末日 現在』, 奉天
　　　：滿洲國立奉天圖書館, 1936; 滿洲國立奉天圖書館, 『滿洲國立奉天圖書館增加圖書分類
　　　目錄』, 奉天：滿洲國立奉天圖書館, 1937〜42.
63　中支建設資料整備委員會, 『(中支建設資料整備委員會)資料通報』, 南京：中支建設資料
　　　整備委員會, 1939.
64　中華民國行政院文物保管委員會 編, 『中華民國行政院文物保管委員會年刊』, 南京：褚民
　　　誼, 1941〜2.
65　內閣記錄局 編, 『內閣文庫圖書目錄：和漢書門類別』, 東京：內閣記錄局, 1890.
66　宮內省圖書寮 編, 『帝室和漢圖書分類目錄：附圖書目錄 大正四年十二月現在』, 東京：宮
　　　內省圖書寮, 1916; 宮內省圖書寮 編, 『(增加)帝室和漢圖書分類目錄：大正十五年』, 東京
　　　：宮內省圖書寮, 1926.
67　海軍文庫 編, 『海軍文庫圖書目錄 追加第一：和漢書ノ部』, 海軍文庫, 출판년도 미상; 海軍
　　　文庫 編, 『海軍文庫圖書目錄. 追加第一至二 (洋書ノ部)』, 海軍文庫, 출판년도 미상.
68　海軍大學校文庫, 『海軍大學校和漢書分類目錄：第 一至 二卷』, 東京：海軍大學校文庫,
　　　1934〜37; 海軍大學校文庫, 『海軍大學校洋書分類目錄：昭和四年六月一日至 十年十月
　　　三一日』, 東京：海軍大學校文庫, 1937.
69　拓務大臣官房文書課 編, 『拓務省圖書總目錄：和漢書ノ部：昭和12年12月末現在』, 東京
　　　：拓務大臣官房文書課, 1938.
70　衆議院圖書館 編, 『衆議院圖書館圖書目錄』, 東京：衆議院圖書館, 1938〜1939; 衆議院圖
　　　書館 編, 『衆議院圖書館圖書目錄：昭和15年末現在』上卷, 東京：衆議院圖書館, 1942.

등이 있다. 이러한 도서목록들은 경성제대가 제국중심부의 정부기관이나 식민지 통치기관과 활발하게 문헌자료를 교환했던 정황을 보여주고 있다. 특히, 만주와 중국에 설치한 문화사업 기관이나 중일전쟁의 와중에 점령지 문헌접수를 담당한 기관의 자료가 들어와 있는 점이 이목을 끈다.

⑤ 지자체 도서관의 도서목록으로는 이와테현립도서관 도서목록 2건,[71] 미야기현도서관 도서목록 2건,[72] 지바현도서관 도서목록,[73] 가나가와현립 가나자와문고 도서목록,[74] 시즈오카현립 아오이문고 도서목록,[75] 교토부립교토도서관 도서목록 2건,[76] 오사카부립도서관 도서목록 4건,[77] 돗토리현립톳토리도서관 도서목록 2건,[78] 야마구치현립야마

---

[71] 岩手縣立圖書館 編, 『岩手縣立圖書館圖書目錄:和漢英書ノ部』第1~20號, 盛岡:岩手縣立圖書館, 1924~26; 岩手懸立圖書館 編, 『岩手懸立圖書館圖書目錄:和漢・洋書之部』第15,19號, 盛岡:岩手縣立圖書館, 1937~41.

[72] 宮城縣圖書館 編, 『宮城縣圖書館圖書分類目錄:自大正八年 一月 至大正十三年三月增加』, 仙台:宮城縣圖書館, 1924; 宮城縣圖書館 編, 『宮城縣圖書館增加圖書分類目錄:昭和一四年 四月至一五年 三月』, 仙臺:宮城縣圖書館, 1940.

[73] 千葉縣圖書館協會 編, 『和漢洋圖書分類表』, 千葉:寶文堂書店, 1933; 千葉縣圖書館 編, 『千葉縣圖書館圖書分類目錄』, 千葉:千葉縣圖書館, 1925.

[74] 金澤文庫 編, 『金澤文庫古書目錄』, 東京:金澤文庫, 1939.

[75] 靜岡縣立葵文庫 編, 『靜岡縣立葵文庫和漢圖書目錄:久能文庫之部』, 靜岡:靜岡縣立葵文庫, 1928.

[76] 京都府立圖書館, 『京都圖書館和漢圖書分類目錄:大正五年 一二月末現在』, 京都:京都府立圖書館, 1917; 京都府立京都圖書館, 『京都圖書館和漢圖書分類目錄:大正11年3月末現在』, 京都:京都府立京都圖書館, 1922.

[77] 大阪府立圖書館 編, 『大阪府立圖書館和漢書分類表』, 大阪:大阪府立圖書館, 출판년도 미상; 大阪府立圖書館 編, 『大阪府立圖書館增加和漢圖書目錄』, 大阪:大阪府立圖書館, 1909~1941; Osaka Furitsu Toshokan, *Catalogue of foreign books added to the Osaka Library*, Ōsaka:Osaka Furitsu Toshokan, 1927; 大阪市立圖書館 編, 『大阪鄕土資料圖書目錄』, 大阪:大阪市立圖書館, 1937.

[78] 鳥取縣立鳥取圖書館, 『鳥取縣立鳥取圖書館圖書分類表』, 鳥取:鳥取縣立鳥取圖書館, 1932; 鳥取縣立鳥取圖書館 編, 『鳥取縣立鳥取圖書館貸出文庫圖書目錄』第四冊, 鳥取:鳥取縣立鳥取圖書館, 1936.

구치도서관 도서목록 2건,[79] 나가사키현립나가사키도서관 도서목록 2건,[80] 구마모토현립구마모토도서관 도서목록,[81] 가고시마현립도서관 도서목록 3건,[82] 시립나고야도서관 도서목록[83] 등이 있다. 경성제대 장서에는 18개 도부현립도서관과 6개 시립도서관의 각종 도서목록이 소장되어 있는데, 여기서도 주로 각 도서관의 도서분류체계가 드러나 있는 도서목록을 선별하여 제시하였다. 경성제대가 위치하고 있는 식민지 조선의 지자체 도서관 자료가 빈약한 것을 생각한다면, 일본 지자체 도서관의 자료가 비교적 풍부하게 소장되어 있다고 해야 할 것이다. 대만의 지자체 도서관인 대중주립도서관의 도서목록[84]도 소장되어 있다.

⑥ 사립도서관 및 사설문고, 출판사 도서목록의 도서목록으로는 오하시도서관 도서목록 2건,[85] 이와세문고 도서목록,[86] 이와사키문고 도

---

79 山口縣立山口圖書館 編, 『山口縣立山口圖書館和漢書分類目錄 : 大正五年末 現在』, 山口 : 山口縣立山口圖書館, 1918; 行啓記念山口縣立山口圖書館 編, 『行啓記念山口縣立山口圖書館鄕土志科目錄』, 山口 : 行啓記念山口縣立山口圖書館, 1929.

80 長崎縣立長崎圖書館 編, 『長崎縣立長崎圖書館增加和漢圖書分類目錄』第1~2輯, 長崎 : 長崎縣立長崎圖書館, 1919~22; 長崎縣立長崎圖書館 編, 『長崎縣立長崎圖書館鄕土志科目錄 : 昭和一一年 三月末日 現在』, 長崎 : 長崎縣立長崎圖書館, 1936.

81 熊本縣立熊本圖書館 編, 『熊本縣立熊本圖書館增加和漢圖書分類目錄』第三冊, 熊本 : 熊本縣立熊本圖書館, 1939.

82 鹿兒島縣立圖書館 編, 『鹿兒島縣立圖書館和漢圖書目錄』, 鹿兒島 : 鹿兒島縣立圖書館, 1934~38; 鹿兒島縣立圖書館 編, 『鹿兒島縣立圖書館和漢圖書目錄』增加之部, 鹿兒島 : 鹿兒島縣立圖書館, 1941~43; 鹿兒島縣立圖書館, 『鹿兒島縣立圖書館鄕土資料分類目錄』, 鹿兒島 : 鹿兒島縣立圖書館, 1940.

83 市立名古屋圖書館, 『市立名古屋圖書館增加和漢圖書目錄』, 名古屋 : 市立名古屋圖書館, 1940~41.

84 臺中州立圖書館 編, 『臺中州立圖書館圖書目錄 : 昭和二年一二月一日現在』, 臺比 : 臺中州立圖書館, 1928.

85 大橋圖書館, 『大橋圖書館年報』, 東京 : 大橋圖書館, 출판년도 미상; 大橋圖書館 編, 『大橋圖書館和漢書分類目錄 : 數學之部』, 東京 : 大橋圖書館, 1937; 大橋圖書館 編, 『大橋図書館和漢図書分類增加目錄』, 大橋図書館, 1912(일본국회도서관 소장).

86 岩瀨文庫 編, 『岩瀨文庫圖書目錄』, 愛知:岩崎文庫, 1936.

서목록,[87] 덴리도서관 도서목록 2건,[88] 동양문고 도서목록 4건,[89] 신궁 문고 도서목록 2건,[90] 도쿄상공회의소도서관 도서목록 2건,[91] 나고야상 공회의소도서관 도서목록,[92] 오사카상공회의소도서관 도서목록 2건,[93] 고베상공회의소상공도서관 도서목록 3건,[94] 난키문고 도서목록 2건,[95] 국제문화진흥회도서실 도서목록 3건,[96] 미쓰이본사조사부자료과 도서 목록 2건,[97] 미쓰비시합자회사자료과 도서목록 2건,[98] 협동출판사가 발

[87] 岩崎文庫 編,『岩崎文庫和漢書目錄:昭和七年度』, 東京:岩崎文庫, 1934.

[88] 天理圖書館 編,『天理圖書館圖書分類目錄』, 丹波:天理圖書館, 1932~35; 天理圖書館 編,『天 理圖書館圖書分類目錄:增加第1篇(昭和12年3月31日現在)』, 丹波市町:天理圖書館, 1937.

[89] 東洋文庫 編,『東洋文庫地方志目錄:支那・滿洲・臺灣』, 東京:東洋文庫, 1935; 東洋文 庫 編,『東洋文庫朝鮮本分類目錄』, 東京:東洋文庫, 1939; 東洋文庫 編,『東洋文庫漢籍叢 書分類目錄』, 東京:同文館, 1945; The Oriental Library, *Catalogue of the Asiatic Library of Dr. G. M. Morrison*, Tokyo:The Oriental lib., 1924.

[90] 神宮司廳 編,『神宮文庫圖書目錄:大正11年3月印行』, 伊勢:神宮司廳, 1922; 神宮文庫 編,『神宮文庫增加圖書目錄』, 宇治山田:神宮文庫, 1923.

[91] 東京商工會議所 編,『東京商工會議所邦文圖書分類目錄』, 東京:東京商工會議所, 1929; 東 京商工會議所 編,『東京商工會議所和漢圖書分類目錄:追加』, 東京:東京商工會議所, 1938.

[92] 名古屋商工會議所圖書館 編,『名古屋商工會議所圖書館和漢圖書分類目錄』, 名古屋:名 古屋商工會議所圖書館, 1942.

[93] 大阪商工會議所 編,『大阪商工會議所圖書目錄』, 大阪:大阪商工會議所, 1928; 大阪商工 會義所 商工圖書館 編,『大阪商工會義所商工圖書館 追加目錄』第1回, 大阪:大阪商工會 義所 商工圖書館, 1943.

[94] 神戶商工會議所圖書館 編,『神戶商工會議所圖書館和漢圖書目錄 第1冊:昭和15年3月現 在』, 神戶:神戶商工會議所圖書館, 1941; 神戶商工會議所圖書館 編,『神戶商工會議所圖 書館藏所藏東亞文庫目錄』, 神戶:神戶商工會議所圖書館, 1940; 神戶商工會議所圖書館 編,『(神戶商工會議所圖書館所藏)南方諸地域圖書目錄』, 神戶:神戶商工會議所, 1943.

[95] 南葵文庫 編,『南葵文庫藏書目錄』, 東京:南葵文庫, 1908~13; Nanki Bunko, *Catalogue of the Nanki Bunko*, Tokyo:Nanki Bunko, 1914.

[96] Kokusai Bunka Shinkōkai, *Catalogue of the Kokusai Bunka Shinkōkai Library : a classified list of works in Western languages relating to Japan in the Library of the Kokusai Bunka Shinkōkai,* Tokyo:Kokusai Bunka Shinkōkai, 1937; Kokusai Bunka Shinkōkai, Kokusai Bunka Shinkōkai, Tokyo:Kokusai Bunka Shinkokai, 1932~1949; Kokusai Koryu Kikin, *List of books on Japanese culture*, Tokyo:Kokusai Bunka Shinkōkai, 1937.

[97] 三井本社調査部資料科 編,『和洋圖書目錄』, 東京:三井本社調査部資料科, 1944; 三井本 社調査部資料課 編,『和洋圖書目錄. 追錄第一輯』, 東京:三井本社, 1944.

간한 서적연감 및 도서목록[99] 등이 있다. 이외에도 유서 깊은 가문의 고문서를 소장한 사설문고의 도서목록이 경성제대 장서에 다수 소장되어 있으나, 이에 대한 정리와 분석은 이 분야의 전문가에게 맡겨져야 할 것이다. 여기서는 주로 현대적이고 대중적인 도서를 수집했던 사립도서관 및 사설문고의 도서목록을 추출해 보았다. 사설문고는 수집한 도서의 독창성 내지 전문성을 생명으로 하기 때문에 여러 사설문고의 도서목록을 늘어놓고 보면 장서 구성과 도서분류체계가 매우 다양하게 나타날 수밖에 없다.

⑦ 특수용도 도서목록은 이상에서 살펴본 도서관들이 특정 목적이나 주제에 따라 소장도서를 부분적으로 재분류해서 제작한 도서목록을 말한다. 서울대 [구장서분류표] 분류번호 0420 圖書目錄에는 이러한 특수용도 도서목록이 많이 포함되어 있다. 아사히신문오사카본사 자료부에서 발간한 대동아정책이나 중국관계 도서목록[100]도 볼 수 있고, 마루젠 출판사에서 발간한 도서전람회 목록[101]도 볼 수 있다. 분류번호 A440 National biliographies에는 각 국가에 대한 서양서 문헌을 집대성한 목록이 모아져 있는데, 일본, 중국, 조선, 극동, 동양을 주제어로

98　三菱合資會社資料課 編, 『資料分類基準表』, 東京 : 三菱合資會社資料課, 1927; Mitsubishi Gōshi Kaisha, *Catalogue of foreign books in the library of the Economic Research Department*, Tokyo : Mitsubishi Gōshi Kaisha, 1924.

99　協同出版社 編, 『書籍年鑑』, 東京 : 協同出版社, 1942; 協同出版社, 『(現代)圖書總目錄 : 昭和19年版』, 東京 : 協同出版社, 1944.

100　朝日新聞大阪本社調査部 編, 『支那に關する文獻書目 : 邦文.邦譯』, 東京 : 朝日新聞大阪本社, 1942; 朝日新聞大阪本社調査部 編, 『支那に關する文獻書目 : 歐文.歐譯』, 東京 : 朝日新聞大阪本社, 1942; 朝日新聞大阪本社調査部, 『大東亞政策に關する文獻書目竝解說』 第46~49輯, 大阪 : 朝日新聞大阪本社調査部, 1944.

101　丸善株式會社 編, 『珍籍展覽會目錄』, 東京 : 丸善株式會社, 1932; 丸善株式會社 編, 『西洋好事本展覽會目錄』, 東京 : 丸善株式會社, 1937.

한 서양서 목록들을 볼 수 있다. 일제가 남진정책에 따라 동남아시아에서 전쟁을 펼치고 있던 1940년대에는 소위 남양에 관한 정보를 수집하고 정리하는 것이 붐을 이루고 각 도서관들이 남양에 관한 도서목록을 경쟁적으로 제작해서 발간한 흔적을 분류번호 A459의 장서에서 확인할 수 있다.[102]

특수용도 도서목록에서 역시 주목할 만한 것은 국민의 사상통제나 교화를 목적으로 작성했던 금서 목록과 추천도서 목록이다. 문부성 교학국은 금서와 추천도서 목록 작성 및 배포에 중심적 역할을 하였고,[103] 관립도서관, 지자체 도서관, 관변단체는 정부시책에 적극적으로 호응하였다.[104] 제국도서관은 시국의 변화에 대응한 추천도서 목록을 매년 작성하고 있었고,[105] 경성부립도서관은 조선에서의 국민정신작흥 운동을 지원하는 데 힘쓰고 있었으며,[106] 대일본청년단과 같은 관변 청년단체도 지속적으로 추천도서 목록을 작성하여 배포하였다.[107] 특정 금서

---

102 Teikoku Toshokan, *Catalogue of books on South Eastern Asia and Oceania*, 東京 : 帝國大學圖書館, 1944; Tokyo Shoka Daigaku, *Indian bibliography in the Tokyo University of Commerce*, Tokyo : 東京商科大學, 1943; Nanshi Nanyō Keizai Kenkyūkai, *Bibliography of the Far Eastern tropics*, Taihoku College of Commerce, 1938; Tōhoku Teikoku Daigaku Toshokan, *Catalogue of foreign books concerning the East Asiatic and Oceanic Countires*, Sendai : Tōhoku Teikoku Daigaku Toshokan, 1944; Taiheiyō Kyōkai, *Bibliography of the Philippine Islands*, Tokyo : 太平洋協會, 1941.

103 文部省推薦竝教學局, 『文部省推薦竝教學局選獎圖書思想關係發禁圖書一覽』, 東京 : 文部省敎學局, 1942.

104 臺灣總督府圖書館 編, 『日本精神に關する圖書展觀目錄』, 臺北 : 臺灣總督府圖書館, 1934; 日本圖書館協會 編, 『時局下推薦書目』, 東京 : 日本圖書館協會, 1940; 臺灣總督府圖書館 編, 『推薦認定圖書目錄』, 臺北 : 臺灣總督府圖書館, 1943.

105 帝國圖書館, 『時局に關する圖書目錄』, 東京 : 帝國圖書館, 1938~43.

106 京城府立圖書館 編, 『精神作興に關する新刊圖書目錄』, 京城 : 京城府立圖書館, 1933; 京城府立圖書館 編, 『精神作興に關する圖書目錄』, 京城 : 京城府立圖書館, 1935; 京城府立圖書館鐘路分館, 『日本精神及國防に關する圖書目錄』, 京城 : 京城府立圖書館, 1934.

목록이나 추천도서 목록에 표시된 개별도서들이 어느 정도 소장되어 있는가를 확인해 보는 것도 경성제대 장서의 성격을 논의하는 데 도움이 될 수 있을 것이다.

이상과 같이 7개 범주로 분류해서 제시한 도서목록들을 비교하는 작업은 다양한 방법으로 진행될 수 있다. 본고에서는 두 가지 방법을 예시하는 수준의 논의를 전개하고자 한다. 첫째는 각각의 도서관들이 제작하거나 채택한 도서분류표 자체를 비교하는 방법이 있을 수 있다. 이는 문헌정보학, 서지학, 도서관학 등에서 이미 전문화시켜온 방대한 연구주제이지만, 경성제대 도서관의 도서분류체계에 관한 연구도 충분하게 이루어진 것 같지는 않다. 1926년 4월 설립된 경성제대 도서관의 도서분류표가 어떤 도서관의 도서분류표를 모방했는가 하는 식의 접근만을 할 수는 없다. 불과 10여년 만에 45만 건의 장서를 갖게 된 경성제대 도서관이 식민지 조선이라는 위치에서 얼마나 많은 종류의 문헌을 다루고 있었는지를 먼저 생각해 보아야 한다.

동아시아의 근대는 서구의 문물과 제도를 받아들이는 과정이었고, 19세기말부터 제국으로 성장한 일본이 이 과정에서 상당한 정도의 매개자 역할을 하였다. 일제 도서관의 중요한 과제는 중화체제에 기반을 두었던 한문서적, 즉 한서漢書와 자국 일본에서 발간된 서적, 즉 화서和書의 분류체계를 통합하고, 나아가 서구 각국의 언어로 표기된 서적을 양서洋書로 포괄한 후 화한서和漢書와 양서의 분류체계를 결합하는 것이

---

107 大日本聯合青年団調査部 編, 『推薦図書目録』第11輯, 東京 : 大日本聯合青年団, 1934; 大日本聯合青年団 編, 『推薦図書目録』第16輯, 東京 : 大日本聯合青年団, 1937; 大日本聯合青年団 編, 『推薦図書目録』第19輯, 東京 : 大日本聯合青年団, 1939.

었다. 화서와 한서 분류체계의 통합은 비교적 용이했지만, 화한서와 양서를 통합하여 분류하는 일은 언어와 지식체계의 장벽이 높았다. 일제 대부분의 도서관들은 화한서와 양서를 분리하여 두 가지의 도서분류표를 가지고 있었고, 분류체계도 상이한 경우가 많았다. 화한서 분류체계 및 용어를 영어로 번역하거나 양서 분류체계 및 용어를 일본어로 번역하기만 하면 되는 단일 분류체계를 채택한 도서관은 드물었다.[108]

한서에 대한 분류체계로는 중국에서 4부7략四部七略이라고 일컬어지던 고유한 분류체계가 형성되었고, 1778~1782년 청의 건륭제乾隆帝 치세 아래에서 사고전서四庫全書가 편찬될 시점에서는 4부체제(經部 · 史部 · 子部 · 集部로 구성됨)가 확립되어 있었다. 메이지시대 이전까지 일본에서도 한서 분류에 있어서는 이러한 4부 체제가 답습되고 있었다. 또한 일본에서는 일본 문자 가나仮名가 쓰이거나 혼용된 화서 또는 국서國書에 대한 분류체계도 발달하였는데 일군의 서적들을 묶을 수 있는 다양한 분류용어를 나열하는 방식이었다.

화한서 분류체계의 통일은 1876년 제국도서관의 전신인 도쿄서적관東京書籍館에서 처음 시도되었으나 여러 차례 시행착오를 겪었다.[109] 한서의 4부 분류가 워낙 오랜 전통을 가진 것이어서 화서의 나열적 분류체계로 한서를 재배치하는 것이 결코 간단하지 않았다. 한서를 소장한 일제의 많은 사설문고는 한서 분류체계를 유지하는 경우가 대부분

---

108 서울대학교 중앙도서관 고문헌자료실에서는 [구장서분류표]에 따라 지금도 화한서와 양서를 구분하고 있고, 동양서와 서양서로 칭하기도 한다. 서울대학교 중앙도서관의 일반도서에 대한 분류체계는 듀이(M. Dewey)의 십진분류법 제22판을 상황에 맞게 변형한 것으로 영어로 된 단일 분류체계에 따라 수서 · 정리 업무가 이루어지고 있다.

109 加藤宗厚, 『圖書分類法要設』, 東京 : 古徑莊, 1941, 147~150쪽.

이었다. 경성제대 도서관도 규장각 도서에 대해서는 4부 분류체계를 유지했고, 만주사변과 중일전쟁을 거치면서 일제 당국이 접수한 중국의 많은 고서들도 기존의 분류체계에 따라 정리되었다. 19세기 후반 이후 중국과 일본에서 서구 문물과 지식에 영향을 받은 서적들이 쏟아져 나오면서 이러한 근대의 화한서에 대해 통합적 분류와 관리가 가능해졌다고 보아야 할 것이다.

1887년 제국도서관은 화한서 뿐만 아니라 양서에 대해서도 동일하게 적용되는 8문八門의 분류체계를 처음 만들어서 이후 정착시키는 데 성공했다. 화한서와 양서 분류체계에서 먼저 만들어진 것은 양서 쪽이었고, 화한서 분류체계 및 용어는 양서 쪽의 것을 번역한 것이었다.[110] 화한서 분류체계의 통일이 양서 분류체계의 작성과 맞물려서 이루어졌다는 점이 흥미롭다. 화한서와 양서에 대해 동일한 분류체계가 적용된 것은 이후 다른 도서관들의 분류체계와 비교해볼 때 매우 이례적인 것이었지만, 세부분류로 들어가 보면 화한서와 양서의 분류체계가 전혀 다르게 되어 있다. 8문의 대분류 항목과 용어는 통일했지만, 화한서와 양서에 담긴 지식의 내용은 여전히 질적으로 상이하고 호환 불가능한 것이었다.

서구 각국에서도 도서분류체계는 19세기 후반까지 통일되지 않았고, 도쿄서적관이 1876년 처음 양서 분류체계를 만들 때에도 영어, 불어, 독어의 도서목록이 별도로 제작되었다.[111] 미국에서 듀이의 유명한 십진분류법Decimal Classification이 처음 발표된 것은 1876년이었고, 십진

---

110 加藤宗厚, 위의 책, 150~152쪽.
111 加藤宗厚, 앞의 책, 150쪽.

분류법이 국제적 표준으로 자리잡기 시작하는 것은 1920년대 후반부터였다. 커터C.A. Cutter의 확대분류법Expansive Classification이 처음 발표된 것은 1891년이었고, 확대분류법의 장점을 실용화시켰다고 평가되는 미국의회도서관 분류법Library of Congress Classfication은 1904년 처음 발표되었다.[112] 이 세 가지 도서분류법은 일제 도서관들의 도서분류표 제작에 중대한 영향을 미친 것으로 흔히 이야기되고 있었지만, 구체적으로 어떻게 참조되고 반영되었는지에 대한 설명을 찾기는 쉽지 않다. 일본에서 십진분류법을 처음 채용한 것은 1907년 교토부립도서관이라 알려져 있다. 1909년에는 야마구치현립야마구치도서관이 제국도서관과 같이 8문 분류를 사용하다가 십진분류체계로 바꾸었고, 이것이 이후 다른 도서관들에도 일정한 영향을 미쳤다.[113] 모리 기요시森清가 제작한 일본표준 십진분류법은 1928년 처음 발표되어 많은 도서관들의 호응을 얻었는데, 분류 항목과 용어의 설정에 있어 듀이의 십진분류표와는 적지 않은 차이가 있었다.[114] 앞에서 제시한 많은 도서목록들을 살펴보면, 세 가지 도서분류법의 확산에도 불구하고 일제 도서관들의 개별적 사정을 반영한 분류체계 및 용어의 창안과 다양성에 더 많은 관심을 갖지 않을 수 없게 된다.

경성제대 도서관의 장서분류표는 화한서의 경우 네 자리 숫자로 된 십진분류법을 채용하여 0000 一般図書와 같이 시작되어 있다. 분류 항

---

112 Margaret Mann, *Cataloging and the Classification of Books*, Chicago and Illinois, 1943, pp.48~51, 68~75.
113 加藤宗厚, 위의 책, 154~156쪽.
114 森清, 「和洋圖書共用十進分類法案」, 『圖書館研究』, 1928; 文部省 編, 『圖書分類法關係資料』, 文部省, 1935.

목의 배치나 분류 용어를 보면, 듀이의 십진분류표와는 다른 점이 많다. 양서의 경우 대분류기호는 확대분류법과 미국의회도서관 분류법에서 같이 영어 알파벳 A~Z가 사용되고 있고 중분류 이하에서는 십진분류의 숫자가 결합되어 A000 GENERAL WORKS와 같은 분류기호로 시작되고 있다. 화한서 분류표와 양서 분류표는 대분류 항목의 숫자에서부터 차이가 있고, 분류 항목의 배열 및 순서에도 적지 않은 차이가 있다.

조선총독부도서관 장서는 화한서가 11문, 양서가 10개 항목으로 대분류되어 있고 세 자리 숫자까지 세부 분류되어 있다. 1937년 화한서 분류표에서 11번째 대분류 항목으로 조선문朝鮮門이 있는 점과 1924년 양서분류표에서 소분류를 통해 영어, 독어, 불어 문헌이 구분되어 있는 점이 특징적이다. 1933년 경성부립도서관 장서는 화한서가 세 자리 숫자의 십진분류법에 따라 분류되어 있고, 양서가 22개 대분류 항목으로만 간략하게 분류되어 있다. 한서가 별도의 항목으로 구분되어 있는데, 이 점은 경성제대 도서관에서 규장각 도서를 별도로 관리하던 것과 유사하다. 1939년 부산부립도서관의 화한서분류표에서는 세 자리 숫자로 된 십진분류법을 채택하고 있다.

제국대학의 도서분류표 중에는 도쿄제국대학의 전신인 제국대학의 도서관이 1893년 발간한 화한서분류표가 흥미롭다. 이 분류표는 한서와 화서의 통합분류를 시도하고 있는데, 21개의 대분류 항목 중에 제3항목이 經書, 제4항목이 子類로 되어 있고 그 아래에는 4부 분류에서 등장하는 분류 용어가 나열되어 있다. 즉 한서의 분류체계를 화서 분류체계의 일부로 삽입한 것이다. 1940년 발간된 만주국 건국대학의 한문 신장본漢文新裝本 분류표는 12개의 대분류 용어를 나열하고 두 번째 단계인 중분류까지 이루어져 있다. 1934년 발간된 도쿄문리과대학 양서 분류표에서는 로마자 숫자로 25개의 대분류 항목이 나열되어 있다. 1912년 발간된 게이오의숙 도서관의 화한서분류표는 10문으로 표시된 십진분류법을 채택하고 네 번째 단계인 세분류까지 이루어져 있다. 같은 해 발간된 양서분류표는 대분류에서 십진분류법을 채용하고 있고 중분류에서는 십진 분류가 이루어져 있지 않다. 1938년 도시샤대학과 1935년 고마자와대학 도서관의 화한서분류표는 세 자리 수의 십진분류법을 채택하고 있다. 1931년 오타니대학 화한서분류표는 3개 대분류 항목으로 구성된 불교 도서의 분류체계를 보여주고 있다. 1936년 동아경제조사국에서 제작한 도서분류표는 경제 분야의 주제어를 중심으로 분류체계를 구성한 것으로 유연성의 측면에서 커터의 확대분류법과 유사성을 보여주고 있다.

고등학교 및 전문학교의 도서분류표는 대학 및 연구소 도서관의 그것들에 비해 간략한 편이다. 1932년 돗토리고등농업학교, 1931년 오이타고등상업학교의 양서분류표는 십진분류법에 근거하고 있으나 분류 용어와 항목 배열에서는 독자성을 보여주고 있다. 1929년 발간된 대북고등상업학교, 1926년 발간된 히로시마고등상업학교의 양서분류표는 미국의회도서관 분류법과 유사성을 보여주고 있다.

관립도서관 중에서는 제국도서관과 식민지 통치기관의 도서분류표가 흥미롭다. 1902~5년에 발간된 제국도서관 화한서분류표는 8문의 대분류 아래에 중분류, 소분류까지 세 단계로 이루어져 있다. 1898~1903년 발간된 양서분류표는 8문의 대분류 아래에 각 항목마다 영어의 알파벳순으로 주제어들이 나열되어 있다. 일견 8권의 사전을 보는 것 같은 느낌을 받는데, 사전과 다른 점은 각 주제어가 설명되어 있는 것이 아니고, 그에 관한 문헌목록이 표시되어 있다는 것이다. 1918년 발간된 대만총독부도서관의 화한서분류표는 경성제대 도서관의 그것과 마찬 가지로 네 자리 숫자의 십진분류법으로 되어 있는데, 분류 항목의 구성 은 다르다. 총류 부분 아래에 분류번호 070 臺灣과 같이 대만이 별도의 분류 항목으로 설정되어 있는 점이 특징적이다. 1938년 발간된 만철 대 련도서관의 화한서분류표는 조선총독부 및 대만총독부의 그것들과 유 사하게 만주·몽고라는 당해 지역을 별도의 대분류 항목으로 설정하고 나머지 장서에 대해서는 네 자리 숫자의 십진분류법을 채택하고 있다. 양서분류표는 A에서 J까지 알파벳으로 대분류 항목을 표시하고, 대분류 아래에는 세 자리 숫자의 십진분류법을 부가하여 J223 History of Chi-nese Literature와 같이 분류 항목을 표시하였다. 경성제대 양서분류표 와 동일한 방식이다. 양서분류표의 대분류 항목에서도 J Far East는 지 역 명칭이며, 미국의회도서관 도서분류표의 E~F America를 연상시킨 다. 1938년 발간된 만철 하얼빈도서관의 아세아문고 양서분류표는 러 시아어 도서와 기타서양서를 별도로 구분하고, 기타서양서는 다시 M Manchuria, Mongolia and Siberia와 A Asia의 지역별로 구분한 뒤 세 자리 숫자의 십진분류법을 적용하고 있다. 1932년 사용된 만주국립봉 천도서관의 도서분류표는 한서의 4부 분류체계에 총서부를 추가한 5부 분류체계를 만들고 당대에 출간된 화서도 한서 분류체계에 따라 목록화 하였다. 1934~38년 사용된 해군문고의 양서분류표는 영어, 독어, 불 어, 기타언어 도서를 별도로 구분하고 있고, 영어 도서에 대한 분류를 더 세밀하게 하고 있다.

지자체 도서관의 경우에는 교토부립도서관과 오사카부립도서관의 도서분류표 변화가 흥미롭다. 1907년 사용된 교토부립도서관 도서분류표는 세 자리 숫자의 십진분류법을 채택하고 있는데, 분류 항목의 총 수가 70여 개로 간략하게 구성되어 있다. 1904~6년 사용된 오사카부립도서관 화한서분류표는 23문의 대분류 항목으로 구성된 나열적 분류체계의 전형을 보여주고 있다. 1908~20년 사용된 화한서분류표에서는 대분류에서 십진분류법이 적용되고 이전의 대분류 항목은 27문으로 확대되어 중분류 항목으로 배치되었다. 1921~37년 사용된 화한서분류표에서는 십진분류법이 다시 없어지고 27문의 중분류 항목이 대분류 항목으로 전환되었다. 1919~26년 사용된 양서분류표는 로마자 숫자로 27개 대분류 항목을 나열하고 있고, 화한서 분류표와 전체적인 체계가 동일하다. 양서분류표의 중분류·소분류 항목이 화한서분류표보다 약간 간략한 것으로 보아 화한서분류표를 영어로 번역한 것이 아닌가 생각된다.

사립도서관 및 사설문고의 도서분류표는 도서관의 특성과 장서의 전문성을 더욱 여실히 보여주는 것이라 할 수 있다. 1905~11년 사용된 오하시도서관의 화한서분류표는 10개 대분류 항목과 세 단계의 분류체계로 구성되어 있는데, 십진분류법에 따른 것은 아니다. 1935년 사용된 이와세문고의 도서분류표는 9개 대분류 항목과 두 단계의 분류체계로 구성되어 있고, 제9문 삼주사료三州史料가 이 문고의 특성을 집약하고 있다. 이와사키문고의 화한서분류표는 일본사의 시대 구분에 따라 일본고서를 분류하고 있으며, 국문학사, 역사, 조선본 고서, 중국본 고서 등이 대분류 항목으로 설정된 독자적인 분류표이다. 1934~

37년 사용된 덴리도서관의 화한서분류표와 양서분류표는 모두 세 자리 숫자의 십진분류법을 적용하고 있고, 양자의 분류체계 및 용어도 거의 동일하다. 1945년 발간된 동양문고의 한적총서분류표는 經部·史部·子部·集部·叢書部의 5부로 구성되어 있고, 朝鮮本等의 별치 항목이 있었다. 1939년 발간된 조선본분류표 역시 5부로 구성되어 있고, 安南本 별치 항목이 있었다. 1921년 사용된 신궁문고의 도서분류표는 11문의 대분류 항목과 세 단계의 분류로 구성되어 있는데, 第一門 神祇가 이 문고를 대표하는 분류 항목이고 세부 분류가 가상 많이 이루어져 있다. 1908년 발간된 난키문고의 장서분류표는 總記·哲學·技術·記事·科學와 같은 독자적인 대분류 용어를 통해 장서 구성의 특징과 전문성을 표현하고 있다.

이상에서 수행한 도서분류표의 비교 검토는 특정 도서관의 기본적 성격을 파악하는 데 도움이 되고, 일제 도서관들이 19세기 후반 이후 서구 문물의 유입, 식민지 지배, 전쟁 수행 및 점령지 통치의 과정에서 조우하게 된 다종다양한 서적과 지식체계를 수용하고 정리하는 매개자의 역할을 어떻게 수행했는가를 논의하는 데 기여하는 바가 있다. 일제 도서관들의 화한서분류표는 일본의 토착적 지식체계와 서구적 지식체계, 그리고 중국 및 조선의 한서에 담긴 아시아적 지식체계가 융합되는 과정에서 나온 역사적 산물이다. 도서분류체계에 대한 좀 더 본격적인 연구가 앞으로 이러한 과정에 대한 논의를 흥미로운 방향으로 이끌어 갈 수 있을 것이다. 다른 한편으로는 일제 도서관들의 도서목록에 대한 좀 더 세부적인 비교 검토가 개별 도서관 장서의 특징이나 동아시아 지식체계의 변용 과정을 논의하는 데 큰 유용성을 가질 수 있다. 다음으로는 이에 대한 예시적 논의를 전개하고자 한다.

둘째는 특성 주제어가 일제 도서관들의 도서분류표에서 어디에 위치하는지 비교하는 방법이 있을 수 있다. 연구자가 설정한 특정 주제어가 개별 도서관 도서분류표에서 대분류, 중분류, 소분류, 세분류 등 어느 단계의 항목으로 위치하는지(혹은 없는지)를 검색하고, 그 항목 내의 장서량이 어느 정도 되는지 측정한 이후 개별 도서의 질적 검토를 수행하는 방식으로 연구를 진행할 수 있다. 특정 주제어가 어느 정도로 중요하거나 중요하지 않게 다루어지는가 하는 점은 개별 도서관 장서의 특징을 논의하는 자료가 될 수 있을 뿐만 아니라, 그 주제어를 전문적으로 다루는 학문의 역사를 재구성하는 데에도 의미 있는 자료가 될 수 있다.

이번 공동연구는 처음에 13개 주제어(군사, 행정, 식민, 산업, 교통, 지지, 풍속, 인류학·인종학, 종교, 윤리학, 사회, 구비문학, 교육)를 선정하여 연구를 시작하였다. 현대의 학문분과 형성 양상에 비추어 보면, 행정, 종교, 사회, 교육의 주제어를 제외한 나머지 주제어는 유동성이 높은 지식체계를 포괄한 주제어라고 할 수 있다. 즉 현대 한국 대학의 학문 분과에서는 잘 다루어지지 않거나 지엽적이거나 여러 분과에 걸쳐 있는 지식체계를 지칭하는 주제어들이다. 그러나 1926~45년 경성제대가 운영될 당시에는 이 주제어들의 대부분이 장서의 분류 용어로 사용되고 있었다.

여기서는 지면 관계상 군사와 식민, 두 가지의 주제어가 일제 도서관들의 도서분류표에서 어떻게 다루어지고 있었는지를 검토할 것이다. 경성제대 도서관의 화한서분류표에서 군사는 軍事, 식민은 植民으로 표기되어 있고, 양서분류표에서는 MILITARY & NAVAL SCIENCES와

COLONIZATION으로 각각 표기되어 있다. 軍事는 표제 부분에서 9 産業 農業 軍事와 같이 대분류 항목의 일부를 구성하고 있고, 상세분류표에서는 중분류 항목 9900 軍事로 나타나고 있다. 9900 軍事 아래에는 8개 소분류 항목, 9910 戰史, 9920 兵制・軍備, 9930 陸軍, 9940 海軍, 9950 古代兵法, 9960 兵器・古代兵器(附：城廓), 9970 武藝(劍術, 弓術, 馬術, 柔術 等), 9990 赤十字가 있다. 화한서 정기간행물표에서는 19개 분류 항목 중 하나로 Y99 軍事가 있다. MILITARY & NAVAL SCIENCES는 양서분류표에서 대분류 항목, X000 MILITARY & NAVAL SCIENCES로 표기되어 있고, 그 아래 4개 중분류 항목 X300 Military Science, X500 Naval Science, X700 Air Force, X900 Red Cross로 구성되어 있다. 분류체계상으로는 양서분류표에서 군사의 비중이 더 크게 취급되고 있지만, 장서의 양은 화한서 쪽이 훨씬 더 많다. 양서 정기간행물표에서는 22개 항목 중 하나로 YX Military & Naval Sciences가 있다.

1937년 발간된 조선총독부 도서관의 화한서분류표에서 군사는 대분류 항목 第8門 工學・軍事, 그 아래에 8-7의 1개 중분류 항목, 다시 그 아래에 10개 소분류 항목 8-70 軍事에서 8-79 軍事雜書까지로 구성되어 있다. 같은 대분류 항목에 있지만, 工學에 인접한 점이 경성제대 분류표와 다르다. 1924년 발간된 양서분류표에서는 대분류 항목 Class III. Natural Science, Medicine, Engineering, Military Science, 그 아래에 중분류 항목 D. Military Science로 군사에 관한 분류체계가 구성되어 있다. 경성부립도서관의 화한서분류표에서는 대분류 항목 政治・法制・兵事, 그 아래 3개 중분류 항목 54 兵事, 55 陸軍, 56 海軍이 있다. 1925년 발간된 철도도서관 화한서분류표에서는 대분류 항목 7. 工學, 兵

事, 1개 중분류 항목 78 兵事, 7개 소분류 항목 780 兵事一般에서 786 兵器・軍馬・刀劍까지로 군사에 관한 분류체계가 구성되어 있다.

1893년 발간된 제국대학 화한서분류표에서는 대분류 항목, 第十一 兵學, 그 아래 중분류 항목, 一 總說, 二 兵器, 三 武藝, 다시 그 아래의 세분류 항목, 兵制, 軍備, 海防, 築城, 軍艦, 砲臺, 馬具, 鐵冶, 馬術, 犬追 物과 같이 분류체계가 구성되어 있다. 1934년 발간된 도쿄문리과대학 양서분류표에는 대분류 항목, XXI. MILITARY AND NAVAL SCIENCE 와 그 아래 중분류 항목에서 군사 관련 분류용어가 나타난다. 1937년 발간된 만주국 건국대학 한문신장본 분류표에서는 대분류 항목, 政治 아래의 중분류 항목으로 (3) 軍事, 武道가 나타나 있다. 1912년 발간된 게이오의숙 도서관의 화한서분류표에서는 대분류 항목, 第八門 科學, 技藝 아래의 중분류 항목 十二 兵事라는 분류 용어만 나타나고 있다. 같 은 해 발간된 양서분류표에서는 대분류 항목, VIII. ARTS AND S-CIENCE 아래의 중분류 항목으로 11 Army and Navy가 있다. 고마자 와대학 화한서분류표에서는 대분류 항목 900 軍事學 工學 産業 美術 音 樂 諸藝아래의 중분류 및 세분류 항목으로 군사관계 분류용어가 나타 나 있다. 1938년 발간된 도시샤대학 화한서분류표에서는 대분류 항목, 400 國家 아래의 중분류 항목으로 490 軍事, 國防이 있고, 그 아래에 세분류 용어들이 표기되어 있다. 한편 각종 고등학교 및 전문학교의 도 서분류표에는 군사관계 분류 항목이 나타나지 않는 경우도 흔히 있고, 대체로 중소분류 항목으로 삽입된 것을 볼 수 있다.

1906년 발간된 제국도서관 화한서분류표에서는 대분류 항목 第七門 工學, 兵事, 美術, 諸藝, 産業, 중분류 항목 兵事 아래의 소분류, 세분류 항목에 50여 개의 군사관계 분류용어가 등장한다. 군관계 도서관을 제외하면 제국도서관이 군사관계 분류용어를 가장 많이 채용하지 않았나 생각된다. 1901년 발간된 제국도서관 양서분류표에서는 대분류 항목 AGRICULTURE, ARTS, COMMERCE, ENGINEERING, MANUFAC-TURE, AND MILITARY AND NAVAL SCIENCE 아래에 나열된 많은 주제어 중에 Military art and science, Military education, Military engineering, Naval art and science와 같은 용어가 등장하는 것을 볼 수 있다. 1918년 발간된 대만총독부 도서관의 화한서분류표에서는 3개 중분류 항목, 七七〇 兵事, 七八〇 陸軍, 七九〇 海軍에 역시 50여 개의 군사관계 분류용어가 채용되어 있다. 1938년 발간된 만철 대련도서관의 화한서분류표에서는 중분류 항목 76 兵事 아래에 약 40여 개의 군사관계 분류용어가 제시되어 있다. 경성제대 도서관의 도서분류표에서도 군사관계 분류용어가 다른 대학교나 고등학교 도서관에 비해 풍부하게 제시되어 있는 편이다. 하지만, 제국도서관, 대만총독부도서관, 만철 대련도서관이 훨씬 더 세밀한 군사관계 분류용어를 제시하고 있는 것을 볼 수 있다.

1907년 사용된 교토부립도서관의 도서분류표에서는 대분류 항목 三〇〇 社會事業 아래의 중분류 항목으로 三九四 兵器, 三九五 古代兵法及武藝가 제시되어 있다. 1905~6년에 사용된 오사카부립도서관 화한서분류표에서는 대분류 항목 第十八門 兵事가 있고, 그 아래 5개 중분류 항목들이 간략하게 구성되어 있다. 1905~11년 사용된 오하시도서관의 화한서분류표에서는 대분류 항목 第四門 法律 政治 軍事 아래에 6개 중분류 항목이 간략히 제시되어 있다. 전체적으로 볼 때, 지자체 도서관, 고등학교 및 전문학교 도서관, 사립도서관 및 사설문고보다는 관립도서관, 제국대학 및 관립대학 도서관에서 군사에 관해 세밀한 분류체계를 발전시켰다. 군사를 하나의 독자적 도서분류 영역으로 인정한 도서관들도 있었지만, 대개는 다른 영역과 함께 병합시켜서 대분류 항목의 주제어로 삼았고 병합시키는 영역도 개별 도서관들의 인식에 따라 달랐다.

植民은 경성제대 화한서분류표의 표제 부분에서 5 法律 政治 行政 植民과 같이 대분류 항목의 일부를 구성하고 있고, 상세분류표에서는 중분류 항목 5900 植民·移民과 같이 이민과 병렬되어 있다. 5900 植民·移民 아래에는 2개 소분류 항목 5950 日本, 5960 外國이 있을 뿐이다. 화한서 정기간행물표에서는 Y59 植民과 같이 19개 정기간행물 항목 중 하나를 구성하는 분류용어로 설정되어 있다. COLONIZATION은 양서분류표의 표제 부분에서 대분류 항목 M POLITICS, COLONIZATION과 같이 정치와 병렬되어 있고, 상세분류표에서는 중분류 항목 M900 COLONIZATION과 같이 단일 범주를 구성하고 있다. 그 아래에는 M950 Emigration & Immigration이라는 하나의 소분류 항목만 설정되어 있다. 화한서와 양서 모두에서 단순한 분류체계로 나타나고 있는데, 장서의 구성은 양서의 비중이 높은 점이 특징적이다. 양서 정기간행물표에서는 22개 항목 중 하나로 ZM Politics, Colonization이 있다.

1937년 발간된 조선총독부도서관 화한서분류표에서 植民은 대분류 항목 第四門 經濟·統計 아래에 중분류, 소분류 항목으로만 나타나고 있다. 중분류 항목의 표제어 없이 4-50ア 植民, 4-50イ 移民, 4-51 植民史, 4-52 植民政策, 4-53 植民行政, 4-59 植民雜書의 소분류 항목만 구성되어 있다. 1924년 발간된 조선총독부도서관 양서분류표에는 대분류 항목 CLASS IX. Colonies, Protectorates, Immigration이 있고, 그 아래의 중분류 항목으로 A. Colonies and Protectorates, B. Immigration이 있다. A. Colonies and Protectorates 아래에는 소분류 항목으로 1. General and Miscellaneous, 2. Ireland, 3. Africa, 4. Egypt, 5. South America 6. West Indies, 7. Canada, 8. Hawaii, 9. Australasia, 10. Philippine Islands, 11. Indo-China and East Indies, 12. India가 있다. 양서분류표에서만 식민이 이처럼 중요하게 다루어지는 것은 이례적인 일이라 할 것이다. 조선총독부는 1910년대부터 서양의 식민정책과 식민지 사정에 관한 문헌을 활발하게 번역하는 작업을 했었는데(제2장 참조), 도서관 장서에 있어서도 식민에 관한 서구 문헌을 폭넓게 수집하고 관리한 정황이 나타나고 있다. 1925년 발간된 철도도서관의 화한서분류표에서는 식민에 관한 분류 용어를 발견할 수가 없다. 1933년 사용된 경성부립도서관의 화한서분류표에서도 마찬가지이다. 1939년 사용된 부산부립도서관의 화한서분류표에서는 대분류 항목 五類 政治 法律 經濟 軍事 아래의 중분류 항목으로 植民이 나타나 있다. 지자체 도서관 도서분류표에서 식민에 관한 분류용어가 등장하지 않는 것을 보면, 식민지 조선에서 식민이라는 용어는 통치자의 관심을 반영하거나 전문적 학술용어로 사용되지 않았나 추정해 볼 수 있다.

1893년 발간된 제국대학 화한서분류표에서 식민에 관한 분류용어는 발견되지 않는다. 1899년 발간된 도쿄제국대학 화한서분류표에서도 마찬가지인데, 이후 발간된 도서목록을 모두 구해서 이 분류용어가 등장하는 시기를 확인해 볼 필요가 있다. 1937년 발간된 만주국 건국대학 한문신장본 분류표에서도 식민에 관한 분류용어는 발견되지 않는다. 1936년 발간된 도쿄문리과대학 양서분류표에서는 대분류 항목

XIV. ECONOMICS AND FINANCE (N) 아래의 중분류 항목으로 5. Migration and Colonization이 있다. 1912년 발간된 게이오의숙 도서관의 화한서분류표에서는 대분류 항목 第四門 政治, 外交 아래의 중분류 항목으로 (二) 外交, 植民이 있다. 양서분류표에서는 대분류 항목 IV. POLITICS가 1. Politics 2. Diplomacy 3. Colonization의 세 가지 중분류 항목으로 구성되어 있다. 1938년 발간된 도시샤대학 화한서분류표에는 식민에 관한 분류용어가 발견되지 않는다. 고마자와대학 화한서분류표에는 대분류 항목 700 政治 法律 經濟 統計 社會 家庭, 중분류 항목 710 政治 아래의 소분류 항목으로 718 拓殖 移住附殖民地行政이 있다. 일제의 대학에서 식민은 군사라는 분류용어만큼 일반화되지 못하고 소수학계의 전문 용어로 통용되었던 것 같다. 1920년대 이후 홋카이도제국대학, 도쿄제국대학, 교토제국대학을 중심으로 식민정책학이 신흥 학문으로 급속히 발전했는데(제2장 참조), 이러한 대학도서관들의 도서분류표를 구해서 분석대상에 포함시키지를 못했다.[115]

1926년 발간된 히로시마고등사범학교의 양서분류표에는 대분류 항목 CLASS J. POLITICAL SCIENCE, FINANCE, POLITICAL ECO-NOMY & STATISTICS, 중분류 항목 Div. IV. Political Economy 아래의 소분류 항목으로 Subdiv. h. Immigration & Colonization이 있다. 1933년 사용된 오이타고등사범학교의 화한서분류표에는 대분류 항목 3 經濟 아래에 중분류 항목으로 32 植民及移民이 있다. 1932년 발간된 돗토리고등농업학교의 양서분류표에는 대분류 항목 CLASS 4.

---

115 상기한 바와 같이 경성제대 도서관 장서에 제국대학 및 대학 도서관들의 도서목록은 다수 포함되어 있지만, 그 중에는 도서분류표가 첨부되지 않은 경우가 적지 않다.

SOCIAL SCIENCE 아래의 중분류 항목으로 420. COLONIZATION이 있다. 1919~29년 사용된 대북고등상업학교의 양서분류표에는 대분류 항목 F Colonization이 있고, 그 아래에 FA Colonies, FB Emigration and Immigration, FC Colonial History, FD World Politics, FP Population, FZ Miscellaneous Works와 같이 6개의 중분류 항목이 구성되어 있다. 이러한 예들을 보면, 식민에 관한 지식이 일제의 고등학교 및 전문학교 교육에서 중시되었던 점을 알 수 있다.

1902~5년에 발간된 세국도서관 화한서분류표에는 식민에 관한 분류용어가 나타나지 않는다. 1906년 발간된 제국도서관 양서목록 보충편(Supplement)에서 Colonies and Colonization과 Immigration이 주제어로 등장했다. Colonies and Colonization에는 46권의 영어, 불어, 독어 문헌이 제시되어 있어 다른 주제어에 비해 문헌 수가 많은 편으로 식민 현상에 대한 사회적 관심의 확대를 반영하고 있다. Immigration에는 2권의 영어 문헌만 제시되어 있다. 1918년 발간된 대만총독부도서관의 화한서분류표에는 법제, 정치, 법률, 재정, 사회, 풍속, 통계와 병렬된 중분류 항목으로 五九〇 植民, 移住, 新領地經營이 있다. 그 아래에는 소분류 항목으로 五九一 日本, 五九二 英國, 五九三 佛蘭西, 五九四 獨逸, 五九五 和蘭, 五九六 米國, 五九七 南美, 五九九 其他가 있다. 조선총독부도서관 양서분류표의 방대한 분류체계와 유사한데, 식민지가 아니라 식민주의제국을 기준으로 장서를 분류한 것이 다르다.

1938년 발간된 만철 대련도서관의 화한서분류표에는 대분류 항목 5 社會 · 風俗 · 家事 · 統計 · 植民이 있고, 그 아래에 중분류 항목 55 植民 · 移民 · 新領地經營이 있다. 다시 그 아래에는 4개 소분류 항목으로

550 植民・移民一般, 551 日本移植民事情, 552 支那移植民事情, 553 其他諸外國移植民事情이 있다. 550에는 사전, 총서, 보고, 통계, 법규, 식민지안내, 식민지교육, 논설 등과 같은 세분류 항목이 있고, 551에는 홋카이도, 사할린, 조선, 대만, 중국, 북아메리카, 남아메리카 등이 있으며, 553에는 북미합중국, 멕시코, 남아메리카, 영국, 불란서, 화란, 독일, 러시아 등이 있다. 양서분류표에는 대분류 항목 F. SOCIOLOGY가 있고, 그 아래에 중분류 항목으로 F5. Colonization & Migration이 있다. 그 아래의 소분류 항목으로는 F50 Colonization in general, F51 Colonial Law, F52 Colonial Policy, F53 Government Administration, F54 Finance, F56 Education, F57 Communication, F58 Colonies & Settlements of Special countries, F59 Migration이 있고, F50 아래에는 6개 세분류 항목도 있다. 조선총독부, 대만총독부, 만철의 3대 식민지 통치기관의 도서분류표에서 식민에 관한 분류용어가 세밀하게 발달해 있는 사실을 확인할 수 있다.

1907년 사용된 교토부립도서관의 화한서분류표에는 식민에 관한 분류용어가 나타나지 않는다. 1920년 사용된 오사카부립도서관의 화한서분류표에서도 마찬가지인데, 1921~22년 사용된 화한서분류표에는 대분류 항목 第九門 政治・行政이 있고, 그 아래의 중분류 항목으로 一〇 拓殖・移住가 등장했다. 1931년 사용된 화한서분류표에는 그 아래에 소분류 항목으로 聰記及雜書, 外國拓殖移住事情의 2개 분류용어가 추가되었다. 1932년 사용된 화한서분류표에서는 이 소분류 항목의 분류 용어가 聰記及雜書, 植民史, 外國拓殖移住事情・海外移住地案內의 세 가지로 바뀌었다. 다음 해에는 이 분류용어가 聰記及雜書, 外國拓殖

移住事情 海外發展·海外移住地案內의 두 가지로 다시 바뀌었다. 1934
년에는 분류용어가 聰記及雜書, 新嶺土拓殖, 外國拓殖移住事情, 海外發
展·海外移住地案內로 바뀌었다. 다음 해에는 이 표현이 聰記及雜書, 內
地各地拓殖移住·外國拓殖移住事情으로 또 바뀌었다. 이후에도 거의
매년 2~4개로 된 소분류 항목의 분류용어가 바뀌는 것을 볼 수 있다.
1927년 발간된 이 도서관의 양서분류표에는 대분류 항목 IX. Politics
and Administration 아래에 중분류 항목 6. Colonization, Emigra-
tion and Immigration, Administration of Colonies이 있다. 오사카
부립도서관의 자료는 대중도서관에서 1920년대 이후 식민에 관한 도
서들의 분류 필요성이 제기되었으나, 식민과 이민에 대한 개념적 이해
가 안정적으로 정착되지 못하고 있었음을 보여주고 있다.

이상에서 도서분류표가 첨부된 일제 도서관들의 도서목록을 비교하
는 방법을 예시해 보았다. 다음 단계로는 군사, 식민과 같은 특정 주제
어나 더 세부적인 분류용어를 기준으로 도서관들의 장서량을 측정하고
개별도서들을 검토하면서 장서 구성의 특징을 비교할 수도 있다. 이러
한 작업은 특정 분야의 학문사 연구자가 시도해 볼 수 있을 것이다. 도
서분류체계와 도서분류표에 대한 비교 연구는 학문사 연구와는 또 다
른 관점에서 서구 지식체계의 유입 내지 동서양 지식의 융합에 관한 논
의 기반이 될 수 있고, 특정 도서관 장서의 구성적 특질과 성격을 판정
하는 방법이 될 수 있다. 경성제대 도서관 장서에 많은 도서목록이 소
장되어 있긴 하지만, 훨씬 더 풍부한 자료를 구비해야 도서목록 및 도
서분류표의 비교가 더욱 유용한 연구결과를 얻을 수 있을 것이다. 이러
한 자료 구축은 한국의 서지학 관련 학계에서 시도해 볼 수 있는 흥미

롭고도 중요한 연구과제가 아닌가 생각된다.

3. 도서원부의 분석

경성제대에서 구축되었던 학지 형성의 메커니즘과 도서 축적의 상
관성을 검토하기 위해서는 경성제대의 학부체제와 강좌구성이 도서 축
적에 미친 영향을 검토할 필요가 있다. 다음 장부터의 분야별 장서분석
에 앞서 각각의 장서가 어떤 강좌나 누구의 필요에 의해 어떻게 모아지
게 되었는가에 대해 기초적 이해를 수행할 필요가 있다. 필자는 서울대
중앙도서관 수서정리과에 보관되어 있는 도서원부 중 일부를 검토하였
다. 약 40만 권의 장서를 수록한 도서원부라는 것이 워낙 방대한 자료
이기 때문에 체계적 분석은 별도의 연구를 필요로 하는데, 이번 연구에
서는 개별 장서의 유입경로를 어느 정도로 명확하게 확인할 수 있는지
를 작업 과제로 삼았다.

필자는 다음 20권의 제본 책자를 통해 도서원부의 내용을 검토할 수
있었다. 여기서 東은 동양서를, 西는 서양서를 의미한다. 그 다음의 숫
자들은 각각 권수, 등록번호, 등록년월을 의미한다.

1. 東 1 1-5000 1926.5
2. 東 3 10001-15000 1926.5~8

3. 東 6 25001-30000 1926.12~1927.1

4. 東 7 30001-35000 1927.1~2

5. 東 15 70001-75000 1929.1~6

6. 東 30 145001-148359 1933.3~8

7. 東 31 148360-150097 1933.9~10

8. 東 35 154265-155726 1934.4~6

9. 東 89 267022-269734 1944.4~10

10. 東 91 274909-275854 1945.4~6

11. 東 92 275855-281502 1946.5~1947

12. 西 1 1-5000 1926.5

13. 西 2 5001-10000 1926.5~10

14. 西 20 95001-97351 1933.3~8

15. 西 21 97352-97849 1933.9~10

16. 西 29 102615-105831 1935.1~3

17. 西 45 120479-122142 1938.1~3

18. 西 55 132898-134246 1942.4~1943.3

19. 西 57 137073-141715 1944.4~1945.3

20. 西 58 141716-141918 1945.5(등록년월이 기재되지 않음)

모든 장서에는 도서관 담당자가 들어온 순서대로 붙여놓은 등록번
호라는 것이 있다. 경성제대 장서는 화한서(동양서)와 양서(서양서)로 구
분되어 이 등록번호가 붙어 있고, 도서원부는 등록번호 순서대로 서지
사항을 기록해 놓은 장부이다. 도서원부에 기록된 개별 도서의 서지사

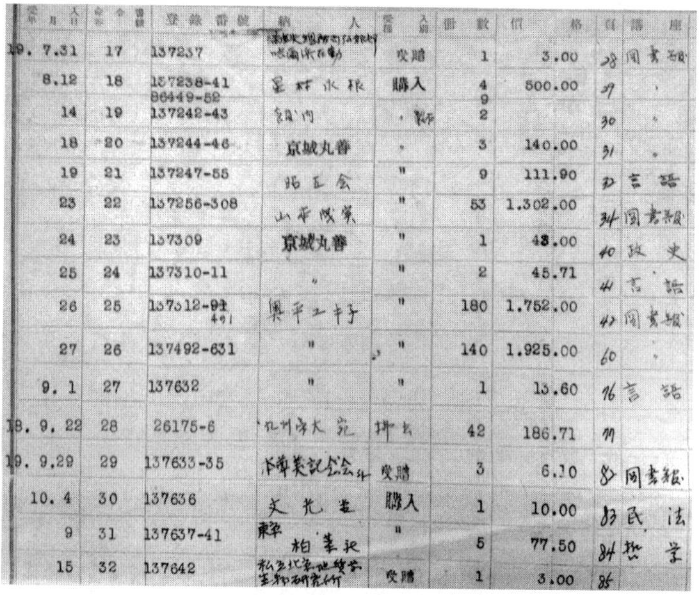

〈그림 1〉 1944년 8월 도서원부 목차의 한 페이지

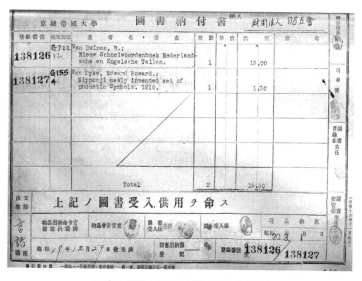

〈그림 2〉 1944년 12월 도서원부 본문의 한 페이지

항은 등록번호, 서명, 수입 연월일, 분류번호, 납입자, 수입종별, 책수, 가격, 강좌 등으로 구성되어 있다. 이 형식이 갖추어지는 것은 1934년 4월부터이다. 1933년 9월부터 강좌명이 도서원부에 표시되었으나 처음에는 비고란에 강좌명이 기입되었다. 이 중에서도 중요한 관심사가 될 수 있는 것은 수입종별, 납입자, 강좌 등의 항목이다. 수입종별은 개별 도서의 유입 경로를 나타내는데, 여기에는 보관전환, 구입, 기증, 제본 네 가지의 경우가 있다. 보관전환은 정근식의 연구[116]를 통해 어느 정도 그 내용이 밝혀져 있으며, 경성제대 도서관 설립 후 수행된 조선총독부 장서와 규장각 도서의 보관전환이 대표적인 예이다. 기증은 일본제국 각지의 관청, 교육기관, 개인으로부터 이루어졌으며, 제본은 이미 구입 또는 기증된 연속간행물을 합쳐서 책으로 만든 경우이다. 구입은 도서관이 대금을 지불하고 납입자로부터 수령한 경우이다.

장서 중 각종 보고서 및 기관발행 책자는 당해 기관의 기증도서인 경우가 많다. 예를 들어, 군사와 식민 항목의 장서에는 육군성, 해군성, 척무성 등이 기증한 도서가 다수 포함되어 있다. 다시 말해 경성제대 교수 및 학생의 요청이 있기 전에 식민지 및 점령지 통치에 필요한 정보와 보고서 자료가 발행 기관의 기증에 의해 축적되었다는 점을 인식할 필요가 있다. 기증도서의 경우에는 납입자를 확인하는 작업이 중요하다.

구입도서는 구입희망자가 누구였는지, 그리고 도서관이 도서 구입에 관해 어떠한 절차적 규정을 가지고 있었는지를 확인할 필요가 있다. 그러나 이에 관한 자료는 찾기가 쉽지 않다. 이충우·최종고의 저서를

---

116 정근식, 앞의 글, 2010.

보면, "경성제대 도서관에 마루젠丸善서적 사원이 상주하고 있어 교수나 학생들이 주문한 책을 값싸게 제공하고 있었고, 도서관의 단체주문에 대응했다"[117]는 문구를 볼 수 있다. 도서원부에는 강좌라는 항목의 란이 있다. 여기에 씌어 있는 것은 당해 도서의 구입을 요청한 강좌나 학과의 명칭일 가능성이 많다. 강좌란에 '도서관'이라고 적힌 경우를 볼 수 있는데, 이것은 학생이나 교수들이 개별적으로 도서관에 구입을 요청한 경우일 수 있지만 도서관에서 어떻게 도서 구입을 결정했는지를 아직 알 수 없기 때문에 추측의 수준을 넘지 못한다.

정리해서 말하면, 경성제대 도서관 도서원부를 보면 특정 도서가 어떤 경로로 경성제대 도서관에 유입되었는지를 대체적으로 알 수 있다. 1933년 9월부터 등록된 도서는 많은 경우 수서에 관여한 강좌 혹은 학과를 추적할 수 있다. 이에 관한 정보는 경성제대 강좌의 교수 및 학생이 어떤 책들의 구입을 희망해서 어떤 내용의 학문적 지식을 생산·습득했는지를 알 수 있게 만드는 중요한 단서이다. 또한 다양한 식민통치기관의 자료들이 경성제대 교수 및 학생의 참고도서로 사용될 수 있었던 점을 나타내주기도 한다. 그러나 필자는 이번 연구에서 도서원부에 대해 본격적인 분석을 수행하지는 못했다. 특정 분야의 중요도서들이 누구에 의해 어떤 경로로 유입되었는가를 반드시 알아야 할 경우에는 도서의 등록번호를 연결고리로 도서원부에서 그 정보를 확인할 수 있다. 특히 납입자, 受入종별, 강좌 등의 정보가 기재된 도서는 그 유입경위에 관해 유의미한 정보를 얻을 수 있다.

---

117 이충우·최종고, 『다시 보는 경성제국대학』, 푸른사상, 2013, 176쪽.

참고문헌

김남석, 『일제치하 도서관과 사회교육』, 태일사, 2010.

이충우·최종고, 『다시 보는 경성제국대학』, 푸른사상, 2013.

정근식, 「경성제국대학 부속도서관의 형성과 운영-제도이식론과 권력의 재현 사이에서」, 『사회
　　와역사』 제87집, 2010.

최종고, 「서울대학교 도서관소장 귀중법학서의 연구」, 『법사학연구』 제17호, 1996.

加藤宗厚, 『圖書分類法要設』, 古徑莊, 1941.

加藤一夫·河田いこひ·東條文規, 『日本の植民地図書館』, 社会評論社, 2005.

金丸裕一, 「中支建設資料整備委員会とその周辺-「支那事変」期日本の対中国調査活動をめぐる習作」,
　　『立命館経済学』, 第49巻, 第5号, 2000.

野敬太郎·森清(共編), 『圖書館總覽 : 昭和十三年版』, 青年圖書館員聯盟, 1938.

大場利康, 「満洲帝国国立中央図館籌備処の研究」, 『参考書誌研究』, 第62号, 2005.

文部省 編, 『圖書分類法關係資料』, 文部省, 1935.

森清, 「和洋圖書共用十進分類法案」, 『圖書館研究』, 1928.

鄭肯植, 「京城帝國大學附屬圖書館東洋法書の特徵」, 『国際研究集会報告書』, 国際日本文化研究セ
　　ンター, 2013.

Mann, Margaret, *Cataloging and the Classification of Books*, Chicago and Illinois, 1943.

제2장

일제 식민지·이민지 자료의 구성과 활용가능성

식민 항목의 장서 분석

진필수

1. 식민 항목 장서의 분류

본 장은 경성제대 장서 중 식민 항목 장서의 구성과 문헌적 가치를 검토하고 활용성에 따라 도서군들을 분류·제시함으로써 국내 관련연구 분야의 자료적 기반 확대에 기여하는 것을 목적으로 하고 있다. [구장서분류표]에서 식민 항목으로 분류된 문헌들은 화한서和漢書 218건, 화한서 연속간행물 44건, 서양서 410건, 서양서 연속간행물 33건으로 나타나고 있다. 화한서 218건은 분류번호 5900~5960에 해당하는 장서로서 5900 植民·移民 46건, 5950 日本 88건, 5960 外國 84건으로 구분되어 있다. 화한서 연속간행물 44건은 분류번호 Y59 植民으로 분류되어 있다. 서양서 410건은 분류번호 M900 Colonization 365건,

M950 Emigration & Immigration 45건으로 구성되어 있다. 서양서 연속간행물 33건은 분류번호 YM Politics, Colonization에 포함된 문헌 중에 식민·이민과 관련된 것을 필자가 추출한 것이다. 이상의 장서 외에도 식민에 관계된 장서는 다른 분류번호에도 포함되어 있는데, 이번 연구에서는 저명한 식민정책학자들의 일부 저서 외에는 분석대상을 확대하지 못했다. 개별 장서의 분석은 화한서와 영어 문헌에 한해 전수조사의 방식을 취했으며, 서지사항, 서문, 목차에 대한 검토를 공통 사항으로 하고, 중요 도서에 대해서는 개략적 내용을 검토하였나.

식민 항목의 장서는 크게 세 가지 범주로 분류해 볼 수 있다. ① 식민정책론에 관한 문헌, ② 식민지 사정에 관한 문헌, ③ 이민지 사정에 관한 문헌들로 대별할 수 있다. 식민 항목의 장서는 현대의 학문적 관심에서 볼 때 세 가지의 연구 분야에 대한 문헌자료로 사용될 수 있다. 첫째, 일제 식민주의 성격과 특질을 논의할 수 있는 자료적 기반을 제공하고 있는데, ①, ②, ③ 모든 범주의 문헌이 이에 관련되기는 하지만 주로 ① 범주의 문헌들을 통해 이러한 논의를 전개해 볼 수 있다. 둘째, 자국의 정책적 필요에 따라 해외 각국의 정보를 수집하고 이용하는 지역연구area studies의 본질과 기원에 관한 논의를 가능하게 하는 자료적 기반을 제공하고 있다. 일제가 수집한 해외 자료의 상당수는 정책적 이민, 식민지 통치, 전쟁 및 점령지 통치의 필요성에 따라 수집되었으며, ② 범주의 자료는 주로 일본의 식민지 혹은 점령지에 편입된 적이 있는 아시아태평양 각지의 지역연구 자료로 사용될 수 있고, ③ 범주의 자료는 주로 일본의 이민지로 각광받았던 북미와 중남미의 지역연구 자료로 사용될 수 있다. 셋째, 이민에 대한 역사적 검토를 통해 근대 이민의 기원과 양상에 대한 논의를 가능하게 하는 자료적 기반을 제공하고 있다. 인간의 이주는 인류사에서 지속적으로 일어난 현상이지만, 국가의 경계를 넘어선 인간의 이주를 지칭하는 개념으로서의 이민은 대체로 근대국가의 성립과 함께 인지되기 시작한 근대적 현상이며, 식민주의가 만연했던 상황에서는 식민의 현상과 불가분의 관계를 가지고 있었던 것이다. 자국민의 이주를 관리하는 정책당국의 입장에서는 식민과 이민이 명백히 구분되는 개념이지만, 국외 이주를 실행하는 이민자의 입장에서는 식민과 이민이 모국의 보호를 어느 정도 받을 수 있는가 하는 점에서 부분적 차이만을 가진 개념이었다. 이런 의미에서 ②와 ③ 범주의 모든 문헌은 근대적 이민 현상에 대한 자료로도 사용될 수 있으며, ① 범주의 문헌을 통해서는 식민과 이민의 발생론적·개념적 차이에 대한 논의를 전개해 볼 수 있다.

2. 식민정책론에 관한 문헌

19세기의 세계사에서 일본제국은 유럽의 독일제국과 함께 후발 제국주의 국가의 대표주자였다. 일본은 유럽의 반식민지 상태에서 출발하여 근대적 국민국가의 통합을 달성하고 제국주의 국가로 발돋움한 유일한 사례였다. 이 점은 식민 분야 문헌들의 내용과 의미를 파악하는 데 있어 항상 염두에 두지 않으면 안 된다. 경성제대 장서 중 식민정책론에 관한 문헌은 네 가지의 흐름으로 파악할 수 있으며, 각각의 흐름에 따라 논의를 전개해 볼 수 있다.

1) 과잉인구론과 이민·식민의 개념적 구분

첫 번째 흐름은 식민의 의의와 개념, 발생 원인에 대한 논의이다. 일본에서 식민에 관한 초기 논의는 과잉인구론에서 출발하고 있으며, 이민에 관한 논의에서 파생되었다는 점에 주의할 필요가 있다. 과잉인구는 1900년대부터 일본인들의 해외 진출(이민과 식민을 모두 포함한)의 동기와 필요성을 설명하는 주요한 논리적 근거가 되었다. 도쿄제국대학에 식민정책학 강좌를 개설했던 니토베 이나조新渡戶稻造는 국가의 경계를 넘어 세계 각지의 인구가 희박한 지역으로 이동하는 것은 자연스러운 일이며, 일본의 인구 증가를 처리하는 방법에는 공업 발전을 통해 인구지지력을 높이는 것과 이민문제를 연구하는 것의 두 가지가 있다고 지적한 바 있다.[1]

메이지시대 이후의 폭발적 인구증가는 일제 정책가들의 실제적 고민이기도 했고, 맬더스의 인구론과 약육강식, 생존경쟁 등의 논리를 통해 유럽제국의 식민주의적 팽창의 역사를 해석하면서 자국의 이민·식민의 중요성을 주장하게 하는 배경이 되었다.[2] 1894년 청일전쟁과

---

1   大日本文明協會 編, 『日本人の海外發展』, 1916, 1~9쪽.
2   ヘンリー・モーリス, 井上雅二 譯, 『殖民史』, 新聲社, 1902; 大河平隆光, 『日本移民論』, 文武堂藏版, 1905; 三輪德三, 『近世植民史』, 嵩山房, 1908.

1904년 러일전쟁의 승리로 대만과 조선을 식민지로 획득한 이후에야 일본의 정책가 및 지식인들이 식민 및 식민지 통치의 문제를 본격적으로 사유하게 되었고, 그 이전까지 일본인들의 해외진출은 이민에 따른 것이었다. 식민이라는 현상은 특정 국가가 식민주의 정책을 시행하는 과정에서 생기는 것이지만, 인간(집단)의 이동을 수반한다는 점에서 이민과 유사성을 갖고 있다.

그러나 식민은 본국의 행정권과 사법권이 일정한 영향력을 행사하는 지역(식민지)으로의 인간 이동을 의미한다는 점에서 이민과는 다른 것이다. 또한 식민植民, colonization이라는 용어는 식민지 통치의 기관 및 시설의 구성과 운용을 의미하는 점에서 이민移民, migration과는 전혀 다른 차원의 개념이 되기도 한다. 식민정책학植民政策學, colonial policy의 식민 개념은 식민지 사회를 통치하고 재편성하는 작용까지 포괄하고 있으며,[3] 이러한 식민 개념은 식민지에서 일어나는 모든 현상 및 사실을 포괄적으로 고려해야 하는 운명을 갖게 된다. 이에 따라 식민정책학은 식민지 통치와 지배의 논리를 연구하고 입론하는 학문으로서 국외 식민지에 대한 포괄적 자료를 수집하고 정치학, 국제관계학, 행정학, 경제학, 법학 등 여러 학문의 논리를 복합적으로 원용하는 일종의 종합 학문이 될 수밖에 없다. 경성제대 장서의 분류체계를 보면, 화한서, 화한서 연속간행물, 서양서에서는 식민이 이민을 포괄하거나 양자가 병렬적으로 통합되어 있으며, 서양서 연속간행물에서는 정치politics와 식민colonization이 하나의 범주로 합쳐진 가운데 행정과 국제관계에 대한

---

3   酒井哲哉 編, 『「帝國」日本の學知 第1卷 帝國編成の系譜』, 岩波書店, 2006.

연속간행물이 여기에 포함되어 있다.

19세기 이후 세계가 서구제국의 식민지로 분할되는 가운데, 중국과 일본은 특수한 지위에 놓였다. 19세기 중반 서구열강의 반식민지 상태에 놓였던 중국에서는 북미와 동남아로의 대대적인 이민이 진행되었고, 일본에서도 하와이, 북미, 남미 등지로의 이민이 시작되었다. 일제가 러일전쟁의 승리로 군사력에서 서구제국과 어깨를 나란히 하게 된 이후에도 일본인들의 해외 이민은 계속되었다. 대만, 조선, 관동주, 사할린, 남양군도의 식민지가 확대되면서 식빈이라는 현상이 생겨났고, 1930년대 이후 만주국의 성립과 남양(동남아시아)의 점령지 확대 속에서 '군사적 식민'이라고 할 만한 새로운 식민 현상이 등장했다.

일제의 정책가 및 지식인 사이에서 과잉인구론은 19세기 후반 이후 이민·식민의 원인과 필요성을 설명하는 논리로서 대체로 1930년대 후반까지 매우 오랫동안 애용되었다. 사실 과잉인구론은 이민·식민을 송출하는 본국의 상황 및 이해관계만을 고려하는 것으로서, 식민지의 상황 및 이해관계를 함께 고려해야 하는 식민정책론으로서는 부분적이거나 결함을 가진 것이었다. 1900년대까지만 하더라도 일본에서는 해외이민의 문제가 중심적으로 사유되었으며, 식민정책은 그 개념조차 제대로 정립되지 않았다. 서양서 문헌에서는 대개 이민에 관한 논의에서 과잉인구론이 등장하며, 식민정책의 논의에서는 매우 드물게 나타난다.[4]

---

4   Helmer Key, E. Classen(tr.), *The new colonial policy*, Methuen & Co. Ltd., 1927.

2) 서구제국 식민정책론의 수입과 번역

일제의 식민과 식민정책에 대한 이해를 위해서는 식민정책의 필요성이 대두되는 두 번의 계기에 대한 인식이 선행되어야 한다. 하나는 홋카이도 개척과 삿포로농학교 설립에 따른 식민정책론의 태동이며, 다른 하나는 대만 임팩트impact라 할 만한 것으로 1895년 대만을 식민지로 획득한 이후 식민정책의 모색이다.[5] 전자는 다음 장에서 논의할

---

[5] 井上高聰·淺野豊美·米谷匡史·酒井哲哉,「植民政策學文獻解題」, 酒井哲哉 編, 앞의 책, 부록 26~41쪽.
여기서 류큐(琉球) 혹은 오키나와(沖繩)에 대한 일본의 통치 경험을 잠시 거론할 필요가 있다. 1603년 에도를 중심으로 막번체제가 성립되는 시점에서 류큐와 홋카이도는 이러한 통치체제 밖에 있었다. 1609년 사쓰마번의 류큐 정복과 17세기 후반 이후 마쓰마에번의 아이누인 거주지에 대한 교역 식민지의 확장을 비교해 볼 때, 남쪽과 북쪽의 식민지 개척 경험은 질적으로 상이한 것이었다. 류큐에 대한 지배는 중앙집권적 왕조국가에 대한 영향력을 확대하는 문제였던 데 비해 아이누인 거주지에 대한 식민지 확장은 부족(tribe) 형태의 공동체에 대한 개별적 접촉, 착취, 정복이 수반된 과정으로서 17~18세기 유럽제국의 봉건영주들이 북아메리카 각지의 인디언 거주지를 침탈한 과정에 비견될 수 있는 것이었다(테사 모리스-스즈키, 임성모 역,『변경에서 바라본 근대』, 산처럼, 2006). 1853년 페리 함대의 내항에 따른 충격과 1868년 메이지유신을 통해 일본이라는 근대국가의 체제가 갖추어지기 시작했고, 1872년 류큐처분과 1875년 사할린쿠릴 교환조약을 통해 근대국가의 영토 경계가 획정되기 시작했다. 류큐(오키나와현)와 아이누인 거주지(주로 홋카이도)를 어떻게 통치할 것인가는 초기 메이지 정부와 지도층 인사들의 논쟁거리였지만, 식민정책이나 식민지와 같은 개념적 인식이 부재할 뿐이었다. 1876년 삿포로농학교가 설립되는 시점에서 홋카이도의 아이누인들은 절멸에 가까운 상태로 인구가 감소한 상태였고, 홋카이도의 소위 식민(殖民)정책은 원주민이 사라진 황무지를 어떻게 농지로 개척해서 식량을 증산시킬 것인가 하는 식민자를 위한 지식체계였다. 이에 비해 오키나와는 살아 있는 이질적 원주민의 사회질서와 문화를 유지 혹은 동화시키는 문제에 있어 중요한 실험장이었다. 메이지정부가 사회의 근대화를 위해 추진했던 관습조사, 토지정리사업, 각종 제도 개편이 본토에서 시작하여 오키나와를 거쳐 대만, 조선의 식민지 통치정책으로 전이되었던 사실을 상기할 필요가 있다. 본고에서 다루는 일제 식민정책론의 흐름과 경성제대 '식민' 항목의 장서구성에서 오키나와에 관한 사항은 누락되어 있었지만(오키나와가 식민지로 인식되지 않고 있지만), 일제의 식민정책이 실질적으로 발달해 가는 과정에서 오키나와의 통치 경험이 중요한 역할을 했다는 점은 근래 오구마 에이지의 연구(小熊英二,『〈日本人〉の境界』, 新曜社, 1998)를 비롯해 다양한 분

것이고, 여기서는 대만과 조선을 식민지로 획득함에 따른 식민정책론의 발전에 대해 살펴볼 것이다.

일제는 대만 획득 이후 식민지의 통치라는 문제에 직면하였지만, 삿포로농학교의 농정학적 식민정책 이외에는 이에 관한 전문지식이 전무한 상태였다. 경성제대 장서를 검토해 보면, 1890년대 후반부터 1920년대까지 서구제국의 식민정책에 대한 문헌이 활발하게 번역된 사실을 확인할 수 있다. 제국대학, 사립대학, 각종 고등학교에서 식민정책에 대한 강좌와 전문지식이 형성되어 1920년대에 융성할 때까지 식민정책에 대한 지식은 서구제국의 문헌에 대한 번역을 통해 습득되고 있었다. 상당수의 문헌이 일제의 식민당국에 의해 업무상 참고자료로 번역되었다는 것을 알 수 있는데, 식민지 행정과 법제에 관한 문헌이 다수를 차지하고 있다.

대만총독부와 조선총독부의 담당부서 혹은 관련단체는 서구의 식민정책과 제도, 식민지 상황에 대해 많은 보고서를 발간하였으며, 저명한 문헌을 번역한 경우가 있는가 하면 각종 자료를 편역하여 특정 주제에 관한 문헌을 작성한 경우도 있다.[6] [7] 전체적으로 번역의 질이 높지는

야에서 인식되고 있다.

6 臺灣事務局 譯編, 『佛領印度支那拓殖誌(佛, ド.ラネッソン)・馬多加須加兒殖民論(ルロア- ボウリュ)』, 臺灣事務局 1898; 臨時臺灣舊慣調査會 編, 『殖民地組織法大全』, 臨時臺灣舊慣調査會, 1909; Girault, A., 若林榮次郎 譯, 『殖民及殖民法制原論』, 臨時臺灣舊慣調査會, 1918; 室田有 譯編, 『ウッド總督の敎書』, 南洋協會臺灣支部, 1922; G. C. Klerk de Reus, 臺灣總督官房調査課 譯, 『和蘭東印度會社の行政』, 臺灣總督官房調査課, 1923; 臺灣總督官房調査課 譯, 『比島の現狀に關する米國特派調査委員の報告』, 臺灣總督官房調査課, 1923; G. C. Klerk de Reus, 臺灣總督官房調査課 譯, 『和蘭東印度會社の司法』, 臺灣總督官房調査課, 1923; 臺灣總督官房調査課 編, 『蘭領東印度に於ける外國人の投資』, 臺灣總督官房調査課 1926.

7 朝鮮情報委員會(西崎鶴司) 編, 『比律賓の現勢：總說』, 朝鮮總督府, 1921; 保科孝一, 『獨

않은 것 같은데, 조선총독부에서 발간한 문헌에는 번역한 원전의 출처도 명확히 밝혀져 있지 않은 경우가 있다. 내각의 내무성과 척식국에서도 서구의 식민통치 제도를 벤치마킹한 흔적을 발견할 수 있다.[8] 1910년대까지는 일제의 정책자문 단체나 식민정책 전문가들도 서구의 식민정책과 식민 역사를 학습하는 단계였으며, 그 과정에서 많은 번역서들이 출간되었던 것으로 보인다.[9]

경성제대의 식민 항목 장서는 서양서의 비중이 매우 높다. 1926년 경성제대가 설립된 시기는 일본제국 각 대학에서 식민정책학이 융성했던 시기이며, 국제공법 강좌를 담당했던 이즈미 아키라泉哲가 식민 항목의 장서를 형성하는 데 중요한 역할을 했을 가능성이 많다. 식민 항목의 장서를 도서등록 번호에 따라 입수된 순서대로 살펴보면, 화한서건 서양서건 1920년대 당대의 문헌들이 먼저 유입되고 그보다 앞선 시기의 문헌들이 1930년대에 대량으로 유입된 사실을 확인할 수 있다. 서양서의 경우에는 영어, 불어, 독어로 된 문헌이 함께 축적되었는데, 불어로 된 문헌은 상대적으로 적다. 1920년대부터 일제 각 대학의 식

逸屬領時代の波蘭に於ける國語政策』, 朝鮮總督府, 1921; 朝鮮總督官房庶務部調査課 編, 『世界植民地現勢』, 朝鮮總督府, 1924; ライ・ライバット, 朝鮮總督府庶務部調査課 譯, 『印度統治に對する批判』, 朝鮮總督府, 1924; 朝鮮總督府文書課 編, 『外國植民地制度梗槪・比律賓自治法』, 朝鮮總督府文書課, 1925; 朝鮮總督府 編, 『モロッコ問題の觀察』, 朝鮮總督府, 1926.

8   熊谷喜一郎 編, 『歐洲各國殖民地制度彙纂草案 : 立法及豫算之部. 卷一』, 內務大臣官房臺灣課, 1903; 拓殖局 編, 『普國內地殖民制度大要』, 拓殖局, 1911; 內務省地方局 編, 『植民地制度論, 他六篇』, 內務省地方局, 1917; 拓殖局 編, 『歐洲諸國ノ拓殖行政』, 拓殖局, 1918; Peirre-alype, 拓殖局 譯編, 『獨逸の對列國殖民地政策』, 拓殖局, 1919.

9   水崎基一 譯, 『英國植民史』, 大日本文明協會, 1909; Hugh Edward Egerton, 永井柳太郎 譯, 『英國殖民發展史』, 早稻田大學出版部, 1909; 廣中佐兵衛, 『獨逸殖民新論』, 自費出版, 1910.

민정책학자들은 서구의 식민정책 연구 성과를 직수입해서 소화하고, 어느 정도 독자적인 식민정책론을 모색하는 단계에 접어들었던 것 같다. 1930년대에 유입되는 서양서 고문헌들은 일제 식민정책학자들의 연구가 서구제국의 식민정책, 식민사, 식민지 사정에 대한 자료를 직접 검토하는 단계로 심화되고 있던 양상을 나타내고 있다.

그러나 1920년대 일제 각 대학에서 융성했던 식민정책학이 일제의 실제 식민통치에 어느 정도로 활용되었는가는 미지수이다. 제1차 세계대전이 끝난 이후 영미의 식민정책론은 도미니언dominion(영국 식민지의 한 유형) 자치나 민족자결주의와 같은 정책을 통해 식민지의 자치성을 확대하고, 본국과 식민지의 공동 발전을 모색하는 방향으로 나아가고 있었다. 이러한 서구의 흐름을 수용한 1920년대 일제 학계의 식민정책론은 자유주의적 성향을 나타내고 있었으며, 군부가 영향력을 행사하고 있던 식민지 총독부의 실제 정책과는 거리가 있었던 것으로 보인다. 더구나 1930년대 만주사변 이후 본국의 의회정치조차 군부에 의해 좌지우지되었던 상황에서 학계의 자유주의적 식민정책론이 실제 정책에 어떻게 반영되었는지에 대해서는 별도의 논의가 필요할 것이다.

일제의 식민통치와 식민정책학의 역사는 서구제국의 그것에 비해 비할 수 없이 짧은 것이었다. 서양서 문헌을 보면, 19세기 중반부터 식민지 확장을 본격화한 독일의 식민정책론 문헌이 다수 입수되었고, 일제의 식민정책 전문가들은 자국의 상황이 독일의 사례를 좇아가야 하는 상황이라고 진단하는 경우를 흔히 볼 수 있다. 수백 년의 역사를 가진 영국, 프랑스, 네덜란드의 식민정책은 이미 몇 번의 전환기를 거친 상태에서 1920년대의 새로운 전환을 맞이하고 있었으며, 일제의 정책가들이 모델로 삼기에는 역사적 조건이나 당대의 식민지 규모에서 많은 차이가 있었다. 일제의 식민정책학도 1920년대 들어 본국과 식민지의 관계성, 식민지의 발전에 대해 고려하기 시작했지만, 식민지 통치의 경험에 대한 자성으로부터 도출된 측면보다는 국제정치와 식민정책의 세계적 조류를 수용한 측면이 강했다고 보아야 할 것이다.

3) 홋카이도제대학파와 식민정책학의 성립

일제 식민정책학의 흐름은 홋카이도제대학파의 식민학, 1895년~1920년, 1920년 이후로 나누어 볼 수 있다.[10] 1876년 홋카이도통치기관인 개척사開拓使가 홋카이도개척에 이바지하는 인재 육성을 목적으로 삿포로농학교札幌農學校를 개설했다. 내국식민지에 설치된 이 학교는 당지에서 식민정책을 연구교육하는 기관이었다. 이 학교의 연구자 및 학지의 계보는 도호쿠제국대학 농과대학과 홋카이도제국대학으로 직접 계승되고, 조선과 만주, 대만에서의 식민정책에 중대한 영향을 미쳤다. 일본어에서 식민의 한자는 植民과 殖民 두 가지로 사용되어 왔는데, 새로운 농지 개척과 식량 증산의 의미가 강조되는 후자의 殖民이라는 한자는 홋카이도제대학파에 의해 빈번히 사용되었다.

사토 쇼스케佐藤昌介는 삿포로농학교 1기생으로 미국유학을 거쳐 이 학교 농업경제학 교수가 되었고, 1890년 식민학 강의를 시작했으며 1894년 교장이 되었다. 니토베 이나조新渡戶稻造는 삿포로농학교 2기생

---

10   井上高聰・淺野豊美・米谷匡史・酒井哲哉, 앞의 글.

으로 유학을 거쳐 농학교 교수가 되었고, 사토와 함께 식민론 등을 강의하면서 홋카이도제대학파 식민학 형성에 기여했다.[11] 1898년 요양을 위해 농학교를 떠났고, 1901년 대만총독부 민정장관 고토 신페이[後藤新平]의 초빙으로 총독부기사가 되었다. 그 후 교토제대와 도쿄제대에서 식민정책을 강의하면서 대만 경영의 경험을 살려 식민정책학 분야를 확립했다. 니토베의 식민정책학은 도쿄제대에서 야나이하라 타다오[矢內原忠雄]에 의해 계승되었다.[12] 경성제대 장서에 사토의 주요 저서는 소장되어 있지 않지만, 1920년 도쿄제대 퇴직 후 7년간 국제연맹 사무차장으로 국내외에 명성을 떨친 니토베의 저서들은 일부 소장되어 있다.[13]

다카오카 구마오[高岡熊雄]는 1898년 니토베의 후임으로 식민학 강좌를 맡아 이후 홋카이도제대학파 식민학의 이론을 확립했고, 제3대 홋카이도제대 총장을 역임했다. 식민지관련 조사, 홋카이도도청, 삿포로시의 조사에 깊이 관여했고, 식민지농정 및 홋카이도 행정에 큰 영향을 미쳤다. 1900년에 농학교의 명을 받아 독일 유학의 길에 올랐고, 1902년 고토 신페이의 위탁을 받아 프로이센왕국 폴란드 식민정책을 연구하기도 했다. 다카오카는 대만, 조선의 식민지통치 기관과도 깊은 관련을 맺고 있었으며, 각종 조사를 주도했다. 1933년에는 척무성이 설치한 가라후토척식조사회의 일원으로 현지조사를 수행하기도 했고, 전후에

11 井上勝生,「札幌農学校と植民学の誕生－佐藤昌介を中心に」, 酒井哲哉(編),『「帝國」日本の學知 第1卷 帝國編成の系譜』, 岩波書店, 2006.
12 浅田喬二,『日本植民地研究史論』, 未来社, 1990, 23~31쪽.
13 新渡戶稻造,『農業本論』, 裳華房, 1900; Inazo Nitobé, *Bushido : the soul of Japan*, Tokyo : The Student Company, 1905; 新渡戶稻造,『ファウスト物語』, 東京 : 六盟館, 1910; 新渡戶稻造,『東西相觸れて』, 東京 : 實業之日本社, 1928; 新渡戶稻造,『人生讀本』, 實業之日本社, 1934; 新渡戶稻造, 矢內原忠雄 譯,『武士道』, 岩波書店, 1939; 矢內原忠雄 編,『新渡戶博士植民政策講議及論文集』, 岩波書店, 1943.

는 남양군도 통치사에 관한 저술을 남기기도 했다.[14] 경성제대 장서에도 다카오카의 일부 저서가 소장되어 있다.[15] 다카오카가 1942년 4월 일제의 많은 식민정책학자들이 모여서 창립한 대일본척식학회 회장을 맡았다는 사실은 홋카이도제대학파의 위상을 잘 말해주는 것이다.

우에하라 데쓰사부로^{上原轍三朗}는 1933년 다카오카의 총장 취임에 따른 후임으로 식민학을 담당했다. 우에하라는 홋카이도둔전병제도 연구로 졸업논문을 썼고, 1937년에는 남양청의 위촉으로 남양군도의 식민지사정을 시찰한 보고서를 제출하기도 했다. 다카쿠라 신이치로^{高倉新一郎}가 홋카이도제대학파 식민학의 마지막 교수가 되었는데, 가라후토(사할린)를 주로 연구했고 도쿄제대의 야나이하라 타다오의 영향을 받기도 했다. 경성제대 장서에는 우에하라의 저서만 일부 소장되어 있다.[16]

홋카이도에 이어 첫 국외 식민지로 대만을 영유함에 따라 제국의 학지는 대만 임팩트라고 할 만한 새로운 국면이 전개되었다. 그것은 당시까지 홋카이도라는 이주식민지^{settlement colony}로의 내지인 이주 및 정착에 주안점을 둔 지식 체계가 서구열강의 아시아·아프리카 식민지통치 논리를 수용하면서 변용되는 과정이었다고 할 수 있다. 1895~1920년 식민정책학의 주요 관심은 이질적인 원주민이 사는 식민지 사회를 어떻게 통치할 것인가 하는 문제로 집약되었다.

무엇보다 이 시기는 식민지 행정가, 관료, 정치가 경력의 전문가들이

---

14   井上高聰・淺野豊美・米谷匡史・酒井哲哉, 앞의 글, 28쪽.

15   高岡熊雄, 『ブラジル移民研究』, 寶文館, 1925; 高岡熊雄, 『(増補)農政問題研究』, 成美堂書店, 1926; 高岡熊雄, 『(第二)農政問題研究』, 成美堂書店, 1929; 高岡熊雄, 『樺太農業植民問題』, 西ヶ原刊行會, 1935; 高岡熊雄, 『都市と田舍とに於ける人口の自然的増減』, 北海道帝國大學農學部經濟學農政學研究室, 1935.

16   上原轍三郎, 『獨逸內國殖民事業の現況』, 北海道帝國大學, 1941.

활약하는 시기이다. 고토 신페이는 식민지 통치정책의 지침을 염두에 두고 위생학의 이론과 법제 형성에 관한 저서를 1890년대에 발간하였다. 경성제대 장서 중에 이 문헌들은 소장되어 있지 않지만, 고토의 저역서와 고토에 관한 문헌은 일부 소장되어 있다.[17] 대만 영유를 계기로 영국, 프랑스, 독일, 미국의 식민지통치에 대한 학지가 수입되는 양상이 나타났으며, 다케코시 요사부로竹越與三郎, 도고 미노루東鄕實, 오자키 유키오尾崎行雄, 모치지 로쿠사부로持地六三郎, 에기 타스쿠江木翼 등 식민통치 관료 및 정치가에 의해 홋카이도의 식민경험과 대만통치 경험이 서구제국의 식민통치 모델과 융합되면서 일본 독자의 식민정책학이 형성되기 시작하는 모습을 볼 수 있다. 경성제대 식민 항목의 장서에는 도고와 모치지의 주요 저서가 소장되어 있는데,[18] 이들 저서는 식민지 관료의 경험을 토대로 이민족을 통치하기 위한 효과적인 식민정책의 필요성을 주장하고 있다. 저명한 사상가이자 정치가로 활약했던 다케코시의 저서는 용어나 개념에 있어 이후 융성하는 일제 식민정책 연구의 초석을 이루었으며, 서구의 식민제도를 분석하는 내용으로 되어 있다. 특히 서문에는 식민지에 대한 국민들의 무관심 속에서 대만인과 조선인을 아프리카 토인 다루듯이 하는 통치방식을 비판하고 군인정치를

---

17 フリードリッヒ・ハウルゼン, 後藤新平 譯, 『政黨と代議制』, 東京 : 富山房, 1911; Del-brück, H., 後藤新平 譯, 『政治と民意』, 東京 : 有斐閣, 1915; 後藤新平, 『江戶の自治制』, 東京 : 二松堂書店, 1922; 後藤新平, 『政治の倫理化』, 東京 : 大日本雄辯會, 1926; 鶴見祐輔 編著, 『後藤新平』, 後藤新平伯傳記編纂會, 1937; 信夫淸三郎, 『後藤新平 : 科學的政治家の生涯』, 東京 : 博文館, 1941; 澤田謙, 『後藤新平傳』, 東京 : 大日本雄辯會講談社, 1943; 鶴見祐輔, 『後藤新平傳』, 太平洋協會出版部, 1943.

18 東鄕實・佐藤四郎, 『臺灣殖民發達史』, 晃文館, 1916; 東鄕實, 『植民政策と民族心理』, 岩波書店, 1925; 東鄕實, 『植民夜話』, 岩波書店, 1926; 持地六三郎, 『臺灣殖民政策』, 富山房, 1912; 持地六三郎, 『日本植民地經濟論』, 改造社, 1926.

빨리 문관정치로 바꾸어야 한다는 제언이 담겨 있다.[19]

이 시기에는 서구 식민정책관련 문헌의 번역 붐 속에서 서구 각국 저명학자들의 저서들도 번역되었다. 경성제대 장서에는 이들의 원전 저서가 소장되어 있고, 찰즈 루카스Charles Prestwood Lucas와 폴 라인슈Paul Samuel Reinsch의 저서는 식민 항목에 포함되어 있다.[20] 특히 영국의 저명한 식민정책학자 휴 이글턴Hugh Edward Egerton의 저서가 개정판까지 포함해 다수 소장되어 있다.[21] 영국 식민정책의 약사를 서술한 이글턴은 식민정책사 서술의 어려움을 제기하면서, 정해진 목표를 달성해 가는 어떤 정책은 없었을지라도 긴 시간 동안 많은 사건들을 어떤 질서로 형성해 내는 힘의 작용을 인식할 수는 있다고 보았다. 그에 따르면, 영국의 식민정책을 본다는 것은 영국 내부의 정치경제적 발전이 식민지 상황 및 정책과 어떻게 연결되어 있었는가를 함께 보는 것이다. 초기의 야만적 정복과 지배, 특수회사(동인도회사)를 통한 착취, 신대륙의 플랜테이션과 아프리카 노예무역, 자유방임주의와 보호주의, 중상주의와 중농주의, 군주제와 부르조아 혁명 등 다양한 국면의 변화가 본국 및 식민지의 연관관계 속에서 일어났고, 경제학의 발전이 식민주의 논의를 자본주의 경제체계에 대한 이해와 연결시키는 데 공헌했다고 적고 있다.

---

19 竹越與三郎, 『比較植民制度』, 讀賣新聞社, 1906, 1~7쪽.

20 C. P. Lucas, *A Historical geography of the British colonies*, Clarendon Press, 1905[1887]~1924; Paul S. Reinsch, *Colonial government : an introduction to the study of colonial institutions*, The Macmillan Company, 1916[1902].

21 Hugh Edward Egerton, *A short history of British colonial policy*, Mathuen & Co., 1897, 1913, 1924, 1932; Hugh Edward Egerton, *British colonial policy in the XXth century*, Methuen & Co., 1922; Hugh Edward Egerton, *The origin & growth of Greater Britain : An introduction to Sir C. P. Lucas's Historical geography*, Oxford at the Clarendon Press, 1924.

제1차 세계대전 이후의 식민정책학은 윌슨주의, 레닌주의의 충격에 의해 가속화된 식민지 저항운동과 민족자결주의의 대두에 직면하여 변용이 진행되었다. 식민지의회설치론 등 일정 정도의 식민지자치권 부여에 대한 논의와 함께 본국과 식민지의 관계에서 상호부조적 협동체와 같은 의미로 제국의 존재의의를 변호·입증하는 제국재편론이 전개되었다. 1920년대 일제의 사상 지형은 메이지시대의 국가지상주의에서 벗어나 다양한 사회 개념을 발견하고 이해해 가는 방향으로 흘러갔다. 식민정책학에서도 식민지 지배의 문제와 각종 사회문제 혹은 계급문제가 교차하는 영역이 주목받고 논의되었다.[22]

1920년대 식민정책학의 권위자들로는 교토제대의 야마모토 미오노 山本美越乃, 경성제대의 이즈미 아키라泉哲, 도쿄제대의 야나이하라 다다오矢內原忠雄를 비롯해 게이오대학의 가다 데쓰지加田哲二, 와세다대학의 나가이 류타로永井柳太郎, 오하라사회문제연구소의 호소카와 가로쿠細川嘉六, 도쿄상과대학의 이타가키 요이치板垣與一 등을 들 수 있다.[23] 1943년 발간된 『大日本拓殖學會年報第1輯 大東亞政策の諸問題』에서는 전전의 식민정책 연구가 전쟁의 상황에서 집대성되는 모습을 볼 수 있다.

경성제대 식민 항목의 장서에는 야마모토 미오노의 저서가 다수 소장되어 있다.[24] 제1차 세계대전 직전 답사한 중국의 독일 조계지에 대

---

22   酒井哲哉, 「帝國秩序と國際秩序 : 植民政策學における媒介の論理」, 酒井哲哉 編, 앞의 책, 287~319쪽.
23   井上高聰·淺野豊美·米谷匡史·酒井哲哉, 앞의 글, 2006; 淺田喬二, 앞의 책, 1990.
24   山本美越乃, 『支那に於ける獨逸の經營』, 巖松堂書店, 1914; 山本美越乃, 『我國民ノ海外發展ト南洋新占領地』, 京都帝國大學法科大學內 京都法學會, 1917; 山本美越乃, 『(改訂)植民政策研究』, 弘文堂書房, 1926[1920]; 山本美越乃, 『植民地問題私見』, 京都 : 弘文堂書房, 1926[1921]; 山本美越乃, 『(改版)植民政策研究(제1분책)』, 弘文堂書房, 1935; 山

한 보고서와 남양군도에 대한 보고서가 있으며, 식민정책에 대한 그의 대표논저들도 소장되어 있다. 야마모토는 대학 강좌의 교재로서 식민정책연구 서적을 발간했고, 식민지의 각종 문제에 대한 논평집을 발간하기도 했다. 야마모토의 식민과 식민정책에 대한 기본 개념 및 이론은 야나이하라 타다오의 그것과 흔히 비견된다. 경성제대 장서에는 야나이하라의 식민정책에 대한 대표논저를 포함해 다수의 저서들이 소장되어 있어[25] 당대 그의 명성을 반영하고 있다. 야나이하라와 야마모토에 의해 식민정책과 식민지 문제는 경제학적 관점에서 접근되기 시작했고, 제국주의적 지배와 계급적 착취, 식민지 민중의 저항과 같은 문제들이 부각되었다. 또한 식민의 동인에 있어서는 과잉인구론에 의한 설명을 넘어 경제적 동인과 사회적 동인, 제국주의와 같은 요인이 다각적으로 논의되고 있어 서구 식민정책학의 영향을 반영하고 있다.

한편 정치학적 관점의 식민정책학도 함께 발전하였다.[26] 이 흐름에서 중심적 위치를 차지했던 이즈미 아키라의 『植民地統治論』 서문에 따르면, 1920년대 일제의 식민학자는 두 파가 있어 하나는 경제학 견지, 다른 하나는 정치학 견지에서 식민정책을 논하는 것이었다. 전자는

本美越乃, 『(改版)植民政策研究(제2분책)』, 弘文堂書房, 1935.
25　矢内原忠雄, 『植民及植民政策』, 有斐閣, 1925; 矢内原忠雄, 『植民政策の新基調』, 弘文堂書房, 1927; 矢内原忠雄, 『人口問題』, 東京 : 岩波書店, 1928; 矢内原忠雄, 『帝國主義下の臺灣』, 東京 : 岩波書店, 1929; 矢内原忠雄, 『滿洲問題』, 東京 : 岩波書店, 1934; 矢内原忠雄, 『南洋群島の硏究』, 東京 : 岩波書店, 1935; 矢内原忠雄, 『帝國主義下の印度 : 附アイルランド問題の沿革』, 大同書院, 1937; 坂井十二郎, 『植民政策 : 矢野原忠雄(述)』, 帝大プリント連盟, 1937.
26　永井柳太郎, 『植民原論』, 巖松堂書店, 1921[1916]; 泉哲, 『植民地統治論』, 有斐閣, 1924[1921]; 泉哲, 『國定敎科書の國際的解說』, 東京 : 南光社, 1924; 泉哲, 『國際法槪論』, 東京 : 有終閣書房, 1925; 泉哲, 『最近國際法批判』, 東京 : 日本評論社, 1927; 小島憲, 『植民政策』, 章華社, 1927; 淺見登郎, 『日本殖民地統治論』, 巖松堂書店, 1928.

경제학 본위, 즉 본국의 경제적 발달을 조장하는 목적으로 식민지 통치를 기획하는 것이고, 후자는 다시 두 파로 나뉘어져 하나는 본국을 위해 식민지 통치의 방책을 논하는 자, 다른 하나는 식민지본위의 문화적 통치책을 주장하는 자였다. 당대에 나온 식민정책에 관한 저서의 대부분은 경제 본위의 식민론이거나 본국본위의 식민정책이었으며, 이에 대해 이즈미는 식민지본위의 통치론이 문명식민국 식민정책의 대세라고 주장하면서 일본제국만이 본국본위의 정책을 계속할 경우에는 문명국으로서의 지위를 위협받을 것이고, 식민국의 의무를 다하지 못해 과거의 역사에 있었던 많은 실패의 사례를 답습하게 될 것이라고 경고했다.[27] 이즈미는 미국 위스콘신대학 정치학 교수였으며, 수 년 동안 일본에서 미국공사로 일했던 은사 폴 라인슈Paul S. Reinsch의 영향을 강하게 받은 것으로 알려져 있다. 식민지 행정기구 및 제도에 대한 라인슈의 저서[28]는 식민지에 대한 모국의 영향력과 통치방식에 따라 식민지 제도를 유형화하는 작업을 한 것으로서, 1920년대 일제 식민정책학에도 중요한 영향을 끼쳤다.

이즈미가 메이지대학에 재직하던 시절 그의 영향 아래에서 식민정책학자로 성장한 고지마 겐小島憲은 그의 저서 『植民政策』에서 식민지본위주의는 공상에 지나지 않는 것이라고 비판하면서, 본국과 식민지의 양본위주의 혹은 공존공영주의가 유일한 선택의 길이라고 주장했다. 1927년에 발간된 고지마의 저서는 당대 식민정책학의 개론서가 일

27 泉哲, 「序」, 『植民地統治論』, 有斐閣, 1924.
28 Paul S. Reinsch, *Colonial government : an introduction to the study of colonial institutions*, The Macmillan Company, 1916[1902].

정한 틀을 갖추게 되었음을 보여주고 있다. 고지마는 국가와 영토의 관계성 속에서 사유되는 식민과 식민지의 개념을 논의하면서 領土 territory(법률상, 정치상 완전한 예속관계에 있는 지역), 租借地 leased territory, 植民保護地 colonial protectorate, 委任統治地 mandated territory를 구분하고, 植民地 colony를 후자의 세 영역을 포괄하는 특수한 지위의 지역이라고 정의하고 있다. 한 국가의 영토인가 식민지인가의 정의는 국내외 법률에 의해서만 결정되는 것이 아니라 국민정서와 통념에 의해 결정되는 부분도 있는데, 시베리아, 류큐, 알제리와 같이 국민정서 및 통념과 무관하게 영토의 일부로 귀속된 경우가 있다. 나아가 colony, settlement라는 용어가 흔히 외국에 있는 자국민의 이주지 또는 거류지, 租界 등의 의미로 혼용되는 경우가 있다. 브라질의 일본 코로니コロニ─를 일본의 식민지로, 요코하마에 있는 영국인 세틀먼트セットルメント를 영국의 식민지라고 부르는 경우가 있는데, 상대국이 독립국으로서의 완전한 주권을 행사하는 토지에 대해서는 식민지라고 할 수 없다.[29] 필자가 생각할 때, 이러한 식민지의 정의에 관한 논의는 占領地 occupied territory나 전후 미군이 사용하고 있는 군사기지 military base의 성격을 논의하는 데에도 도움이 될 수 있다.

식민은 국가가 존재하게 됨으로써 발생·성립하는 개념이고, 국민이 본래의 국토 밖에서 활동하는 것을 의미하지만, 고지마는 이러한 정치학적, 국가적 개념에 얽매일 필요가 없다고 주장한다. 내국식민지라는 말도 있듯이 국가의 정책에 의해 영토 내부에서도 국책 차원의 식민(자

---

[29]   小島憲, 『植民政策』, 章華社, 1927, 19~24쪽.

발적 이주나 이민이 아닌)이 있을 수 있다. 국가 및 영토와 식민의 개념적 연관성을 유연하게 하면, 국가의 형태도 근대국가만이 아니라 고대국가까지 확장할 수 있으며 고대국가의 colony 개척을 식민지의 연원으로 볼 수 있는 것이다.[30] 일본에서 식민의 용법을 보면, 植民의 글자에서 종래에는 植과 殖이 병용되었는데, 拓殖은 산야를 개척해서 물산을 증식하는 의미를 가지고 있기 때문에 殖이 아니면 안 되지만, 植民은 民을 증식시키는 것이 아니라, 사람을 심는 것, 즉 plantation을 의미하는 것이기 때문에 植의 글자가 아니면 의미가 통하지 않는다고 한다.[31]

고지마에 따르면, 국가가 식민지에 대해 행하거나 행하고자 하는 시설경영을 식민정책植民政策, colonial policy, Kolonialpolitik이라 하고, 직접 국가가 행하는지 개인 또는 단체를 통해 행하게 하는지는 묻지 않는다. 따라서 식민정책은 국가가 식민지의 토지와 주민에게 행하는 사회상, 정치상, 경제상, 문화상 일체의 노력을 포함하는 것이다.[32] 이처럼 1920년대 후반이 되면, 식민정책은 이민정책과는 전혀 다른 개념이 되며, 식민지 사회 전체를 조작하는 개념이 된다. 이외에 정치학적 관점의 식민정책론은 식민지 통치의 이념(본국본위주의와 식민지본위주의, 동화주의와 비동화주의, 자치주의와 전제주의 등), 기관(본국과 식민지의 행정조직), 방식(직할통치, 보호통치, 자치통치, 특허통치 등), 국제법적 지위(국제연맹의 참가 혹은 승인 여부)에 대한 체계적 논의를 특징으로 하고 있으며, 식민지의 실제 사례를 통해 이러한 논의를 전개하는 것을 흔히 볼 수 있다.

---

30   小島憲, 위의 책, 15~19쪽.
31   小島憲, 위의 책, 24쪽.
32   小島憲, 앞의 책, 25~26쪽.

1920년대 일제의 식민정책학은 농학과 인구론의 틀을 넘어 경제학과 정치학, 법학, 국제관계학, 행정학 등이 융합되는 종합학문으로 발전하였으며, 이후 식민지 사정에 대한 자료들이 축적되면서 특정 지역(식민지)에서 나타나는 현상과 정책을 총체적으로 연구하는 지역연구의 성격을 내포하게 되었다. 일본제국에서도 1920년대에는 식민지를 어떻게 통치할 것인가에 대한 식민정책학적 논의가 비교적 활발하게 전개되었던 것 같고, 경성제대 식민 항목의 장서 중에는 식민정책에 관한 화한서 잡지가 2종 소장되어 있는데 권수가 적어 문헌적 가치는 적다.[33] 서구 식민정책학에 근접한 수준의 식민정책학자들 외에도 대학과 각종 고등학교에서는 다양한 연구자들이 활동하였다. 세계 식민사를 저술하는 작업도 진행되었고,[34] 영국과 네덜란드의 동인도회사를 비롯한 각종 특허회사를 분석한 문헌도 있으며,[35] 서구 식민정책학 문헌을 번역해서 소개하는 작업도 계속되었다.[36] 흥미로운 문헌은 식민지 대만의 동화론자인 蔡培火의 저서로 당시 대만의 정세와 일제 식민지 정책의 문제점을 본국 국민에게 알리는 내용으로 되어 있다.[37] 蔡培火는 경성제대 교수였던 이즈미 아키라와 친교를 맺고 있던 인물이다.

---

33 拓殖研究會 編, 『拓殖文化』, 拓殖研究會, 1932~3; 拓殖大學 編, 『拓殖大學論集』, 拓殖大學, 1931~3.
34 大鹽龜雄, 『(最新)世界植民史』, 巖松堂書店, 1925[1923].
35 大川周明, 『特許植民會社制度研究』, 東京寶文館, 1927.
36 W. H. Zolf, 長田三郎 譯, 『將來の植民政策』, 有斐閣, 1926; 前田稔靖, 『植民の理論と實際』, 출판사미상, 1934; Paul Leutwein, 前田稔靖 譯, 『植民地と植民政策』, 小倉市九州法學校, 1936; ジョージ·ルーイス, 若木禮 譯, 『屬領統治論』, 叢文閣, 1937; 前田稔靖 譯, 『原料と植民地』, 巖松堂書店, 1937; ヘルマー·・ケー, 前田稔靖 譯, 『新植民政策』, 巖松堂書店, 1939.
37 蔡培火, 『日本本國民に與ふ : 植民地問題解決の基調』, 岩波書店(台湾問題研究會), 1928.

4) 1930년대 이후의 식민정책론 - 대동아건설론과 남진론

1930년대 이후에는 전쟁이 지속되고 식민지를 넘어 군사적 점령지에 대한 통치가 중심적 과제가 되면서 자유주의적 식민정책학의 활용 공간과 발전 동력은 축소되었다. 식민정책학에서도 전쟁수행에 필요한 이데올로기 생산이라는 과제가 주어졌을 것이며, 경성제대 식민 항목의 장서 속에서는 그 발현 형태가 대동아건설론과 남진론으로 나타나고 있다. 1930년대 만주사변에 대한 평가와 만주경영에 관한 논의는 식민정책론의 중요한 관심사였지만,[38] 식민지 자치와 발전에 대한 주장은 확대되는 전쟁의 상황 속에서 위축되어 갔다.

대동아건설론이 군부가 일으킨 전쟁을 정당화시켜 주는 이데올로기에 불과했던 것인가, 당대의 세계정세 속에서 나름대로의 이념적 정당성을 가질 수 있는가에 대해서는 다양한 논의가 있을 수 있다. 식민 항목의 장서를 통해서는 식민정책론의 논의 구도에서 그것이 어떻게 생성되고 전개되었는가를 검토해 볼 수 있다. 대동아건설론은 우선 제국주의론과 식민지재분할론의 연장선상에서 서구제국의 아시아에 대한 제국주의적 침탈 및 식민주의적 팽창에 대한 방어 논리로서 주장된 측면이 있다.

식민 항목의 장서 중에는 서구제국의 식민지분할과 침략적 본질을 검토한다는 외피를 두르고 기존의 식민정책론을 답습하는 문헌들이 있다.[39] 마르크스주의자들의 정세 인식에서도 대동아공영권의 수립을 통

---

38   浅田喬二, 앞의 책, 1990.
39   堀眞琴, 『植民政策論』, 河出書房, 1939; 天澤不二郎, 『植民政策入門』, 巖松堂書店, 1939.

해 아시아 제민족의 독립, 민주주의, 사회개혁의 가능성이 증대될 것이란 견해가 있었으며,[40] 대동아건설론은 좌우의 이념을 초월한 식민정책학의 핵심 논제였다.[41] 게이오대학의 식민정책학 교수이자 경제학자였던 가다 데쓰지는 서구제국의 식민지 분할과 경제블록에 대항하기 위해 아시아 광역경제권을 구축해야 한다는 동아협동체론을 주장한 바 있다.[42] 일제의 전쟁수행에 적극 협력했던 가다의 저서는 경성제대 장서에 다수 소장되어 있는데,[43] 이러한 협동체론은 본국과 식민지(나아가, 점령지)가 경제적으로 공존공영해야 한다는 식민정책론의 논리를 전쟁의 대의명분으로 이데올로기화한 것이라 볼 수 있다. 전체주의적 혹은 파시즘적 대동아건설론을 대변하는 것은 귀족원 의원이자 태평양협회 이사였던 이와쿠라 도모히데岩倉具榮의 문헌이다.[44] 이와쿠라는 식민지를 갖지 못한(영국, 프랑스 등에 비해 적게 가진) 나라의 지도자로서 다른 식민국가에 맞서 새로운 식민지 개척을 하겠다는 1930년대 초반 히틀러와 무솔리니의 주장을 자연스러운 것이라고 평가하고, 독일, 이탈리아, 일본 3국과 미국의 식민지 실정을 소개하고 있다. 대동아건설론은

---

40 浅田喬二, 앞의 책, 1990, 686~707쪽; 細川嘉六, 「東亜共栄圏の民族問題」, 『季刊 東亜政治と東亜経済』, 第1号, 1941.7, 132~176쪽; 細川嘉六, 『植民史』, 東洋經濟新報社, 1941, 519~570쪽.
41 住谷悅治, 『大東亞共榮圈植民論』, 生活社, 1942.
42 加田哲二, 『現代の植民政策』, 慶應書房, 1939; 加田哲二, 『東亞協同體論』, 東京 : 日本靑年外交協會出版部, 1939.
43 加田哲二, 『人種・民族・戰爭』, 東京 : 慶應書房, 1938; 加田哲二, 『日本國家主義の發展』, 東京 : 慶應書房, 1938; 加田哲二, 『政治・經濟・民族』, 東京 : 慶應書房, 1940; 加田哲二, 『植民政策』, 東京 : ダイヤモンド社, 1940; 加田哲二, 『太平洋經濟戰爭論』, 東京 : 慶應書房, 1941; 加田哲二, 『戰爭本質論』, 慶應書房, 1943; 加田哲二, 『戰力論』, 帝國出版株式會社, 1944.
44 岩倉具榮, 『大東亞建設と植民政策』, 八木書店, 1942.

식민지(재)분할의 세계정세 속에서 후발 제국주의 국가인 일제 식민정책의 마지막 탈출구이며, 서구제국이 안겨다주는 정치경제적 불이익에 대한 대응책이라는 것이 군부 및 우익 정치세력의 논리였다.

일제의 식민주의적 팽창과 전쟁의 논리는 메이지시대 이후 남진론과 북진론으로 병존하였으며, 식민 항목의 장서에는 남진론에 관한 문헌이 일부 소장되어 있다. 중일전쟁 이후 남진론이 부상하는 배경에는 미국과의 전쟁론이 대두되고 미국과의 장기전에 대비하기 위해 남방의 자원을 확보하고 자급자족적 경제체제를 구축해야 한다는 인식이 있었다. 대만 식민 통치 이후 남방에 대한 관심과 정보수집이 지속되었고, 1930년대 후반 전쟁의 상황을 맞이했을 때 남방에 대한 관심은 절정에 이르렀다.

동양척식회사 고문이자 남양협회 상담역이었던 이노우에 마사지井上雅二가 1942년 발간한 『南方開拓を語る』는 저자의 오랜 경험 및 자료를 바탕으로 말레이시아 조호르, 인도네시아 수마트라 등 남방개척 사례와 남양협회南洋協會 설립의 경위 등을 쓴 문헌이다.[45] 다나카 스에히로田中末廣가 편집한 『南方建設論選集』은 일제의 남양진출을 정당화하기 위해 동남아시아 및 태평양 지역에 대한 선각자들의 논고를 정리한 문헌이다.[46] 그 외에 영국과 네덜란드의 동인도회사를 연구한 문헌도 소장되어 있으며,[47] 메이지시대 일본인들의 남양 이주사를 재구성한 문헌도 있다.[48]

---

45   井上雅二, 『南方開拓を語る』, 畝傍書房, 1942.
46   田中末廣 編, 『南方建設論選集』, 帝國書院, 1943.
47   楊井克己, 『東印度會社研究』, 生活社, 1943.
48   入江寅次, 『明治南進史稿』, 井田書店, 1943.

1930년대 이후에는 서구의 식민정책학에도 다양한 변화가 일어났던 것 같다. 식민지의 발전과 주민 복지를 중시하는 1920년대 식민정책의 세계적 조류를 재정리한 문헌도 있고,[49] 식민지 쟁탈과 전쟁을 근절하기 위한 방안을 모색하는 문헌도 찾아볼 수 있다.[50] 마르크스·레닌주의의 영향을 받은 반제국주의·반식민주의의 식민정책학 문헌은 금서로 지정되어 있었기 때문에 경성제대 장서에서 쉽게 찾아볼 수 없다. 그럼에도 불구하고, 1930년대 세계적 경제공황을 제국주의 및 식민주의의 문제와 관련시켜서 논의하는 것은 당대 식민정책학의 핵심적인 논쟁 과제였던 것 같다. 세계 식민지 분할에 의한 블록경제 형성과 그에 따른 원료 배분의 불합리성 및 경제적 문제점이 지적되고 있었으며,[51] 제국주의 국가들 사이에서는 이에 대한 책임 전가가 한창이었다. 독일을 비롯한 후발제국주의 국가들the have-nots, 持たざる國은 많은 식민지와 자원을 가진 기존 제국주의 국가들the haves, 持てる國의 경제 및 외교정책을 비판하면서 과거 식민지의 회복이나 새로운 식민지의 양도를 주장하고 있었다. 식민지 자치 허용과 영연방 구축을 강조함으로써 국제사회의 비난을 피해가고자 했던 영국의 입장과 영국 식민지 지배의 문제점을 고발함으로써 자기정당화를 추구했던 독일의 입장은 일부 장

---

49 A. D. A. de Kat Angelino, G. J. Renier(Abridged translation in collaboration with the author), *Colonial policy*, University of Chicago Press, 1931.

50 Leonard Barnes, *The Future of Colonies*, Leonard and Virginia Woolf at the Hogarth Press, 1936.

51 The Royal Institute of International Affairs, *The Colonial problem : a report by a study group of members of the Royal Institute of International Affairs*, Oxford University Press, 1937; Giuseppe Ugo Papi, *The Colonial problem : an economic analysis*, London : P.S.King & Son Ltd., 1938.

서를 통해 그 편린들을 확인할 수 있다.[52] 일제의 대동아건설론과 남진론은 당대의 세계정세와 관련시켜서 분석해야 할 부분이 있으며, 군부가 일으킨 전쟁의 정당화 논리만이 아니라 경제적 요인 및 국제정치적 요인과의 관련성도 검토되어야 한다.

3. 식민지 사정에 관한 문헌

경성제대 식민 항목의 장서에는 일제 식민지의 구체적 사정을 알려주는 자료적 성격의 문헌들이 다수 소장되어 있다. 일제 식민지에 대한 구체적 자료들은 식민지 행정과 통치를 위한 것이 많지만, 식민 권력의 작용 및 후원으로 수집이 가능했던 포괄적이거나 치밀한 조사 자료를 포함하고 있다. 1930년대 이후 군사적 점령지에 대한 통치가 진행되는 동안 식민지와 점령지에 대한 각종 조사가 질과 양에서 비약적으로 성장했다는 평가가 있다.[53] 이것은 식민지통치보다 전쟁 수행과 점령지통치가 각종 정보 및 조사자료 축적에 훨씬 더 적극적이었다는 것을 반증하는 것인지도 모른다. 비록 정당한 동기나 절차에 의해 수집된 자료

---

52 H. S. Ashton, *Clamour for colonies*, London : Thorton Butterworth Ltd., 1936; George Bernard Shaw, *The Denshawai horror and other colonial atrocities* (German Information Service, Britain Unmasked No.7), Berlin : 출판사 미상, 출판연도 미상.

53 井村哲朗, 「日本の中国調査機関ー国策調査機関設置問題と満鉄調査組織を中心に」, 末広昭 編, 『「帝国」日本の学知 第6巻 地域研究としてのアジア』, 岩波書店, 2006; 早瀬晋三, 「調査機関・団体とその資料ー東南アジア」, 末広昭 編, 위의 책.

라고 할 수는 없지만, 이미 축적된 자료에 대해서는 식민지나 점령지에 대한 통치의 관점에 유의하면서 그 자료를 이용할 수 있는 방안을 논의해야 한다.

1) 일제의 식민지 전체

일제 식민지의 전체적 상황을 이해하는 데는 척무성에서 발간한 자료들이 압도적 중요성을 가지고 있다. 척무성은 식민지 통치기관을 감독하고 각종 척식사업을 수행했던 기관으로서 1896~7년에는 척식무성拓殖務省으로 잠시 존재했고, 조선, 관동주, 사할린을 식민지로 획득한 1910년 척식국으로 설치되었으며, 1929년에는 조선총독부, 대만총독부, 가라후토청, 남양청 등의 식민지 행정기관을 감독하고 해외이민 사무를 추진하는 척무성으로 확대개편되었다. 이후 척무성의 관할 업무와 유효성에 대해 일정한 논란이 있었으며, 1942년 대동아권을 포괄적으로 관리한다는 취지의 대동아성이 설립되면서 척무성은 폐지되었다.

척무성은 1929년부터 매년 사무관할 지역인 조선, 대만, 가라후토(사할린), 관동주 및 남만주 철도부속지, 남양군도의 행정조직, 재정, 교육, 신사, 종교 및 위생, 산업, 무역 및 금융, 교통 및 통신 등의 사정을 포괄적으로 설명한 보고서를 발간하였다.[54] 이러한 자료들은 일제 식

---

[54] 拓務大臣官房文書課 編, 『拓務要覽』, 拓務大臣官房文書課, 1929~1939; 拓務省 編, 『拓務省統計概要』, 拓務省, 1930~32; 拓務大臣官房文書課 編, 『拓務統計』, 拓務大臣官房文書課, 1933~1941.

민지의 상황을 통치의 관점에서 전체적이고 체계적으로 이해할 수 있게 만드는 유용성이 있다. 또한 이 자료들은 외무성 자료와 일부 겹치는 부분이 있기는 하지만, 이식민과 해외척식사업에 대한 자료를 포함하고 있어서 일제 내 본국과 식민지의 인간 이동 상황을 알려주는 대표적 자료이다. 척무성 보고서는 영국의 식민국colonial office를 비롯해 서구제국의 식민정책 당국 보고서에 비견되는 것으로, 그 구성과 역할에 대한 비교는 유용한 연구주제이다.

척무성 보고서의 전신은 내각 척식국에서 발간한 식민지 관련 보고서인데, 여기에는 이식민과 해외척식사업에 대한 자료가 제시되어 있지 않다.[55] 일제의 이식민 현상은 1930년대 이후 정부당국의 정책적 관심사이자 사업의 대상이 되지 않았나 생각된다. 척무성 자료 이외에도 학회, 조사회, 언론사가 식민지 사정에 관해 발간한 문헌들이 있다.[56] 이러한 문헌들 중에는 포괄적인 통계자료나 연표를 제시한 것도 있고, 일본인이 진출한 식민지와 이민지의 실정을 기초적 수준에서 소개한 것도 있다. 동양척식회사에서 발간한 업무 보고서와 제국의회 척무관련 의사록도 소장되어 있는데, 권수가 적어 자료적 가치는 높지 않다.[57]

보고서 형태 이외의 문헌으로는 논설과 정책적 논의를 담은 잡지가 2종 소장되어 있다.[58] 『拓務時報』는 세계 각국 이민지의 사정에 대한

---

55   內閣拓殖局 編, 『殖民地要覽』, 拓殖局, 1920; 內閣拓殖局 編, 『殖民地便覽』, 內閣拓殖局, 1926.
56   東洋タイムス社 編, 『植民地大鑑』, 東洋タイムス社, 1916; 大喜多筆一, 『帝國之殖民地』, 東亞評論社, 1919; 佐野信郎 編, 『(朝鮮滿州臺灣) 植民地號』, 現代評論社, 1924; 內外經濟調査會 編, 『拓殖總覽 : 統計圖表』, 內外經濟調査會, 1931; 日本行政學會 編, 『(輓近)大日本拓殖史』, 日本行政學會, 1934; 河上光一, 『東亞植民年表』, 創元社, 1944.
57   東洋拓殖株式會社 編, 『東洋拓殖株式會社業務要覽』, 東洋拓殖株式會社, 1927; 中央情報社 編, 『帝國議會拓務議事詳錄』, 1936.

정보와 논설을 실은 잡지인데, 1937~8년 기사 내용은 만주국 정보가 대부분을 차지하는 것이 특징적이다. 『海外』에는 당대의 저명한 지식인, 학자, 식민정책가들의 기고문들이 실려 있으며, 식민지를 위주로 해외의 정세에 대해 많은 논설이 게재되어 있다. 또한 내각 척무국장을 역임한 고위 관료의 식민지 기행문도 소장되어 있다.[59]

2) 홋카이도

일제의 식민지 통치를 각론으로 나누어 논의하고자 할 때, 가장 먼저 고려해야 할 지역이 홋카이도이다. 홋카이도 개척사開拓使는 1869년부터 1882년까지 존속한 것으로 알려져 있다. 경성제대 식민 항목의 장서에는 1870년대 쓰여진 개척사 보고서 2건이 소장되어 있다.[60] 비전문가는 해독하기 어려운 일본어로 되어 있지만, 홋카이도 개척 초기의 상황을 알려주는 귀중한 자료이다. 식민 항목의 장서에 홋카이도에 관한 자료는 많지 않다. 개척사 보고서 외에는 모두 1930년대 이후의 문헌들이며, 전쟁과 총동원체제의 맥락에서 홋카이도 개척의 교훈이 재해석되는 양상을 볼 수 있다. 1909년 수립되어 시행된 홋카이도척식사업계획에 대한 보고서들이 있으며,[61] 일제식민지 각지에 척식업무 관

---

58   海外社 編, 『海外』, 海外社, 1927~33; 拓務省拓務局 編, 『拓務時報』, 拓務省拓務局, 1931~38.
59   濱田恒之助·大山長資, 『我が殖民地』, 富山房發兌, 1928.
60   開拓使, 『[北海道]開拓使報告書』, 開拓使, 1875; 外事課 譯, 『開拓使顧問：ホラシケブロン報文』, 開拓使, 1879.
61   北海道廳 編, 『北海道第一期拓殖計劃事業報文』, 北海道廳, 1931.

료를 양성·파견한 다카오카 구마오의 한 제자가 1939년경 만주국 관료로 떠나기 직전 그동안 집필해 두었던 홋카이도 개척사 자료를 문헌으로 발간한 것도 있다.[62] 중요한 점은 홋카이도 개척의 역사에서 존재했던 둔전병 제도가 만주개척을 위한 병농식민의 관점에서 그 의미가 재해석되었다는 것이며,[63] 둔전병 정신이 총동원체제에서 문화운동 내지 사상동원의 자원으로 호명되었다는 것이다.[64]

사할린(가라후토)은 러시아 영토로 진출하는 교두보라고 할 수 있는데, 이에 관한 문헌은 다카오카 구마오의 주저인 『樺太農業殖民問題』만이 소장되어 있어 여기서 제시하였다.[65] 사할린 식민정책은 홋카이도 제대학파의 지속적인 관심사였으며, 이 문헌이 그 정점에 있다고 할 수 있다. 쿠릴열도 북쪽의 캄차카 지역에 관한 문헌도 한 권 소장되어 있는데, 1935년 발간된 러시아인 권위자의 문헌을 번역한 것이다.[66]

3) 대만

식민 항목의 장서에서 대만의 사정에 관한 문헌은 단행본 3권과 잡지 1건으로 그 수가 매우 적다. 저명한 식민정책가들이 저술한 대만 식민정책사에 대한 문헌들이 있으며,[67] 『東臺パンフレット』는 대만총독

---

62   安田泰次郎, 『北海道移民政策史』, 生活社, 1941[1939].
63   加藤俊次郎, 『兵農植民政策』, 慶應書房, 1941.
64   大政翼贊會北海道支部 編, 『開拓血淚史 : 屯田兵座談會』, 長谷川書房, 1943.
65   高岡熊雄, 『樺太農業殖民問題』, 西ヶ原刊行會, 1935.
66   オークニ, 原子林二郎 譯, 『カムチヤツカの歷史 : カムチヤツカ植民政策史』, 大阪屋號書店, 1943.

부 주변 유식자들의 연구회의 기관지로서[68] 대만 정보로서의 질적 수준이 매우 높다. 대만 식민통치에 관한 자료가 워낙 많겠지만, 이 잡지는 동대만연구회東臺灣研究會라는 단체의 존재와 특징을 검토한 후에 대만연구 자료로 사용할 수 있을 것이다. 이외에 1930년 발생한 대만 소수민족의 항일봉기의 경위를 서술한 문헌도 있다.[69]

4) 조선과 만주 및 몽고

일제의 식민지 중에서 조선은 대륙 진출의 전진 기지와 같은 의미를 가지고 있었다. 식민 항목의 장서에서 식민지 조선의 사정을 알 수 있게 하는 문헌은 찾아볼 수가 없다. 이것은 경성제국대학이 조선에 위치하고 있었기 때문에 조선의 사정은 일종의 국내 사정처럼 간주되어 국외의 식민과 이민을 다루는 식민 항목의 문헌에서 제외된 것이 아닌가 추정된다. 즉 장서의 분류 실무에서 조선을 중심에 놓고 식민과 이민의 현상을 사유했던 측면이 있는 것으로 생각된다. 여기서 조선과 만주 및 몽고라는 제목을 붙였지만, 만주 및 몽고에 대한 이민과 식민의 자료가 대부분을 차지하고 있다.

우선 만주, 몽고, 중국 전역의 이민과 식민 양상을 파악할 수 있게 만드는 잡지가 있다.[70] 『新天地』는 식민지와 해외 각지의 사정, 이민과 식

67　持地六三郎, 『臺灣殖民政策』, 富山房, 1912; 東鄕實・佐藤四郎, 『臺灣殖民發達史』, 台北 : 晃文館, 1916.
68　東臺灣硏究會 編, 『東臺パンフレット』, 東臺灣硏究會, 1930~32.
69　橋本白水, 『(內地の人々に)霧社事件の一考察』, 臺灣政治硏究會, 1930.

민의 양상 등에 대한 논설 및 기사를 게재한 잡지이다. 만몽관계, 중일
관계, 국제정세에 관한 내용을 전문화된 잡지이다. 1930년까지는 경성
제대 윤리학 강좌 교수인 아베 요시시게安部能成가 기증한 사실이 문헌
에 표시되어 있다. 만주에 대한 일본인들의 이민과 식민의 양상을 전체
적으로 연구하기 위해서는 반드시 읽어야 하는 잡지인 것으로 생각되
며, 총력전 및 총동원체제가 이민과 식민에 미쳤던 영향을 여실히 보여
주는 잡지라고 할 수 있다. 일본인들의 만주 개척 상황을 전체적으로
알려주는 문헌도 있는데,[71] 권수는 적지만 만주식민에 대한 연구를 위
해서는 반드시 검토해야 할 문헌이라고 생각된다. 대륙에 대한 일제의
관심은 만주를 넘어 중국 전역의 이민과 식민의 상황을 알고자 하는 방
향으로 나아가 있었고, 1908년부터 일제 당국은 이에 관한 통계자료를
추출하고 있었다. 여기에는 만주 거주 내지인과 조선인의 통계를 비롯
하여, 중국 전역을 어떻게 구분하여 이민과 식민의 상황을 파악하고 있
었는가를 알 수 있게 하는 자료가 있다.[72]

경성제대의 위치성으로 인해 만주 식민의 중요한 측면을 포착할 수
있는데, 그것은 일본인의 만주 이민 및 식민 이전에 조선인의 만주 이
민 및 식민이 먼저 그리고 활발하게 진행되었다는 점이다. 조선인의 만
주 이민 및 식민에 관한 문헌을 출판년도에 따라 살펴보면, 1911년 간
도間島 거주 조선인의 실태에 대한 보고서가 필사본 형태로 발간된 것
이 있고,[73] 1920년경부터는 만주의 조선인 사정에 대한 잡지가 발간되

70   新天地社 編, 『新天地』, 新天地社, 1927~40.
71   滿洲國通信社 編, 『滿洲開拓年鑑』, 滿洲國通信社, 1940.
72   外務省亞細亞局 編, 『支那在留本邦人及外國人人口統計表』, 外務省亞細亞局, 1926~31.
73   間島日本帝國總領事館 編, 『間島在住鮮人狀態調査書』, 間島日本帝國總領事館, 1911.

기도 했는데 소장 권수가 적어 자료적 가치가 크지는 않다.[74] 또한 재만 조선인의 구제기관이 내선융합의 입장에서 발간한 문헌이 있는데, 한글로 되어 있다.[75] 문헌에도 나타나듯이, 조선인의 만주 이주는 일제시기에 간도 문제로부터 주목받기 시작했는데, 1920년대가 되면 일백만 명 이상의, 정확하게 계산하기 힘들 정도로 많은 규모로 진행되었다.

1925년 미쓰야 협정三矢協定의 체결 이후 만주의 조선독립단에 대한 중국 군벌의 압박이 심해졌다. 독립단 2~3천 명을 소탕하기 위해 선량한 재만조선인 전체를 구축驅逐하려고 하는 데에 대한 위기감으로, 재만조선인의 사정을 일제 민중들에게 알리고 일제 당국과 조선인 유식자들의 선처를 요청하는 문헌이 있다.[76] 이 문헌은 조선인 독립운동가 출신의 인사가 일선융화의 입장으로 전향하여 쓴 글로서, 조선인 이주의 동기, 재만조선인 독립운동의 경과, 사상의 변천, 조선인농민 압박, 조선인 불평 등의 내용을 담고 있다. 이 문헌은 "러시아령 시베리아 및 만주의 조선인 거주지대를 대별해서 보면, 러시아령 연해주(하바로프스크시 일대) 78만 명, 북간도(두만강 대안 延吉道 일대) 70만 명, 서간도(압록강 대안 東邊道 일대) 56만 명이 이주해 있고, 북만주 및 시베리아 흑룡주에는 서북간도 및 블라디보스톡 방면에서 이주한 7~8만 명이 있으니 이 일대 이주민 총수는 약 2백만 명에 이르고 있다. 내만주에 거주하는 조선인은 적어도 120~30만 명 이상이다. 외무성에서는 재만조선인을 70~80만 명으로 이야기하고 있지만, 실수는 그보다 훨씬 많다"고 전하고 있다.

---

74   在外朝鮮人事情研究會 編, 『在外朝鮮人事情』, 在外朝鮮人事情研究會, 1921.
75   田原茂, 『滿洲와朝鮮人』, 滿洲朝鮮人親愛義會本部, 1923.
76   金永淳, 『支那官憲の鮮人壓迫に關する根本的對策』, 國際大民會, 1928.

일제의 괴뢰국 성격을 가진 만주국이 수립되기 이전인 1920년대까지 만주는 일본인보다 조선인의 이민지 내지 식민지였고, 일제가 확고한 통치력을 발휘하지 못하는 상황에서 중국인, 조선인, 일본인 사이의 갈등 및 이해관계를 어떻게 조정할 것인가가 당국자들의 중요한 관심사였다.[77] 재만조선인의 사정은 여러 식민지 통치 기관에 의해 다각적으로 조사·관리되었고, 만주국 수립 이후 전쟁이 수행되는 시기에는 만주국과 조선총독부에 의해 이에 대한 체계적 정보 수집과 통제가 진행되었던 것으로 보인다.[78] 1930년대 이후의 좀 더 체계적인 정보를 통해 재만조선인의 이민 동기나 생활실태, 독립군 토벌을 둘러싼 일제 및 중국 군부의 정책에 대한 논의를 심화시킬 수 있으며, 조선총독부가 재만조선인의 식민정책에 개입한 양상도 파악할 수 있다.

만주 및 몽고에서 식민에 대한 관심은 1920년대 후반부터 고조되기 시작했으며, 1930년대 이후에는 조선인을 포함해 일본인 전체를 대상으로 이주 정책이 수행되었고 그에 대한 사례 보고가 등장하였다. 만몽식민의 논리는 근대 해외이민의 주된 동인으로 이야기되던 과잉인구론에 기반하고 있었으며, 1920년대까지 만몽은 일본과 중국의 이민이 경합하던 장소였다. 청말부터 중국인 이민자들은 남양, 만주, 호주, 미주 등지로 대거 진출하였으며, 일제는 이에 대항하면서 만몽의 식민정책

---

77 石山福治, 『滿蒙開發策 : 日支鮮人百年の長計たるべき』, 在外朝鮮人事情研究會, 1924; 尾池禹一郎, 『滿蒙の米作と移住鮮農問題, 東洋協會, 1927.

78 日本鐵道省 編, 『滿洲ニ於ケル鐵道ト在滿朝鮮人』, 日本鐵道省, 1928; 民政部總務司調査科 編, 『在滿朝鮮人事情』, 民政部總務司調査科, 1933; 朝鮮總督府 編, 『在滿朝鮮同胞に對する本府施設の槪要』, 朝鮮總督府, 1935; 朝鮮總督府 編, 『在滿朝鮮總督府施設記念帖』, 朝鮮總督府, 1940; 鮮滿拓殖株式會社 編, 『大陸の開拓と半島同胞 : 滿洲開拓座談及講演集』, 鮮滿拓殖株式會社, 1941.

을 구체화하지 않을 수 없었다.[79] 일제는 만몽 식민을 위해 중국 한족의 만주 이민 동태를 파악할 필요가 있었으며,[80] 만주국 수립 이후에야 만몽 식민의 독점적 지위를 구축할 수 있었다.

1930년대 이후에도 일본 내지인을 주축으로 한 만몽 식민은 결코 용이하게 진행되지는 못했던 것으로 보인다. 만몽 식민은 기본적으로 농업 정책의 차원에서 진행된 것이었고,[81] 경제적 공황에 따른 실업 대책의 차원에서 사고된 측면이 있다.[82] 만몽 식민관련 문헌에서 무엇보다 중요하고도 흥미로운 것은 식민사례에 대한 보고서들이다. 일제 내지인의 만주 식민은 1933년, 현재 중국 흑룡강성 자무쓰佳木斯로의 무장 이민으로 시작되었고, 이에 관해 세 권의 단행본이 소장되어 있다. 이민단장의 연설을 기록한 문헌은 만주 식민의 초기 상황을 이해하는 데 큰 도움이 될 수 있으며,[83] 입식 5년과 7년이 지난 시점에서 발간된 문헌은 만주 식민에 대한 근래 연구 성과들과 대조하면서 그 내용을 음미해 볼 가치가 있다.[84] 일람표 한 장으로 된 자료지만 만주 집단이민단의 목록도 있고,[85] 만주 식민의 또 다른 사례들과 이민단을 송출한 지역의 분촌分村 사례에 대한 보고도 있다.[86]

---

79 內藤順太郎, 『滿蒙の開發と邦人』, 東亞社出版部, 1927; 外務省通商局(木下通敏, 編), 『人口問題ヲ基調トシテ滿蒙拓殖策ノ研究』, 外務省通商局, 1927.

80 栗本豊 編, 『滿洲出稼移住漢民の數的考察』, 滿鐵調査課, 1931; 離波勝治, 『滿蒙移植民問題』, 滿洲文化協會, 1932.

81 拓殖大學滿洲農業移民研究會 編, 『滿洲農業移民十講』, 地人書館, 1937.

82 東京府學務部社會課 編, 『滿洲國移民に關する資料(失業對策資料第2輯)』, 東京地方失業防止委員會, 1934.

83 市川益平, 『佳木斯移民の實況』, 東亞經濟調査局, 1933.

84 渡邊千代江 編, 『彌榮村建設の五年 : 第一次特別農業移民團經營記錄』, 滿洲移民協會, 1938; 小寺廉吉, 『先驅移民團 : 黎命期之彌榮と千振』, 古今書院, 1940.

85 滿洲拓植公社經營課 編, 『[滿洲]集團移民現況一覽表』, 滿洲拓植公社經營課, 1938.

집단이민으로 진행된 만주 식민은 일본 내지의 촌락 주민들이 황무지 개척을 통해 새로운 농지를 확보하고 마을을 건설하던 종래 '식민'의 연장선상에 있었다는 점에 유의할 필요가 있다. 농지 개척은 해외 식민지가 획득되기 이전에도 일본 각지의 촌락 주변에서 일어났던 것이며, 홋카이도라는 내국식민지에서 대대적으로 진행된 적이 있었다. 개척의 무대는 옮겨지고 확대되었지만, 개척의 방식은 일부 촌락 주민들이 집단으로 이동하여 개척지에서 새로운 촌락을 건설한다는 점에서 이전의 경험을 계승한 측면이 있었다. 내지 촌락의 사회구조 및 문화의 이식은 일제의 식민 현상을 특징짓는 한 요소임에도 불구하고 그동안 깊이 있는 논의가 전개되지 못했던 것 같다. 만주의 일본인 식민 촌락에서 어떠한 사회조직이 만들어지고, 왜 신사가 건설되고, 왜 내지 촌락과 유사한 모습이 나타나게 되었는가를 홋카이도, 대만, 조선, 남양 등의 식민 사례와 비교 검토하는 작업이 일제 식민주의 연구의 중요한 연구 과제이다. 특히 근현대 일본의 도시화 양상에서도 나타나듯이 출신지의 이에家를 계승할 지위에 있지 않고, 촌락의 한정된 자원을 이에카부家株로 나누어 받기 힘든 지위에 있었던, 흔히 차남 이하의 남성이나 여성들이 이민과 식민에 적극적이었다는 점은 만주 식민의 사례에서 명확히 확인되는 사실이며, 앞으로 다른 지역의 이민 및 식민 사례에서도 검토될 필요가 있다.

새로운 개척지를 향해 떠나는 이민자의 입장에서 만주는 내지의 황무지나 홋카이도에 비해 어떤 장단점이 있고, 원주민이 버티고 있던 대

---

86 關東州廳土木課 編, 『愛川村 : 邦人滿洲移民ノ魁』, 關東州廳, 1935; 淺川四郎, 『開拓團生ひ立ちの記』, 海南書房, 1942; 拓務省拓北局 編, 『富士見村の分村運動に就て』, 拓務省拓北局, 1942.

만과 조선에 비해서는 어떤 장단점이 있었던가 하는 점도 고려될 필요가 있다. 만주 식민의 결과는 정책 당국의 목표를 계속해서 밑돌고 있었으며, 그 이유는 만주의 자원적 가치를 강조하는 경제학적 설명이나 이민과 식민의 동인에 대한 과잉인구론의 설명을 통해서는 만족스럽게 해명될 수가 없다. 만주는 식민지라기보다 군사적 점령지였으며, 만주의 정세 불안은 이민 내지 식민의 심각한 장애물이었다. 만주 식민은 군부의 정책과 동원에 따른 군사적 식민의 성격을 띠고 있었다. 일종의 군사훈련을 받은 독신 남성으로 구성된 초기 무장이민단은 만주 식민의 성격을 여실히 보여주는 것이었다. 무장이민단의 문제점이 드러난 이후 가족 이민이나 분촌 이민이 권장되기는 했지만, 이민자에게 만주는 그리 매력적이지 않았고 만주 식민은 궁핍한 농촌 주민이나 도시 실업자의 동원에 의존했다. 경제적 궁핍에 시달린 이민자의 자발적 의지보다 애국이나 보국의 정신 동원이 만주 식민의 동력이 되었던 점을 만몽 식민에 관한 자료를 통해 검토할 필요가 있을 것이다.

만몽 식민의 정책 입안자로서 두 사람이 오래 전부터 거론되어 왔다.[87] 도미야 가네오東宮鐵男는 장작림張作霖 폭살사건의 실행자였던 육군 군인이었으며, 만주의 군사적 중요성을 중시하여 조선인 및 일본 내지인 식민에 의한 방어 거점의 구축을 주장했다. 가토 간지加藤完治는 농업관료 출신으로서 농본주의에 입각한 농업이민을 주장했다. 이러한 주장들이 절충되어 일본 내지인 무장이민단에 의해 만몽 식민이 시작되었고, 가토는 1938년 이바라키현에 우치하라훈련소內原訓練所를 개소하여 소위 만몽개척 소년의용군을 육성하였다. 우치하라훈련소는 군대식

---

87   石原文雄, 『滿洲開拓父 東宮大佐と加藤完治』, 潮文閣, 1944.

생활규범과 정신을 주입하여 종전까지 수만 명의 청소년들을 만주로 송출했던 기관으로서 잘 알려져 있다. 만주국 건국대학 교수가 만주 개척의 실상을 정리하고 평가한 문헌도 있고,[88] 만몽 식민의 중요성이 부각되는 정세 속에서 만주국에도 그것을 지원하는 기관이 생겨나고 관련 문헌들이 발간되었다.[89]

5) 북진론과 남진론의 사이 - 중국과 그 주변

일제의 대외 팽창정책은 메이지시대 이후 북진론과 남진론으로 양분된 것으로 이야기된다. 북진론의 관심 지역인 조선과 만몽에 관해 많은 자료가 구비되어 있고, 남진론의 관심 지역 중 대만에 관한 자료는 빈약하지만 다음 절에서 보듯이 동남아시아에 관한 자료는 풍부하게 구축되어 있다. 흥미로운 점은 중국에 관한 문헌이 경성제대 전체 장서에서는 큰 비중을 차지함에도 불구하고, 식민 항목 장서에서는 그 수가 매우 적게 나타난다는 것이다. 중일전쟁 전후 중국에 대한 일제의 정보수집과 조사가 급격히 늘어났지만,[90] 그 자료들이 경성제대에는 제대로 유입되지 않았거나 식민 항목의 자료로 분류되지 않았던 것 같다. 중국은 일제 당국에 의해 식민지로 인식되지 않았고, 중일전쟁 이후에

---

88 天澤不二郎 編, 『開拓政策の展開 - 滿洲開拓の過去と現在』, 河出書房, 1944.
89 滿洲日日新聞社 編, 『日本人發展報告書 : 滿洲國建國四周年記念(滿日時局叢書第1輯)』, 滿洲日日新聞社, 1936; 滿洲國立開拓研究所 編, 『ベーチカの煙道形式に關する研究』, 滿洲國立開拓研究所, 1942; 滿洲國立開拓研究所 編, 『[滿洲國立開拓研究所]指導資料 3, 5, 6, 7호』, 滿洲國立開拓研究所, 19.
90 井村哲朗, 앞의 글.

도 군사적 점령지로 존재했었다.

중국 본토에 관한 문헌으로는 중국 남동부의 수산사정에 관해 척무성에서 발간한 보고서가 유일한데, 최근 중일의 영토분쟁 지역인 센카쿠(다오위다오)제도 주변 상황까지 포함하고 있고 비교적 충실한 내용으로 구성되어 있다.[91] 중국 남단의 해남도海南島에 관해서도 풍부한 정보를 담은 문헌이 소장되어 있는데, 문헌 제목은 대동아전쟁의 상황 속에서 남진론의 여파를 상기시키고 있다.[92] 이외에도 자료적 가치가 높은 문헌이 몇 건 더 있다. 일본인 외교관이 홍콩 총영사관에 재임하던 중 메이지 6년(1873)에서 27년(1894)까지 홍콩에 거주하던 일본인의 사정을 기술한 고문서를 발견하여 조사·정리한 문헌이 있다. 저자는 이 고문서가 홍콩을 중심으로 남방발전에 공헌한 일본인들의 흔적을 여실히 보여주는 자료라고 평가하고 있다.[93] 또한 경성제대 정치공법 연구실 마츠오카 슈타로松岡修太郎 교수가 수집한 문헌이 있는데, 1908년 창설된 중국 천진天津 조계지의 일본인거류민단 기념지들이다.[94] 이 문헌은 조계지의 거류민 생활을 비교연구하는 데 도움이 되는 귀중한 자료이다.

---

91 拓務省拓務局 編, 『中南支那方面に於ける水産事情』, 拓務省拓務局, 1938.
92 吉川兼光, 『海南島建設論』, 大阪屋號書店, 1942.
93 臺灣總督府熱帶産業調査會 編, 『明治初年に於ける香港日本人(熱帶産業調査會叢書第5號)』, 臺灣總督府熱帶産業調査會, 1937.
94 天津居留民團 編, 『天津民團十週年記念誌』, 天津居留民團, 1917; 臼井忠三 編, 『天津居留民團三十週年記念誌』, 天津居留民團, 1941.

6) 남양

남양南洋 혹은 남방南方은 식민 항목 장서들의 내용을 통해서 볼 때, 필리핀에서 인도 동쪽 인도차이나 반도에까지 이르는 동남아시아 지역과, 호주와 하와이, 태평양제도 전체를 포괄하는 대단히 광범위한 지역을 가리킨다. 1919년 이후 일제의 위임통치령이 된 미크로네시아의 섬들은 남양군도南洋群島라고 지칭되는 경우가 많고, 단순히 남양이라고 할 때는 동남아시아 지역만을 가리키는 경우가 흔히 있다. 식민 항목 장서에서 남양에 관한 문헌은 대다수가 동남아시아에 관한 것이다.

동남아시아, 호주, 태평양제도(미크로네시아, 멜라네시아, 폴리네시아)는 아프리카와 함께 19세기 이후 서구제국과 일제에 의한 식민지 쟁탈이 일어난 지역이다. 1930년대 이후 일제도 동남아시아 점령지와 남양군도에 대해 많은 자료를 축적했지만, 서구제국의 그것에 비하면 일천한 것이었다. 일제의 식민지 자료는 지배 기간 동안 다른 제국의 통치력이 미약했던 지역, 즉 대만, 조선, 가라후토, 관동주 및 만주, 남양군도 등에 관한 것이 독보적 중요성을 가질 수 있고 동남아시아 점령지에 관한 것은 다른 제국에서 축적했던 자료와 비교론적 견지에서 독해될 필요가 있다. 일제의 동남아시아 자료는 대부분 1930년대 이후 수집된 것으로 나타나며, 군사적 점령이라는 상황과 긴밀한 연관 관계를 갖는 것이다. 일제의 동남아시아 자료는 질적으로 천차만별이지만, 양적으로 많다. 전후 일본학계에서는 이미 이 자료의 활용성에 대해 많은 검토가 있었는데,[95] 한국학계 역시 독자적인 관점에서 서구제국이 축적한 동남아시아 자료와 비교하면서 이 자료의 활용성을 검토해야 할 것이다.

(1) 일제의 남양식민에 관한 자료

식민 항목의 화한서에서 남양군도에 관한 자료는 야마모토 미오노가 태평양제도의 전략적 중요성이 인식되기 시작하던 시절 교토제대 조교수로서 작성한 현지답사 보고서가 유일하다.[96] 동남아시아에 관한 자료를 살펴보면, 1920년대까지 대만총독부가 동남아시아 조사의 거점이 되었던 사실을 알 수 있다. 대만총독부 소속의 기사가 수행한 동남아시아 현지조사의 보고서와 총독부 촉탁의 대학교수가 필리핀에 관해 간략하게 작성한 조사보고서가 있다.[97]

1930년대 이후 남양 조사의 거점은 내각의 척무성으로 확대되었다. 남양 진출의 사전포석으로서 다양한 정보수집이 이루어졌고, 군사적 점령 이후에는 점령지 조사의 성격을 띠었다. 척무성 보고서가 다수 소장되어 있는데, 질적 수준에서는 천차만별이다. 호주와 필리핀을 비롯한 동남아시아 각지의 각종 법규나 통치조직에 관한 자료를 단순히 번역해 놓은 문헌들이 있는가 하면,[98] 현지 사정에 대한 풍부한 정보를 제공하고 있는 문헌들도 있다. 후자의 문헌들은 동남아시아 각지의 자원

---

95 濱下武志, 「華僑·華人調査 : 經濟力調査·日貨排斥·抗日運動調査」, 末広昭 編, 앞의 책; 早瀬晋三, 앞의 글.

96 山本美越乃, 『我國民ノ海外發展卜南洋新占領地』, 京都帝國大學法科大學內 京都法學會, 1917.

97 色部米作, 『南洋に於ける邦人の事業』, 臺灣總督府官房調査課, 1926; 隈川八郞(調査) 臺灣總督官房調査課 編, 『國策としての南洋移民問題』, 臺灣總督官房調査課, 1929.

98 拓務省拓務局 編, 『蘭領印度統治組織』, 拓務省拓務局, 1937; 拓務省拓務局 編, 『比律賓公有土地法』, 拓務省拓務局, 1937; 拓務省拓務局 編, 『暹羅國鑛業關係法規』, 拓務省拓務局, 1937; 拓務省拓務局 編, 『比律賓鑛業法』, 拓務省拓務局, 1937; 拓務省拓務局 編, 『比律賓に於ける石炭及石油關係法規』, 拓務省拓務局, 1938; 拓務省拓務局 編, 『蘭領印度現行入國關係法規』, 拓務省拓務局, 1938; 拓務省拓務局 編, 『濠洲クインズランド州眞珠貝及海參漁業關係法規』, 拓務省拓務局, 1938; 拓務省拓務局 編, 『蘭領印度鑛業法』, 拓務省拓務局, 1939.

과 산업에 대한 높은 관심을 보여주고 있다. 말레이반도, 네덜란드령 보르네오, 영국령 북보르네오, 사라와크왕국, 셀레베스, 뉴기니아의 사정에 대한 보고서와 남방 자원에 대해 풍부한 정보를 담은 보고서는 지금도 지역연구 자료로서 다양한 측면에서 논의될 가치가 있다.[99]

민간의 연구자들이 작성한 남양 보고서들도 있는데, 일본인들이 남양에 진출하여 정치경제적 힘을 발휘하고, 일본인 촌락 내지 지역사회를 형성하는 양상을 서술한 문헌이 있다.[100] 이 문헌들의 내용은 군사적 점령 이전의 일본인 이민과의 연속선상에서 생각될 필요가 있다. 진쟁에 따른 점령을 기점으로 일본인의 동남아시아 거주가 군사적 식민의 성격을 띠게 되었지만, 그 이전까지 동남아시아는 일본인에게 식민지가 아니라 이민지로 존재했다. '대동아전쟁' 말기에는 점령지 통치에 필요한 정보로서 남양 식민지의 통치조직과 정치경제적 상황을 분석한 문헌들이 등장하였으며,[101] 군부가 점령지 통치를 정당화하려는 의도에서 동남아시아의 실상을 알리는 선전 자료를 발간하기도 했다.[102]

---

99   拓務省拓務局 編,『馬來半島に於ける「トバ」栽培』, 拓務省拓務局, 1931; 拓務省拓務局 編, 『蘭領ボルネオノ産業ト邦人』, 拓務省拓務局, 1933; 拓務省拓務局 編,『英領北ボルネオ・ タワオ地方事情』, 拓務省拓務局, 1934; 拓務省拓務局 編,『南洋栽培事業要覽 : 昭和9年 版』, 拓務省拓務局, 1935; 拓務省拓務局 編,『サラワック王國事情』, 拓務省拓務局, 1938; 拓務省拓南局 編,『セレベス」島事情』, 拓務省拓南局, 1941; 拓務省拓務局 編,『蘭領ニュー ギニア事情』, 拓務省拓務局, 1941; 拓務省拓務局 編,『南方農林資源に關する統計資料』, 拓務省拓務局, 1942.

100 南洋及日本人社,『南洋の五十年 : シンガポールを中心に同胞活躍』, 北斗書房, 1938; 岩 生成一,『南洋日本町の研究』, 南亞細亞文化研究所, 1940.

101 一原有常,『南方圈統治改設』, 海洋文化社, 1942; 向井梅次,『馬來政治經濟研究』, 臺灣三 省堂, 1943.

102 竹田光次,『南方の軍政』, 陸軍報道部, 1943.

(2) 서구제국의 남양식민에 관한 자료

일제의 동남아시아 진출은 서구제국의 식민권력에 대한 대항을 필요로 하는 것이었다. 일제 당국은 네덜란드, 영국, 프랑스의 동남아 식민통치에 대한 정보를 수집하였다. 초기에는 출입국관계 법규나 식민지 통치조직에 대한 보고서들이 발간되었고,[103] 이후에는 서구제국의 동남아 식민사에 대한 문헌이 발간된 것을 볼 수 있다.[104] 일제 당국은 서구제국이 중국 및 인도의 하급노동자(소위, 쿨리)의 출입국을 어떻게 통제하는가, 식민지 행정을 어떻게 수행하는가에 관심을 가지고 있었으며, 점령지 통치를 정당화하기 위해 서구제국의 식민사에서 침략과 착취의 측면을 강조했다. 이 문헌들은 단편적 자료나 개론적 지식을 정리한 수준이기는 하지만, 일본어로 서구제국의 동남아 통치에 대한 정보를 유통시키고 있었다는 사실을 말해 준다.

일제 당국의 이러한 움직임을 생각할 때, 주목해야 할 것이 식민 항목의 서양서이다. 인도를 거점으로 동남아시아 주요 교통요충지를 지배했던 영국의 식민통치 자료, 인도차이나를 지배했던 프랑스의 식민통치 자료, 자바, 수마트라, 보르네오, 뉴기니아 등을 지배했던 네덜란드의 식민통치 자료, 그리고 영국, 프랑스, 네덜란드의 동인도회사에 관한 자료가 일제 당국의 관심을 끌었던 것 같다. 경성제대 식민 항목의 서양서에는 소위 남양에 관해 많은 자료들이 구비되어 있다. 영어

---

103 外務省通商局第三課 編, 『蘭領東印度ニ於ケル農企業及入國關係法規』, 外務省通商局, 1932; 拓務大臣官房文書課 編, 『蘭領東印度の統治機構』, 拓務大臣官房文書課, 1933; 臺灣總督官房外事課 編, 『南洋各地統治組織及土民運動(南支那及び南洋調査書226輯)』, 臺灣總督官房外事課, 1935.

104 柴田賢一, 『白人の南洋侵略史』, 興亞日本社, 1940; 鳥養太一郎, 『和蘭の南洋植民史. 第1部』, 丸善株式會社, 1941.

문헌이 다수를 차지하고 있고, 불어 문헌에도 인도차이나에 관한 것이 있으며, 네덜란드어 문헌은 찾아보기 힘든데, 영어 문헌에 관해서만 간략히 소개하기로 한다.

영국의 동남아시아·태평양 식민정책은 인도를 거점으로 한 중국 진출 및 해로를 통한 무역통신망의 확보[105]와 호주를 거점으로 한 태평양에 대한 이권 확보[106]로 압축될 수 있다. 17세기 동인도회사 설립 이후 영국이 지배권을 강화했던 인도는 버마, 말레이, 말라카, 싱가포르, 사라와크, 북보르네오, 홍콩으로 이어지는 동남아시아 및 중국 진출로의 출발점이었다. 19세기 전반 영국이 식민지화에 성공한 호주는 뉴질랜드 및 뉴기니아를 비롯한 영국령 태평양제도와 세트로 사고되었다. 1886년 시점에서 뉴기니아는 동남아시아에 근거를 둔 네덜란드, 미크로네시아에 근거를 둔 독일, 호주에 근거를 둔 영국의 세력 각축장이었으며, 세 국가의 식민지 영역으로 분할되어 있었다. 뉴기니아뿐만 아니라, 태평양제도 전체는 18세기 후반 제임스 쿡James Cook의 탐험으로 서구제국에 알려진 이후 식민지 쟁탈의 대상이 되어 있었다.[107]

영국령 동남아 식민지에 대한 문헌은 수적으로 적고,[108] 자료적 가치

---

105 W. Cooke Taylor, *A popular history of British India, commercial intercourse with China, and the insular possession of England in the eastern seas*, London : James Madden & Co., 1842.
106 C. Kinloch Cooke, *Australian defences and New Guinea*, London : Macmillan & Co., 1887.
107 Bolton Glanvill Corney(ed.), *The quest and occupation of Tahiti by emissaries of Spain during the years 1772~1776 : told in despatches and other contemporary documents translated into English and compiled with notes and introduction*, The Hakluyt Society, 1913.
108 The Lord of Stanley of Alderly, *(Straits settlements) Return to an order of the House of Lords : dated 27th May 1879, for "copy of treaty of 1855 between the Sultan of Johor and his Tumonggong, and for correspondence respecting Muar since the death of the late Sultan of Johor,"* 출판사 미상, 1879; Straits Settlements Governor, Reports on the protected Malay states, 출판사 미상, 1893; The Secretary of State, Hong Kong currency : report of

가 크지는 않다. 프랑스 식민 관료가 쓴 홍콩과 버마에 대한 영국의 식민사 문헌을 다시 영어로 번역한 것이 이채롭다.[109] 영어로 된 문헌임에도 불구하고, 프랑스령 인도차이나와 네덜란드령 동남아 식민지에 대한 문헌들이 흥미로운 내용을 담고 있다. 아프리카 식민지 총독을 역임한 영국의 행정가가 자바와 인도차이나를 방문한 후 작성한 답사기 내지 정책 보고서는 네덜란드와 프랑스의 식민지 행정 전반을 포괄적으로 검토하면서 영국 식민지 행정의 제반 문제에 대해 논하고 있다.[110] 이외에도 영국의 법률가, 군인, 저널리스트가 자바와 인도차이나에 관해 쓴 문헌들이 있으며, 이들은 영국의 식민정책이나 외교정책에 대한 참고자료나 단순한 견문기의 성격을 보여주고 있다.[111] 또한 영국의 의회 식민지담당국 비서가 말레이, 실론, 자바를 방문한 후 세 지역의 산업 상황을 정리해서 의회에 제출한 보고서도 있고,[112] 프랑스의 인도차이나 식민사에 대한 미국 역사학자의 본격적인 연구서도 소장되어 있다.[113]

a Commission appointed by the Secretary of State for the Colonies, May, 1931, Presented by the Secretary of State for the Colonies to Parliament by Command of His Majetsty, 1931.

[109] Arthur Baring Brabant, J. Chailley-Bert(tr.), *The colonization of Indo-China*, London : Archibald Constable & Co., 1894.

[110] Sir Hesketh Bell, *Foreign colonial administration in the Far East*, Edward Arnold & Co., 1928; ヘスケス ベル, 羽俣郁 譯, 『蘭・佛印植民司政』, 伊藤書店, 1942.

[111] J. W. B. Money, *Java ; or, How to manage a colony showing a practical solution of the questions new affecting British India*, London : Hurst and Blackett, 1861; C. B. Norman, *Tonkin or France in the Far East*, Chapman & Hall, Limited, 1884; Alfred Cunningham, *The French in Tonkin and South China*, London : Sampson Low, Marston & Co., 1902.

[112] The Secretary of State, *Report by the Right Honourable W. G. A. Ormsby Gore, M. P. on his visit to Malaya, Ceylon, and Java during the year* 1928, London : His Majetsty's Stationery Office, 1928.

[113] Thomas E. Ennis, *French policy and developments in Indochina*, The University of Chicago

태평양제도에 관한 문헌으로는 위임통치를 담당하는 각국의 식민지 행정기관이 국제연맹에 제출한 보고서가 있다. 일제 남양청의 위임통치 보고서를 비롯해 호주 정부의 뉴기니아 행정보고서와 나우루 행정보고서, 뉴질랜드 외무국의 서사모아 행정보고서가 있다.[114] 또한 1930년대 이후 캐나다와 미국의 시각에서 태평양제도의 상황과 아시아 및 환태평양 국가들의 정세를 논하는 잡지들도 소장되어 있다.[115] 특기할 만한 문헌으로는 인도인들의 피지제도 식민사를 다룬 단행본이 있다.[116] 이 자료들은 태평양 지역연구에 관한 기초자료로서 활용될 수 있으며, 국내에서는 흔히 접할 수 있는 자료가 아니다.

(3) 중국인 이민과 남양화교에 관한 자료

일제가 동남아시아로의 진출과 군사적 점령을 감행하는 과정에서 서구제국의 식민권력 이상의 큰 장애물로 인식한 것은 중국인 이민자, 즉 화교였다. 식민 항목의 장서에서 중국인 이민과 남양화교에 관한 문

Press, 1936.

114 Nanyocho, *Annual report to the League of Nations on the administration of the South Sea Islands under Japanese mandate*, Nanyocho (Japan), 1925~29; Governor-General of the Commonwealth of Australia, *Report to the League of Nations on the administration of the Territory of New Guinea*, The Commonwealth of Australia, 1924~29; The Administrator for submission to the League of Nations, *Report on the administration of Nauru*, A. J. Mullett, Govt. Printer, 1922~3, 1925~29; New Zealand. Dept. of External Affairs, *Mandated territory of Western Samoa*, Wellington : W.A.G. Skinner, Govt. Printer, 1926~30.

115 University of British Columbia, *Pacific affairs*, Vancouver : University of British Columbia, 1936~40; (Conference of) Institute of Pacific Relations, *Problems of the Pacific : proceedings*, London : Oxford University Press, 1934, 1937, 1940; P. Jaffe and K.L. Mitchell(eds.), *Amerasia*, New York : F.V. Field, 1943~5.

116 C. F. Andrews, *India and the Pacific*, London : George & Unwin Ltd., 1937.

헌은 31건이나 발견된다. 일제 당국은 동남아시아에서 화교의 영향력을 1920년대에 인식한 것으로 보이며, 전쟁과 점령을 계획·실행하는 시점에서는 남양화교에 대한 본격적 조사를 수행한 것으로 보인다.[117]

초기에는 한문으로 된 중국어 문헌의 원전이나 번역을 통해 청말부터 시작된 중국인 이민사와 남양화교의 역사 및 현황을 파악하는 작업이 이루어졌다.[118] '대동아전쟁' 말기에 이르기까지 이러한 문헌이 경성제대 도서관에 유입된 것을 보면, 일제 당국 및 학계의 자체적 조사연구가 이루어진 이후에도 그 한계를 보완하는 용도로서 중국어 문헌이 번역되었던 것 같다.[119] 중국에서 나온 중국인 이민사 및 남양화교 문헌은 화교가 근대 중국정부 즉, 장개석 정권의 재정적 기반이 되고 있었다는 사실을 명료하게 밝혀주고 있다. 이러한 문헌 중에는 저명한 화교 인사의 목록을 제공한 문헌도 있고, 화교와 본국 주민 사이의 송금 방식 및 규모를 알려주는 문헌도 있다. 또한 청말 화교는 정부의 기민정책 속에서 강력한 가향의식을 가지고 중국을 탈출한 사람들이지만 손문의 동남아 순회 이후 애국주의자로 변모하여 일제의 '대동아전쟁'에 장애물이 되고 있다는 사실을 지적한 문헌도 있다.

---

117 濱下武志, 앞의 글.
118 張相時, 『華僑中心之南洋. 下卷』, 海南書局, 1927; 黃朝琴 譯, 『中和民族之國外發展』, 國立暨南大學 南洋文化事業部, 1929; 黃競初, 『南洋華僑』, 商務印書館, 1930; 李長傳 編, 『南洋華僑槪況』, 國立暨南大學 南洋美洲文化事業部, 1930; 王正延, 『朝鮮華僑槪況』, 駐朝鮮總領事館, 1930; 張貞, 『南僑訪問記』, 출판사 미상, 1934; 吳澤霖, 『海外僑訊彙刊 第1輯』, 國立暨南大學 南洋文化事業部, 1936.
119 丘澤平, 山崎清三 譯, 『現代華僑問題』, 生活社, 1939; 李長傳, 半谷高雄 譯, 『支那殖民史』, 生活社, 1939; 黃競初 編著, 『華僑名人故事錄』, 商務印書館, 1940; 黃警頑, 左山貞雄 譯, 『華僑問題と世界』, 大同書院, 1941; 鄭林寬, 滿鐵東亞經濟調査局 譯, 『福建華僑の送金』, 滿鐵東亞經濟調査局, 1943; 劉繼宣, 種村保三郎 譯, 『中華民族南洋開拓史』, 東都書籍株式會社, 1943.

일제 당국이 화교에 관심을 갖게 된 것은 동남아시아 식민 사업과 통치를 수행하는 데 화교가 경쟁세력 내지 중요한 걸림돌이라고 판단했기 때문인 것 같다. 화교에 대한 일제 당국 및 학계의 조사연구는 1920년대 후반 조야한 수준에서 시작되어[120] 1930년대 후반 만족할 만한 성과를 거둔 것으로 보인다. 대표적인 연구성과로는 만철에서 발간한 『南洋華僑叢書』[121]와 이데 기와타井出季和太의 저서들을 들 수 있다.[122] 『南洋華僑叢書』는 총 6권으로 되어 있는데, 제1권은 태국의 화교, 제2권은 프랑스령 인도차이나의 화교, 제3권은 필리핀의 화교, 제4권은 네덜란드령 인도차이나의 화교, 제5권 영국령 말레이 및 호주의 화교, 제6권은 남양화교와 복건광동의 화교를 다루고 있다. 이데는 화교 연구의 최고권위자로 인정받고 있었는데, 정부의 남양정책에 공헌하는 입장에서 중국이민사와 화교 사정에 대해 폭넓은 연구를 수행하였다.

대만총독부와 남양협회도 화교 연구를 적극적으로 추진하였다.[123] 대만총독부는 남중국 및 남양 제지역의 화교단체를 폭넓게 조사하고 체계적으로 정리하는 작업을 수행했으며, 남양협회는 화교에 관한 조사연구를 지원하고 기존의 성과를 정리해서 일반 독자에게 소개하는 사업을 수행했다. 이외에도 특정 국가나 지역의 화교에 초점을 맞춘 문헌들도 있으며,[124] 대동아공영론의 입장에서 화교의 위상을 논의한 선동적인

---

120 外務省通商局(編 : 小林新作調査), 『華僑ノ研究』, 外務省通商局, 1929.
121 滿鐵東亞經濟調査局 編, 『南洋華僑叢書』, 滿鐵東亞經濟調査局, 1939.
122 井出季和太 編, 『現下の華僑槪觀』, 東洋協會調査部, 1940; 井出季和太, 『南洋と華僑』, 三省堂, 1941; 井出季和太, 『華僑』, 六興商會出版部, 1942; 井出季和太, 『支那民族の南方發展史』, 井上民族政策研究所, 刀江書院, 1943.
123 天田六郎, 『現地に視るタイ國華僑』, 南洋協會, 1939; 南洋協會 編, 『南洋の華僑』, 南洋協會, 1940; 南洋協會 編, 『南洋の華僑』, 南洋協會, 1942; 臺灣總督府外事部, 『南方華僑團體調査』, 臺灣總督府外事部, 1942.

문헌들도 있다.[125]

화교는 서구제국의 학계에서도 관심의 대상이 되었다. 일본 태평양 협회의 위탁을 받아 조사연구를 수행한 미국 법학자, 케이터W.J. Cator의 저서가 번역되었으며,[126] 만철의 『南洋華僑叢書』에 중요한 참고자료가 되었다. 이 문헌은 화교의 숫자가 많은 태국과 말레이의 화교 상황과 총인구의 2%에 지나지 않으면서도 경제권을 장악하고 있던 네덜란드령 동남아시아 화교의 특색을 제시하고 있다. 프랑스령 인도차이나에서 프랑스 제국정부가 화교를 통치하는 방식을 분석한 문헌도 번역되었으며,[127] 태국 화교에 대한 연구서도 번역되었다.[128]

7) 서구제국의 식민지 경영과 정보

식민 항목 장서에는 서구제국이 통치하고 있던 식민지의 사정과 식민사에 관한 문헌이 다수 포함되어 있다. 필자는 이 중에서 화한서 문헌과 영어 문헌을 전수조사하였다. 이 절에서는 그 결과를 간략히 제시하기로 한다.

화한서 문헌 중에는 자원과 경제의 측면에서 세계 식민지의 판도를

124　神戶商工會議所調查課 編, 『華僑の現世と神戶に於ける華僑』, 神戶商工會議所, 1936; 黃演馨, 『比律賓華僑』, 文化硏究社, 1944.

125　芳賀雄, 『東亞共榮圈と南洋華僑』, 刀江書院, 1941; 渡邊武史, 『南方共榮圈と華僑』, 地硯社, 1942.

126　W. J. ケータ, 成田節男・吉村泰明 譯, 『華僑の經濟的地位 : 東印度』, 日本公論社, 1942.

127　ルウアスール, 成田節男 譯, 『佛印華僑の統治政策』, 東洋書館, 1944.

128　K. P. ランドン, 太平洋問題調查會 譯, 『タイ國の華僑』, 同盟通信社, 1944.

인식하는 문헌이 있긴 하지만,[129] 일제의 정책가 및 지식인이 세계의
식민지 사정과 식민사를 전체적으로 파악하고 독자적인 지식체계를 구
축하는 단계에는 이르지 못했다. 1940년대에도 일제는 영국과 프랑스
의 식민사를 여전히 학습하는 단계에 있었고, 전쟁의 상대라는 관계성
때문에 그마저도 평정심 속에서 이루어지지는 않았다.[130] 1940년대 번
역서에서는 영국과 프랑스의 식민지 획득 및 쟁탈이 전쟁과 침략의 연
속이었다는 것이 서구제국의 식민사를 바라보는 하나의 관점으로 자리
잡고 있었다.

　　영어 문헌은 대부분 영국의 식민사와 식민지 사정을 다루고 있기 때
문에 서구제국의 식민사와 세계의 식민지 사정을 전체적이고 균형감
있게 바라볼 수 있게 해 주는 것은 아니다. 이를 위해서는 프랑스, 네덜
란드, 스페인, 포르투갈, 독일 등의 식민사와 식민지 정보에 대한 문헌
이 함께 검토되어야 한다. 그럼에도 불구하고 영어 문헌만으로도 과거
식민지 정보가 현대 지역연구의 자료로 어떤 활용성을 가질 수 있는지
를 검토하는 것은 가능하다. 대영제국은 17세기 중반부터 제2차 세계
대전이 발발할 때까지 세계 패권을 장악하고 있었고, 최대의 식민지 보
유국으로서의 지위를 차지하고 있었다. 대영제국의 식민사가 약 300
년 동안 세계 식민사의 중심에 있었고, 대영제국이 가장 많은 식민지의
정보를 축적하고 있었다는 점은 인식할 필요가 있다.

　　대영제국 식민지의 전체적 구도 및 역사를 파악하고 연구하는 데 있

129　益田直彦, 『世界植民地の資源と經濟』, 千倉書房, 1938.
130　齋藤榮三郎, 『英國の世界侵略史』, 大東出版社, 1940; ヨーロツパ問題硏究所 編, 『英國の
　　　世界統治策(戰爭文化叢書 第25輯)』, 世界創造社, 1940; G. B. マレソンン, 大澤貞藏 譯,
　　　『印度に於ける英佛爭覇史』, 生活社, 1943.

어 중요한 문헌은 루카스Lucas와 수 명의 식민정책 전문가들이 1887년부터 1924년까지 집필에 참여하여 완성한 총 14권짜리 대작, A Historical geography of the British colonies이다.[131] 경성제대 장서에는 도입introduction를 제외한 13권이 갖추어져 있다. 제1권은 지중해와 동방 식민지, 제2권은 서인도제도, 제3권은 서아프리카, 제4권 1, 2, 3부는 남아프리카, 제5권 1, 2, 3, 4부는 캐나다와 뉴펀들랜드, 제6권 호주, 제7권 1, 2는 인도로 되어 있다.

대영제국 식민지 연구의 기초 자료로서 대영제국 식민국colonial office이 발간한 식민지 현황에 관한 짧은 보고서가 있는데, 중간 중간 빠진 부분이 있기는 하지만, 1888년부터 1940년까지의 분량이 소장되어 있다.[132] 대영제국 식민지의 전체적 상황을 일목요연하게 파악할 수 있는 자료가 식민지 연감인데, 1892년 제31권과 1918년 제57권 두 권밖에 소장되어 있지 않다.[133] 이외에 대영제국 왕실 식민담당 기관에서 발간한 잡지도 있는데 1928년부터 1932년까지의 5년분이 소장되어 있다.[134] 대영제국의 식민국은 식민정책 수행을 총괄한 기관으로서 식민지에 관해 수많은 자료를 발간하였으며, 일제의 척무성처럼 많은 비판과 주기적인 존폐 논란 속에서 운영되었다. 식민국의 조직과 운영에 대

---

131 C. P. Lucas, *A Historical geography of the British colonies*, Clarendon Press, 1906~1924[1887~1924].

132 Colonial Office(Great Britain), *Her Majesty's colonial possessions*, London : H.M. Stationery Office, 1888~91; Colonial Office(Great Britain), *Colonial reports –annual*, London : H.M. Stationery Office, 1891~1940.

133 Colonial Office(Great Britain), *The Colonial Office list for*, London : Harrison, 1892, 1918.

134 Royal Colonial Institute (Great Britain), *United empire*, London : Royal Empire Society, 1928~32.

해서는 별도의 단행본이 발간되었다.[135] 또한 1938년 시점에서 영국의 식민지 행정의 변천과 현재적 상황을 전반적으로 정리한 문헌[136]도 있다.

대영제국의 오랜 식민사를 반영하듯 영국의 식민정책과 식민지의 전체적 사정에 관한 문헌은 경성제대 장서에 소장된 것에 한정하더라도 19세기 중반부터 지속적으로 발간된 것을 알 수 있다. 영국 식민정책의 중요한 변화를 파악하고, 제국정부와 식민지의 관계를 정확하게 파악하는 데는 제국정부의 식민담당 비서국과 자치 식민지 수상들이 참석하는 제국회의의 보고서가 큰 도움이 될 수 있다.[137] 영국의 식민정책은 시대적 조건에 따라 지속적 변화를 거듭해 왔는데, 이러한 식민정책의 변천사를 논의한 문헌들이 있다.[138] 이러한 문헌에서 영국의 식민정책사는 미국 독립과 제1차 세계대전이라는 두 번의 기점에 따라 큰 변화가 있었던 것으로 이야기된다. 신대륙 정복과 아프리카 노예무

---

135 Henry L. Hall, *The Colonial Office : a history*, Longmans, Green and Co., 1937.

136 Charles Jeffries, *The Colonial empire and its civil service*, Cambridge at the University Press, 1938.

137 Command of His Majesty, *Colonial conference, 1902 : papers relating to a conference between the Secretary of State for the Colonies and the prime ministers of self-governing colonies : June to August, 1902 : Presented to both Houses of Parliament by Command of His Majesty,* London : His Majesty's Stationery Office, 1902.10; Command of His Majesty, (*Imperial Conference 1923) Appedices to the Summary of proceedings : Presented to both Houses of Parliament by Command of His Majesty*, London : Her Majesty's Stationery Office, 1923.

138 Herman Merivale, *Lectures on colonization and colonies, Delivered before the University of Oxford in 1839, 1840, and 1841,* London : Longman, Orme, Brown, Green, and Longmans, 1841; Herman Merivale, *Lectures on colonization and colonies : Delivered before the University of Oxford in 1839, 1840, & 1841, and repr. in 1861*, Oxford Univ. Press, 1928; Robert Chalmers, *A History of currency in the British colonies*, London : Her majesty's stationery office, 1893; Gerald Berkeley Hurst, *The old colonial system*, Univ. of Manchester, 1905; George Louis Beer, *The old colonial system*, 1660~1754, The Macmillan Company, 1912; Hugh Edward Egerton, *British colonial policy in the XXth century*, Methuen & Co., 1922.

역에서 나타난 야만적 지배의 식민지 정책은 미국 독립 이후 본국과 식민지의 경제 발전을 명분으로 한 팽창주의적 식민정책으로 전환되고, 제1차 세계대전 이후에는 식민지의 발전을 중시하는 국제사회의 여론 속에서 식민지 자치를 확대하면서 본국의 정치경제적 이익을 추구하는 영연방주의로 전환되었다.

통시적 접근법의 식민사 문헌 이외에 영국의 식민정책 형성과 변화에 중요성을 갖는 특정 시기의 사건이나 이슈, 인물 및 정책에 분석의 초점을 맞추는 문헌들이 있다. 17세기 스튜어트 왕조의 식민주의적 팽창 정책에 대한 문헌,[139] 1690년대 스코틀랜드 특허회사의 실패 사례를 분석한 문헌,[140] 18세기 초반 노예무역과 플랜테이션에 관한 자료를 모아놓은 문헌,[141] 1838년 초판이 발간된 윌리엄 버제William Burge의 식민지 법제에 관한 논설집,[142] 1849년 저명한 정치가 웨이크필드가 발간한 본국 정치가와 식민지 행정가의 서신교환집,[143] 19세기 중반 러셀 내각의 식민정책에 관한 문헌,[144] 필 내각과 러셀 내각의 12년 동안의

---

[139] A. D. Innes, *The maritime and colonial expansion of England under the Stuarts(1603~1714)*, London : Sampson Low, Marstoo & Co., Ltd., 1931.

[140] James Samuel Barbour, *A history of William Paterson and the Darien Company*, William Blackwood and Sons, 1907.

[141] The Authority of the Lords Commissioners of his Majesty's Treasury under the Direction of the Master of the Roles, *Journal of the commissioners for trade and plantations from February 1708~9 to March 1714~5 / March 1714~5 to October 1718 / November 1718 to December 1722 preserved in the Public Record Office*, London : His Majesty's Stationery office, 1925.

[142] Alexander Wood Renton and George Grenville Phillimore(eds.), *Burge's commentaries on colonial and foreign laws generally and in their conflict with each other and with the law of England*, Sweet & Mxwell Limited/Stevens & Sons, Limited., 1907[1838].

[143] Edward Gibbon Wakefield, *A view of the art of colonization : in letters between a statesman and a colonist*, Clarendon Press, 1914[1849].

[144] C. B. Adderley, *Review of "The colonial policy of Lord J. Russell's administration," by Earl*

식민지 행정을 분석한 문헌,[145] 1830~60년 영국 식민정책에 관한 자료집,[146] 1862년과 1863년 영국 식민지의 주요 문제들에 대한 당대 저명 저널리스트의 논평기사를 모아 놓은 문헌,[147] 19세기 초 실론과 말타의 총독을 역임한 메이트랜드의 식민지 행정을 분석한 문헌,[148] 19세기 말 제국정부과 자치 식민지의 관계에 대한 자유주의 정치가의 비교 정치학 논설집[149] 등이 있다.

1924년 식민국 재편이 진행되었는데, 당시의 중요 이슈는 자치 도미니언self-governing dominion이 비자치적 식민지, 보호령, 위임통치령의 식민지로부터 분리되는 것이었다. 1925년 7월, 도미니언 사무를 관장하는 비서국이 창설되었고, 그 결과 도미니언국Dominions Office이 식민국Colonial Office로부터 자치 도미니언(남로디지아, 남아프리카 일부 등) 관련 사무를 인수인계 받았다. 따라서 식민국은 비자치적 식민지, 보호령, 위임통치령의 식민지에 대한 행정 업무만을 계속하게 되었다. 1928년까지 식민국은 7개의 지리적 분담부서Department를 두었다. 서인도, 극동, 실론 및 모리셔스, 동아프리카, 탄자니아 및 소말리아, 나이지리아, 골드코스트 및 지중해가 그것이었다. 1921년 3월 설치된 중동과Middle

    Grey, 1853 : and of subsequent colonial history, Edward Stanford, 1869.
145 W. P. Morrell, *British colonial policy in the age of Peel and Russell*, Oxford at the Clarendon Press, 1930.
146 Kenneth N. Bell & W. P. Morrell(eds.), *Select documents on British colonial policy*, 1830~1860, Oxford : The Clarendon Press, 1928.
147 Goldwin Smith, *The empire : a series of letters, published in "The Daily News," 1862, 1863*, Oxford and London : John Henry & James Parker, 1863.
148 C. Willis Dixon, *The Colonial administrations of Sir Thomas Maitland*, Longmans, Green and Co., 1939.
149 Charles Wentworth Dilke, *Problems of Greater Britain*, Mcmillan and Co., 1890

Eastern Division는 이라크, 팔레스틴, 아덴 등 영국 통치 하의 아랍 영역에 관한 업무를 보고 있었다. 그리고 총무부General Department는 식민국, 도미니언국, 직할식민지 담당국the Office of the Crown Agents for the Colonies, 기타 부서의 업무조정 역할을 담당하였다.[150]

한편 세계 각지에 분포하고 있던 대영제국 식민지의 사정에 관해서도 다수의 문헌이 소장되어 있다. 필자는 이 문헌자료를 상기한 동남아시아 이외에 지중해와 중동, 서인도제도, 인도, 아프리카, 호주의 5개 권역으로 분류해서 정리하였다.[151] 지면관계상 몇 가지 특기할 사항만 지적하고자 한다. 첫째, 상당수의 문헌자료가 각 식민지의 당국자colonial agent가 본국 의회나 정부당국 및 위원회에 제출한 보고서들이다. 이것은 경성제대의 전문연구자들이 분석자의 시각에 따라 가공되지 않은 원자료를 통해 영국의 식민정책과 식민지 사정을 연구하고 있었음을 의미한다. 특히 의회 보고서가 많은 비중을 차지하고 있다. 둘째, 아프리카와 인도에 관한 자료가 압도적으로 많다. 아프리카에 관한 의회보고서가 30여 건, 연속간행물인 행정보고서가 8건이며, 인도에 관한 의회보고서가 10여 건 확인된다. 셋째, 인도와 동남아시아에서 운영되었던 동인도회사East India Company에 관한 문헌자료가 하나의 도서군을 이루고 있다. 이것은 영국의 동인도회사에 국한되지 않고, 네덜란드와

---

150 Command of His Majesty, *Memorandum : showing the progress and development in the colonial empire and in the machinery for daling with colonial questions from November, 1924, to November, 1928; Presented by the Secretary of State for the Colonies to Parliament by Command of His Majesty*, His Majesty's Stationary Office, 1929.

151 이 부분에 관한 세세한 문헌 목록은 진필수 외, 「부속도서관 장서분석을 통한 경성제국대학 학지의 연구-식민지에서 점령지로」, 서울대학교 중앙도서관, 2014, 213~220쪽을 참조할 것.

프랑스의 동인도회사에 관한 자료도 포함하고 있다. 1780~90년대 발간된 고문헌들과 19세기 중반까지 동인도회사의 고위직 행정가들이 저술한 문헌들은 인도와 동남아시아에 대한 서구제국의 통치실상을 알려주는 귀중한 자료이다.

4. 이민지 사정에 관한 문헌

일제의 이민지는 대만, 조선, 가라후토, 관동주 및 만주, 남양군도의 식민지를 제외한 일본인들의 국외 이주지를 말한다. 이민지는 본국의 행정권과 사법권이 지배력을 행사할 수 없는 지역으로서 이민자들은 이민지 국가의 통치체제에 편입된다는 점에서 식민지로의 이주자와는 다른 조건에 놓이게 되었다. 식민은 식민국가의 정책적 동원에 영향 받을 여지가 많지만, 이민은 원칙적으로 이주자의 자발성에 근거한 행위라고 할 수 있다. 일본에서 이민은 흔히 일시적 노동이주出稼ぎ와 영구 이주로 구분되기도 하지만, 여기서 이민의 양상에 대해 세밀한 논의를 전개할 수는 없고 영구 이주를 목표로 한 국외 이주라고 생각하면 될 것 같다.

일제의 이민지가 식민지를 제외한 일본인들의 모든 이주지를 지칭한다고 하더라도 실제로는 세계의 모든 지역이 일본인들의 이민지가 된 것은 아니다. 19세기 이후 세계정세의 변화와 일제의 식민지 확장 상황 및 이민정책에 따라 일본인들의 주요 이민지는 변화를 거듭했다.

1920년대 미국의 이민 규제와 배일·배중정책이 시행되기 전까지는 하와이와 북미가 주요 이민지였으며, 1920년대 이후에는 남미가 이민지로 각광을 받았고 필리핀을 비롯한 일부 동남아시아 지역에도 이민이 추진되었다. 이민 항목의 장서를 보면, 19세기 말부터 일제의 정책가 및 당국이 과잉인구 문제를 타개한다는 취지하에서 주기적인 이민 장려 정책을 시행한 것을 알 수 있다. 남양군도, 만주, 동남아시아도 일제의 식민지 내지 점령지가 되기 이전까지는 이민지로 존재했으며, 이민 정책의 대상지였다.

현대 한국학계의 관심에서 이민 항목의 문헌은 주로 근대 세계이민사와 북미 및 남미에 관한 지역연구 자료로 사용될 수 있을 것이다. 1920년대 이전까지의 만주, 남양군도, 동남아시아로의 이민 현상을 보여주는 문헌들도 일부 있지만, 그것들은 편의상 모두 식민지 사정에 관한 문헌으로 분류하고 분석하였다. 북미와 남미의 당대 사정이나 이민 현상을 알려주는 일본어 문헌들이 질적 수준에서 높은 평가를 받기는 힘들 것이다. 그러한 문헌들은 북미와 남미의 당지나 각국을 식민 통치했던 서구제국의 도서관에 다수 소장되어 있을 것이다. 그럼에도 불구하고, 19세기 말부터 제2차 세계대전까지 남미와 북미에서 일어났던 세계적인 이민 현상과 당지의 사정에 관한 문헌이 국내에는 많지 않을 것이기 때문에 일부 서양서 문헌들은 남미와 북미 지역연구의 길잡이 역할을 할 수 있을 것이다. 또한 일본어(화한서) 문헌들도 제2차 세계대전까지의 아시아 이민 현상을 전체적으로 파악하는 데 도움을 줄 수 있을 것이다.

1) 일본인 이민 전체

여기서 일본인이라 함은 대체로 일제의 통치 영역 내에 있었던 조선인, 대만인 등을 포함한 경우가 많다. 일제의 이민에 관한 문헌에서 이용 가치가 높은 것은 이민정책을 관장했던 외무성의 각종 실태조사 자료이다.[152] 외무성은 해외 이민에 대한 다양한 항목의 통계자료를 주기적으로 발간하고 있었으며, 이 자료를 통해 일제 이민의 전체상을 파악할 수 있다. 외무성은 재외 일본인의 분포뿐만 아니라, 혼인 및 가족형태와 직업에 대한 자료도 제시하고 있었으며, 특히 직업에 관해 상세한 자료를 확보하고자 했던 것 같다.[153] 조선총독부 정무총감이 가지고 있던 한 기증자료는 1912년에 이미 외무성이 남미 각국의 사정과 일본인 이민 현황을 종합적으로 파악해서 보고서를 발간하고 있었다는 사실을 알려주고 있다. 외무성 외에 도쿄시청에서도 이민에 관한 종합적 실태자료를 발간하고 있었으며, 이 역시 1930년 시점의 일제 이민의 전체상을 파악하는 데 도움이 된다.[154]

1920년대에는 일제의 이민지 사정과 정세를 포괄적으로 알려주고 논의하는 잡지들이 발간되고 있었다. 『植民』은 관제적 성격보다는 저널리즘적이고 상업적 성격을 갖는 월간지로서 이식민 관련 정보를 종합적으로 제공하고 있었다. 1931년 간행된 제10권 제7호(1931)의 척무성존폐

152 外務省通商局 編, 『移民調査報告』, 外務省通商局, 1912; 外務省 編, 『在外本邦人調査報告』, 外務省, 1930, 1935; 外務省通商局 編, 『海外各地在留本邦人職業別人口表』, 外務省通商局, 1921, 1926~29; 外務省通商局 編, 『移民渡航許可員數種別表 : 昭和四年中』, 外務省通商局, 1929; 外務省通商局 編, 『海外各地在留本邦人口表』, 外務省, 1931, 1933~35.
153 淸水元, 「近代日本の海外通商情報戰略と東南アジア」, 末広昭 編, 앞의 책.
154 東京市役所 編, 『海外移植民事情調査』, 東京市役所, 1930.

논쟁에서 보듯이 이식민 정책가들과 지식인들의 기고문들이 실리고 있었으며, 그 외에도 이민과 식민에 관해 수준 높은 정보와 논의를 게재하고 있었다.[155] 1929년부터 1936년까지 외무성통상국이 『移民情報』라는 이름으로 발간하다가 1937년부터 이민문제연구회移民問題研究會가 이어서 발간한 『海外移住』는 식민지를 제외한 세계 전역의 일본인 이주 상황 및 실태를 알리는 잡지이다. 지방별 색인은 남미, 중미, 북미, 남양, 기타 등으로 구분되어 있으며, 주제별 색인은 재외일본인 이식민현황, 외국인 이식민현황, 외국인 기업상황, 외국의 식민정책, 법규 및 조약, 재정 및 경제, 위생 및 교육, 정치 및 종교, 통계, 각지사정, 잡항 등으로 구성되어 있다.[156] 이 잡지를 보면, 정보의 질적 수준은 높지 않지만, 일제 외무성이 세계 각지의 정보를 폭넓게 수집하고 있었던 사실을 알 수 있다.

일제의 이민사에 관해서는 두 종의 문헌이 소장되어 있다. 이리에 도라지入江寅次의 『邦人海外發展史』는 메이지시대 이후의 일본 이민사가 2권에 걸쳐 1천 페이지가 넘는 분량으로 상세하게 서술된 문헌이다.[157] 일제시기 이민사 연구서로 한국에서도 소개될 필요가 있는 문헌이다. 시바타 겐이치柴田賢一의 『日本民族海外發展史』는 전쟁의 시대적 상황을 실감할 수 있게 만드는 이민사 문헌이다. 이 책의 서문에서는 이민 문제가 전쟁의 시대적 상황에서 재해석되는 모습을 볼 수 있다.

"해외 진출 없이는 진정한 의미의 진보는 없다. 인구문제 해결이나 자원 확보의 측면에서 볼 때 그러하다. 그러나 해외 진출의 진정한 목

155　日本植民通信社 編, 『植民』, 日本植民通信社, 1928~34.

156　移民問題研究會 編, 『海外移住(移民情報)』, 移民問題研究會, 1929~37.

157　入江寅次, 『邦人海外發展史』, 移民問題研究會, 1938; 入江寅次, 『邦人海外發展史』, 井田書店, 1942.

적은 그러한 문제보다도 성전 관철의 대업을 달성하는 데 불가결한 동아공영권의 확립, 동아신질서의 건설에 이바지하기 위한 것에 다름 아니다. 해외 발전의 주요한 방향은 스스로 결정하는 것이다. 즉 대륙방면과 남양방면이다. 특히 후자는 모든 각도에서 판단하여 앞으로의 일본인 도약발전을 기할 수 있는 지대이다.

일본인이 캘리포니아의 황야를 화원으로 만들다가 비문명이라는 배일운동을 만나, 열등인종으로 낙인찍혔던 이민사의 한 페이지는 눈물 없이는 읽을 수 없다. 우리들은 이러한 역사를 반복해서는 안 된다. 이를 위해서는 국력, 특히 해군력의 충실이 무엇보다 필요하다. 충실한 국력의 뒷받침이 있다면 일본민족은 스스로 구축한 낙토에서 선주민족과 영원히 공존공영하면서 살 수 있을 것이다.”[158]

이민 항목의 장서를 통해 일제 당국이 식민지 확보가 일단락된 1920년대 이후에도 다양한 방법으로 이민을 장려했던 사실을 확인할 수 있다. 장서 중에는 1930년대 전반 외무성에서 발행하던 이민안내 책자와 주의사항을 정리해 놓은 책자가 있다.[159] 이민안내서의 맨 마지막 부록에 있는 남양지방 일람표를 보면, 미국령 필리핀군도, 영국령 보루네오, 브루네이, 사라와크, 말레이, 네덜란드령 자바, 스마트라, 보루네오, 세레베스, 뉴기니아, 프랑스령 인도지나, 뉴칼레도니아가 열거되어 있는 것으로 보아 이때까지만 하더라도 동남아시아가 일본인들에게 이민지로 소개되고 있었다. 또한 이민에 대한 안내 및 홍보 책자는 내무성의 사회교육(생

---

158 柴田賢一, 『日本民族海外發展史』, 興亞日本社, 1941, 1~2쪽.
159 外務省通商局第三課(臼井屬 編), 『海外渡航案內』, 外務省通商局, 1932; 外務省通商局第三課(新垣恒政 編), 『海外發展と衛生問題 : 特に伯利西爾の衛生に就いて』, 外務省通商局, 1933; 外務省亞米利加局 編, 『海外渡航者への注意』, 外務省亞米利加局, 1940.

애교육) 팜플렛이나 관계법령집의 형태로도 발간되고 있었다.[160]

나가사키시에는 이민수용소라는 이름으로 이민자를 교육하는 시설이 세워졌는데, 이것을 기념하여 나가사키시청은 이민현황과 이민수용소 운영 방침을 소개하는 자료집을 발간하였다.[161] 이 자료집 서문에는 이민수용소가 이민의 보호·교도를 목적으로 하는 국가시설이며, 교양소教養所 또는 보도소補導所라는 용어가 더 적절할 수 있다고 되어 있다. 곳곳에 이민현황 자료가 정리되어 있는데, 에도시대 도구가와씨의 쇄국정책으로 오랜 시간 해외이민이 중단되었다가 메이지 원년에 사탕수수 재배를 위해 130인이 하와이에 도항하여 일본 최초의 이민이 이루어졌던 사실부터 시작하여, 1890년대 하와이, 미국, 캐나다, 호주, 남미 페루로의 이민, 1904년 이후 미본국으로의 자유도항과 배일운동 등에 관한 내용이 담겨 있다. 외무성은 이민을 권장하는 또 하나의 방안으로 1932년부터 1936년까지 파견한 실습이민자들의 서간 및 보고를 수록한 책자를 발간하기도 했다.[162]

2) 북미

북미에 관한 화한서 문헌은 많지 않지만, 흥미로운 내용의 문헌들이 있다. 『渡米雜誌』는 1905~6년 1년여 기간 동안의 분량밖에 소장되어

---

[160] 守屋榮夫, 『海外の開拓』, 財團法人社會敎育協會, 1927; 內務省社會局社會部, 『海外移住組合關係法規』, 內務省, 1928.
[161] 長崎市役所總務課調査係, 『我國移植民の現況と長崎移民收容所の將來』, 長崎市役所, 1932.
[162] 外務省亞米利加局 編, 『實習移民の書簡及報告集錄』, 外務省亞米利加局, 1937.

있지 않지만, 당시 일본 이민사회가 미국사회를 어떻게 보고 있었는가를 파악할 수 있게 하는 귀중한 자료이다.[163] 이 잡지의 영어제목이 Socialist였다는 점이 이색적이며, 20세기 초 일본 이민이 자유민권운동의 사상과 관련되었다는 점에 유의하면서 잡지의 내용을 검토해볼 필요도 있다. 1920년대 미국의 이민규제와 배일·배중운동에 관해서는 삿포로농학교 출신으로 이후 홋카이도제대 교수를 역임한 나카지마 구로中島九郎가 외무성 재외연구원으로 캐나다에 주재할 당시에 목격한 배일운동에 대해 자신의 견해를 표명한 논집이 있다.[164]

일제 외무성은 북미 일본인 이민의 전체적 상황에 대해 이민자의 혼인 형태에 관한 자료까지 파악할 만큼 상세하고 충실한 내용의 보고서를 작성하고 있었다.[165] 북미 일본인의 이민사를 전체적으로 서술한 문헌은 소장되어 있지 않고, 지역별 이민사를 서술한 문헌들이 수 건 소장되어 있다. 일본인 이민자들의 초기 정착지였던 시애틀 타코마Tacoma 지역의 이민사를 서술한 문헌이 소장되어 있는데, 이는 1929년 이민 50주년을 맞이하여 제작된 것이다.[166] 1940년대에 발간된 두 문헌은 태평양전쟁의 상황에서 하와이와 캘리포니아라는 이민지에 대한 일본 쪽의 지정학적 인식을 잘 보여주고 있다.[167] 1941년 진주만 공격에서 드러난 것처럼 일제에게 하와이는 미국에 대항하여 태평양의 군사적 패권을 차지하기 위한 교두보로서의 의미를 지니고 있었고, 전쟁 상황 속에서 하

---

163 勞動新聞社 編, 『渡米雜誌』, 勞動新聞社, 1905~6.
164 中島九郎, 『對米日支移民問題の解剖』, 巖松堂書店, 1924.
165 外務省亞米利加局第一課 編, 『北米日系市民槪況(米一調書 第4輯)』, 米利加局第1課, 1936.
166 竹內幸次郎, 『米國西北部日本移民史』, 大北日報社, 1929.
167 山下草園, 『日本人のハワイ』, 世界堂書店, 1942; 海老名一雄, 『カリフォルニアと日本人』, 六興出版部, 1943.

와이의 일본인 이민사는 이러한 태평양 진출의 사전포석으로 재해석되었다. 또한 캘리포니아의 일본인 이민사는 낙후된 지역의 개척에서 일본인들이 수행했던 공헌을 부각시키려고 했던 당시의 시대적 상황에 비추어 독해할 필요가 있다.

북미에 관한 화한서 문헌은 유럽제국의 식민 자료가 결합될 때 입체적인 지역연구 자료로서의 가치를 가질 수 있다. 북미 역사는 17세기 영국과 프랑스를 비롯한 유럽제국의 식민과 함께 거대한 전환을 시작했으며, 이후 식민과 이민의 연속으로 점철되었다. 영국은 뉴펀들랜드와 노바 스코샤Nova Scotia의 정착지를 확보한 이후 1607년부터 1732년까지 현재 미국 동부 지방에 13개의 다양한 형태의 식민지를 구축했다. 이와 관련해서는 17세기 영국의 북미 식민지 획득 과정과 이후 식민정책을 분석한 3권짜리 문헌이 있다.[168]

대영제국 행정기구 안에는 아메리카 담당부서가 따로 존재하였으며, 이 부서는 1783년 파리조약으로 미국 독립이 승인될 때까지 13개 북미 식민지에 대한 사무를 관장하였다. 아메리카 담당부서의 조직과 운영에 대한 고찰을 통해 미국 독립전쟁 시기 영국의 북미 식민정책을 분석한 문헌이 있다.[169] 13개 식민지의 독립 이후 북미 대륙은 유럽인에 의한 인디언 원주민의 정복과 오랜 내부식민화의 과정이 진행되었다. 식민 항목의 영어 문헌에는 미국 독립 이후의 북미 사정에 관한 문헌이 소장되어 있지 않으며, 알래스카에 관한 정보가 1건 있을 뿐이다.[170]

---

[168] Herbert L. Osgood, *The American colonies in the seventeenth century*, Columbia University Press, 1926.

[169] Margaret Marion Spector, *The American department of the British government; 1768~1782*, New York : Columbia University Press, 1940.

미국 독립 이후 영국의 북미 식민정책의 대상과 관심은 캐나다로 옮겨갔다. 캐나다는 17세기 이후 영국과 프랑스의 세력 각축장이었으며, 이와 관련하여 캐나다가 영국의 자치 식민지로 굳어지는 과정을 분석한 문헌이 있다.[171] 영국이 1756~63년 7년 전쟁에서 승리하면서 캐나다에 대한 지배권을 확보한 이후 퀘벡 지방에서는 영국 출신 이민자와 프랑스 출신 이민자 사이에 오랜 기간 갈등이 지속되었다.[172] 퀘벡 지방의 불안정 속에서도 서부로의 식민지 개척이 활발히 진행되었으며,[173] 1860년대 이후 캐나다의 중서부 지역도 영국의 자치 식민지로 속속 통합되었다.[174] 캐나다 지역은 1926년 영국 제국회의에서 완전 자치를 인정받게 되었고, 이후 영연방국가의 주요 구성원이 되었다.

미국과 캐나다는 영국으로부터의 독립과 자치를 획득한 이후 세계 각국의 이민지로 부상하였다. 식민지이건 이민지이건 북미로의 대대적인 이민은 1750년대부터 1920년대 초반까지 지속되었다. 북미의 이민 현상에 대해서는 각각의 시기마다 여러 가지 논의가 있었겠지만,[175] 경

---

170 Alaska Governor, *Report of the Governor of Alaska to the Secretary of the Interior*, Washington, D.C. : G.P.O., 1916.

171 George Warburton, *The conquest of Canada*, London : Richard Bentley, 1850.

172 Her Majesty's High Commissioner and Governor-General of British North America, *The report of the Earl of Durham*, Methuen & Co., 1905[1901].

173 Command of His Majesty, *Report of His Majesty's Commissioners appointed to carry out a scheme of colonization in the Dominion of Canada of crofters and cottars from the Western Highlands and islands of Scotland : With appendices, Presented to both Houses of Parliament by Command of His Majesty*, London : Her Majesty's Stationery Office, 1903; A. R. M. Lower, *Settlement and the forest frontier in Eastern Canada & H. A. Innis, Settlement and the mining frontier*, Toronto : The Macmilland Company, 1936.

174 Reginald George Trotter, *Canadian federation : its origins and achievement : a study in nation building*, J.M. Dent & Sons Limited., 1924.

175 United States, Industrial Commission, *Reports of the Industrial Commission on Immigration*, United States, Industrial Commission, 1901.

성제대에는 식민과 이민 항목의 영어 문헌으로 미국의 경제 불황과 함께 이민 규제가 시작된 1920년대 이후 미국 이민 연구서들이 주로 소장되어 있다.[176] 1770년부터 1890년 사이 천 백만 명에 이르렀던 앵글로색슨계 북미 이민의 양상을 대서양 횡단이라는 지리적 관점에서 서술한 문헌도 있고,[177] 1750년대부터 1882년까지 유럽인들의 미국 이주 원인, 이민지의 사회경제적 조건, 이민 허가 및 배제, 동화 및 범죄 문제 등의 주제에 따라 이민사 자료를 분류한 문헌도 있으며,[178] 구대륙 노동자들이 이민지로서 왜 미국을 선택하였는가의 문제, 이민지에 대한 이들의 태도 변화, 이민 제한 등의 당대 문제를 고찰한 문헌도 있다.[179] 19세기 후반부터 20세기 초반에는 중국, 일본, 조선의 이민자들도 북미로의 이민 대열에 합류하였다. 아시아 각국 이민자들의 계층과 이민 동기는 다양했고, 이민 생활의 양상도 시간이 지날수록 다양해졌다. 19세기 후반 중국인들의 이민 생활과 일본인들의 미국 체험담을 기술해 놓은 흥미로운 문헌들이 있으며,[180] 일본인들의 이민 생활에 관

---

[176] Henry Pratt Fairchild, *Immigration : a world movement and its American significance*, New York : The Macmillan Company, 1925; Victor Safford, *Immigration problems : personal experiences of an official*, New York : Dodd, Mead and Company, 1925; Maurice R. Davie, *World immigration : with special reference to the United States*, New York : The Macmillan Company, 1936.

[177] Edwin C. Guillet, *The Great migration : the Atlantic crossing by sailing-ship since 1770*, Thomas Nelson and Sons, 1937.

[178] Edith Abbott, *Immigration : select documents and case records*, The University of Chicago Press, 1925; Edith Abbott, *Historical aspects of the immigration problem : select documents*, The University of Chicago Press, 1926.

[179] Constantine Panunzio, *Immigration crossroads*, New York : The Macmillan Company, 1927.

[180] Rev. O. Gibson, *The Chinese in America*, Cincinnati : Hitchock & Walden, 1877; Charles Lanman(ed.), *The Japanese in America*, New York : University publishing company, 1872.

해서는 상기한 화한서 문헌들을 참조할 수 있다.

3) 중남미

중남미에 관한 화한서 문헌은 북미에 관한 것에 비해 훨씬 풍부한 편이다. 이것은 경성제대의 개교 시점이 1926년이었고, 1920년대 이후 북미 이민의 문이 닫히고 남미 이민이 큰 관심을 얻었기 때문일 것이다. 북미와 남미의 사정에 따른 이민지의 전환은 세계적 이민 현상의 주된 흐름이었다.

중남미에 관한 문헌은 세 가지 종류로 분류할 수 있다. 첫째는 남미 이민에 관한 연구서이고, 둘째는 남미라는 이민지 사정에 대한 정보를 전달하는 문헌들이며, 셋째는 이민 당국에서 발간한 이민 안내 및 홍보 책자이다. 당시로서는 일본인의 남미 이민의 역사가 일천했기 때문에 이민사에 관한 문헌은 의미 있는 내용을 별로 담고 있지 않다.[181]

1920년대 이후 각광받았던 일제의 남미 이민은 대부분 농업이민의 성격을 띠고 있었다. 농정학 계통의 식민정책을 발전시킨 다카오카 구마오高岡熊雄가 브라질 이민에 대한 경험적 연구를 수행한 바 있다.[182] 남미에 관한 화한서 잡지가 3종 소장되어 있는데, 그 중 하나는 고등농림학교에서 발간한 것이다. 소장권수가 적지만, 당시 고등농림학교에서

---

181 外務省通商局第三課 編, 『伯國移植民史』, 外務省通商局第三課, 1932; 畑中仙次郎, 『在伯邦人の經濟的發展情況』, 拓務省拓南局, 1941.
182 高岡熊雄, 『ブラジル移民研究』, 實文館, 1925.

진행되고 있던 이식민사업 연구의 일부를 확인할 알 수 있다.[183] 일제의 남미 이민과 중남미 지역연구 상황을 알기 위해서는 『ラテンアメリカ研究』라는 잡지를 보아야 한다.[184] 1942년 발간분밖에 소장되어 있지 않지만, '대동아전쟁'의 상황 인식에서 중남미를 어떻게 논하고 있는가를 아는 데 귀중한 자료이다. 일본인 남미 이민자들이 발간한 잡지도 있는데,[185] 내용이 잡다하지만 잡지 명칭에서 나타나듯이 관제적 성격이 강한 일종의 애국 이민단체가 발간한 것임을 알 수 있다.

남미의 이민지 사정에 대한 문헌으로는 일제 외무성에서 발간한 시리즈 보고서가 그 나름대로의 짜임새를 가지고 있다.[186] 이민 항목의 장서로는 20권의 시리즈 보고서가 소장되어 있는데, 멕시코 3개 주의 일본인 정황, 브라질 면재배 조사보고서, 재브라질·재아르헨티나 일본인 위생상태 시찰보고, 농업상으로 본 멕시코 3개 주 조사보고서, 아르헨티나 챠아코의 면작과 산후안 및 멘도사주의 식민지농장 설계서, 파라과이국 시찰보고서, 콜롬비아국 카우카 원야지방 이식민 조사보고, 브라질 바이아주 답사보고 및 산프란시스코 하류역의 경제조사, 우루과이국 사정, 칠레국 치에코섬 시찰보고 등이 포함되어 있다.

척무성에서 발간한 남미 관련 조사보고서도 2종 소장되어 있는데, 그 내용이 매우 충실하게 구성되어 있다.[187] 아마존 산업에 대한 보고

---

183 宇都宮高等農林學校校友會海外硏究部 編, 『鵬翼』, 宇都宮高等農林學校校友會海外硏究部, 1934.

184 ラテンアメリカ中央會 編, 『ラテンアメリカ硏究』, ラテンアメリカ中央會, 1927.

185 報國日本人會 編, 『報國日本人』, 在伯報國日本人會本部, 1934.

186 外務省通商局 編, 『移民地事情』, 外務省通商局, 1925.

187 拓務省拓務局 編, 『アマゾンに於ける護謨其他の産業』, 拓務省拓務局, 1934; 拓務省拓務局 編, 『パラグアイ共和國事情』, 拓務省拓務局, 1934.

서는 미국 상무성 조사보고서를 번역한 것이고, 파라과이 사정에 대한 보고서는 해외흥업주식회사의 촉탁에 의한 보고서이다. 그 외에 개인 저자에 의한 남미 사정 보고서들이 있는데, 브라질 이민에 대한 대중홍보용 문헌[188]과 선박회사의 현지 근무자가 이식민사업의 촉탁을 받아 작성한 문헌이다.[189]

남미 이민은 남미 각국의 내부식민 과정과 긴밀히 연관되어 있다. 특히 브라질에는 광활한 내부식민지가 존재하였으며, 일본인 이민자들은 브라질 당국의 내부식민 정책에 가담하는 위치에 있었다.[190] 식민이라는 개념 자체는 반드시 국가 간의 권력관계에만 기초한 것이 아니라 국가 내부의 권력관계에 의해서도 성립될 수 있는 것이다. 브라질에는 코로노라는 식민제도가 있었으며, 1930년경에 이미 십만 명을 돌파한 일본인 브라질 이민은 90% 이상이 커피농장의 코로노 이민을 통해 브라질 사회에 진입했다.[191]

남미 이민 안내책자는 모두 브라질 이민에 관한 것이다. 외무성 통상국, 척무성 척무국, 효고현 사회과에서 발간한 브라질 도항안내, 이주자 안내 및 주의사항에 관한 책자가 있다. 척무국 안내서가 절차적 정보에 치중했다면 외무성 안내서는 현지정보 중심으로 구성되어 있다.[192] 척무국에서 발간한 이민자 경험담이나 수기는 브라질 이민을 권

---

188 大島喜一, 『邦人の發展地ブラジル』, 東文堂, 1925.
189 結城朝八, 『南米と移民』, 古今書院, 1928.
190 外務省通商局 編, 『伯國聯邦及州立植民地ノ槪要』, 外務省通商局, 1930.
191 外務省通商局第三課(海本徹雄 編), 『コロノ研究』, 外務省通商局, 1931.
192 外務省通商局 編, 『伯國渡航案內 : サンパウロ總領事館調査ノ分』, 外務省通商局, 1928;
  拓務省拓務局 編, 『ブラジル移住者心得』, 拓務省拓務局, 1929; 兵庫縣社會課 編, 『ブラジル移住案內』, 兵庫縣社會課, 1929; 拓務省拓務局 編, 『ブラジル移住案內』, 拓務省拓務局, 1932; 外務省通商局第三課(齋藤武雄 編), 『ブラジル移住案內』, 外務省通商局, 1932.

장하기 위한 당국의 의도를 담고 있지만, 수십 년이 지난 현재의 시점에서는 역사적 사실 자료로 이용될 가치가 있다.[193] 식민과 이민 항목의 장서에서 중남미에 관한 서양서 문헌은 소수인데, 1920년 포클랜드 사정에 관한 영국 의회보고서와 스페인의 남미 식민지에 존재했던 바이스로이Viceroy(일종의 총독) 중심의 식민지 행정체제의 구조와 특징을 고찰한 연구서는 여러 분야에서 활용성이 있을 것이다.[194]

5. 제국의 문헌자료 재해석과
탈식민주의 지역연구의 길

본 장은 경성제대 도서관의 식민 항목 장서가 현대의 학문적 관심에서 어떠한 문헌적 가치와 활용성이 있는지 검토한 것이다. 필자는 서두에서 식민 항목의 장서가 일제 식민주의의 성격과 특질, 지역연구의 기원과 본질, 근대 이민의 기원과 양상을 논의하는 데 도움이 되리라는 가정을 제시했다. 또한 필자는 전쟁수행과 점령지통치에 필요한 지식

193 拓務省拓務局 編, 『ブラジル移住者通信集』, 拓務省拓務局, 1931; 拓務省拓務局 編, 『ブラジル移住者便り』, 拓務省拓務局, 1934.
194 Command of His Majesty, *Report of the Interdepartmental Committee on Research and Development in the Dependencies of the Falkland Islands with appendices, maps, &c : Presented to Parliament by Command of His Majesty*, London : His Majesty's Stationery Office, 1920; Lilian Estelle Fisher, *Viceregal administration in the Spanish-American colonies*, University of California Press, 1926.

들이 경성제대 장서에 어떻게 반영되어 있는가를 발견하려는 관심을 가지고 이 장서들을 검토했다. 여기서 이러한 논의들에 대해 어떠한 결론을 제시할 수는 없지만, 한 단계 발전된 논의로 나아가기 위해 자료 이용과 관점 구축의 측면에서 약간의 제언을 할 수는 있을 것이다.

우선 식민 항목의 장서를 비롯한 경성제대 장서는 식민지 조선과 같은 일제 식민지의 일부에 주목할 때보다도 일본제국의 전체적 체계와 운영 및 변동에 관심을 가질 때 좀 더 폭넓게 이용될 수 있다. 식민지의 관점을 넘어 제국의 관점을 갖는 것이 필요하다. 제국의 관점은 당대에 나타난 현상, 자료, 개념들의 연관성과 의미를 파악해내는 데 유용한 관점이 될 수 있다. 본고에서 다룬 식민정책학은 개별 식민지들의 통치 논리만이 아니라, 제국 전체의 운영 방침에 관한 논의로도 인식될 수 있다. 일제 식민주의의 성격과 특질에 관한 논의는 식민정책학 문헌과 제국의 통치 자료에 대한 포괄적 검토를 통해 수행될 필요가 있다.

국내에서는 국립중앙도서관에 소장된 조선총독부 장서와 서울대 중앙도서관 고문헌자료실에 소장된 경성제대 장서가 근대 식민주의적 제국의 통치 실상을 알려주는 대표적인 문헌자료이다. 이 문헌자료의 활용이 부진하다는 것은 한국학계 여러 분야의 연구에 일정한 공백 내지 편향이 있을 수 있다는 것을 의미한다. 한국사(조선사) 연구에서 일본제국의 통치 자료는 식민지 조선과 일본제국 중심부의 관계에 초점이 맞추어져 부분적으로만 이용되어온 경향이 있는 것 같다. 식민 항목의 많은 장서가 일본어로 되어 있고, 식민정책이 일본제국의 체계 속에서 도출되는 것이기 때문에 일제 식민주의에 대한 연구는 일본 연구에 의존해야 할 부분이 많이 있다. 국내에도 일본 관련 학과와 연구기관이 많이 있지만, 일제 식민주의나 식민통치 자료에 대한 연구는 쉽게 찾아볼 수 없다. 이러한 상황에서 일제 식민주의나 식민주의 일반에 관한 국내 논의는 식민지 조선 연구자들에 의해 전유되거나 서구학계나 일본학계로부터 수입된 이론 및 가공된 자료에 의존하는 현상이 나타나고 있는 것이다.

1990년대 이후 한국에서도 해외 지역연구가 활발하게 진행되고 있다. 한국의 지역연구는 식민지 출신 국가의 지역연구라는 점에서 특수성을 갖고 있는데, 그 역사가 일천한 만큼 자체적 자료 기반도 매우 취약하다. 한국 인류학의 해외 타문화 연구가 이른 시기에 시작되긴 했지만, 현지조사 자료가 어떠한 축적적 성과를 낼 수 있는지에 대해서는 많은 논의가 필요하다. 이러한 상황에서 한국의 지역연구는 서구학계나 일본학계의 최신 연구성과를 직수입하거나 명저의 반열에 오른 문헌의 인용 자료를 재인용하거나 추급 조사하는 경우가 많고, 연구대상 타자의 역사성에 대한 인식이 갈수록 약화되고 있는 것 같다. 제국을 운영한 적이 있는 국가의 지역연구와 제3세계 국가의 지역연구는 출발점에서부터 차이가 있고, 제국의 식민지 조사에 대해 어떤 입장을 취하는가는 지역연구의 방향성을 가늠하는 하나의 잣대가 될 수 있다.

현대 일본의 지역연구에는 제국일본의 식민지·점령지 조사연구에 대해 연속성과 불연속성의 측면이 병존하고 있다.[195] 일본의 많은 도서관에 소장된 제국시대의 식민지 자료는 활용과 재활용이 거듭되어 울궈먹기식 연구의 대상까지 된 경우도 흔히 볼 수 있고, 연구주체들의

---

[195] 末廣昭 編, 앞의 책, 2006.

학맥에도 일정 정도의 연속성이 지적되고 있다. 그러나 자료 이용의 동기나 해석의 관점에는 불연속성이 존재하는 것으로 이야기되고 있으며, 식민지·점령지 사정에 관한 문헌은 전후 지역연구의 관점에서 재활용되고 있는 것이다. 제국주의와 식민주의는 전후 일본뿐만 아니라, 전후 서구의 학계에서도 오명과 극복의 대상이었고, 근대 식민주의적 제국의 완전한 해체 이후에도 제국과 포스트콜로니얼리즘 논의가 지속되고 있다.[196] 본고의 분석은 과거 제국주의 국가와 식민지 출신 국가 사이에 존재하는 지역연구 자료의 불균등성에 대한 관심을 환기시키고, 서구 이론의 수용 이전에 그 문제에 관한 논의가 국내 탈식민주의 연구의 한 방향이 될 수 있음을 시사하는 것이다.

자료의 이용은 항상 선택적인 것이지만, 서구와 일본의 학계에서와 같이 누적된 선행연구가 선택의 기준과 범위를 협소하게 할 수 있다. 제국의 식민지 자료는 피지배의 경험을 가진 연구주체의 시각에 의해 재해석되어야 할 부분이 많이 있고, 과거의 자료들 자체가 결합되어 보여주는 유의미한 사실이나 관점이 있다. 이번 연구에서 드러난 것처럼, 식민과 이민의 개념 및 현상의 연관성은 1920년대까지의 일제 식민정책학에서는 폭넓게 인식되던 것이었지만, 근래에는 지배와 저항, 동화와 차별과 같은 식민주의에 대한 고정관념에 가려 있었다. 전쟁수행 및 점령지통치를 위한 정보수집의 양상과 군사적 식민 현상은 일본학계에서는 이전부터 검토되어온 것이지만, 해방 후 한국사의 경험은 이에 대해 새로운 논의의 지평과 문제의식을 제공할 여지가 많이 있다.

---

196 G. Steinmetz, "The Sociology of Empires, Colonies, and Postcolonialism," *The Annual of Sociology*, Vol.40, 2014, pp.77~80.

참고문헌

진필수 외, 「부속도서관 장서분석을 통한 경성제국대학 학지의 연구—식민지에서 점령지로」, 서울대 중앙도서관, 2014.

테사 모리스-스즈키, 임성모 역, 『변경에서 바라본 근대』, 산처럼, 2006.

浅田喬二, 『日本植民地研究史論』, 未来社, 1990.

泉哲, 『植民地統治論』, 有斐閣, 1924[1921].

井上勝生, 「札幌農学校と植民学の誕生—佐藤昌介を中心に」, 酒井哲哉(編), 『「帝國」日本の學知 第1卷 帝國編成の系譜』, 岩波書店, 2006.

井上高聰・淺野豊美・米谷匡史・酒井哲哉, 「植民政策學文獻解題」, 酒井哲哉 編, 『「帝國」日本の學知 第1卷 帝國編成の系譜』, 岩波書店, 2006.

井村哲朗, 「日本の中国調査機関—国策調査機関設置問題と満鉄調査組織を中心に」, 末広昭 編, 『「帝国」日本の学知 第6卷 地域研究としてのアジア』, 岩波書店, 2006.

早瀨晉三, 「調査機関・団体とその資料—東南アジア」, 末広昭 編, 『「帝国」日本の学知 第6卷 地域研究としてのアジア』, 岩波書店, 2006.

小熊英二, 『〈日本人〉の境界』, 新曜社, 1998.

小島憲, 『植民政策』, 章華社, 1927.

酒井哲哉 編, 『「帝國」日本の學知 第1卷 帝國編成の系譜』, 岩波書店, 2006.

酒井哲哉, 「帝國秩序と國際秩序 : 植民政策學における媒介の論理」, 酒井哲哉 編, 『「帝國」日本の學知 第1卷 帝國編成の系譜』, 岩波書店, 2006.

清水元, 「近代日本の海外通商情報戦略と東南アジア」, 末広昭 編, 『「帝国」日本の学知 第6卷 地域研究としてのアジア』, 岩波書店, 2006.

末廣昭 編, 『「帝國」日本の學知 第6卷 地域研究としてのアジア』, 岩波書店, 2006.

浜下武志, 「華僑・華人調査 : 経済力調査・日貨排斥・抗日運動調査」, 末広昭 編, 『「帝国」日本の学知 第6卷 地域研究としてのアジア』, 岩波書店, 2006.

Steinmetz, G., "The Sociology of Empires, Colonies, and Postcolonialism," *The Annual of Sociology*, Vol.40, 2014.

제3장

일제 총동원체제의 기원과 특징에 대한 재검토

군사 항목의 장서 분석을 중심으로

진필수

1. 사회체제로서의 총동원체제

그동안 한국에서 일제의 총동원체제에 관한 연구는 징용, 강제연행, 강제동원에 따른 식민지 조선 민중의 피해를 파악하는 데 집중된 경향이 있다.[1] 2004년 3월 '일제강점하강제동원등피해에관한진상규명특별법'이 제정된 이후 강제동원 관련 국내 연구는 비약적으로 성장했다. 특히 한국, 일본, 과거 일제 식민지에 산재해 있던 강제동원 명부가 상당수 수집·정리되었고,[2] 강제동원 경험자들의 구술자료도 문헌으로

---

[1] 朴慶植, 『朝鮮人強制連行の記錄』, 未來社, 1965; 정혜경, 「국내 강제연행 연구, 미래를 위한 제언」, 『한일민족문제연구』 제7권, 2004; 정혜경, 『징용 공출 강제연행 강제동원』, 선인, 2013 등.
[2] 일제강점하강제동원등피해에관한진상규명위원회 편, 『강제동원명부해제집 1』, 동위

발간되어 관련 연구를 위한 자료적 기반이 활발하게 정비되고 있다. 이러한 자료들의 심층적 분석과 폭넓은 활용을 위해서는 일제의 총동원체제에 대해 좀 더 체계적이고 다양한 연구들이 병행될 필요가 있다.

필자는 이번 공동연구를 수행하면서 군사 분야의 문헌들을 전체적으로 검토한 바 있다. 이 과정에서 필자는 일제의 총력전과 총동원체제를 반일민족주의 일변도의 관점을 벗어나서 연구해 볼 필요가 있다는 점을 절실하게 깨달았다. 일제의 총력전total war과 총동원체제는 제국일본과 식민지 조선의 양자적 관계를 넘어 제1차 세계대전에서 제2차 세계대전에 이르는 시기 동안 서구제국과 일본제국의 관계 속에서 이해되어야 할 부분이 있다. 일제의 총력전과 총동원체제는 일제의 독자적 발명품도 아니고, 파시즘이나 군국주의가 낳은 일탈적 전쟁수행 양상 및 사회체제도 아니다. 그것들은 제1차 세계대전에서 나타난 서구제국의 전쟁수행 전략을 일제의 군부 및 정부당국이 학습한 결과를 제2차 세계대전(중일전쟁과 태평양전쟁)에서 실천하면서 부분적으로 창안한 것이다.

일본학계에서 총력전 및 총동원체제에 관한 연구가 양적으로 많지는 않지만, 이미 본 장의 논의와 관련 깊은 선행연구들이 존재하고 있다.[3] 이러한 연구들은 일제 군부가 제1차 세계대전 무렵부터 서구제국

원회, 2009; 정혜경·심재욱·오일환·김명환·北原道子·김난영, 『강제동원을 말한다-명부편(1) 이름만 남은 절규』, 선인, 2011; 정혜경·김명환·今泉裕美子·방일권·심재욱·조건, 『강제동원을 말한다-명부편(2) 제국의 끝자락까지』, 선인, 2012; 대일항쟁기강제동원피해조사및국외강제동원희생자등지원위원회 편, 『강제동원명부해제집 2』, 동위원회, 2013.

3   小林英夫, 『帝国日本と総力戦体制』, 有志舍, 2004; 纐纈厚, 『総力戦体制研究 : 日本陸軍の国家総動員構想』, 社会評論社, 2010[1981]; 防衛省防衛研究所, 「総力戦としての太平

의 총력전 양상을 학습한 과정과 이후 일제의 정치경제 체제, 법률 및 각종 사회제도, 식민정책 등을 재편해 나간 과정을 소상히 밝히고 있다. 또한 제2차 세계대전에서 실행되었던 일제의 총력전 및 총동원체제를 독일, 미국, 소련, 영국의 그것들과 비교하거나 관계성을 검토하는 작업도 수행하고 있다. 기존 논의들은 전쟁사, 군정사軍政史, 경제사 등의 관심에서 주로 군부와 정계 지도층의 정책 구상 및 수립, 추진 과정을 분석하는 데 특징이 있다. 이 논의들은 일제의 총력전 및 총동원체제를 위로부터 혹은 핵심 추진주체의 관점에서 체계적으로 이해하는 데 큰 도움을 주지만, 군사, 정치, 경제, 법률 분야의 제도적 변화에 초점을 맞추고 있기 때문에 총력전이 초래한 사회체제의 재편을 포괄적으로 분석하는 데는 취약함을 드러내고 있다. 국내에도 일제 군부가 제1차 세계대전 이후 서구의 총력전 및 동원체제를 학습하는 과정에 대한 연구가 있지만,[4] 군부가 발행한 당대 문헌자료의 분석을 통해 일본 학계의 연구 성과를 재검토하는 데 치중하고 있다.

본 장은 1930년대 이후 일제가 구축했던 총동원체제의 기원과 특징을 재검토하면서 한국에서 전쟁에 대한 인류학적 연구가 어떠한 관점과 주제를 채택할 수 있는지 논의하는 데 목적이 있다. 총력전 및 총동원체제 연구에는 인류학의 연구 관심에서 전문화하거나 심화시켜야 할 논의 주제들이 산적해 있고, 본고는 그것들을 점검하는 수준의 논의가 될 것이다. 본 연구는 과거 경성제국대학 부속도서관 장서 중 군사 분야의 문헌들을 주요 자료로 하여[5] 일제의 총력전 및 총동원체제를 당대의 맥락

　　洋戦争」, 平成23年度戦争史研究国際フォーラム報告書, 2012.
4　　안재익, 「1920년대 일본 총동원론의 형성과 전개」, 서울대 석사논문, 2013.

에서 재검토하는 데 특징이 있다. 본 연구의 자료들은 일제 정책입안자들의 그것만이 아니라, 1930~40년대 일제의 학계, 지성계, 언론 및 대중사회에서 통용되던 총력전 및 총동원체제에 대한 지식체계를 포괄적으로 드러내고 있다. 그리고 대부분 1945년 이전에 발간된 이 자료들은 전쟁과 군사적 요인에 의해 정치, 경제, 사회, 문화, 법률, 사상, 종교 등 사회체제의 여러 요소들이 총체적으로 얽혀서 변화해 간 양상을 드러내고 있다. 일제의 총력전 및 총동원체제는 일제 권력자들의 독단적 횡포와 만행이라는 사실들을 고발하는 용어로만 사용되어서는 안 되고, 일제 군부 및 정재계 지도층이 학습하고 실행한 전쟁수행 전략만을 지칭하는 용어도 아닌, 특정 목적과 양식의 전쟁이 낳은 하나의 사회체제로 간주될 필요가 있다. 이러한 개념적 사고에 입각할 때, 일제 총동원체제의 기원과 특징에 대한 본고의 논의는 시공간을 넘나드는 비교사회론적

---

5   여기서 군사 분야의 문헌은 서울대학교 도서관 [구장서분류표]에서 군사의 항목으로 분류된 문헌을 말한다. 군사 분야의 장서는 화한서가 502건으로 압도적으로 많고, 화한서 연속간행물 16건, 서양서 136건, 서양서 연속간행물 7건으로 나타나고 있다. 화한서 502건은 분류기호 9900~9990에 해당하는 장서로서 9900 군사(일반) 97건, 9910 전사 162건, 9920 병제·군비 74건, 9930 육군 20건, 해군 61건, 9950 고대병법 9건, 9960 병기·고대병기(부록 성곽) 57건, 9970 무예 15건, 9990 적십자 7건으로 구성되어 있다. 화한서 연속간행물 16건은 분류기호 Y99 軍事로 분류되어 있다. 서양서 136건은 분류기호 X000 Military & Naval Sciences 32건, X300 Military Science 27건, X500 Naval Science 73건, X700 Air Force 2건, X900 Red Cross 2건으로 구성되어 있다. 서양서는 영어, 독어, 불어 등으로 되어 있는데, 이 중 영어 문헌은 50건 정도이다. 서양서 연속간행물 7건은 분류기호 YX Miltary & Naval Sciences으로 분류되어 있고, 영어 문헌은 6건이다.
군사 분야의 문헌들을 살펴보면, 총력전체제 혹은 총동원체제에 대해 얼마나 포괄적인 논의가 진행되었는지를 알 수 있으며, 이 논의가 1930년대 이후 일본제국 전체의 운영과 체제 개편, 그리고 학지 형성에 중요한 위치를 차지하였음을 알 수 있다. 이 주제에 관한 도서는 화한서 약 90~110건, 화한서 연속간행물 1건, 서양서 18건(영어 문헌)으로 분류할 수 있다. 이외에 군사 분야의 문헌이 아니더라도 본고의 논의에 관련된 일부 문헌들도 경성제국대학 장서에서 추출하였다.

혹은 비교문화론적 논의로 발전할 가능성을 가질 수 있다.

　전쟁수행을 위한, 또는 전쟁수행에 따른 사회체제의 재편이라는 연구 패러다임은 서구학계의 전쟁사 연구에서 이미 정착되어 있으며, 총력전 연구에도 적용되고 있다.[6] 사실 총력전이 그 이전이나 그 이후의 전쟁 양식과 어떤 점에서 차이가 나고 어떻게 정의될 수 있는가 하는 점은 지금도 분분한 논쟁이 있을 수 있는 하나의 연구주제이다.[7] 서구 각국에서도 총력전이라는 용어는 제1차 세계대전 이후 미래의 새로운 전쟁 양식(제2차 세계대전으로 현실화된)을 예견하는 용어로 탄생하여 대중화되었고, 그 의미를 일정하게 규정하는 것은 역사가들의 사후적 과업이 되었다. 이 용어에서 "total"이라는 것이 과연 어떤 측면에서 "total"을 의미하는 것인지는 결코 분명하지 않다. 특정의 정치적 목표를 넘어 적의 섬멸을 추구하는 새로운(혹은 고대의 것이 부활되었다고 이야기되기도 하는)[8] 전쟁 목적, 국제 규약의 인도주의적 제한을 넘어선 전쟁의

6　Förster and Nagler, *On the Road to Total War : The American Civil War and the German Wars of Unification, 1861~1871*, Washington D.C. : Cambridge University Press, 1997; Boemeke, Chickering and Förster, *Anticipating Total War : The German and American Experiences, 1871~1914*, Washington D.C. : Cambridge University Press, 1999; Chickering and Förster, *Great War, Total War : Combat and Mobilization on the Western Front, 1914~1918*, Washington D.C. : Cambridge University Press, 2000; Marwick and Simpson, *Total War and Historical Change : Europe 1914~1955*, Buckingham・Philadelphia : Open University Press, 2001; Chickering and Förster, *The Shadows of Total War : Europe, East Asia and the United States, 1919~1939*, Washington D.C. : Cambridge University Press, 2003; Chickering, Förster and Greiner, *A World at Total War : Global Conflict and the Politics of Destruction, 1937~1945*, Washington D.C. : Cambridge University Press, 2005 등.

7　Chickering and Förster, *The Shadows of Total War : Europe, East Asia and the United States, 1919~1939*, Washington D.C. : Cambridge University Press, 2003, pp.1~19.

8　말리노브스키는 제2차 세계대전의 충격적 상황을 목도하고 전쟁인류학의 필요성을 제기했을 때, 인류학이 원시전쟁, 식인풍습, 헤드 헌팅(head-hunting), 전쟁 의례 등의

방법과 수단, 전투가능한 최대 인원의 군사 동원total mobilization, 국민의 완전한 통제total control와 전체적 조직화total organization를 위한 노력 등 "total"은 여러 측면에서 고려될 수 있다.

총력전의 무엇보다 중요한 특징은 전장과 생활현장, 전투원과 비전투원의 구분이 모호해지고, 군사, 정치, 경제, 사회, 문화 등 사회체제 혹은 국가체제의 모든 영역이 전쟁수행이라는 목적의 달성을 위해 총체적으로 변화하고 재조직된다는 점이다. 총력전이라는 개념만큼 전쟁이 사회 전체에 미치는 영향을 강력하게 표현하는 것도 없다. 문제는 총력전의 대표적 예로 지칭되는 두 번의 세계대전을 통해 나타났던 서구 각국 총력전의 실상이 어떠한 것이었고, 사회체제 및 국가체제에 어떠한 변화를 초래했는가 하는 점이다. 본 연구는 이러한 세계사적 흐름을 염두에 두고 일제 총력전 및 총동원체제의 특수성과 그에 따른 사회체제 및 문화의 변화를 논의하려는 하나의 시도이다. 승전국의 역사인식이 지배하는 전후의 맥락에서 일제의 전쟁사를 다루는 것은 결코 단순한 일이 아니다. 또한 과거사 인식을 둘러싼 한일 간의 갈등도 지속되고 있다. 그럼에도 불구하고, 본고의 논의는 일제 식민지의 일원으로 총력전을 처음 경험하고 희생당했던 근현대 한국인들의 전쟁경험을 한일관계가 아니라 좀 더 폭넓은 역사적 맥락 속에 위치시키는 하나의 노력이 될 수 있을 것이다.

일화를 알려주면서 사회과학의 광대 노릇을 해서는 안 된다고 경고한 바 있다. 그가 제기한 전쟁에 대한 인류학적 분석은 부족, 민족(nation), 국가(state)의 정치적·문화적 조건에서 발현되는 현대 전쟁이 양상에 대한 연구를 제안하는 것이었고, 두 번의 세계대전에서 나타난 총력전이 인간 문화의 총체적 변화를 초래하는 사실에 깊은 관심을 표명하는 것이었다(Malinowski, "An Anthropological Analysis of War," *American Journal of Sociology*, Vol.46, No.4, 1941, pp.521~550).

2. 일제 국가총동원법의 체계와 당대의 쟁점

총력전이 전쟁수행의 양상에 강조점을 둔 용어라면, 총동원체제[9]는 전쟁수행을 위해 전략적으로 구축된 하나의 국가체제이자 사회체제이며 일종의 군제라고 할 수 있다. 일본제국이 구축한 총동원체제의 개략과 구조는 국가총동원법国家總動員法, National Mobilization Law를 통해 집대성되었다. 일제의 총동원체제는 다양한 관점과 방법론을 통해 연구될 수 있지만, 총동원 관련 법령을 살펴보아야 그것에 대한 전체적이고 체계적인 이해가 가능하다.

국가총동원법은 1938년 4월 1일 공포되고 5월 5일부터 시행된 법률이다. 일제의 국가총동원법은 총 50조와 부칙으로 구성되어 있었다. 제1조부터 제3조까지는 국가총동원, 총동원물자, 총동원업무를 정의한 것이고,[10] 제4조부터 제20조까지는 이른바 전시규정이라 불리던 것

---

9 한국에서 흔히 사용되는 이 용어는 영어로 general mobilization system, total mobilization system과 같이 번역될 수 있다. 이 용어의 일본어 출처는 國家總動員, 國家總動員體制인데, 이것을 영어로 번역하면 national total(또는 general) mobilization, national total(또는 general) mobilization system과 같은 용어가 탄생한다. 영어 문헌에서는 mobilization이라는 단어 앞에 다양한 수식어가 붙어 전쟁수행이나 군사적 목적을 달성하기 위한 인적·물적 자원의 동원 양상을 표현하고 있고, national mobilization이라는 용어가 흔히 사용되지는 않는 것 같다.

10 각 조문의 내용은 다음과 같다. 제1조 본 법에서 국가총동원이라는 것은 전시(전쟁에 준하는 사변의 경우를 포함하여) 국방의 목적을 달성하기 위해 국가의 전력을 가장 유효하게 발휘할 수 있도록 인적·물적 자원을 통제·운용하는 것을 말함. 제2조 본 법에서 총동원물자라는 것은 다음에 열거하는 것을 말함. ① 병기, 함정, 탄약, 기타 군용 물자, ② 국가총동원상 필요한 피복, 식량, 음료 및 사료, ③ 국가총동원상 필요한 의약품, 의료 기계기구, 기타 위생용 물자 및 가축위생용 물자, ④ 국가총동원상 필요한 선박, 항공기, 차량, 말(馬), 기타 수송용 물자, ⑤ 국가총동원상 필요한 통신용 물자, ⑥ 국가총동원상 필요한 토목건축용 물자 및 조명용 물자, ⑦ 국가총동원상 필요한 연료 및 전력, ⑧ 앞의

으로 징용을 통한 인적 동원, 노무·물자·무역·자금·물가 등의 경제통제, 물자 및 시설의 사용 및 수용, 언론 및 출판의 통제 등으로 구성되어 있다.[11] 제21조부터 제26조까지는 이른바 평시규정이라 불리던 것으로 국민등록, 기능자 양성, 총동원물자의 보유명령, 총동원업무의 사업계획 설정, 총동원물자의 시험연구 명령, 사업조성(총동원물자의 생산자 및 수리자에 대한 이익 보장 혹은 보조금 지급) 등으로 구성되어 있다. 제27조에서 제31조까지는 손실보상에 관한 규정들이고, 제32조부터 제49조까지는 벌칙에 관한 규정들이며, 제50조는 자문기관인 국가총동원심의회에 관한 규정이다.[12]·[13]

국가총동원법은 각 조문에서 칙령에 위임한 사항이 많았기 때문에 1943년 3월까지 167개 칙령, 각령, 성령이 공포되었고 이러한 시행령을 통해 총동원체제의 실제적 양상이 구체화되어 갔다. 이 법률은 일본

각 호에 열거한 것들의 생산, 수리, 배급 또는 보존에 필요한 원료, 재료, 기계, 기구, 장비, 기타 물자, ⑨ 앞의 각 호에 열거하지 않은 것으로 칙령(勅令)으로 지정한 국가총동원상 필요한 물자. 제3조 본 법에서 총동원업무라는 것은 다음에 열거하는 것을 말함. ① 총동원물자의 생산, 수리, 배급, 수출, 수입 또는 보관에 관한 업무, ② 국가총동원상 필요한 운수 또는 체신에 관한 업무, ③ 국가총동원상 필요한 금융에 관한 업무, ④ 국가총동원상 필요한 위생, 가축 또는 구호에 관한 업무, ⑤ 국가총동원상 필요한 교육훈련에 관한 업무, ⑥ 국가총동원상 필요한 시험연구에 관한 업무, ⑦ 국가총동원상 필요한 정보 또는 계몽선전에 관한 업무, ⑧ 국가총동원상 필요한 경비에 관한 업무, ⑨ 앞의 각 호에 열거하지 않은 것으로 칙령으로 지정한 국가총동원상 필요한 업무.

11 그동안 국내에서 논란이 되어 왔던 징용에 관한 규정은 다음과 같다. 제4조 정부는 전시에 국가총동원상 필요할 때 칙령이 정한 바에 의해 제국신민을 징용해서 총동원업무에 종사하도록 할 수 있음. 단, 병역법의 적용을 면하도록 하지 않음. 이 규정은 1939년 7월 8일 공포되었던(일본 내지에서는 7월 15일부터, 조선, 대만, 樺太 및 남양군도에서는 10월 1일부터 시행) 국민징용령과 7월 15일 공포되었던(7월 15일부터 시행) 국민징용령시행규칙에 따라 시행되었다.

12 朝日新聞社 編, 『總動員法の全貌』, 朝日新聞社, 1938.

13 관련 법률로서 국방보안법과 군기보호법에 대한 검토도 필요하다.

내지內地뿐만 아니라, 조선, 대만, 사할린樺太 및 남양군도와 같은 식민지에도 1938년 5월 5일부터 마찬가지로 시행되었다. 다만, 관동주関東州에 대해서는 시행령이 나오지 않았으며, 만주국도 논외가 되었다. 국가총동원법은 전쟁수행을 위한 인력과 물자의 동원, 전시경제체제를 구축·운영하기 위한 각종 통제정책이 주류를 이루고 있고, 국민 생활과 사상의 통제에 관해서는 제20조 신문·출판물 게재에 관한 제한·금지 조항과 제3조 총동원업무의 일부 내용을 통해 간략한 규정만을 담고 있다. 국민 생활과 사상의 통제는 국가총동원 법령에 의존하기보다 1937년 이후 소위 국민정신총동원国民精神総動員을 표방한 관변단체의 운동으로 전개되었다. 일제의 총동원체제는 전체적으로 볼 때 국가총동원 관계법령과 국민정신총동원 운동이라는 쌍두마차에 의해 구성·운영되었다고 할 수 있다.

　일제의 국가총동원법은 일제의 군부와 정부 당국이 제1차 세계대전 직후부터 서구제국의 총력전 및 총동원체제를 학습·모방한 결과물이라고 할 수 있다. 제1차 세계대전의 새로운 전쟁양상은 일제의 정계·재계·군부의 지도층 인사들에게 큰 관심을 불러일으켰다. 특히 일제 육군은 1915년 12월 임시군사조사위원회臨時軍事調査委員会를 설치하여 전쟁 양상에 대한 세밀한 조사연구를 수행하였다. 유럽에 군사전문가를 파견하여 전쟁 상황을 직접 조사하도록 하기도 했다. 일제 정부는 1918년 3월 이 연구결과를 바탕으로 군수공업동원법軍需工業動員法을 제정하였고, 6월 이 법의 시행기관으로 군수국軍需局을 설치하였다. 총력전 준비와 총동원체제 구축을 위한 최초의 법제화 조치가 실현되었지만, 서구제국의 실례를 번역하는 수준의 정책에 대한 비판과 군축에 대한 여론이 비등하였다. 1919년 군수국은 통계국과 합병하여 국세원國勢院으로 전환되었고, 1922년 국세원은 폐지되었다. 1925년 군부의 압력을 받은 의회에서 국가총동원 준비의 필요성이 새롭게 제기되었고, 정부는 국가총동원 기관의 조직 및 업무에 관한 연구를 거쳐 1927년 자원국資源局을 설치하였다.

자원국은 1937년 기획청과 합병하여 기획원으로 확대되었고 기획원企劃院이 국가총동원법 제정의 주관기관이 되었다. 1938년 제정된 국가총동원법은 10년에 걸친 자원국의 연구결과라고 이야기되었다. 자원국은 프랑스총동원법안, 체코슬로바키아국가총동원법안, 영국국방조례, 독일국전시법령, 미국의 개정국가총동원계획, 미국전시식량정책, 전시산업동원에 관한 제법안을 면밀히 검토한 후 일제의 사정에 맞는 법령을 만들고자 노력했다. 중일전쟁이 발발한 직후 자원국은 임시의회에 국가총동원법안을 제출할 것을 주장했지만 받아들여지지 않았고, 다음 해 기획원이 국가총동원법 제정에 주도적 역할을 하였다.[14] 경성제국대학 장서에는 일제 당국이 서구 각국의 총동원법안과 전시경제제도를 분석한 문헌들이 있으며, 서구제국 총동원체제의 학습 상황을 반영하고 있다.[15]

---

14   唐島基智三, 『国家総動員法解説』, 清教社, 1938, 10~18쪽.
15   資源局, 『米国戦時食糧政策』, 1929; 資源局, 『仏国国家総動員法案』, 1930; ブクシュバン, 白谷忠三 訳, 『列強の戦時経済政策: 世界大戦時の歴史的=体系的研究』, 育生社, 1937; カール・ヘールフェリヒ, 安井源雄 訳, 『ドイツの戦時財政と戦時経済』, 朝鮮軍事後援聯盟, 1940; ビーターソン, H.C., 村上偉一 訳, 『戦時謀略宣伝』, 富士書店, 1940; トビン, H. J.・ビッドウェル, P. W., 原田禎正 訳, 『アメリカ総動員計劃』, 生活社, 1941; 東亜研究所, 『米国の総動員機構』, 帝国出版株式会社, 1944.
한편 전후 서구 각국의 전사(戰史) 서술 기관이 제2차 세계대전의 전쟁준비 과정을 정리하고 분석한 문헌들이 있다(R. Elberton Smith, *The Army and economic mobilization,*

국가총동원법은 1938년 2월 의회에 상정된 후 많은 논란 끝에 통과되었다.[16] 이러한 논란 중에는 우선 위헌론이 있었다. 당시 헌법 제2조에 규정된 신민의 자유권을 구속할 수 있는 것은 헌법 제31조에 규정된 것으로 전시에 천황이 행사하는 비상대권밖에 없는데 국가총동원법이 천황의 비상대권을 침범할 수 있다는 것이었다. 국가총동원법 제정으로 인해 일제의 전시체제를 운영하는 기구는 천황의 비상대권을 실행하는 군기군령기관인 대본영(육군 참모본부와 해군 군령부로 구성)과 국가총동원 법령을 실행하는 내각으로 이원화되었고, 이 내각의 권한이 천황의 통수권을 침범할 수 있는 문제가 있었던 것이다.

또 한 가지의 논란으로는 백지위임론이 제기되었는데, 국가총동원법의 많은 조문이 구체적 조치 내용을 칙령 이하 시행령에 위임함으로써 의회의 기능이 정지된 채 정부(내각)에 과도한 재량권이 부여되었다는 주장이 있었다. 내각의 독재 논란은 정군政軍관계에서 군부가 내각에 행사하는 영향력이 과도할 경우에 내각 독재는 곧 군부 독재로 변질될 가능성이 있음을 시사하는 것이었다. 실제로 1931년 만주사변 이후 일본 내에서는 군부 쿠데타가 수차례 이어졌고, 의회의 정당 정치는 거의 마비되었다. 의회에 진출한 군부세력은 중일전쟁과 태평양전쟁이 지속되는 동안 천황을 보필하는 모양새를 갖추고 전쟁지도의 핵심적

Washington D.C. : Office of the Chief of Military History Department of the Army, 1959; Byron Fairchild and Jonathan Grossman, *The Army and industrial manpower*, Washington D.C. : Office of the Chief of Military History Department of the Army, 1959; Militärgeschichtliches Forschungsamt(eds), Falla, P.S., McMurry, Dean S., Osers, Ewald(trs), *Germany and the Second World War I-X*, Oxford University Press, 2003 등).
16   朝日新聞社 編, 『総動員法の全貌』, 朝日新聞社, 1938, 73~75쪽.

위치를 차지하였다.[17]

한편 애국심에 관한 논란도 있었다. 국가총동원이 필요한 국면에서는 국민들의 애국심 발동을 기다려야 한다는 주장이 있었다. 사실 일제의 국가총동원법은 전쟁수행과 관련된 새로운 법률 제정이라기보다 기존의 관련 법제를 정비해서 일원화하는 의미가 있었고, 어떠한 법률적 조치 이전에 국민들의 자발적 의사 표현과 애국적 활동이 선행되어야 한다는 것이었다. 그러나 이러한 주장은 전시에 국가권력에 의한 강제가 불가피하다는 정부 대응을 넘어서지 못했다.

총동원 관계법령의 제정을 통해 일제의 총동원체제가 결코 순조롭게 운영된 것은 아니다. 군수물자 공급을 위한 생산력 확충은 기대치를 밑돌았으며, 민수물자의 부족으로 인한 인플레이션과 암시장의 불법적 경제행위가 전시경제의 혼란을 초래하였다. 또한 총동원물자 사용수용령, 공장사업장 사용수용령, 토지가옥 관리사용수용령은 자유주의경제와 사유재산권에 중대한 제한을 수반하는 것이었다. 재정 및 실물경제의 파탄 위기에 직면하여 1940년 제2차 고노에 후미마로近衛文麿 내각은 경제신체제経済新体制 수립과 대정익찬회大政翼贊会 결성으로 집약되는 이른바 신체제운동에 나서게 되고, 1941년 3월 경제통제 조항의 미비점을 보완하기 위한 국가총동원법의 개정이 이루어졌다.[18]

17 　加藤陽子, 「総力戦下の政軍関係」, 倉沢愛子 ほか 編, 『戦争の政治学』, 岩波書店, 2005a.
18 　朝日新聞政治経済部, 『総動員態勢の前進 : 改正総動員法の全貌』, 朝日新聞社, 1941; 小林英夫, 앞의 책, 2004, 100~158쪽.

3. 서구제국 동원체제에 대한 학습과 창안의 요소들

1) 서구 전쟁론의 학습과 일제 지도층의 자기성찰

제1차 세계대전의 충격 이후 일제 당국과 연구자들은 서구의 전쟁사 및 전쟁론을 총력전이라는 개념을 통해 재구성하는 양상을 보여주며, 1930년대 후반이 되면 이에 관해 정형화된 지식이 형성된 모습을 볼 수 있다. 제1차 세계대전의 새로운 전쟁 양상은 전쟁에 참여했던 서구 각국에서 중차대한 연구과제가 되지 않을 수 없었다. 1919년 6월 베르사유조약 체결 이후 표면적으로는 반전평화주의 및 군축협상과 반제국주의가 세계적 조류를 형성했지만, 각국의 군부와 정부는 다가올 새로운 전쟁에 대비하기 위해 지나간 전쟁 경험에 대한 치밀한 분석을 수행하지 않을 수 없었다. 서구 각국에서는 이전의 전쟁사 속에서 제1차 세계대전의 새로운 전쟁 양상을 개념화하는 작업이 진행되었고, 그 성과가 선택적으로 일본에 수용되었다.

프랑스의 정치가이자 언론인인 레온 도데Léon Daudet가 1918년 『총력전La guerre totale』이란 저서를 발간하고 이 용어를 처음 사용한 것으로 알려져 있지만,[19] 1930년대 후반 일제의 군사관련 문헌에서는 1832년 『전쟁론Vom Kriege』를 저술한 카를 폰 클라우제비츠Carl von Clausewitz, 1780~1831와 1935년 『총력전론Der Totale Krieg』을 저술한 에리히 루덴도르프Erich Ludendorff, 1865~1937의 전쟁론이 총력전 논의의 이론적 근간을 이루었

---

19   纐纈厚, 『総力戦体制研究―日本陸軍の国家総動員構想』, 社会評論社, 2010[1981], 21~22쪽.

다. 클라우제비츠는 나폴레옹 전쟁이 끝난 시기에 프로이센 육군대학 교장을 역임한 군사이론가였으며, 루덴도르프는 제1차 세계대전에서 독일 육군 참모차장을 역임한 실력자였다.

"전쟁이란 다른 수단을 가지고 하는 정치의 계속에 다름 아니다"라는 전쟁에 대한 클라우제비츠의 견해[20]를 비판하면서 루덴도르프는 "정치는 다른 수단을 가지고 하는 전쟁의 계속에 다름 아니다"라는 언명을 통해 당대 전쟁의 특징적 양상을 설명하고, 총력전이란 용어를 유행시켰다. 현대의 총력전 논의에서 루넨도르프에 대한 평가는 엇갈리는 측면이 있다. 그의『총력전론』은 이 언명을 포함해 당대 독일 지식인과 군사이론가들 사이에서 이미 유통되고 있던 여러 전쟁론을 차용해서 짜깁기한 것에 지나지 않는다는 평가가 있는가 하면, 클라우제비츠의 전쟁론을 당대의 상황에 맞게 적절히 재해석했다는 평가도 있다.[21] 어쨌든 과거나 현재에 이 두 인물의 전쟁론이 함께 언급되는 이유는 그 속에 총력전 개념의 핵심이 담겨 있다고 간주되기 때문이다.

수천만 명의 사상자와 천문학적 규모의 물적 피해를 낸 제1차 세계대전의 무자비한 파괴와 광기의 폭력에 대해 루덴도르프는 '전쟁을 위한 전쟁', 즉 전쟁의 승리를 위해 모든 수단을 동원하고 희생을 요구하는 국가의 의지나 인간의 야만적 폭력성이 존재할 수 있다고 보았던 것이고, 그것을 총력전의 특징으로 설명하고자 했다. 19세기 초반 클라

---

20 카알 폰 클라우제비츠, 김만수 역, 『전쟁론 제1권』, 갈무리, 2005, 77~80쪽.
21 ジャン・ヴィレムホーニッヒ, 「総力戦とは何か―クラウゼヴィッツからルーデンドルフへ」, 防衛省防衛研究所編, 『総力戦としての太平洋戦争』, 防衛省防衛研究所, 2012, 29~42쪽; Roger Chickering, "Sore Loser : Ludendorff's Total War," in Roger Chickering and Stig Förster(eds), *The Shadows of Total War : Europe, East Asia and the United States, 1919~1939*, Washington D.C. : Cambridge University Press, 2003, pp.151~178.

우제비츠의 전쟁론에서 이러한 전쟁은 '절대 전쟁absolute war'이라는 일종의 이념형적 전쟁 형태로만 제시되었고, 외교적 수단의 존재로 인해 현실의 전쟁으로는 발생하기 힘들다고 간주되었다.[22] 루덴도르프의 총력전 개념은 정부나 내각의 정치 논리보다 우위에 선 군부의 전쟁수행 논리를 대변하는 의미가 있었으며, 1930년대 후반 이후 일제의 군사이론가, 사상가, 지식인들에게 수용되어 전쟁에 대한 정당화와 찬미론을 뒷받침하는 논리가 되었다.[23] 클라우제비츠의 전쟁론을 지지하면서 총력전을 설명하는 이론가도 있었다. 총력전의 본질 역시 이전의 다른 전쟁과 마찬가지로 정치적 목적에 종속되어 있으며, 전쟁 당사국의 정치경제적 갈등이 복잡하고 첨예할수록 더욱 파괴적이고 무제한적인 전쟁양식이 등장한다고 보았다.[24]

총력전은 전쟁의 목적을 내포한다고 볼 수도 있지만, 기본적으로 전쟁 양식을 개념화한 용어라 볼 수 있다. 제2차 세계대전의 경우, 전체주의국가, 민주주의국가, 사회주의국가가 전쟁의 목적과 대의명분은 달리했을지 몰라도 총력전이라는 공통의 전쟁양식을 채택했다. 제1차 세계대전이 자연발생적 총력전이었다면,[25] 제2차 세계대전은 많은 국

22 카알 폰 클라우제비츠, 김만수 역, 『전쟁론 제3권』, 갈무리, 2009, 123~182쪽; 加田哲二, 『戦争本質論』, 慶応書房, 1943, 116, 146쪽.
23 長谷川正, 『対立せる戦争論』, 教材社, 1938; 歴史教育研究会 編, 『戦争と文化』, 四海書房, 1938; フラー, 渋川貞樹・救仁郷繁 訳編, 『全体主義戦争論 : 伊・エ戦争の分析と将来戦』, 高山書院, 1940; 菊池春雄, 『戦争と建設』, 新東亜協会, 1942; 加田哲二, 앞의 책; 加田哲二, 『戦力論』, 帝國出版株式會社, 1944.
24 土屋喬雄, 『国家総力戦論』, ダイヤモンド社, 1943, 77쪽.
25 후세에 총력전으로 불릴 만한 새로운 전쟁 양상은 대체로 제1차 세계대전 도중에 우연적으로 출현한 것으로 받아들여지고 있다(Chickering, Roger and Förster, 앞의 책, p.5). 1916년 서부전선에서 지속된 독일군과 연합군의 오랜 소모전은 개전시 준비된 병력과 군용물자를 대부분 고갈시켰고, 이후 교전국들의 모든 인적·물적 역량을 전쟁에 집중

가들이 사전에 준비한 의식적 총력전이었다. 1915년 영국정부가 군수성Department of Munitions을 설치하여 효과적인 군수 생산 및 조달의 체계를 갖추게 된 것이 총력전체제의 시초라고 알려져 있으며, 이후 서구 각국과 일본은 제2차 세계대전에 이르는 시기까지 더욱 효과적인 총력전체제를 구축하기 위한 상호 모방과 경쟁을 계속해 나갔다.

총력전이 이전의 전쟁 양식과 다른 점은 적어도 다음 두 가지로 지적될 수 있다. 첫째, 총력전은 근대 국민전쟁(국민 대 국민의 전쟁)이 최고도로 발전된 전쟁 양식이었고, 둘째, 총력전은 전장에 나타난 전투력(무력)의 대결만이 아니라 국가의 동원가능한 군사, 경제, 정치, 사상, 문화 등 유형무형의 자원 전체를 가지고 벌이는 대결이다. 첫째는 군사동원과 국민국가 형성 및 통합에 관한 문제로서 다음 항에서 상술하기로 하고, 여기서는 얼마나 효과적인 총동원체제를 구축할 것인가와 관련된 둘째의 문제에 대해 먼저 논의한다.

제1차 세계대전은 산업혁명 이후 서구각국의 과학기술 및 경제발전 상황을 총체적으로 드러낸 것이었고, 병기의 기계화 및 동력화와 항공기, 탱크, 잠수함, 독가스, 무선통신과 같은 신병기의 등장이 있었다.[26] 총력전으로서의 제1차 대전은 개별전장의 승패로 끝나는 것이 아니라, 적의 섬멸을 위해 여러 번의 결정적 전투決定的な戦闘, decisive battle[27]를 치

시키게 만드는 전환점이 되었다.

26 경성제국대학 군사 분야 장서에서 병기의 기계화에 관한 문헌 4건, 항공기 관련 문헌 5건, 방공에 관한 문헌 9건, 독가스에 관한 문헌 5건, 잠수함에 관한 문헌 3건이 소장되어 있다. 이외에도 각국 군비 상황과 신병기를 소개하는 화한서 및 영어 잡지도 수 건 소장되어 있다.

27 전쟁의 승패를 가르는 개별 전장의 전투를 말하는 것으로 클라우제비츠의 전쟁론에서 등장하는 핵심 용어로 알려져 있다(ジャン・ヴィレムホーニッヒ, 앞의 책, 39~42쪽).

러야 하고 국가의 인적·물적 자원이 고갈될 때까지 지속되는 지구전이자 소모전이었다. 이러한 전쟁 양상은 일제 당국의 심각한 자기 성찰을 촉발했다. 일제의 군부와 정재계 인사들은 제1차 대전의 교훈으로서 자국의 자원부족에 대한 위기감을 갖게 되었고,[28] 이 위기감은 일제 총동원체제의 특수성을 만들어내는 중요한 요인이 되었다. 또한 1930년대 이후의 역사적 과정에서는 군부의 침략전쟁을 뒷받침하는 동기가 되었고, 경제정책과 식민정책의 변화를 초래하기도 했다.

1915년 12월 설치된 일제 육군의 임시군사조사위원회와 그 외 조사연구 부서에서는 제1차 세계대전이 진행 중인 시점에서부터 이미 많은 보고서를 발간했다. 이러한 보고서에서는 국가총동원 계획 수립과 장기소모전에 인내할 수 있는 정신적·사상전 단결의 필요성이 일찍부터 역설되고 있었을 뿐만 아니라, 전시경제를 지탱해 갈 수 있는 자원 확보와 자급자족 경제체제의 구축 방안이 모색되고 있었다. 이 시점에서 자원 확보의 방안으로 제출된 것이 중국대륙 진출이었으며, 이러한 보고서 작성에 참여했던 소장 장교들이 1930년대 만주사변과 중일전쟁 수행의 핵심세력이 되었다.[29] 자원부족에 대한 인식은 서구제국과의

19세기 초반 나폴레옹 전쟁을 관찰한 클라우제비츠는 교전 주체가 인적·물적 전력을 집중시키고 최고의 전략적 중요성을 부여하며 그 결과가 한 쪽의 전의를 상실하게 만드는 개별 전투에서 전쟁의 승패가 결정된다는 일반론을 도출하였다. 이에 비해 1930년대 중반 루덴도르프에 의해 총력전으로 개념화된 제1차 세계대전의 전쟁 양상은 적(국)의 섬멸(annihilation), 즉 동원가능한 인적·물적 전력의 완전한 파괴를 통해 전쟁의 승패가 결정된다는 인식을 낳았다.

28 山室信一, 『複合戰爭と總力戰の斷層 : 日本にとっての第一次世界大戰』, 人文書院, 2011, 155~166쪽.

29 纐纈厚, 앞의 책, 21~58, 209~255쪽.
    제1차 세계대전 직후 일제 육군의 소장 장교들이 제안한 총력전 준비 계획은 1918년 군수국 설치에까지 이르렀다가, 1920년대 국내외 정세 속에서 더 이상 구체화되지 못하고

장기전에 대비한 자급자족적 경제 블록의 구축에 대한 요구를 낳았고, 이 요구는 1930년대 이후 군부의 침략전쟁으로 연결되었다. 또한 식민 정책론에 있어서는 대동아공영권 논의를 활성화시키는 저변의 동력이 되었다.[30] 주지하다시피 일본 제국주의의 팽창 방향에 관해서는 메이지시대부터 북진론과 남진론으로 양분되어 있었는데, 1940년대 들어서는 미국의 대일금수対日禁輸정책에 대항한 자원 확보의 대안으로서 남양南洋(여기서는 동남아시아) 진출을 위한 '대동아전쟁'이 결행되었다.[31]

일제의 총동원체제가 나름대로의 준비를 거쳐 1940년대 초반 완전히 제 모습을 드러낸 시점에서도 일제 지도층은 군비와 경제적 측면에서는 반추축국(미국, 영국, 소련 등)을 능가할 수 있다는 자신감을 갖고 있지 못했으며, 정치적·사상적 단결만이 승전의 기초가 될 수 있다고 주장하고 있었다.[32] 일제 지도층이 자원부족의 문제를 만회하는 또 하나의 방안으로 오랜 시간 고민하고 창안한 것이 정신동원精神動員이라는

사실상 실패로 종결되었다. 전시체제에 대비한 중화학공업 중심의 발본적 산업구조 개편에 대해 미쓰이(三井), 미쓰비시(三菱)와 같은 기성재벌들은 소극적 자세를 견지했다. 일제의 총력전 준비는 1931년 만주사변 이후 관동군의 점령지 정책이 본국으로 파급되는 방식으로 전개되었다는 분석이 있다. 만주사변을 획책한 중심인물로 알려진 이시하라 간지(石原莞爾)는 만주 점령의 성공을 통해 국내정치 개편, 나아가 군 주도의 국가개조를 도모한다는 구상을 가지고 있었다. 1937년부터 실시된 만주산업개발 5개년 계획은 군수공업 육성을 통해 전시 상황에 대비하는 총력전계획의 일환으로 간주될 수 있고, 만주의 이러한 움직임을 계승해서 본국에서 실천한 기관이 바로 기획원이었다. 일제의 총력전계획은 1930년대 중반 이후 군부 주도로 뒤늦게 실천에 옮겨졌지만, 군수물자 공급을 위한 단기간의 생산력 확충이 실현되지 못함으로써 일제의 총력전과 전시경제 체제는 여러 측면에서 허약성을 노출시킬 수밖에 없었다(小林英夫, 앞의 책, 110~133쪽).

30 진필수, 「경성제국대학 부속도서관 장서 구성에 대한 일고찰―'식민' 항목의 경우」, 『사회와 역사』105, 2015, 164~167쪽.

31 Michael A. Barnhart, *Japan Prepares for Total Wars : The Search for Economic Security, 1919~1941*, Cornell University Press, 1987.

32 土屋喬雄, 『国家総力戦論』, ダイヤモンド社, 1943, 266~268쪽.

것이었으며, 여기에는 일제 총동원체제를 특징짓는 요소들이 많이 포함되어 있다. 전선front, 戰線의 승리를 뒷받침할 수 있는 총후home front, 銃後의 재조직과 국민동원을 원활히 할 수 있는 정신적 교화가 제1차 대전 무렵부터 일제 당국에 의해 검토되기 시작했으며,[33] 상기한 바와 같이 1937년 9월부터 국민정신총동원国民精神總動員 운동이 전개되었다. 이에 관해서는 3, 4항에서 살펴보기로 한다.

2) 국민동원(national mobilization)의 계보와 일제 정신동원의 의미

제1차 세계대전에서 나타난 서구 각국의 국민동원은 봉건시대 군주 대 군주의 전쟁, 또는 내각 대 내각의 전쟁과 달리, 국민 대 국민의 전쟁이라는 근대 국민국가의 새로운 전쟁양상을 보여주는 것이었다. 일본의 한 연구자는 국민동원의 의미를 이렇게 설명한 적이 있다. "국민이 먼저 존재해서 국가에 의해 동원되는 것이 아니라, 국가의 동원에 의해 주민은 국민으로 변화해 간다. 반복적으로 동원되는 가운데서 사람들은 점진적으로 국민이 되어간다. 국가의 동원이 처음부터 모든 주민들에게 미치는 것이 아니고, 국민으로의 동원은 주민들에게 서서히 확대침투해서 결국에는 '총동원'이라는 상태에 이르게 된다."[34]

서구에서는 제1차 세계대전의 시점에서 이미 '총동원'의 상태에 이

---

33 山室信一, 앞의 책, 2011; 纐纈厚, 앞의 책, 135~158쪽.
34 桑野弘隆, 「総力戦体制から国民的総動員システムへ」, 『専修大学社会科学年報』 第48号, 2014.

르렀다고 할 수 있을 것이다. 제1차 세계대전에서 군인과 노무자로 동원된 인원수는 독일 약 1,325만 명(전인구의 19.7%, 이 중 동원병력 약 715만 명), 오스트리아·헝가리 약 900만 명(17.3%, 약 705만 명), 영국 약 947만 명(10.8%, 약 524만 명, 식민지로부터의 동원인원 약 450만 명), 프랑스 약 820만 명(17.2%, 약 565만 명, 식민지로부터의 동원인원 약 140만 명), 이탈리아 약 561.5만 명(15.5%, 약 405만 명), 러시아 약 1,800만 명(12.0%, 동원병력 불명), 미국 약 380만 명(3.8%, 약 375만 명)을 기록했다.[35] 이 수치는 유럽 각국에서 전투가능한 청장년 남성 인구의 40~60%가 동원되었음을 나타내고 있다. 이처럼 대대적인 군사동원이 어떻게 가능했는가 하는 점은 당대 일제 군부와 정계의 지도층에게 중대한 관심사가 아닐 수 없었을 것이다.

제1차 세계대전에서 나타난 서구 각국의 대대적 국민동원은 국민국가 형성의 토대 위에서 가능했던 현상이고, 그 요체는 시민들의 애국심과 높은 수준의 자발성이었다. 일제의 총동원체제에 관한 당대 논의에서는 국민동원의 시발점을 프랑스혁명 전쟁 및 나폴레옹 전쟁으로 잡는 것이 정설화되어 있었고,[36] 총력전의 전체적 양상과 관련하여 미국의 남북전쟁(1861~1865)에서 그 유래를 찾는 경우도 있었다.[37] 나폴레옹 전쟁 이후 유럽에서 일어난 여러 차례의 전쟁들은 국민동원의 측면

---

35 土屋喬雄, 앞의 책, 40쪽; 纐纈厚, 앞의 책, 25쪽.
36 唐島基智三, 앞의 책, 1~3쪽; 加田哲二, 앞의 책, 141~148쪽.
37 Baron von Freytag-Loringhoven, *A Nation trained in arms or a militia : lessons in war from the past and the present*, Constable & company Ltd., 1918; 土屋喬雄, 앞의 책, 147~151쪽. 산업기술과 자본주의 경제체제의 발전에 따른 전쟁 수단(병기와 병참)의 질적 향상이라는 측면에 초점을 맞추게 되면, 남북전쟁, 프로이센-프랑스전쟁, 제1차 세계대전의 연관성을 강조하는 경향이 나타나게 된다(Förster and Nagler, op. cit., pp.1~25).

에서 제1차 세계대전의 전초전으로 간주되었으며, 일제 지도층은 서구 모델과 자국의 상황을 비교하면서 국민동원의 방식에 대해 고민하지 않을 수 없었다.

근대 서구제국 인민들의 애국심, 국민의식, 내셔널리즘은 정치적·문화적 과정을 통해 생성되는 것으로 자주 설명되어 왔지만, 전쟁 전염병과 같은 것으로 볼 필요도 있다. 프랑스혁명에 대한 주변국 군주세력의 간섭에 대항한 프랑스혁명 전쟁(1792~1802)과 나폴레옹 전쟁(1803~1815)에서 프랑스 시민들은 자유와 평등의 혁명정신과, 생명과 재산의 권리를 지키기 위한 공동체의 단위로서 국민국가를 선택했고, 개병제를 창설하고 국민군에 헌신함으로써 프랑스 국민이 되었다. 프랑스혁명의 정신을 전파하고 유럽 각국의 인민들을 군주제로부터 해방시키기 위해 시작된 나폴레옹 전쟁이 정복 전쟁으로 변질되자, 이번에는 유럽 각지의 인민들이 나폴레옹 군대에 맞서 싸우기 위해 국민군과 국민국가의 정체를 만들고 헌신함으로써 국민으로서의 지위와 정체성을 획득했다.[38]

근대 일본의 국가 통합도 연속되는 전쟁을 통해 이루어졌다.[39] 메이

---

38   국민동원이나 총력전의 시초로서의 프랑스혁명 전쟁과 나폴레옹 전쟁에 대한 연구는 근래에도 활발하게 진행되고 있는데, 프랑스혁명 전쟁의 시민징집(levee en masse)이 국민동원과 내셔널리즘 형성에서 갖는 획기적 중요성에 입각한 논의가 있는가 하면 (Daniel Moran and Arthur Waldron(eds), *The People in Arms : Military Myth and National Mobilization since the French Revolution*, Cambridge University Press, 2003), 18세기 중반 미국의 독립전쟁 이후 군사적 동원이 확대되는 구미의 연속적 전쟁사 속에서 이러한 통념을 재고하는 논의도 있다(Roger Chickering, Stig Förster and Bernd Greiner(eds), *War in an age of Revolution*, 1775~1815, New York : Cambridge University Press, 2010).

39   일본은 1869~70년 무진전쟁(戊辰戰爭), 1874년 대만출병(台湾出兵), 1877년 서남전쟁(西南戰爭), 1894~5년 청일전쟁, 1900년 북청사변(北淸事変), 1904~5년 러일전쟁,

지 정부는 1873년 징병령을 제정하였고, 수차례의 개정을 거쳐 징병령은 1927년 병역법으로 변모했다. 메이지정부는 징병제를 통해 프랑스 시민혁명의 산물인 국민군 제도를 모방했지만, 시민계급의 자발성보다는 국가권력의 강제성에 기초해 있었다. 근대 일본에서 병역의 의무는 신민臣民의 의무로 부과되었고, 그마저도 제한적이었다. 1897년까지 일본의 상비군(현역병)은 징병가능인원의 10% 이내에 머물러 있었고, 5만 명에도 이르지 못했다. 청일전쟁과 러일전쟁이라는 대규모 전쟁을 치르면서 일본정부는 군사동원의 기술과 경험을 축적했다. 근대 일본의 전쟁사에서 최고의 성공담으로 회자되는 러일전쟁을 통해 메이지정부는 146,900명의 현역병과 426,246명의 보충병(합계 573,146명), 그리고 후방의 보충역까지 포함해 총 1,088,996명을 동원하였다.[40]

러일전쟁의 성공적인 국민동원에도 불구하고 제1차 세계대전은 일제의 군부와 정계 지도층에게 국민동원의 내실에 대한 고민을 안겨다 주었다. 제1차 세계대전에서 서구 각국의 동원 양상은 신속한 동원과 장기전의 인내를 가능하게 하는 국민들의 심리적 자발성과, 전장의 전투능력을 고양시키는 정신력의 문제를 제기하는 것이었다. 지역공동체에 할거해 있던 일본의 신민臣民들에게 국가·국민은 여전히 강제적이

1914년 제1차 세계대전의 청도(青島) 독일군 공격, 1920년 시베리아 원정, 1928년 제남사건(済南事件), 1931년 이후 만주사변, 1937년 이후 중일전쟁, 1941년 이후 태평양전쟁을 통해 국민국가의 통합을 달성하고 제국으로 성장했으며, 최후에는 제국의 해체를 경험하였다.

40 加藤陽子,『徴兵制と近代日本 : 1868~1945』, 吉川弘文館, 2005b, 6~24, 72~81, 147쪽. 1873년 일본의 징병령은 프랑스와 프로이센의 군제를 참조한 것으로 알려져 있다. 19세기 후반 유럽의 상황은 프랑스혁명을 통해 생성된 민병제의 이상이 부정되고 현역병 복역기간의 유지와 정규군 강화가 주된 흐름으로 나타나고 있었다.

고 현실적 절박함이 약한 동원의 논리일 수 있었으며, 1917년 러시아 혁명과 1918년 독일군 내부의 사회주의 반란은 계급과 사회주의라는 또 하나의 동원 논리의 성장을 알리는 것이었다. 문제는 지역주의나 계급의식과의 경쟁을 뚫고 서구 국민들의 시민성과 자발성을 능가하는 국민동원의 방식과 논리를 고안하는 것이었으며, 일제의 정신동원은 미성숙한 애국심과 국민의식의 배양에 집중되었다.

3) 총후(home front, 銃後)의 재조직과 나치스 독일의 모델

1937년 7월 7일 노구교사건을 계기로 중일전쟁이 발발하자 국민동원은 일제의 정부 및 군부의 당면 과제가 되었다. 국가총동원법과 함께 국민동원의 또 하나의 축을 이룬 것이 국민정신총동원이었고, 이것은 정부 주도의 관제운동으로 전개되었다. 정부가 국민 생활의 계도와 정신의 교화를 추진하는 관제운동은 국민정신총동원운동 이전에도 여러 예가 있었다. 러일전쟁 직후에는 지방사회의 전쟁 후유증을 치유하기 위한 지방개량운동地方改良運動이 전개된 바 있고,[41] 제1차 세계대전 이후 1923년 관동대지진을 전후한 시기에는 내무성·문부성 및 관변단체를 통해 국민정신작흥운동国民精神作興運動과 생활개선운동生活改善運動[42]

---

[41]　宇野重規,「近代日本のローカル・ガバナンス」, 서울대 일본연구소 편, 『한일 시민사회와 거버넌스』, 2014, 1~17쪽.

[42]　생활개선운동은 제2차 세계대전 이후에도 주민의 자발성을 강화한 방식으로 일본에서 전개된 바 있고, 1930년대 식민지 조선의 농촌진흥운동이나 1970년대 한국의 새마을운동과의 연관성도 흔히 지적된다.

이 추진되었다. 국민정신총동원운동은 이러한 관제운동의 경험 위에서 서구의 총력전 및 총동원체제에 대한 학습 성과를 실천한 것이라고 볼 수 있다.

일제의 국민정신총동원은 정규군을 뒷받침하는 비전투원, 이른바 총후의 재조직과 국민정신 및 사상의 교화라는 두 가지 차원에서 추진되었다. 국민의 조직적·사상적 단결력을 강화하는 것은 제1차 세계대전의 양상을 분석한 일제의 군부 엘리트들에게 중요한 관심사였고, 이른 시기부터 실제적인 준비가 진행되었다. 총후의 재조직은 민간조직의 개편이나 관제·관변조직의 신설을 통해 구체화되었다. 재향군인회在郷軍人会는 퇴역군인(예비역, 후비역 등)의 전국조직으로서 러일전쟁의 교훈에 따라 대규모의 병력동원에 대비하기 위해 1910년 11월 창설되었다. 1920년대 사회주의 노동운동이 고양되는 정세에 대응하여 재향군인회는 사상 선도의 역할을 자임하고, 공안유지와 함께 청년단 및 학교의 군사훈련에 적극 개입하는 조직으로 재편을 거듭하였다. 일제 정부는 군부의 압력에 따라 청년단 조직을 전국적 통일조직으로 재편하고, 1925년에는 군사훈련을 실시하는 별도의 관제 청년단체를 결성하였다. 또한 일제 육군은 1920년대에 이미 국가총동원 '준비시설'의 설치에 돌입하였는데, 1924년에는 학교교련이 실시되기 시작했고, 1926년에는 문부성 주도 하에 청년훈련소가 설치되고 교련사열관이 배치되었다.[43]

일제 정부는 1937년 8월 24일 국민정신총동원실시요강国民精神総動員実施要綱을 각의에서 결정하고, 9월 13일 이 요강을 실시방침과 함께 국

---

43 纐纈厚, 앞의 책, 139~152쪽.

민들에게 공표했다.[44] 이 요강은 거국일치·진충보국尽忠報国·견인불발堅忍不抜의 정신으로 관민 일체의 대대적 국민운동을 전개한다는 방침을 천명한 것이었다. 실시기관으로는 정부의 정보위원회, 내무성 및 문부성이 계획주무청計劃主務庁이 되고, 국민운동의 추진을 위해 유력한 외곽단체의 결성을 도모하는 방침이 명시되었다. 9월 27일 9명의 유력인사들이 발기인으로 선정되었고, 내무대신, 문부대신, 내각서기관장이 이들에게 국민정신총동원중앙연맹의 설립을 위촉하였다. 9월 30일에는 내무대신, 문부대신, 내각서기관장이 국민정신총동원중앙연맹에 가맹해야 할 단체의 대표자들을 수상관저로 초대하였는데, 전국정촌장회, 전국시장회, 대일본소방협회, 일본적십자사, 일본의사회, 일본노동조합회의, 전국농민조합, 전국신직회, 불교연합회, 일본기독교연맹 등 62개 단체의 대표들이 참석하였다. 10월 12일에는 도쿄 히비야日比谷 공회당에서 74개 가맹단체가 참여한 국민정신총동원중앙연맹 결성식이 거행되었다. 회장에는 아리마 료키츠有馬良橘 메이지신궁 궁사 겸 추밀원 고문관(과거 해군대장 역임)이 위촉되었고, 이사에는 상기한 9명의 발기인에 6명이 더해져 15명이 선임되었다. 평의원에는 74개 가맹단체의 대표들이 취임하였다.[45] 이렇게 해서 국민정신총동원운동은 정부와 민간단체인 국민정신총동원중앙연맹의 이원적 체제로 추진되기 시작했다.

국민정신총동원운동의 조직은 역사상 유례가 없을 정도로 세밀하고

---

44 吉田裕, 「「国防国家」の構築と日中戦争」, 『一橋論争』 92(1), 1984, 37~54쪽; 纐纈厚, 앞의 책, 192쪽.
45 長友安隆, 「戦時下神道界の一様相－従軍神職と英霊公葬運動を中心として」, 『明治聖徳記念学会紀要』 34, 2001, 56~59쪽.

포괄적인 국민조직의 구성을 지향하는 것이었다. 중앙에는 정부의 계획주무청과 국민정신총동원중앙연맹이라는 관민 대표기관이 있었고, 국민정신총동원중앙연맹 산하의 직능조직으로서 제국재향군인회, 해군유종회, 장년단중앙협회, 대일본국방부인회, 대일본연합청년단, 대일본연합여자청년단, 대일본소년단연맹, 제국교육회, 사회교육회 등 상기한 74개 가맹단체가 있었다.[46] 이 조직 구성은 행정의 지휘계통을 따라 도부현道府県과 시정촌市町村의 지방행정 단위에도 그대로 복제되었다. 도부현에서는 도부현청의 장이 중심이 되어 지자체 행정부서와 74개 가맹단체의 지부가 협력하는 관민합동의 지방실행위원회를 조직하고 구체적 실시계획을 수립하여 실행하도록 하였다. 시정촌에서는 시정촌장 및 행정부서가 74개 가맹단체의 지부와 협력할 뿐만 아니라, 주민자치 조직인 부락회部落会 및 정내회町内会, 각종단체, 직장을 단위 조직으로 편성하는 작업이 추가되었다. 나아가 부락회 및 정내회 내의 소규모 실행조직으로서 인보반隣保班의 편성 내지 동원이 독려되었고, 시정촌과 부락회 및 정내회가 수립·실행하는 실시계획은 각 가정에까지 원활히 침투해야 하는 것으로 지도되었다.[47]

국민정신총동원실시요강은 지방행정 조직에 기초한 지역별 편성을 국민조직의 기본축으로 하고 있지만, 회사, 은행, 공장, 상점 등 직장별 국민 편성도 규정하고 있다. 그리고 각종 언론기관에 적극적 협력을 구할 것과 특히 라디오 이용의 중요성을 별도로 명시함으로써 언론 통제와 동원이 광범위하게 진행될 것임을 예고하고 있다. 문예, 음악, 연예,

---

46　小松東三郎 編, 『国民精神総動員運動』, 国民精神総動員本部, 1940, 239~296쪽.
47　小松東三郎, 앞의 책, 29쪽.

영화 등의 관계자들에게도 협력을 구할 것이라는 점도 명시되어 있으며, '실시상의 주의'에는 종래 도시 지식계급에 대한 통제가 철저하게 이루어지지 못했다는 점에 유의하고, 사회지도층 인사들의 솔선수범을 요청하는 문구가 들어 있다. 국민정신총동원실시요강은 서구 각국의 총력전 양상을 통해 학습했던, 소위 사상전思想戰, 선전전宣伝戰, 경제전経済戰, 국력전国力戰을 일제 나름대로의 방식으로 실천해 가는 지침을 제시한 것이었다.

국민정신총동원의 전개 과정은 크게 세 시기로 구분해서 살펴볼 수 있다.[48] 제1기는 1937년 10월부터 1939년 3월까지 국민정신총동원중앙연맹이 결성되어 거국일치의 국민조직이 구축되는 시기이다. 제2기는 1939년 4월부터 1940년 3월까지 국민정신총동원운동이 조직이 확충되고 실천망이 정비되는 시기이다. 제3기는 1940년 4월부터 같은 해 10월까지 관민협동의 운동조직이 국민정신총동원본부国民精神総動員本部로 일원화되었다가 제2차 고노에내각近衛内閣 하에서 신체제운동의 추진조직인 대정익찬회의 발족과 함께 발전적 해체를 하는 시기이다.

10여 명의 직원으로 발족된 국민정신총동원중앙연맹 사무국은 1937년 10월부터 1938년 3월까지 6개월 동안 94회의 각종 회의 및 위원회와 전국 각지 286개소에서 강연회를 개최하였고, 연인원 494명의 강사를 파견·알선하였다. 기관지인 『국민정신총동원国民精神総動員』은 6회 432,500부를 발행하였고, 팜플렛 및 리플렛류는 30종 50만 부, 엽서 3종과 견인장堅忍章 뱃지를 각각 10만 개씩 배포하였다. 각종 행사로는 시

---

48 小松東三郎, 앞의 책, 1~17쪽; 大室政石, 「国民精神総動員運動の回想」, 『国民精神総動員中央連盟機関紙 国民精神総動員 第2巻』, 緑蔭書店, 1994.

국자료전람회, 영화 및 라디오 활동, 애국공채구입운동, 가정보국운동 등을 수행하였다. 1937년 11월에는 5개 조사위원회를 설치하여 국민 각계각층의 구체적 실천안을 마련하기 시작했다. 5개 조사위원회의 명칭은 총후후원銃後後援에 관한 조사위원회, 사회풍조社會風潮에 관한 조사위원회, 농산어촌農山漁村에 관한 조사위원회, 가정실천家庭実践에 관한 조사위원회, 실천망実践網에 관한 조사위원회이다. 특히 실천망에 관한 조사위원회는 전국적 실천조직을 구성하기 위한 대사업으로서 오인조伍人組, 십인조十人組, 인보반, 정내회, 부락회의 종래 관행에 대한 전국적 조사를 실시하였다.

1938년 들어서는 장기전에 대비한 국민정신총동원중앙연맹 조직의 확대강화(제1차 기구개혁)가 단행되었다. 경제계, 언론계, 정당대표자 등의 민간 유력인사와 경제산업관계 각 성의 차관들이 새롭게 참여하여 이사가 30명으로 늘어났고, 가맹단체도 91단체로 확대되었다. 국민 정신 및 사상의 교화에 중점을 둔 운동의 영역도 소비절약, 물자활용, 저축장려와 같은 경제전의 영역으로 확장되었다. 1938년 6월 23일에는 비상시생활양식위원회非常時生活様式委員会가 설치되어 신조견합新調見合, 증답폐지贈答廃止, 복장간소, 연회제한 등의 국민실천 사항을 결의하였다.

1939년 1월 히라누마 내각平沼内閣이 출범한 후 대폭적인 조직 개편(제2차 기구개혁)이 단행되어 정부 각 성의 차관들이 이사에서 제외되고 민간인만으로 구성된 이사회가 새롭게 만들어졌다. 활동 초기 6개월 동안 10만 엔의 문부성 보조금으로 운영되던 국민정신총동원중앙연맹의 예산은 1939년도에 1,033,801.26엔으로 늘어났다. 이 시기 국민정신총동원운동은 실천망의 정비에 중점을 두고 있었으며, 상의하달上意

下達과 하정상통下情上通이 원활히 이루어지고 부락회, 정내회, 인조隣組의 모임 및 활동이 전국적으로 활발한가에 대한 빈번한 시찰과 점검이 진행되었다. 1939년도 말 인조 조직의 전국적 보급률은 90%로 보고되었고,[49] 실천망 조직을 운영할 지도자 양성에도 힘이 쏟아졌다.

실천망 정비 외에 언론과 부인회 인사들의 적극적인 운동 참여도 이 시기에 두드러진 현상이었다. 고마츠 도사부로小松東三郎를 비롯한 중앙 신문사 간부들의 간담회와 정보교환이 활발하게 전개되었고, 부인회 지도자들이 가정실천에 관한 조사위원회나 비상시생활양식위원회 등에 참여하여 활발하게 활동하였다. 또한 전쟁이 장기화되는 상황에서 인적 자원의 증강에 대한 필요성이 제기되고 결핵예방운동이 가맹단체들의 협력으로 전개되기도 했다.

1940년 들어 전황이 급박해지자 정부의 국민정신총동원위원회[50]와 국민정신총동원중앙연맹의 이원적 조직이 갖는 비효율성이 부각되었고, 1940년 4월 24일 관민조직을 일원화한 국민정신총동원본부가 새롭게 창설되었다. 요나이 미쓰마사米内光政 총리를 회장으로 한 25명의 새로운 임원진이 구성되었고, 사무국도 확대·개편되었다. 사무국에는 언론과 교육 관계자들이 대폭 충원되었다. 국민정신총동원본부가 처음으로 착수한 사업은 전시식량보국운동이었으며, 물자 및 식량 부족에

---

49 이 숫자는 1939년 12월 내무성 조사에 기초한 것으로 부락회 및 정내회의 설치 수는 시부(市部)에서 약 3만 5천(조직률 약 73%), 정촌부(町村部)에서 약 15만 6천(조직률 약 89%)이었지만, 이 조사 결과를 합산해서 조직률을 산출하면 약 85%가 된다(山田修士, 「大政翼賛体制と内務省－内務省の機構系統を基軸として」, 拓殖大学政治行政修士学位論文, 2015, 42, 95쪽).

50 국민정신총동원위원회는 1939년 3월 28일 히라누마 내각이 국민정신총동원에 관한 기획을 담당하도록 하기 위해 구성한 조직이다. 이후 국민정신총동원운동의 주도권은 이 위원회가 장악하게 되었다는 주장이 있다(纐纈厚, 앞의 책, 195~196쪽).

대응한 혼식 및 대용식을 권장하는 것이었다. 다음으로는 1940년 7월 7일부터 시행된 사치금지령에 호응하여 사치전폐운동贅沢全廃運動을 전개하였다. 1940년 7월 22일 출범한 제2차 고노에내각이 10월 12일 대정익찬회를 발족시키자 국민정신총동원본부는 10월 23일 약 3년의 활동을 종료하고 대정익찬회로 흡수되었다.

대정익찬체제大政翼贊体制와 대정익찬회大政翼贊会는 일제 총동원체제 및 총동원조직의 결정판이라고 흔히 이야기되는 것이다. 그러나 그 실체와 성격에 대해서는 아직도 논란의 여지가 적지 않게 남아 있는 것 같다. 여기서 익찬체제라는 것은 군부의 전쟁수행 전략을 추인하고 지원하는 정치·사회체제를 의미하는데, 이 체제의 중핵을 이루었던 대정익찬회가 어떤 성격의 조직이었는가 하는 점부터 논란의 영역에 있다.[51] 대정익찬회의 성격은 전쟁 상황에 대응한 정치결사, 행정조직, 사회운동(국민운동) 조직의 세 가지 측면에서 논의되어 왔다. 제2차 고노에내각의 신체제운동 속에서 대부분의 정당이 해산하여 거국적 단일 정치결사가 구성되긴 했지만, 정치 파벌들 간의 견제와 대립으로 인해 발족 당시에 취지로 내세운 강력한 정치력은 거의 발휘되지 못했다.

대정익찬회는 국민정신총동원 조직과 유사하게 전쟁협력을 위한 거국적 국민운동 조직으로서의 성격을 띠었고, 1941년 4월 조직 개편을 통해 내무성의 통제를 받게 되면서 행정조직의 속성을 겸비하게 된다. 내각 당국의 협력과 통제 하에서 대정익찬회는 지역별, 직능별, 연령별, 성별 기준에 따른 국민조직 전체의 재편성을 추진해 나갔다. 직능

---

51   山田修士, 앞의 글, 1~8쪽.

별 조직으로는 대일본산업보국회 아래에 수많은 직종·직장의 보국회報国会가 결성되었다. 또한 연령별·성별 조직으로는 익찬장년단, 대일본청소년단, 대일본부인단, 학교보국대 등이 속속 결성되었다.[52] 1942년 8월에는 내무성 지방행정 조직의 말단을 구성하는 부락회, 정내회, 인보반이 각의 결정에 의해 대정익찬회의 지도를 받게 됨으로써 대정익찬체제는 정점에서 말단까지의 국민을 총동원할 수 있는 체제로서 완성되었다.[53]

대정익찬체제·대정익찬회가 곧 일본 파시즘체제라는 통념이 있어 왔고, 이에 관해서는 1970~90년대에 활발한 연구가 있었다.[54] 대정익찬체제를 서구 각국의 정치·사회체제와 비교해 보는 시각은 그 체제가 성립되던 당대에 이미 존재하고 있었다.[55] 초기에는 독일 나치정당이나 이탈리아 파쇼정당을 모방하여 일당독재로의 정치 혁신을 시도했다. 그러나 1940년 제2차 고노에내각의 신체제운동은 여러 정당들과 각종 사회단체들이 연합한 국민조직으로서의 대정익찬회를 주축으로

52　白根孝之,『軍隊·戦争·国民組織』, 青山出版社, 1942, 157~204쪽; 大串潤児,「大政翼賛の思想と行動」, 吉田裕 編,『戦争の政治学』, 岩波書店, 2005.

53　국민정신총동원운동에서는 내무성이 계획주무청이었기 때문에 부락회, 정내회, 인보반을 자연스럽게 이 운동의 실천망으로서 위치시켰지만, 대정익찬운동이 처음 시작되었을 때 내무성은 부락회, 정내회, 인보반을 대정익찬회의 하부조직으로 삼는 것에 반대했다. 1941년 4월 대정익찬회가 내각과 군부에 정치력을 행사할 수 있는 정당의 지위를 갖지 못하고 내무성의 통제를 받는 국민(운동)조직으로 개편된 후에야 내무성은 부락회, 정내회, 인보반에 대한 대정익찬회의 '활용'을 허용했다는 분석이 있다(山田修士, 앞의 글, 63~78쪽).

54　赤木須留喜,『近衛新体制と大政翼賛会』, 岩波書店, 1984; 吉見義明,『草の根のファシズム : 日本民族の戦争体験』, 東京大学出版会, 1987; Sheldon Garon, *Molding Japanese Minds : The State in Everyday Life*, New Jersey : Princeton University Press, 1997 등 참조.

55　今中次麿,「国防国家の概念·政策·構造-非常的政治原理としての国防国家」,『法政研究』11(2), 1941; 白根孝之, 앞의 책, 145~171쪽.

한 것이 되었다. 독일과 이탈리아에서는 나치스와 파시스트의 정치 혁신이 선행된 이후 전쟁으로 나아갔지만, 일본에서는 전쟁에 대응하기 위해 정치체제와 사회체제의 혁신이 추진되었다. 정군政軍 관계의 측면을 볼 때도 독일과 이탈리아에서는 당과 내각이 군부를 통제하는 체제가 구축되었지만, 일본에서는 정당과 국민조직이 군부의 전쟁수행을 지원(즉, 익찬)하는 구도가 만들어진 것이다. 군부, 정부(내각, 행정조직), 정당(의회), 국민조직(시민사회)의 관계에서 위・아래를 어떻게 설정할 수 있는가의 문세는 있지만, 독일과 이탈리아의 전체주의는 일당독재를 통해 국민들의 대대적이고 자발적인 전쟁협력이 유도되었다는 점에서 아래로부터의 파시즘이라는 후세의 평가가 생겨나기도 했다.

이에 비해 일본의 전체주의는 기존 정당들이 국민들의 자발적 의사를 수렴하지 못하는 상황에서 군부와 정부가 전쟁협력을 위한 국민조직의 창설 및 운영에 지도력을 행사했다는 점에서 위로부터의 파시즘이라고 평가되기도 했다. 대정익찬회가 내무성을 비롯한 정부의 관료적 행정기구에 종속되고 내각과 군부의 전쟁지도 방침을 국민들에게 하달하는 역할을 했다는 점이나, 행정조직과 국민조직을 통솔하는 정점에 있었던 내각이 다종다양한 정치세력, 사회단체, 군부의 의사를 조정하는 데 급급해 일관된 전쟁지도 방침을 갖지 못했다는 지적에 착목하여,[56] 관료주의적 파시즘이나 주체 없는 파시즘이라는 용어가 등장하기도 했다. 그러나 국민조직 내부에는 메이지시대 이후 성장해 온 중간계급, 여러 분야의 전문가 및 활동가, 각종 관제운동에 참여해온 소

---

56   赤木須留喜, 앞의 책, 1984.

위 외곽단체나 교화단체의 구성원들이 자율적으로 활동할 수 있는 영역이 있었고, 이들이 정부 시책에 능동적이고 자발적으로 협력했던 양상과 이유를 밝히고자 하는 관점도 있을 수 있다.[57] 나아가 일제의 풀뿌리 민중들이 1930년대 중반 이후 군부 쿠데타(5 · 15사건과 2 · 26사건), 국민정신총동원 운동, 성전聖戰 이데올로기에 반발하면서도 경제적 빈곤과 다양한 동기로 전쟁에 적극적으로 참여한 측면도 인식할 필요가 있다.[58] 그럼에도 불구하고 이러한 협력과 자발성이 서구 각국에서 나타났던 시민적 자발성과 다른 성격을 가졌다는 점은 사상사적 논의를 통해 검토된 적이 있으며,[59] 앞으로도 다양한 시각에서 재검토되어야 할 여지가 있다.

소위 위 · 아래 파시즘론은 전후 전쟁책임론과 관련해 민감한 문제가 되어 왔는데, 본 연구가 여기에 초점을 맞추고자 하는 것은 아니다. 총후의 재조직과 관련해서는 사회인류학적 연구의 중요한 논제들이 있다. 각종 사회조직이 총동원체제를 지나면서 어떠한 변형을 겪고 전후에 어떻게 재조정되는가의 문제가 있다. 일본의 경우를 보면, 산업별 조직의 재편 양상에 대해서는 사회경제사적 연구가 많이 축적되어온 것 같다.[60] 이에 비해 부락회, 정내회, 인보반과 같은 지역별 조직의 재편 양상에 대해서는 충분한 연구가 진행되지 못했다. 일본의 대표적 지역조직인 정내회의 변천과정을 일제 군국주의나 국가총동원체제와의

---

57   Garon, 앞의 책, 1997, pp.3~22.
58   吉見義明, 앞의 책, 1987.
59   나카노 도시오, 서민교 · 정애영 역, 『오쓰카 히사오와 마루야마 마사오-일본의 총력전체제와 전후 민주주의 사상』, 삼인, 2001, 159~175쪽.
60   이종구, 「총력전체제와 기업공동체의 재편」, 『일본비평』 2호, 서울대 일본연구소, 2010.

관련성 속에서 검토해야 한다는 것은 국내에서도 이미 지적된 바 있지만,[61] 이는 국민정신총동원 운동이나 대정익찬체제와 같이 당시의 시대적 조건에 대한 폭넓은 이해와 구체적 지역사례에 대한 치밀한 자료 수집이 결합되어야 가능한 작업이다. 역으로 지방행정의 말단조직인 동시에 주민자치 조직인 부락회, 정내회, 인보반의 전쟁협력 양상과 이들에 대한 상부기관의 통제 방식 및 성격은 일제 총동원체제의 성격과 유효성을 논의하는 데 중요한 주제라고 할 수 있다.

한편 총후의 재조직에 있어 서구 각국에 대한 일제당국의 관심은 전쟁의 상황에 의해 굴절되어 있었다. 반추축국 총후 사정에 대한 정보가 유입되긴 했지만, 적국 연구의 차원에서 이용되거나, 모방 및 참조의 대상이 되기보다는 대중들의 적개심과 사상적 단결심을 고취하는 선전물로서 유포되었을 가능성이 많다.[62] 미국의 학도병 조직과 생활, 참전 병사 교육내용 등에 관한 문헌들을 살펴보면,[63] 지원병 제도의 전통과 시민적 자발성에 기초한 자유주의 국가들의 동원 논리가 일제의 그것과 매우 상이했다는 것을 확인할 수 있다.[64] 중일전쟁 이후 전황이 급박해질수록 국민정신 동원의 측면에서는 서구 모델의 학습과 모방이 정

---

61 이시재, 「초나이카이란 무엇인가」, 이시재 외편, 『일본의 도시사회』, 서울대학교 출판부, 2001, 18~27쪽.

62 伊藤安二, 『日米学徒決戦論』, 越後屋書房, 1944.

63 L. Nixon(ed.), *What will happen and what to do when war comes*, New York : The Grey-stone PressNixon, 1939; R. A. Griffin(ed), *School of the citizen soldier : adapted from the educational program of the Second Army*, Appleton-Century Company, 1942; P. Slosson, *Why we are at war*, Houghton Mifflin Co., 1942.

64 미국의 지원병 교육훈련에서는 전쟁의 대의명분을 교육하는 부분도 있었지만, 총기 사용법, 군대 조직의 운영 원리, 전장에서의 정보 채취와 보고 방법 등 전투 기술을 교육하는 부분이 중심이 되었다. 이러한 기술 교육이 독일과 일본에서는 청소년 조직에서 이미 시행되던 것과는 대조적이다.

지되고 일본 특유의 문화와 사상이 갖는 가치를 선전하는 경향이 뚜렷하게 나타나게 되었다.

이러한 현상의 예외라고 할 수 있는 것이 나치스 독일의 모델이다. 경성제국대학 장서를 살펴보면, 나치스 독일의 총후조직, 청소년 국방교육, 히틀러 청년대Hitler Jugend의 활동 양상 등이 여러 문헌에서 폭넓게 참조되고 있었던 사실을 확인할 수 있다.[65] 그리고 전체주의나 일당독재의 측면에서 유사성을 가졌던 이탈리아와 소련의 사정이 참조되는 경우도 볼 수 있다. 대표적인 예로 일제 청소년단의 육성 방향을 논의할 때 독일 히틀러 청년대, 이탈리아의 리토리오littorio 청소년단, 소련의 콤소몰Комсомол이 함께 언급되는 것을 볼 수 있다.

"「공리公利는 너희들의 사익보다 훨씬 중요하니」라는 동양의 「선공후사先公後私」정신은 독일 국가사회당원의 표어로서 현재 이 당 정책의 핵심을 이루고 있다. 이 당의 궁극 목표는 각각의 사람들이 국가를 위해 유용한 자질을 갖추고 열심히 봉공奉公 할 수 있도록 전국민을 교육하고 조직하고 훈련하는 것에 있다. 이것이야말로 독일을 국제사회의 강대국 자리에 올려놓은 원동력이다."[66] 이 문구는 영국육군 포병 중위가 영국 군사잡지에 기고한 글을 일본 해군예비역 단체가 기관지에 번역해서 실은 글의 첫머리이다. 이 문구는 나치스 독일의 총후 조직에 관심을 갖고 그 장점을 벤치마킹하고자 했던 일본 쪽의 동기를 집약하

---

65 G. F. クーク, 「ナチス独逸の終始一貫せる国民教育」, 『有終』 第24巻 第6号, 1937; 二荒芳徳, 『独逸は起ちあがつた』, 大日本少年団聯盟, 1938; 二荒芳徳・大日方勝, 『ヒツトラーと青年』, 時代社, 1938; 朝比奈策太郎, 「独逸の青少年教育について」, 『有終』 第26巻 第2号, 1939; ヘルムート・シュテルレヒト, 1940.

66 クーク, 위의 글, 61쪽.

는 면이 있다. 반추축국의 자유주의와 물질주의에 선명하게 대비되는 독일의 전체주의는 국민동원의 논리로서 일제의 전체주의와 호환성이 높은 것이었다. 총후의 재조직에서 일제의 군부와 지도층은 시민적 자발성을 이끌어내는 것보다 애국심의 배양과 규율 및 통제를 중시할 수밖에 없었으며 그러한 모델을 나치스 독일에서 찾고자 했던 것이다.

공익우선원칙公益優先原則과 지도자원리指導者原理는 독일 국가사회주의의 표어였고, 1940년 제2차 고노에내각의 신체제운동은 이러한 정책과 사상을 적극적으로 수용한 것이었다. 일제 지도층이 전시 경제통제와 사회체제의 골격을 구상하던 시기에 나치스 독일의 모델은 체계적으로 학습되고 참조되었다. 이러한 사정을 보여주는 것이 1939~41년 진행된『新独逸国家大系』12권의 간행사업이었다. 이 문헌은 1936년 나치스가 국가적 사업으로서 편찬한『*Die Grundlange, der Aufbau und die Wirtschaftsordnung des nationalsozialistischen Staates*ナチス国家の基礎・構成・経済秩序』(전 3권)을 번역한 것으로 나치스 독일의 법률, 정치, 경제, 교육 체계를 공식적으로 소개・해설한 것이다. 이 사업에는 재계와 관계의 중요 인사들이 참여하였고, 제국대학의 일급 학자들이 직접 번역을 담당했다.[67] 이 문헌은 경성제국대학 장서에도 소장되어 있다.[68]

1936년 11월 25일 일독방공협정日独防共協定이 체결된 이후 히틀러청년대와 대일본청년단大日本青年団은 1938년과 1940~41년에 두 차례의 상호 방문 행사를 가졌다. 이 행사는 양국에서 대대적으로 선전되었

---

67 柳沢治,「日本における「経済新体制」問題とナチス経済思想－公益優先原則・指導者原理・民営自主原則」,『政経論叢』72(1), 2003, 67~72쪽.
68 新独逸国家大系刊行会,『新独逸国家大系 第1-12巻』, 日本評論社, 1939~41.

고, 청년단 조직 및 교육에 대한 상호 모방이 일어나는 계기가 되었다.[69] 대일본소년단연맹大日本少年団聯盟 이사장으로 이 행사의 일본 측 산파역을 한 후타라 요시노리는 히틀러 청년대의 조직과 운영 원리를 상세히 소개한 문헌을 저술했고,[70] 문부성 관방문서과장으로 제1차 방문단장을 역임한 아사히 사쿠타로는 귀국 후 청소년들에게 지역 및 국가에 대한 공동체의식의 배양의 필요성을 역설하였다.[71] 히틀러 청년대의 지도자가 직접 저술한 문헌이 일본어로 번역되기도 했는데, 명예와 혈통을 가진 독일의 군인정신을 독일 '무사도' 정신으로 육성해야 한다는 표현이 등장하기도 했다.[72]

4) 국민정신총동원과 일본정신의 재발견

1937년 9월부터 시작된 국민정신총동원 운동은 내각 당국의 지원 하에 각급 교육기관과 종교기관을 중심으로 대대적인 사상동원과 각종 선전활동을 추진하는 것이었다. 이 시기에 발간된 문헌들에서 외국사상 및 외국문화에 대한 엄격한 비판, 일본정신의 발현, 일본 고유의 풍

69 　大串隆吉, 「戦時体制下日本青年団の国際連携 : ヒトラー・ユーゲントと朝鮮連合青年団の間」, 『人文学報 教育学』 31, 1996.
70 　二荒芳徳, 앞의 책, 1938.
71 　朝比奈策太郎, 앞의 글, 1939.
72 　ヘルムート・シュテルレヒト, 日本青年外交協会研究部 訳, 『若きドイツは鍛へる : ドイツ青少年の国防教育』, 日本青年外交協会出版部, 1940, 39~47쪽.
　　총후의 재조직과 정신동원에 있어 일본이 독일의 방식을 모방한 측면만 있는 것이 아니라, 상호 모방이 전개되었다는 표현이 더 적절할 수도 있다(이경분, 『나치독일의 일본프로파간다』, 제이앤씨, 2011).

속과 국토에 대한 애착 등이 강조되는 것을 볼 수 있다.[73] 사상의 통제와 동원은 반추축국들의 정치 이념인 자유주의, 사회주의, 민주주의가 침투되는 것을 막고 일본판 전체주의인 황도주의皇道主義를 중심으로 국민들의 정신적 결속과 일체화를 도모하는 것이었다. 여기에 서구제국주의로부터 대동아공영권의 해방과 황도주의의 전파라는 전쟁수행의 대의명분에 대한 선전도 주요 과업이 되었다.

일제의 총력전과 총동원체제가 서구제국의 그것에 비해 어떤 점에서 독보적이고 우월한 요소를 가질 수 있는가 하는 점은 당초 총력전을 준비했던 군부와 정계의 전략가뿐만 아니라, 국민정신총동원 운동에 나선 지식인, 교육자, 종교계 인사들에게도 중요한 관심사가 되었다. 이러한 관심은 화혼양재和魂洋才와 같이 근대 초기 서구문물을 수용하고 그것들과 융화하면서 주체성을 정립하고자 했던 논리와는 매우 다른 것이었다. 국민정신총동원의 요체는 물적 자원과 경제력의 열세를 극복하기 위해 사상전 및 전쟁 자체의 승리에 열쇠가 될 일본의 힘의 원천을 찾고 선전하는 작업에 있었다. 이 작업은 정신적 측면에서 서구의 것과 다른 일본적 요소의 가치와 우월성을 재발견하는 방향으로 나아갔고, 일본(전쟁 말기에는 '대동아') 특유의 정신, 사상, 문화에 대한 관심을 증폭시켰다.[74] 황도주의를 뒷받침하는 신도神道, 신화, 역사 등이 사

---

73 小野清秀,『国家総動員』, 国風会, 1937; 景山鹿造,『国民精神総動員教程』, 日本青年教育会, 1937; 瀬尾芳夫 編,『日本精神発揚講演集』, 国民精神総動員中央聯盟, 1939; 大政翼賛会宣伝部 編,『第一回中央協力会議議事録』, 商工行政社, 1941 등.

74 이 시기 일본정신론의 대두와 확산은 두 가지 흐름으로 파악될 필요가 있다. 하나의 흐름은 지성계와 대중사회에서 자생적으로 등장·유포된 일본정신론이다. 1935년 일제 문부성 사상국의 조사에 따르면, 일본정신에 관한 논의가 사회에서 폭넓게 확산된 것은 1931년경부터였다. 1930년대 일본정신론의 유행이 만주사변 이후 사회정치적 영향력을 확장

상전思想戰의 자원으로 인식되고, 일본정신의 정수를 보여주는 사상, 도덕, 풍속, 사물 등이 대중들에게 폭넓게 선전되었다.[75] 전쟁의 상황에서 동원된 일본인론·일본문화론이 등장하고,[76] 전세가 불리해질수록 서구적 합리성의 기준에서 통용되지 않는 종교성, 신비주의, 특수가치를 강조하는 일본정신론이 확산되어 갔다.

일제의 사상통제 및 사상동원은 1920년대 후반부터 사회주의를 배격·탄압하고 국가주의statism를 확립·강화하는 방향으로 진행되었다. 일제 정부는 1925년 사회주의 운동의 단속 및 처벌을 위해 치안유지법을 제정하였고, 1928년 3월 일본공산당탄압사건(일명, 3·15 사건)을 계기로 법적 처벌기준과 행정의 단속활동을 강화하였다. 내무성은 특별고등경찰의 수를 대폭 늘렸고, 문부성은 1929년 7월 1일 학생과를 학생부로 승격시켜 각급 학교에서의 사회주의 운동 근절에 나서게 되었다. 1932년 8월 23일 문부성은 국민정신문화연구소国民精神文化研究所를 설치하고 건전한 '국민정신'의 연구와 보급을 추진하기 시작했지만,[77]

해 간 군부의 군국의식과 일본 내 파시즘의 대두와 연관된 것이라는 인식은 당대에 이미 존재하고 있었다(戶坂潤, 「日本イデオロギー論」, 『戶坂潤全集 第二卷』, 勁草書房, 1966[1937], 287~291, 322~327쪽). 다른 하나의 흐름은 일제 문부성이 사상 통제와 국민 통합의 논리로서 유포시킨 '국체(國体)의 본의(本義)·일본정신(日本精神)'에 관한 담론이다. 고전연구와 역사연구에 기초한 관변의 일본정신론은 자가당착적 논리로 귀결되는 경우가 많았고, 1941년 말 '대동아전쟁' 발발 이후 '대동아공영론'과 어떻게 융합될 것인가의 문제에도 직면하였다. 일본정신론은 일제의 관변 학계를 석권한 논의였지만, 전쟁 말기에 이르러 문부성 당국은 일본정신론을 국체에 관한 논의로 흡수시키고 대동아 논의로 사상동원의 무게 중심을 옮겨 갔다(駒込武·河村肇·奈須恵子 編, 『戰時下学問の統制と動員-日本諸学振興委員会の研究』, 東京大学出版会, 2011, 651~659쪽).

75 寺田弥吉, 『日本総力戦の研究. 上卷』, 日本電報通信社出版部, 1942.
76 미나미 히로시, 『일본인론(上)-메이지로부터 오늘까지』, 소화, 1999, 204~274쪽.
77 国民精神文化研究所 編, 『国民精神文化研究所所報』 第1~3号, 1933; 国民精神文化研究所 編, 『国民精神文化研究所要覧』, 国民精神文化研究所, 1939.
     경성제국대학 장서에는 국민정신문화연구소가 편찬한 팜플렛, 잡지, 단행본이 31건 소초기에는 '국민정신'의 불명확한 의미에 대해 논란이 많았다. 이 무렵 군부가 사상통제에 개입하기 시작했고 1933년 4월 내각에 사상대책위원회가 설치되자, 문부성은 1934년 6월 1일 학생부를 사상국思想局으로 승격하여 학교뿐만 아니라 사회전반의 사상통제를 담당하게 되었다.

1933년 일제 의회에서는 정치적 주도권을 장악하려는 군부와 우익 정치세력이 종래 국가공인의 헌법학설이었던 천황기관설을 부정하고 국체를 새롭게 인식해야 한다는 국체명징운동國体明徵運動을 전개했다. 그 결과, 당시 오카다 게이스케岡田啓介 내각은 1935년 8월과 11월 두 차례에 걸쳐 국체명징성명國体明徵声明을 발표하게 되고, 천황이 국가 통치기구의 한 기관이라고 보는 천황기관설 대신 천황을 통치권의 주체로 자각·인식하려는 '국체國体의 본의本義'에 대한 논의가 다양한 방면에서 전개되기 시작했다. 천황기관설 사건은 천황이 곧 국가이고 천황에 대한 헌신이 곧 국가에 대한 헌신이라는 관념을 낳는 기점이 되었으며, 이 관념은 천황중심의 국가지상주의인 황도주의의 근간을 이루게 되었다. 국체론은 국민정신 논의의 모호성을 불식시키는 최소한의 인식 기반을 마련한 것이기도 했다. 천황기관설 사건을 계기로 일제 문부성은 국체 관념에 부합되지 않는 불온한 학설을 검열·단속하는 과제를 부여받게 되었으며, 1936년 9월 8일 일본제학진흥위원회日本諸学振興委員会를 설치하여 사상 및 학문의 통제를 새로운 단계로 심화시켰다.

장되어 있고, 특히 1933년부터 발간된『国民精神文化研究所所報』에는 학생 및 국민에 대한 사상의 통제, 지도, 감독에 관한 논의가 나타나 있으며, 공산주의 및 사회주의의 좌경 사상에 대한 비판과 황도주의에 입각한 국민정신 앙양의 방안이 모색되고 있었다. 국민정신문화연구소의 역할과 활동 궤적은 현대 한국의 경험과 관련시켜서 볼 때 한국정신문화연구원의 초기 활동을 검토하는 데에도 참조될 수 있다(한국정신문화연구원 편, 『국민정신연구』, 한국정신문화연구원, 1983 참조).

또한 문부성은 1937년 7월 21일 사상국을 교학국으로 개편하고 국체 관념의 보급과 일본정신의 계발에 힘을 쏟기 시작했다.[78]

일본정신과 일본 국민성에 관한 논의는 메이지시대 초기 구화주의^欧化主義에 대한 반발로 처음 등장한 이후 다양한 계통과 흐름으로 이미 전개된 바 있었다. 청일전쟁과 러일전쟁을 계기로 애국심이나 국수주의를 내포한 일본정신론이 확산되기도 했고, 제1차 세계대전 이후 소위 다이쇼 데모크라시 시대에는 국민정신에 대한 다양한 논의들이 자생적으로 등장하였다. 1931년 9월 만주사변과 1933년 3월 국제연맹 탈퇴로 외교적 고립과 사회의 군사화가 진행되기 시작했으며, 일제의 지성계와 대중사회에서는 국가주의 혹은 파시즘의 입장에 선 일본정신론이 횡행하기 시작했다.[79]

1933년 11월부터 1935년 6월까지 신조사新潮社에서 총 12권으로 발간한 『日本精神講座』는 파시즘 일본정신론의 집대성이자 서막을 연 것으로 평가되고 있다. 당시 귀족원의장이었던 고노에 후미마로가 추천사를 썼고 각 권에는 10편 정도의 논문과 잡록, 이야기편이 실렸는데,

---

78 駒込武·河村肇·奈須恵子 編, 앞의 책, 25~63쪽.
  1937년 6월 출범한 고노에내각을 기점으로 일제 당국의 사상정책(문화정책, 언론정책까지 포함한)이 사상통제에서 사상동원으로 전환되었다는 진단이 당대에 이미 제기되었다. 이 시기의 저명한 철학자이자 비평가였던 도사카 준(戸坂潤)은 사상통제가 사상선도, 국민정신작흥, 국체명징운동의 세 단계를 거치면서 발전하였고, 고노에내각 이후의 사상·문화·언론동원에서 나타난 반국권적(半國權的)·반관반민적(半官半民的) 양상이 일본 특유의 파시즘, 혹은 일본형 문화파시즘의 궤도를 보여준다고 지적했다. 또한 이러한 사상·문화동원은 시민적 (자발성의) 색채가 매우 옅고, 일본 국민은 관헌에 쉽게 허리를 굽히는 에티켓 내지 습성을 가지고 있지만 그것이 관헌에 대한 신뢰의 표현인지는 의문스럽다는 견해를 피력했다(戸坂潤, 「思想動員論」, 『戸坂潤全集 第五巻』, 勁草書房, 1967[1937]).
79 미나미 히로시, 앞의 책, 165~274쪽.

여러 학문분야의 박사, 대학교수, 교사, 육해군 장성 및 장교, 정치가, 귀족, 언론인 등 총 3백 명이 집필자로 참여했다. 경성제국대학 장서에는 12권이 모두 갖추어져 있다. 일본의 저명한 학술지『思想』1934년 5월호에도 '일본정신' 특집이 실릴 정도로 이에 대한 학계와 사회의 관심은 높았다. 1933년 이토 치신조伊藤千真三의 주도로 일본정신 운동을 수행하는 단체로서 '일본문화연구회'가 창립되었고, 이 연구회는 총 10권으로 된『日本精神研究』을 간행했다. 이외에 오카와 슈메이大川周明를 비롯한 많은 사상가 및 학자들이 국가주의 이데올로기로서의 일본 정신론을 발표했고, 경성제국대학 장서에 다수의 저서들이 소장되어 있다.[80] 이후 육군성 신문반에서 자유주의 사상을 배격하고 고도국방 국가의 건설을 주장하는 선전 책자를 발행하였고,[81] 문부성에서 1937 년『国体の本義』를 발간함으로써[82] 일본정신론은 관제적 성격이 강화되는 방향으로 흘러갔다.

국민정신총동원 운동에서 천명된 일본정신의 앙양昂揚은 사상동원의 새로운 국면을 의미하는 것이었다. 이 운동의 계획주무청이었던 문부성은 일본제학진흥위원회와 교학국의 두 조직을 기반으로 대대적인 사상동원과 학문동원을 수행하였으며, 일본정신과 국체는 두 조직의 사업을 통괄하는 키워드였다. 일본제학진흥위원회는 교육학, 철학, 국어국문학, 역사학, 경제학, 예술학, 법학, 자연과학, 지리학의 9개 학문분야의 전국학회를 조직하여 주기적인 학술회의 및 강연회를 개최하는

80　大川周明,『日本的言行』, 文録, 1930; 和辻哲朗,『風土 : 人間学的考察』, 岩波書店, 1935; 伊藤千真三,『日本国体論』, 출판사 미상, 1937 등.
81　陸軍省新聞班,『国防の本義と其強化の提唱』, 陸軍省新聞班, 1934.
82　文部省,『国体の本義』, 文部省, 1937.

것을 주요 업무로 하고 있었고, 1936~45년 동안 총 47회의 학술행사를 개최하였다.[83] 교학국은 사상 동원과 통제를 총괄하는 입장에서 여러 종류의 간행물을 출판·배포하였다. 그 중에서도 『일본정신총서日本精神叢書』는 1935년 8월부터 1943년 9월까지 총 66권이 발간된 대표적 간행물이다. 권당 2,500부가 발행되었고, 지방관청, 관공사립대학, 고등전문학교, 사범학교, 도부현시립도서관 등에 배포되었다. 고등학교 학력 이상의 지식인을 대상으로 한 간행물이었는데, 외곽단체인 일본문화협회日本文化協会가 시중 판매를 위해 동일 서적을 출판하기도 했고, 내각인쇄국이 시판을 위해 문고판을 발행하기도 했다. 경성제국대학 장서에는 40건이 소장되어 있고, 신도, 불교, 신화, 고전문학, 동양철학을 비롯해 다양한 분야의 일본정신론을 접할 수 있다. 이외에 『국체의 본의 해설총서国体の本義解説叢書』가 있었는데, 1937년 사상국에서 제작한 『국체의 본의国体の本義』의 후속 간행물로서 1937년 12월부터 1942년까지 총 13권이 발간되었다. 경성제국대학 장서에는 10권이 소장되어 있고, 『일본정신총서』에 비해 현대적인 주제의 일본정신론 및 일본문화론을 다루고 있다.

일본정신론이 지성계와 대중사회를 가릴 것 없이 워낙 광범위하게 퍼졌고 다양한 학문과 사상의 배경에서 창출되었기 때문에 그 속에 담긴 동원의 논리를 전체적으로 검토하는 것은 매우 어렵다. 그럼에도 불구하고, 그동안 무비판적으로 논의되어온 일본인론, 일본문화론 중에는 총동원체제에서 정신동원의 논리에 의해 생성되거나 '세탁된' 것들

---

83 駒込武·河村肇·奈須恵子, 앞의 책, 65~112쪽.

이 있고, 앞으로 이러한 동원의 논리를 가려내는 작업이 총동원체제 논의의 의미 있는 연구주제가 될 수 있다. 본고에서는 동원된 일본정신론·일본문화론의 한 예시로서 무사도武士道, bushido에 대한 간략한 논의를 전개한다. 무사도는 1930년대 이후 일제의 각종 문헌에서 대단히 빈번하게 언급되었던 용어이고, 전장과 전쟁의 사회적 상황에 적응하기 위한 행위논리로서 끊임없이 재해석·재구성되었던 양상을 볼 수 있다. 상기한『日本精神講座』에서는 일본정신을 논의하기 위해 황도, 신도, 삼종의 신기三種の神器, 신무천황, 신공황후, 성덕태자, 선禪, 심학, 국문학, 화가和歌, 우생학, 국학운동, 해외진출(이민·식민), 소년단운동, 기미가요君が代, 일장기, 일본도日本刀, 몽고침략과 가미가제神風, 러일전쟁, 노기乃木 대장, 니노미야 손토쿠二宮尊德 등 수많은 주제들이 등장했는데, 제1권 첫 논문의 주제는 무사도였다.

근세 사무라이의 행동윤리와 가치체계를 개념화한 것으로 이야기되는 무사도는 루스 베네딕트의『국화와 칼』에서 직분의식, 은恩, 의무, 의리, 인정, 명예, 수치, 충효, 존황사상, 자기수양과 같은 일본문화의 유형을 도출하는 데 폭넓게 참조된 바 있다.[84] 이후 이 저서는 무사도가 일본문화의 정수를 구성하는 한 부분이라는 통념을 지속시키는 데 크게 공헌했다. 베네딕트와『국화와 칼』은 여러 가지 이유로 일본문화론의 대명사가 되었지만, 이 연구에 대한 심각한 비판도 존재해 왔다.[85]

베네딕트가 1943년 6월경부터 당시 미국 전쟁정보국Office of War Infor-

---

84 루스 베네딕트, 김윤식·오인석 역,『국화와 칼―일본 문화의 틀』, 을유문화사, 2008[1974].
85 小沢万記,「日本文化論の出発点―『民族学研究』(1950年5月号)の『菊と刀』特集を読む」,『高知大学学術研究報告』第44巻, 1995; Douglas Lummis, "Ruth Benedict's Obituary for Japanese Culture," *The Asia-Pacific Journal*, Vol. 5, Issue 7, No. 0, 2007 등.

mation에서 일했고, 『국화와 칼』이 1945년 7월경 군당국에 제출한 보고서를 확대·보완한 것이라는 사실은 잘 알려져 있다. 베네딕트가 이 보고서에서 주안점을 둔 것은 미국인들 사이에서 너무나 기괴하고 잔혹하고 유치하게만 묘사되던 일본인의 이미지를 교정하는 것이었다.[86] 베네딕트는 서구 문화의 합리성으로 이해할 수 없는 일본인의 독특한 정신세계와 행동패턴이 미국 독자들에게 이해될 수 있도록 하기 위해 문화의 상대성과 역사적 특수성을 강조하는 문화인류학의 설명 논리를 사용했다. 그러나 그 결과는 전쟁의 상황에서 진행된 적국 연구의 한계를 벗어나기 힘든 것이었고, 일제의 사상동원을 간과하거나 과소평가한 부분이 있었다. 베네딕트가 일본문화의 패턴으로 추출한 존황정신과 무사적 행동윤리(국화와 칼로 은유된)는 1930년대 이후 일제 당국 및 관변 지성계가 정신동원의 논리로서 중점적으로 재구성한 황도皇道와 무사도에 다름 아닌 것이었다. 그리고 베네딕트가 참조했다고 하는 자료들, 즉 일본에서 발신된 매일의 라디오방송, 신문기사, 각종 정보, 문학서, 역사서, 여행기, 영화, 일본군 포로의 심문 기록, 일기, 일지, 재미일본인의 인터뷰 등은 대부분 일제의 사상·학문·문화·언론동원의 범위 안에 있는 것이었다.

무사도가 일본정신과 일본문화의 독특성을 표현하는 것으로만 이해될 수 있는 것은 아니다. 1920년대 일본인 최초로 국제연맹 차장을 역임한 니토베 이나조新渡戸稲造는 1899년 *Bushido : The Soul of Japan*이라는

---

86   ポーリン ケント,「ルース・ベネディクトによる文化理解と紛争解決の関係」,『シンポジウム報告書 よみがえるルース・ベネディクト―紛争解決・文化・日中関係』, 竜谷大学アフラシア平和開発研究センター, 2008.

영문 저서에서 무사도를 유럽의 기사도^{chivalry}와 비교하면서 서구 독자들에게 소개한 적이 있다. 이 문헌에 나타난 무사도는 『국화와 칼』에서도 서술된 내용이 많지만, 서구 문화와의 유사성을 입증하려는 의도에서 재구성된 것이라는 점이 중요하다. 봉건제 타파 이후 유럽에서는 교회가 종교개혁을 통해 살아남았듯이 무사도는 일본의 역사적 특수성 속에서 메이지유신 이후에도 미성숙된 시민성과 자본주의(물질주의) 정신을 대체하는 국가 지배층과 공민의 도덕 및 윤리체계로서 지속되는 것으로 설명되있다. 또한 서구인에게 기괴한 이미지로 비칠 수 있는 무사의 할복과 자살은 유럽 문학작품에서 명예를 위해 죽음을 택하는 인물들의 이야기에 견주어 설명되고 있다.[87]

메이지시대 이후 무사도는 전쟁의 사회적 상황과 긴밀히 상호작용하면서 군인 정신과 국민 도덕으로 각색 또는 창안된 측면을 분명히 가지고 있다. 니토베의 창안과는 또 다른 전통으로 메이지초기 구화주의^{欧化}

---

87 I. Nitobe, *Bushido : The Soul of Japan*, The Student Company, 1905[1899]; 新渡戸稲造, 矢内原忠雄 訳, 「武士道」, 『新渡戸稲造全集 第一卷』, 1969[1938].
니토베의 명성과 이 책의 인기는 사무라이 신분이 사라진 시대에 사무라이의 윤리·도덕인 무사도를 일본의 국민문화 내지 국민도덕으로 전환시키는 데 크게 공헌했다. 그리고 무사도(bushido)는 서양에서도 널리 통용되는 용어가 되었다. 그러나 무사도에 대해서는 이후 많은 논란이 있었다. 역사학 분야의 그동안의 연구 성과에 따르면, 니토베가 서양을 향해 미화해서 그려낸 무사도는 근세 이전에 존재한 적이 없는 허구 내지 개인적 창작이었다. 근세까지 무사도라는 용어는 자주 사용되지 않았으며, 설령 사용되는 경우에도 사무라이의 무용과 위엄뿐만 아니라 비도덕성, 폭력성, 배신, 모략, 하극상을 표현하는 부정적 의미를 함께 담고 있었다. 에도시대 사무라이 계급의 도덕 및 사상으로는 유학(儒学) 계통의 사도(士道)가 무사도보다 훨씬 빈번히 사용되었다(佐伯真一, 『戦場の精神史 : 武士道という幻影』, 日本放送出版協会, 2004). 그러나 최근에는 근세 사료들의 면밀한 분석을 통해 무사도가 전투자의 정신뿐만 아니라 에도시대 200여 년의 태평성대 동안 통치자의 도덕 및 사상으로 정립되어 서민사회에까지 폭넓은 영향을 미치고 있었다는 새로운 연구 성과가 제시되기도 했다(笠谷和比古, 『武士道-侍社会の文化と倫理』, 文唱堂, 2014).

主義에 대한 반발과 존황양이 尊皇攘夷 의 국가주의 흐름 속에서 탄생한 무사도가 있다. 청일전쟁과 러일전쟁을 거치면서 일제 군벌과 지도층은 병기의 열세를 극복한 자국 군대의 전투력에 큰 자신감을 갖게 되는데, 무사도 정신을 승리의 원인으로 지목하고 민족정신의 장점으로 발전시키기 위해 연구·교육해야 한다는 생각을 갖게 된다. 이러한 흐름을 보여주는 대표적 문헌이 1905년 이노우에 테쓰지로가 편찬한『武士道叢書』[88]이다. 3권으로 된 이 서적은 서두에 1882년 1월 4일 공포된「군인칙유 軍人勅諭」가 게재되어 있고, 60여 편의 고문헌들을 편집한 것이다.

1920년대 후반부터 구축된 경성제국대학 장서에서 무사도 武士道 는 국민도덕(분류번호: 1140) 아래의 하위분류 용어(1143)로 자리 잡고 있다. 무사도의 분류 항목에는 25건의 문헌이 소장되어 있는데, 3건을 제외한 22건이 1933~44년에 발간되었다. 야마가 소코 山鹿素行 의 사상이나『하가쿠레 葉隱れ』의 정신과 같이 과거의 사료 속에서 무사도 정신의 정수를 찾고자 하는 문헌들이 많고, 전쟁 말기로 갈수록 존황과 충의의 현세적 정신을 넘어 사생관, 죽음의 미학과 마음가짐, 선적 禪的 수양 등이 강조되는 것을 볼 수 있다. 1942~43년에는『武士道叢書』을 12권으로 증보한『武士道全書』가 발간되었다.[89] 이노우에 테쓰지로는 서문에서, 독일과 이탈리아에서도 찬양받고 있는 무사도 정신의 함양을 위해 기사도와 엄연히 구별되고 신무천황 이래『고사기』,『일본서기』,『만엽집』에 나타난 것과 같이 신대 神代 에 원류를 둔 무사도를 국체의 연원과 관련시켜 연구해야 한다고 쓰고 있다.

88　井上哲次郎·有馬祐政 編,『武士道叢書』, 博文館, 1905.
89　佐伯有義·植木直一郎·井野邊茂雄 編,『武士道全書 第1~12卷』, 時代社, 1942~3.

군사 분야의 문헌들을 살펴보면, 무사도가 무예와 검劍, 무도武道와 무학武学, 1930년대 중반 이후 발간된 전사戰史・전기戰記, 그리고 총후 미담 등의 문헌에서[90] 등장하는 것을 볼 수 있다. 메이지시대 이후 군벌 정치가 패전 때까지 지속되었던 상황에서 무사도는 일제 사회 지배층 문화의 일부였고, 군대의 규율이나 전투 규범에도 일정한 영향을 미쳤 다. 그러나 군사 분야의 문헌들은 총동원체제를 준비・운영한 일제 군 인들이 군비강화의 계획을 짜고, 군축문제를 논의하고, 신병기를 다루 고, 신전술을 수행하는 '합리적' 사고의 소유자였음을 잘 드러내고 있 다. 이러한 상급군인들의 무사도는 니토베나 베네딕트가 묘사한 봉건 제의 유산과 같은 모습은 아니었을 것이다. 그리고 이들은 무사도의 정 신력만으로 전쟁에서 승리할 수 있으리라 생각지는 않았을 것이다.

1930년대 후반 이후 국민정신총동원은 전장과 총후에서 무사도에 대한 폭발적 수요를 만들어냈고, 무사도가 전쟁에 직면한 사회 전반에 폭넓게 스며들게 하였다. 메이지시대에 창안되었던 무사도는 일본 고유 의 정신문화로 재구성・선전되었으며, 전쟁의 정신으로서 평시의 합리 성으로부터 일탈되어 갔다. 일제 군부가 발행한 자료에서 정신력, 반물 질주의, 신무, 황군皇軍의식 등이 강조되는 것은 총동원체제가 구축되는 1930년대 후반이며, 전황이 불리해질수록 황도주의의 충성에는 신무神 武와 같은 종교적 색채가 강해진다. 그리고 동원의 논리로 재구성된 무 사도와 일본정신은 상급군인의 것이었다기보다 급박한 전황 속에서 전

---

90 荒木楽山,『武道大鑑』, 朝鮮奬武会, 1926; 本郷房太郎,『精神立国と武徳の鍛鍊』, 大日本 武徳会本部, 1930; 高嶋辰彦,『皇戰−皇道總力戰世界維新理念』, 世界創造社, 1938; 安保 清種,『銃後獨話』, 實業之日本社, 1939; 佐藤堅司,『日本武學史』, 大東書館, 1942 등.

장으로 동원된 하급병사나 학도병에게 선전되고 주입된 것이다.

일본군 포로와 전시 자료를 이용한 베네딕트의 일본문화론은 정신 동원의 과정에서 재구성된 무사도와 황도주의를 승전국의 관점에서 뒤집어서 본 것이라 할 수 있다. 앞으로 면밀한 검토가 필요하지만,『국화와 칼』의 내용은 1930년대 이후 발간된 일제 무사도 서적들의 합창과 같은 느낌을 주는 부분들이 있다. 1950년『民族學研究』에 이 책을 논평해야 했던 패전국 일본 지식인들은 이 느낌을 더 강하게 받았을 것이고, 패배한 전쟁의 문화를 일본문화로 논해야 하는 착잡함이 있었을 것이다.[91] 지금도 일본의 무사도 연구에서 1930~40년대 무사도 인기는 '거품'으로 표현되고, 100년도 넘은 니토베의 무사도가 논의의 대상으로 빈번히 소급되는 것은 무사도가 일본인들이 잊고 싶어하는 혹은 들추고 싶지 않은 전쟁의 역사와 기억을 함축하고 있기 때문일 것이다.

4. 일제의 총동원체제와 동아시아 전후사

이 장의 연구는 전쟁과 군사문제가 사회체제, 문화, 학문형성에 미친 영향을 검토하기 위한 하나의 시도라고 할 수 있다. 일제 총동원체제에 대한 본고의 논의는 세분해서 다루어야 할 내용을 단순화시킨 부분이

---

91   小沢万記, 앞의 글, 1995; 和辻哲朗,「科学的価値に対する疑問」,『民族学研究』第14巻第4號, 1950; 柳田国男,「尋常人の人生観」,『民族学研究』第14巻 第4號, 1950.

많이 있지만, 그 체제의 구조와 전체성을 펼쳐 보이는 것도 그 나름대로의 의의가 있을 것이다. 본론에서 제시된 여러 논의들은 그동안 따로따로 진행된 경우가 많았다. 군사이론가들은 전쟁론에 관한 연구를 많이 하고, 전쟁사가들은 전쟁들과 군사문제들을 연결시켜 주는 역사적 사실에 관심이 많으며, 내셔널리즘 연구자, 정치·사회사상사 연구자, 사회조직과 문화 연구자, 종교와 심성 연구자는 전쟁이라는 현상 내지 변수에 부분적 관심만을 갖는 경우가 대부분이다. 총력전과 총동원체제는 영어로 "total"의 의미를 함축하고 있듯이 그것의 전체성에 대한 이해를 요구하는 개념이다.[92] 전쟁과 (평시에는) 군사문제를 선행변수로 놓고 사회체제와 문화의 총체적 변화를 연구하는 데 있어 총력전과 총동원체제는 적확한 연구주제이며, 역사적 중요성도 크다.

일제의 총동원체제에 대한 연구는 여러 방면에서 중요성을 가질 수 있다. 일제의 총동원체제 구축은 제1차 세계대전 이후 혹은 메이지시대 이후 진행된 사회적 변화와 연속선상에서 봐야 할 부분도 있지만, 질적·구조적 변화를 초래한 부분도 많이 있다. 무엇보다 사회 및 국가의 집단적 경험으로서 동원의 경험은 비가역적인 것이다. 국가총동원법을 만들건, 징병·징용을 하건, 직능별·지역별·연령별·성별 조직을 재구성하건, 일본정신을 재정립하건, 최초에 동원이 일어나는 과정은 유동적이고 어려울 수 있지만, 일단 동원이 완수되고 나면 그 다음에 반복하는 것은 쉽다. 그리고 한 번 만들어진 제도, 관행, 규율은 어떤 주체가 의도적으로 해체하지 않으면 그대로 지속되는 경우가 많다.

---

92   Förster and Nagler, op.cit., p.15.

이런 의미에서 일제의 총동원체제가 일본과 식민지의 전후사에 남긴 유산은 크다. 이러한 측면에 대한 연구는 1990년대 중반 이후 일본에서 진행되어 왔고,[93] 두 번의 세계대전이 남긴 유산에 대해서는 유럽과 미국에서 활발한 연구가 있는 것으로 안다.

일제 지도층이 제1차 세계대전과 제2차 세계대전 사이에 총력전 양상을 학습하고 모방했듯이 제2차 세계대전의 전후사에서는 제3세계 각국으로 총력전과 총동원체제가 모방·이식되는 과정이 있었다. 두 번의 세계대전은 당시 국제정치에서 성원권을 가졌던 서구제국들과 일본제국의 제국주의 전쟁이었고, 식민지 인민들도 그 전쟁에 동원되었다. 제1차 세계대전에서 이미 영국과 프랑스는 수백만 명의 군인을 식민지로부터 충원했고, 제2차 세계대전에서는 일본제국에 속해 있던 식민지 조선 인민의 징용, 강제동원, 강제연행이 있었다. 문제는 전후 식민지 인민들이 신생 독립국을 건설하는 과정에서 치렀던 '주인이 된 전쟁'이며, 한국전쟁과 같이 미소냉전 속에서 제3세계 인민들이 실천했던 내전civil war과 전쟁 내셔널리즘은 각국의 전후체제를 만들어내는 기본 조건이 되었다. 제3세계 각국의 내전, 즉 시민전쟁은 해방 조선의 국방전략이 일제의 총력전 지침서를 거의 복제한 예에서 보는 것처럼[94] 많은 경우 총력전·총동원체제의 전쟁양식을 답습한 것이었다.

총력전·총동원체제 연구의 중요성은 전후에 등장한 권력이 그 유

93   山之内靖, 「方法的序論－総力戦とシステム総合」, 山之内靖・ヴィクター コシュマン・成田竜一 編, 『総力戦と現代化』, 柏書房, 1995; 石津朋之, 「総力戦と社会の変化－アーサー・マーウィックの戦争観を中心に」, 防衛省防衛研究所 編, 『総力戦としての太平洋戦争』, 衛省防衛研究所, 2012 등.
94   金弘一, 『国防概論』, 高麗書籍株式会社, 1949.

산을 해체한 경우가 많지 않고, 때로는 필요에 따라 그것을 부활시키려 했다는 사실과도 관련된다. 필자는 미군정 연구에 관해서는 문외한이지만, 일본과 한국의 전후 문화에 총동원체제의 유산이 적지 않게 남아 있는 것으로 인식하고 있다. 전후 일본과 한국에 건설된 미군기지의 상당수는 총동원 시대 일본군기지를 전용한 것이고, 현대 한국의 아파트 단지 건설에서 중요한 역할을 했던 강제적 토지수용은 일제 국가총동원법과의 관련성을 검토해야 한다. 국민만들기의 역사적 지평 위에서 징병제에 관한 논의를 전개해 볼 수도 있고, 재향군인회를 비롯한 각종 국민조직과 민족정신 창안의 맥락 및 연원을 좀 더 세밀하게 검토하는 작업도 유용할 것이다. 박정희 정권의 군사독재와 경제개발, 그리고 전후 일본의 고도성장 과정에서 총력전 체제의 연속성이나 모방적 요소를 지적하는 논의는 오래 전부터 계속되어 왔고, 앞으로 더 심화될 필요가 있다.

참고문헌

金弘一, 『国防概論』, 高麗書籍株式会社, 1949.

나카노 도시오, 서민교·정애영 역, 『오쓰카 히사오와 마루야마 마사오－일본의 총력전 체제와
      전후 민주주의 사상』, 삼인, 2001.

대일항쟁기강제동원피해조사및국외강제동원희생자등지원위원회 편, 『강제동원명부해제집』 2,
      동위원회, 2013.

미나미 히로시, 『일본인론(上)－메이지로부터 오늘까지』, 소화, 1999.

루스 베네딕트, 김윤식·오인석 역, 『국화와 칼－일본 문화의 틀』, 을유문화사, 2008[1974].

안재익, 「1920년대 일본 총동원론의 형성과 전개」, 서울대 석사논문, 2013.

이시재, 「초나이카이란 무엇인가」, 이시재 외, 『일본의 도시사회』, 서울대 출판부, 2001.

이경분, 『나치독일의 일본프로파간다』, 제이앤씨, 2011.

이종구, 「총력전체제와 기업공동체의 재편」, 『일본비평』 제2호, 2010.

일제강점하강제동원등피해에관한진상규명위원회 편, 『강제동원명부해제집』 1, 동위원회, 2009.

정혜경, 「국내 강제연행 연구, 미래를 위한 제언」, 『한일민족문제연구』 제7권, 2004.

_____, 『징용 공출 강제연행 강제동원』, 선인, 2013.

정혜경·심재욱·오일환·김명환·北原道子·김난영, 『강제동원을 말한다－명부편(1) 이름만
      남은 절규』, 선인, 2011.

정혜경·김명환·今泉裕美子·방일권·심재욱·조건, 『강제동원을 말한다－명부편(2) 제국의
      끝자락까지』, 선인, 2012.

진필수 외, 「부속도서관 장서 분석을 통한 경성제국대학 학지의 연구－식민지에서 점령지로」, 서
      울대 중앙도서관, 2014.

진필수, 「경성제국대학 부속도서관 장서 구성에 대한 일고찰－'식민' 항목의 경우」, 『사회와 역사』
      105, 2015.

카알 폰 클라우제비츠, 김만수 역, 『전쟁론 제1권』, 갈무리, 2005.

_____, 김만수 역, 『전쟁론 제3권』, 갈무리, 2009.

한국정신문화연구원 편, 『국민정신연구』, 한국정신문화연구원, 1983.

加藤陽子, 「総力戦下の政軍関係」, 倉沢愛子 ほか 編, 『戦争の政治学』, 岩波書店, 2005a.

_____, 『徴兵制と近代日本 : 1868～1945』, 吉川弘文館, 2005b.

加田哲二, 『戦争本質論』, 慶応書房, 1943.

_____, 『戦力論』, 帝國出版株式會社, 1944.

景山鹿造, 『国民精神総動員教程』, 日本青年教育会, 1937.

纐纈厚, 『総力戦体制研究：日本陸軍の国家総動員構想』, 社会評論社, 2010[1981].

高嶋辰彦, 『皇戦：皇道總力戦世界維新理念』, 世界創造社, 1938.

駒込武・河村肇・奈須恵子 編, 『戦時下学問の統制と動員：日本諸学振興委員会の研究』, 東京大
　　　　　学出版会, 2011.

菊池春雄, 『戦争と建設』, 新東亜協会 1942.

国民精神文化研究所 編, 『国民精神文化研究所所報』 第1～3号, 1933.

＿＿＿＿＿＿＿＿＿, 『国民精神文化研究所要覧』, 国民精神文化研究所, 1939.

今中次麿, 「国防国家の概念・政策・構造－非常的政治原理としての国防国家」, 『법정연구』,
　　　　　11(2), 1941.

吉見義明, 『草の根のファシズム：日本民族の戦争体験』, 東京大学出版会, 1987.

吉田裕, 「「国防国家」の構築と日中戦争」, 『一橋論争』, 92(1), 1984.

唐島基智三, 『国家総動員法解説』, 清教社, 1938.

大室政石, 「国民精神総動員運動の回想」, 『国民精神総動員中央連盟機関紙 国民精神総動員 第2
　　　　　卷』, 緑蔭書店, 1994.

大政翼賛会宣伝部 編, 『第一回中央協力会議議事録』, 商工行政社, 1941.

大川周明, 『日本的言行』, 文録, 1930.

大串潤児, 「大政翼賛の思想と行動」, 吉田裕 編, 『戦争の政治学』, 岩波書店, 2005.

大串隆吉, 「戦時体制下日本青年団の国際連携：ヒトラー・ユーゲントと朝鮮連合青年団の間」,
　　　　　『人文学報 教育学』 31, 1996.

東亜研究所, 『米国の総動員機構』, 帝国出版株式会社, 1944.

笠谷和比古, 『武士道：侍社会の文化と倫理』, 文唱堂, 2014.

瀬尾芳夫 編, 『日本精神発揚講演集』, 国民精神総動員中央聯盟, 1939.

柳沢治, 「日本における「経済新体制」問題とナチス経済思想－公益優先原則・指導者原理・民営
　　　　　自主原則」, 『政経論叢』, 72(1), 2003.

柳田国男, 「尋常人の人生観」, 『民族学研究』 第14巻 第4號, 1950.

文部省, 『国体の本義』, 文部省, 1937.

朴慶植, 『朝鮮人強制連行の記録』, 未来社, 1965.

防衛省防衛研究所, 「総力戦としての太平洋戦争」, 平成23年度戦争史研究国際フォーラム報告書,
　　　　　2012.

白根孝之, 『軍隊・戦争・国民組織』, 青山出版社, 1942.

本郷房太郎, 『精神立国と武徳の鍛錬』, 大日本武徳会本部, 1930.

ブクシュ バン, 白谷忠三 訳, 『列強の戦時経済政策：世界大戦時の歴史的＝体系的研究』, 育生社,
　　　　　1937.

桑野弘隆, 「総力戦体制から国民的総動員システムへ」, 『専修大学社会科学年報』 第48号, 2014.

寺田弥吉, 『日本総力戦の研究. 上卷』, 日本電報通信社出版部, 1942.

山室信一,『複合戦争と総力戦の断層：日本にとっての第一次世界大戦』, 人文書院, 2011.

山田修士, 「大政翼賛体制と内務省－内務省の機構系統を基軸として」, 拓殖大学政治行政修士学位論文, 2015.

山之内靖, 「方法的序論－総力戦とシステム総合」, 山之内靖・ヴィクター コシュマン・成田竜一編, 『総力戦と現代化』, 柏書房, 1995.

石津朋之, 「総力戦と社会の変化－アーサー・マーウィックの戦争観を中心に」, 防衛省防衛研究所(編), 『総力戦としての太平洋戦争』, 衛省防衛研究所, 2012.

小林英夫, 『帝国日本と総力戦体制』, 有志舎, 2004.

小松東三郎 編, 『国民精神総動員運動』, 国民精神総動員本部, 1940.

小野清秀, 『国家総動員』, 国風会, 1937.

小沢万記, 「日本文化論の出発点－『民族学研究』(1950年5月号)の『菊と刀』特集を読む」, 『高知大学学術研究報告』第44巻, 1995.

新渡戸稲造, 矢内原忠雄 訳, 『武士道』, 『新渡戸稲造全集 第一巻』, 1969[1938].

新独逸国家大系刊行会, 『新独逸国家大系 第1～12巻』, 日本評論社, 1939～41.

安保清種, 『銃後獨話』, 實業之日本社, 1939.

歴史教育研究会 編, 『戦争と文化』, 四海書房, 1938.

宇野重規, 「近代日本のローカル・ガバナンス」, 서울대 일본연구소 편, 『한일 시민사회와 거버넌스』, 2014.

陸軍省新聞班, 『国防の本義と其強化の提唱』, 陸軍省新聞班, 1934.

伊藤千真三, 『日本国体論』, 출판사 미상, 1937.

伊藤安二, 『日米学徒決戦論』, 越後屋書房, 1944.

二荒芳徳, 『独逸は起ちあがつた 』, 大日本少年団聯盟, 1938.

二荒芳徳・大日方勝, 『ヒツトラーと青年 』, 時代社, 1938.

資源局, 『米国戦時食糧政策』資源局, 1929.

_____, 『仏国国家総動員法案』, 資源局, 1930.

長谷川正, 『対立せる戦争論』, 教材社, 1938.

長友安隆, 「戦時下神道界の一様相－従軍神職と英霊公葬運動を中心として」, 『明治聖徳記念学会紀要』34号, 2001.

ジャン・ヴィレムホーニッヒ, 「総力戦とは何か－クラウゼヴィッツからルーデンドルフへ」, 防衛省防衛研究所 編, 『総力戦としての太平洋戦争』, 防衛省防衛研究所, 2012.

赤木須留喜, 『近衛新体制と大政翼賛会』岩波書店, 1984.

井上哲次郎・有馬祐政 編, 『武士道叢書』, 博文館, 1905.

朝比奈策太郎, 「独逸の青少年教育について」, 『有終』, 第26巻, 第2号, 1939.

朝日新聞社 編, 『総動員法の全貌』, 朝日新聞社, 1938.

朝日新聞政治経制部 編, 『総動員態勢の前進：改正総動員法の全貌』, 朝日新聞社, 1941.

佐藤堅司, 『日本武學史』, 大東書館, 1942.

佐伯有義, 植木直一郎, 井野邊茂雄 編, 『武士道全書 第1〜12巻』, 時代社, 1942〜3.

佐伯真一, 『戦場の精神史：武士道という幻影』, 日本放送出版協会, 2004.

カール・ヘールフエリヒ, 安井源雄 訳, 『ドイツの戦時財政と戦時経済』, 朝鮮軍事後援聯盟, 1940.

クーク, G.F., 「ナチス独逸の終始一貫せる国民教育」, 『有終』第24巻, 第6号, 1937.

土屋喬雄, 『国家総力戦論』, ダイヤモンド社, 1943.

ヘルムート・シュテルレヒト, 日本青年外交協会研究部 訳, 『若きドイツは鍛へる：ドイツ青少年の国防教育』, 日本青年外交協会出版部, 1940.

戸坂潤, 「日本イデオロギー論」, 『戸坂潤全集 第二巻』, 勁草書房, 1966[1937].

_____, 「思想動員論」, 『戸坂潤全集 第五巻』, 勁草書房, 1967[1937].

トビン, H. J.・ ビッドウェル, P. W., 原田禎正 訳, 『アメリカ総動員計劃』, 生活社, 1941.

ポーリン ケント, 「ルース・ベネディクトによる文化理解と紛争解決の関係」, 『シンポジウム報告書 よみがえるルース・ベネディクト―紛争解決・文化・日中関係』, 竜谷大学アフラシア平和開発研究センター. 2008.

ビーターソン, H. C., 村上偉一 訳, 『戦時謀略宣伝』, 富士書店, 1940.

和辻哲朗, 『風土：人間学的考察』, 岩波書店, 1935.

_____, 「科学的価値に対する疑問」, 『民族学研究』第14巻 第4號, 1950.

荒木楽山, 『武道大鑑』, 朝鮮奬武会, 1926.

フラ―, 渋川貞樹・救仁郷繁 訳編, 『全体主義戦争論：伊・エ戦争の分析と将来戦』, 高山書院, 1940.

Barnhart, Michael A., *Japan Prepares for Total Wars : The Search for Economic Security, 1919-1941*, Cornell University Press, 1987.

Boemeke, Manfred F., Chickering, Roger and Förster, Stig(eds), *Anticipating Total War : The German and American Experiences, 1871-1914*, The German Historical Institute, Washington D.C. : Cambridge University Press, 1999.

Chickering, Roger, "Sore Loser : Ludendorff's Total War," in Chickering, Roger and Förster, Stig(eds), *The Shadows of Total War : Europe, East Asia and the United States, 1919-1939*, The German Historical Institute, Washington D.C. : Cambridge University Press, 2003.

Chickering, Roger and Förster, Stig(eds), *Great War, Total War : Combat and Mobilization on the Western Front, 1914-1918*, The German Historical Institute, Washington D.C. : Cambridge University Press, 2000.

_____, *The Shadows of Total War : Europe, East Asia and the United States, 1919-1939*, The German Historical Institute, Washington D.C. : Cambridge University Press, 2003.

Chickering, Roger, Förster, Stig and Greiner, Bernd(eds), *A World at Total War : Global Conflict and the Politics of Destruction, 1937-1945*, The German Historical Institute,

Washington D.C. : Cambridge University Press, 2005.

_____, *War in an age of Revolution, 1775-1815*, New York : Cambridge University Press, 2010.

Fairchild, Byron and Grossman, Jonathan, *The Army and industrial manpower, Washington D.C. : Office of the Chief of Military History Department of the Army*, 1959.

Förster, Stig and Nagler, Jörg(eds), *On the Road to Total War : The American Civil War and the German Wars of Unification, 1861 ~1871*, The German Historical Institute, Washington D.C. : Cambridge University Press, 1997.

Freytag-Loringhoven Baron von, *A Nation trained in arms or a militia : lessons in war from the past and the present*, Constable & company Ltd., 1918.

Garon, Sheldon, *Molding Japanese Minds : The State in Everyday Life*, New Jersey : Princeton University Press, 1997.

Lummis, Douglas, "Ruth Benedict's Obituary for Japanese Culture," The Asia-Pacific Journal, Vol. 5, Issue 7, No. 0, 2007.

Malinowski, "An Anthropological Analysis of War," *American Journal of Sociology, Vol. 46*, No. 4, 1941.

Marwick, Arthur, Emsley, Clive and Simpson, Wendy(eds), *Total War and Historical Change : Europe 1914-1955*, Buckingham · Philadelphia : Open University Press, 2001.

Militärgeschichtliches Forschungsamt(eds), Falla, P.S,, McMurry, Dean S., Osers, Ewald(trs), *Germany and the Second World War I-X*, Oxford University Press, 2003.

Moran, Daniel and Waldron, Arthur(eds), *The People in Arms : Military Myth and National Mobilization since the French Revolution*, Cambridge University Press, 2003.

Nitobe, I., *Bushido : The Soul of Japan*, The Student Company, 1905[1899].

Nixon, L.(ed.), *What will happen and what to do when war comes*, New York : The Greystone Press, 1939.

Griffin, R.A.(ed.), *School of the citizen soldier : adapted from the educational program of the Second Army*, Appleton-Century Company, 1942.

Slosson, P., *Why we are at war*, Houghton Mifflin Co., 1942.

Smith, R. Elberton, *The Army and economic mobilization*, Washington D.C. : Office of the Chief of Military History Department of the Army, 1959.

제4장

일본제국 통치합리성으로서 학문지식의 진화

수산업·산업 항목의 장서 분석

오창현

1. 제국학지의 시계열적 변화

이 장의 목적은 식민지 조선의 최대 도서관이었던 경성제국대학 부속도서관 장서 중 산업편(분류번호 9000)과 수산업편(분류번호 9700)에 나타난 학문지식(이하 학지學知)의 변화를 일본제국의 통치합리성의 진화라는 관점에서 분석하는 것이다. 분석대상은 경성제대의 장서를 넘겨받은 국립서울대학교 중앙도서관 고문헌 자료실에 소장된 산업편과 수산업편의 전체 장서(총 334권)이다.

245권인 산업편은 이른바 산업 전반에 대한 총론에 해당하며, 총 89권인 수산업편은 분류번호 9100 농업, 9200 원예, 9300 조원(정원 및 공원), 9400 임업, 9500 축산, 9580 수의학, 9600 양잠, 9790 염업과 함께 각론을 이루고 있다.[1] (수산업을 포함한) 산업은 "인간 생활에 필요한 재화나 용역을 생산·분배·소비하는 모든 활동"을 다루는 경제학의 주요한 연구대상으로 생각될 수 있다. 그러나 이 글은 기본적으로 이 분야의 장서에 대한 해제로서, 근대 국민국가를 전제로 산업 현상을 분석하는 주류 경제학과 달리, 근대 국가 통치술의 일환으로서 인간과 사물에 대한 학문 지식이 점차 근대적인 재화나 용역으로 규정되어온 과정, 소위 '제국 학지의 시계열적인 진화'에 초점을 맞추어 분석을 수행한 것이다. 산업편과 수산입편을 함께 고찰함으로써, 신업 전반의 일반적인 변화와 함께 수산업 분야에서의 구체적인 변화 양상을 파악할 수 있을 것이라고 기대한다.

경성제대 도서관이 소속된 경성제대는 일본 제국대학 중 하나로서 식민지 지식인의 이해를 반영하지 않았다. 정근식 외[2]에 따르면, 경성제대는 식민지 조선에 위치해 있었지만, 식민지 사회와의 유기적인 관련성을 갖지 않은 '비지형飛地形' 기관이었다. 경성제대 총장은 일본에서 활동하는 일본인이었으며, 교수 중에도 조선인은 전혀 없었다. 모든 제도와 인력이 일본인 중심으로 구성되어 조선사회와 근본적으로 유리되어 있었다. 따라서 경성제대 교수들이 "자신들의 연구기관인 경성제대가 제국권력에 의한 폭력적 지배 아래에 있는 식민지 사회 위에 뿌리박고 있다는 것"을 자각하거나, "조선사회의 요구나 관심"을 자신들의 연구에 반영할 가능성은 거의 없었다.[3]

---

1   9100~9600까지 화한서 777권과 연속간행물 Y90 478건과 서양서 및 서양서 연속간행물 YW 50 건은 분석에서 제외한다.
2   정근식 외,『식민권력과 근대지식－경성제국대학 연구』, 서울대 출판문화원, 2011, 2장.
3   위의 책, 29쪽, 33쪽.

제국대학 도서관 네트워크에 속해 있던 경성제대 도서관 역시 "직원 구성에서 민족별 위계가 뚜렷하고, 전문직 사서의 구성에 조선인은 배제되었다." 이러한 사실은 분석대상인 경성제대 도서관 장서가 함축하는 학지가 지식의 생산지인 일본 제국의 지식 권력을 반영하거나 적어도 욕망하고 있었다는 점을 함의한다. 물론 경성제대 도서관이 식민지 내에 설립된 식민지 대학의 부속기관으로서의 성격, 즉 '식민성'을 가지고 있다는 점은 부정하기 어려울 것이다. 그러나 동시에 경성제대 도서관은 30%를 차지하던 조선인 학생들에게도 '민족 엘리트'가 아니라 '제국 엘리트'로서의 자기정체성을 갖도록 유도하는 장치였다.[4] 즉, 보편적 교양주의를 강조하는 경성제대의 도서관은 식민지 통치기관의 부속시설인 조선총독부 도서관과 달리, '제국'의 학지에 조응하는 기관이었다.

이 글은 경성제대 장서들을 근대 통치성의 진화라는 관점에서 재배열해 분석한다. 일반적으로 근대 학지의 성장은 근대 국가의 성장, 근대 국가의 통치성의 문제와 맞닿아있다. 근대 국가는 주민들에 관한 정보를 강화하고 전통 국가가 간여하지 않았던 미세한 일상생활까지 광범위한 영역으로 행정력을 확대한다. 이러한 과정은 국가 내 인구·영토·물질자원이 하나의 총체로서 파악되고 실행되어야 한다는 관념, 이른바 푸코가 '통치성governmentality'이라고 부른 현상과 연결된다. 이렇게 수집된 행정 자료들은 "객관적 자료"로서 인민을 규율하고 지배를 정당화할 뿐 아니라, "국가의 총체"를 발견하는 중요한 도구가 된

---

4   위의 책, 47쪽, 80쪽.

다.[5] 지식은 국가의 현재에 대한 '인지 가능성'뿐 아니라 미래에 대한 '통치 가능성'을 낳고, 인민을 규율하고 지배를 정당화하는 "객관적 근거"가 된다.[6]

그런데 근대성을 강조하며 근대 국가의 성립 전후를 단절적으로 바라보는 태도는 '근대 권력'의 시간적인 전개, 즉 진화를 간과할 염려가 있다. 즉, 이철우가 지적한 대로 서구적 경험에 기초한 이상적이고 통일적인 근대상을 설정하고, 다른 역사적 양태들과 관계들의 복잡성을 "전근대라는 잔여범주로 몰아넣음"으로써 "권력과 지배 양식의 변화"라는 중대한 사회적 변화를 놓칠 위험이 있다.[7] 본 연구는 사물과 인구에 대한 학문 지식이 즉자적인 지식을 넘어, 하나의 실재로서 현실 자체를 재조직해 나가는 지식 권력이 되어 가는 과정을 보여줄 것이다.[8] 이 연구는 관방지식에서 근대적 과학 지식으로의 전환 과정뿐 아니라, 1930년대 이후 나타난 '근대의 초극'이나 천황제 이데올로기 역시 통치합리성이 진화해 나가는 역사적 양태로서,[9] 즉 근대성의 왜곡이 아니라 근대성의 전개 과정[10]으로서 파악할 것이다.

5 　미셸 푸코 외, 이승철 외역, 「통치성」, 『푸코 효과-통치성에 관한 연구』, 난장, 2014, 150쪽.
6 　미셸 푸코, 심세광 외역, 『안전, 영토, 인구』, 난장, 2011, 13강.
7 　이철우, 「법에 있어서 근대 개념 얼마나 유용한가」, 『법과 사회』 16, 법과사회이론학회, 1999, 251~272쪽.
8 　콜린 고든, 「통치합리성에 관한 소개」, 『푸코 효과』, 난장, 2014, 25쪽에 따르면, 푸코는 16세기 유럽에서 국가이성이라는 신조가 등장한 것을 자율적 합리성으로서의 근대적 통치성의 출발점으로 꼽는다. 이는 국가의 원칙들이 국가 자체에 내재적이어야 한다는 것을 의미했다.
9 　이철우, 「일제하 한국의 근대성, 법치, 권력」, 신기욱·마이클 로빈슨 편, 『한국의 식민지 근대성』, 삼인, 2006, 91~93쪽.
10 　지그문트 바우만, 『현대성과 홀로코스트』, 새물결, 2013. 이와 같은 맥락에서 차승기, 「추상과 과잉-중일전쟁기 제국 / 식민지의 사상연쇄와 담론정치학」, 『상허학보』 21,

2. 근대 국가의 성립과 지식권력

1) "국내 평정"과 국가통치술로서의 학문지식

먼저, 가장 오래된 장서가 있는 수산업편부터 검토해 보겠다. 메이지 유신 이후 "국내 평정"[11]을 추진하던 일본은 영토 내 사물들에 대한 지식을 수집하고자 했다. 1875년의 海面官有宣言은 기존의 관습적 권리를 무시하고 국가를 중심으로 새롭게 자원을 재편하려는 시도였는데, 이로 인해 각 지역에서 일대 혼란과 분쟁이 야기되었다. 이러한 상황은 '메이지구어업법'이라고 불리는, 최초의 전국적인 어업법인 어업법이 성립되는 1901년까지 지속되었다.[12]

가장 오래된 장서인 1894년에 발행된 『水産事項特別調査』는 어업법 안이 진행되는 과정에서 작성된 전국 단위의 수산업 조사 보고서이다. 수산조사위원회 위원장인 村田保는 서문에서 "천하의 사물을 정확히 조사하는 것은 정확한 통계를 위해 필요한 것이며, 통계의 핵심은 사물의 변화를 설명하는 것이다. 이로써 정무의 지침을 제공하는 것이 구미 제국의 통계에서 중시하는 것"이라고 했다. 이어 상무국장 역시 "사실

상허학회, 2007에도 주목할 필요가 있다. 차승기는 1940년 신체제 수립 전후로 문화 및 문화과학을 배제하는 방식으로 '포섭'하는 기술이성이 새로운 이데올로기로 등장했음을 강조했다. 기술이성은 근대 기술문명이 낳은 인간소외라는 반인간적인 해악 역시 다름 아닌 '기술적으로' 초극되어야 한다는 이데올로기였다.

11 앤서니 기든스, 『민족국가와 폭력』, 삼지원, 1993, 7장.
12 오창현, 「일본 '地先漁場 地元主義'의 성립과정에 대한 역사적 고찰―일본 메이지어업법의 성립과정을 중심으로」, 『중앙민속학』 16, 중앙대 문화유산연구소, 2011.

을 밝혀 행정 기획에 이바지하는 것이다. (…중략…) 행정이 민업을 편하게 할 수 있을 것"이라고 밝히고 있다. 서언에서는 "제국을 둘러싼 바다가 7천리가 되고 수족이 많다. (…중략…) 종래 정확한 통계가 없어 수산의 수입을 측정하고 어민의 생계, 국가경제의 관계를 관찰해야 한다. 확실한 자료를 구할 수 없어 메이지 25년(1882) 11월에 後藤 농상무대신은 도청부현에 훈령하기로, 수산사항에 관한 특별 조사를 해야 한다는 취지를 시행시켰다."[13]

다른 한편, 이러한 국가의 움직임은 본래 자치 권력을 보지하고 있던 각 지방의 반향을 일으켰다. 경성제대의 장서 중 홋카이도 어업조합 자체 조사 결과물인 1890년 『北海道漁業志稿』(1935년 복간본 소장)와 1897년에 발간된 『北海道漁業志要』를 살펴볼 필요가 있다.[14]

『北海道漁業志要』는 "홋카이도 고금 포어 채조에 관한 연혁과 그 실황을 관찰"하고 있는데, 저자가 제시한 이 책의 저술 배경은 다음 두 가지이다. 우선, 저자는 메이지 25년 9월부터 27년까지 순회하던 중 "홋카이도 수산상황을 알지 못해 여러 가지 질문이 생겨 참고서를 찾게 되었는데, 홋카이도 수산에 관한 공식적인 저술이 필요하다는 점을 처음 느꼈기" 때문이다. 두 번째는 일본에서 어업법이 제정되고 있던 상황과 관련된다. 어업법은 1893년에 최초로 발의되어 1901년에 비로소 제정되었다. 당시 어업법은 "제6제국의회에 어업법안 때 처음 제출되어 제7

---

13 農商務省, 『水産事項特別調査』, 1894, 2년 후 발간된 大日本水産會 編, 『捕鯨志』, 嵩山房, 1896은 포경을 두고 각축을 벌이던 영국, 러시아, 프랑스, 호주, 미국 등 서양 열강들의 포경업과 일본의 포경업을 개관하고, 구체적으로 고래의 생물학적 측면과 포경 방법 등에 대해 구체적으로 기술하고 있다.

14 北海道水産協會, 『北海道漁業志稿』, 1935(1890); 村尾元長 編, 『北海道漁業志要』 秀英舍, 1897.

제국의회에 해당 법안이 귀족원의 일정에 올라가 있는데, 법안의 조항 중 2~3은 홋카이도 어업상의 이해와 관련해 극히 중요한 것"이었다. 이에 저자는 홋카이도 어업자들과 단결해 당국자 및 의원을 방문해 반대 의견을 진술하기도 했다. "당시 의원 등 유식자들은 홋카이도 고래어업의 연혁 제도의 변천을 조사하려 했으나, 서점에서 참고서를 구할 수 없었고 관청에 요청해도 미흡하였다. 그래서 우리들에게 연혁의 대요를 만들게 하고 이것을 등사해 반포하기에 이르렀다. (…중략…) 나는 점차 어업지 편찬이 시급하다는 점을 깨닫게 되었다."

앞서 1885년에 전서 7편으로 이루어진 홋카이도에 관한 방대한 분량의 지역 보고서인 『開拓使事業報告』가 출간되었다. 홋카이도는 메이지 2년(1869) 치시置使하고 15년(1882) 2월 폐사치현廢使置縣되는데, 이에 맞춰 메이지 정부는 이 책을 발간했다. 1편 연혁 · 지리 · 호적, 2편 권농 · 토목, 제3편 물산, 4편 운수 · 통신 · 위생 · 교육, 5편 병비 · 외사 · 은전 · 경찰 · 재판 · 감옥 · 조세 · 회계로 이루어져 있다. 대장대서기관大藏大書記官이 쓴 서문에는 홋카이도 개척 사업은 "당시 일본이 밖으로는 강토를 굳건히 하고 안으로는 이익의 원천을 증가시켜 장래 무궁한 기초를 여는 일"이었다. 이러한 흐름은, 창업 관련서인 1898년 『經濟要錄』[15]과 이와테현의 권업서인 1901년 『岩手縣勸業臨時報告』[16]를 통해 미루어 볼 때, 국내외 경제활동을 장려하는 정책적 흐름과 밀접히 맞닿아 있음을 알 수 있다.

현지에 대한 지식을 파악하려는 근대 국가의 움직임은 일본이 새로

---

15 佐藤信淵, 『經濟要錄』 1~7, 1898.

16 岩手縣內務部第四課 編, 『岩手縣勸業臨時報告 — 南部馬史』, 1901.

확보한 혹은 확보 중인 식민지 영토에도 영향을 미쳤다. 이러한 경향은 을사조약이 체결되고 통감부가 설치되는 1905년에 발간된 『韓國産業視察報告書』[17]에 잘 나타난다.

이 책은 러일전쟁(1904.2~1905.9)이 한창이던 1904년 12월에 한국 내 산업 상황을 알리기 위한 목적으로 간행되었다. 러일전쟁을 계기로 일본은 항해업을 독점할 수 있는 "다시 오지 않을" 호기를 맞았는데, 이에 저자인 오사카상업회의소 의원인 谷崎新五郎과 서기 森一兵 두 사람이 파견되었다. 두 저자는 러일전쟁이 발발한 직후인 3월 하순에서 7월 초순까지 "경부 철도 완성이 한국 산업에 미치는 영향 및 금후 일본인의 경영에서 한국산업 제반의 사항"을 시찰하기 위한 파견원이자 농상무성에서 촉탁한 한국 농상공업의 현장 조사원이었다. 오사카상업회의소 회장인 土居通夫은 서두에서 "당시 오사카 상공업자는 한일 무역에서 중요한 위치를 점하는데, 금후 일층 확실한 발전을 이루기 위해 다시 한국 산업 조사를 필요로 했다"고 말했다. 당시 한국 개항장의 상업과 달리, 내륙 지방의 산업 상황에 관해서는 잘 모르기 때문에 조사가 시작되었다. 그러나 당시 한국 내륙은 교통이 불편하고, 언어도 통하지 않고, 또 날씨도 좋지 않아 목적을 충분히 달성할 수 없었다.

이 같은 산업 분야의 흐름은 어업 분야에서도 나타났다. 러시아령이었지만 일본인 어업자의 이주가 잦았던 사할린에 대한 조사서 『露領薩哈嗹島漁業調査報告』가 1900년에 발간되었다.[18] 이 책의 목적은 "교통

---

17   谷崎新五郎, 森一兵, 『韓國産業視察報告書』, 大阪商業會議所, 1905.
18   丹羽平太郎, 『露領薩哈嗹島漁業調査報告』, 農商務省水産局, 1900과 內山吉太, 明石鴻南, 『薩哈嗹島占領經營論』, 1905. 후자는 일본이 러일전쟁 후 사할린을 할양받은 뒤에 출간한 것으로, 주로 어업을 중심으로 '구체제'와 점령 후 체제를 비교하며, 당시 특허제

편이 없어 견문이 미흡하나 얻은 바가 없지 않아 본서를 편찬해 장래 사할린섬으로 계절 이주하는 어업자들이 참고로 삼을 수 있게 기여하는 데" 있었다. 이 책의 목적이 앞서 『韓國産業視察報告書』에 상응하는 것을 알 수 있다.

저자인 丹羽平太郎은 농상무 기수農商務技手로 사할린 어업조사 명령을 받고, 1898년 8월 1일 도쿄를 떠나 8월 22일 사할린 섬에 당도한다. 약 50여 일 간의 여행 동안 실제로 목격한 바를 정리했으며, 실제로 보지 못한 것은 전언을 통해 보충했다. 사할린섬에서는 久世 일등영사, 통역생 및 사할린 어업조합의 두 총대總代와 사무소 직원, 어부들의 도움을 받아 조사를 추진할 수 있었다. 저자는 일본 정기선을 타고 사할린의 남부 항구에 도착한 뒤, '아니와' 만의 서해안 남부와 동해안 어장을 돌아보았다. 이어 러시아 정기선인 바이칼호에 타고 알렉산롭스크를 거쳐, 러시아와 사할린 사이의 해협을 따라 북진해 새로 개척된 "타무라오" 어장을 시찰했다. 저자는 10월 14일에 사할린을 떠났는데, 일본으로의 직항을 구할 수 없어 사할린 북부에서 흑룡강을 타고 역상했다가 블라디보스토크를 경유해 11월 중순에 비로소 도쿄로 돌아왔다.

한국에서는 『韓國水産誌』가 1908~1911년에 발간되었다. 이 책은 일본 국내에서 이루어진 조사를 담은 1894년 『水産事項特別調査』에 상응한다. 『韓國水産誌』는 한반도 바다와 강 연안 마을들의 수산업을 조사한 4권의 방대한 양의 조사 보고서이다. 조선의 수산업뿐 아니라 물산 전반에 대한 조사는 한일 병합이 이루어진 1910년의 『朝鮮産業

도, 연어 · 송어 · 청어 · 고래 · 海獸 어업에 대해 다루고 있다.

誌』 3권을 통해 일단락된다.[19] 이 책들은 일본의 조선 재래 산업 전반에 대한 조사가 일단락되었음을 보여준다. 그러나 일본의 『北海道漁業志要』처럼 중앙 정책에 대한 지역민들의 요구를 반영하는, 지방 조직의 자발적인 보고서는 식민지 조선에서 나타나지 않았다. 다시 말해 일본과 달리 근대 제국의 의지만 일방적으로 반영하는, 위에서 아래를 향한 보고서만 출간되었을 뿐이다.[20]

수산업편에서 나타난 위와 같은 제국 학지의 진화는 산업 전반에서 광범위하게 진행된 현상이었다. 한반도뿐 아니라 중국 요동성 등 만주 지방에 관한 개괄적인 조사는 1900년대 말이 되면 완료된다. 일본은 러일전쟁에서 승리한 뒤, 사할린 남부 및 중국 대련大連과 여순旅順 지방을 러시아로부터 할양받는다. 일본은 후자를 관동주關東州라고 칭하며, 관동도독부와 관동군을 설치해 남만주 지역에 대한 관할권을 확보한다. 이와 관련된 장서가 1906년 『滿洲産業調査資料』와 1910년 『滿洲産物字彙』이다.[21] 1906년 『滿洲産業調査資料』는 총6권으로, 제1권 농업, 제2권 양조업과 주류酒類, 제3권 임업, 제4권 상업과 제조업, 제5권 수산업, 제6권 광산 등을 다루고 있다. 또, 1910년 『滿洲産物字彙』는 문헌 조사에 의거해 만주의 물산명을 정리한다.

청일 간의 간도협약이 맺어진 이듬해인 1910년에 통감부 임시간도 파출소 잔무정리소殘務整理所가 간행한 『間島産業調査書』에도 주목할 필

---

19   農商工部水産局 編, 『韓國水産誌』 1~4, 1908~1911; 山口精, 『朝鮮産業誌』 上·中·下, 1910.

20   이와 관련해, "식민지 조선에서는 늘 식민지 통치권력이 통계 생산을 독점하였고, 더욱이 민간부문의 통계전문가란 전무하다시피 했다"는 점도 지적할 필요가 있겠다(박명규·서호철, 앞의 책, 39쪽).

21   關東州民政署編, 『滿洲産業調査資料』, 1906; 關口隆正 編, 『滿洲産物字彙』, 1910.

요가 있다. 1909년 청일 협약, 소위 간도 협약이 체결되면서 임시간도 파출소는 폐쇄되었다. 이 책의 범례를 보면, 임시간도파출소의 폐쇄 전에도 겨울 추위와 청국 관리의 방해로 간도 지방에 대한 조사가 완전히 이루어지지 못했다. 이에 같은 해 7월 고등상업학교 출신자를 고용해 조사시키려고 했으나, 청국 관리의 파출소에 대한 극심한 제재로 인해 여행이 곤란해 목적 달성이 불가능했다. 그럼에도 상업의 경우에는 간도와 한국의 청진清津과의 "밀접한 관계" 때문에, 조사가 이루어질 필요가 있었다. 나아가 이 책은 간도뿐 아니라 길림, 훈춘 등지에 대한 조사 내용도 담고 있다.

북쪽 만주뿐 아니라 남방의 사물도 일찍부터 제국 학지의 주요한 관심사였다.[22] 말레이반도·필리핀·자바의 풍토, 기후·인종 및 언어·풍속·생활상태·정치·종교·교통·금융기관·고무·야자·석유·사탕수수·연초·석광업·해운업 등에 대한 조사서인 『南洋の産業及其富源』이 1912년에 출간되었다.[23] 『南洋の産業及其富源』에 따르면, 임업 중에서는 말레이반도를 중심으로 남양 일반에서 행해지고 있는 고무護謨 재배업이, 광업 중에서는 수마트라와 보르네오의 석유, 석탄, 말레이 반도의 주석 채굴업이, 농업 중에서는 보르네오의 사탕수수, 미곡 경

22 　翰墨林編譯印書局, 『通州興辦實業之歷史』, 1910은 일본 내에서도 도쿄대 경제학도서관, 재단법인 동양문고, 아이치대학 3곳에만 소장되어 있는 희귀본이다. 이 책은 중국 남부인 강소성 통주 지역의 공장들을 개관하고 있다.

23 　農商務省商務局商事課編, 『南洋の産業及其富源』, 1912는 농상무성의 촉탁인 松尾音治郎이 남양시찰복명서 중 그 산업 및 부원에 관한 부분과 관련해 이 방면에 종사하는 기업 현황과 그 장래에 관한 일반을 조사한 것이다. 당시 남양에 대한 관심이 늘고 있었는데, 실제 사정을 상세히 알지 못했고, 이에 농상무성은 촉탁인 松尾音治郎에게 남양의 정황을 시찰해 각지의 유력 산업 및 무역에 관해 깊이 있는 조사를 실시하도록 한다.

작 및 수마트라, 자바, 필리핀의 연초 재배가 중요했다. 특히 일본에게
는 사탕수수・야자・등나무의 재배, 사탕・쌀・연초・차의 재배, 석
유・석탄・철 등의 채굴업 및 어업 등이 중요하다고 보았다. 다른 장서
들[24]을 보면, 남방 자원 중에서도 이미 일본인들이 보르네오에 들어가
경작하고 있던 사탕수수, 즉 설탕에 대한 관심이 지대했음을 알 수 있다.

2) '사물의 발견'과 제국 무역권의 확대

조선이 개항하는 1876년 전까지, 멀게는 일본이 개항하는 1868년
전까지 한국・일본은 중국을 정점으로 한 '조공무역체계' 안에서 매우
제한된 교역만을 허용해 왔을 뿐이었다. 이러한 교역구조는 일본 제국
의 팽창과 함께 일본 중심으로 빠른 속도로 재편되어 갔다. 19세기 후
반 일본에 의해 촉발된 동북아시아 무역 체계는 1900년대 들어 제국
내 시장 통합을 추동했다.[25]

경성제대 장서에서는 일본이 동아시아에서 사물들을 '발견'하고 주
도적으로 교역해 나가는 양상을 발견할 수 있다. 이는 크게 두 가지 양

---

24 堀宗一, 『朝鮮の糖業』, 1913에 따르면, 당시 일본은 홋카이도에서 사탕무 농업이 실패하
고 대만의 당업에도 실패한 상황 이후 조선 사탕무 당업을 시도하고 있었다. 그러나 阿部
留太, 『砂糖會社はどうなるか』, 1933을 보면, 일본은 보호관세에 힘입어 대만의 당업이
성공하면서 완전한 자급자족을 이루게 되었다.
25 물론, 이 시기 무역 체계 변동을 일본 제국 형성의 관점에서만 보는 것은 주의할 필요가
있다. 이와 관련해, 19세기 후반부터 20세기 초반까지 동아시아 무역체계에서 중국인
산인들이 역할에 대해서는 石川亮太, 『近代アジア市場と朝鮮―開港・華商・帝国』, 名古
屋大学出版会, 2016을 참조 바란다.

상을 띠었는데, 첫 번째는 위에서 언급한 식민지 보고서에서 잘 나타나 있듯이, 타국에서 활동하는 일본인 상인이나 계절이주노동자의 이익을 직접 도모 · 보호하는 것이다. 두 번째는 "농업정책과 식민정책의 연구자, 나아가 현재 만주에서 열국의 상인과 대치해 활동하는 일본 당업자 모두를 위해" 동아시아 체계를 일본 중심으로 재편해 세계체계에 진입하는 것이다.

우선, 소위 '사물의 발견'이 이루어지는 공식적인 현장인 박람회와 공진회가 곳곳에서 개최되었다. 1914년 『東京大正博覽會出品之精華』에 따르면, 당시 도쿄 대정 박람회東京大正博覽會는 조선 · 관동주 · 대만 · 사할린 · 홋카이도, 그리고 일본 각 부현 순으로 제국 내 교역망을 반영하는 전시를 했다.[26] 1914년에는 홍만선(1643~1715)이 쓴 산림경제의 번역서인 『山林經濟』가 출간된다.[27] 이 책의 부제로 "一名 朝鮮博物志"가 붙었고, 발간 목적은 "민정에 이익을 높이고 산업계발에 참고서가 되게 하는 데" 있었다. 이어 1914년에 부산에서 열린 경남물산경진회의 보고서와 1915년에 열린 조선물산공진회의 기념서가 각각 발간되었다.[28] 이러한 물산공진회는 제국 판도 내에서 조선과 일본 간의 교역 체계를 통계를 통해 보여주는, 1918년 『貿易統計表ヨリ觀タル朝鮮産業ノ狀況』의 편찬 배경과도 밀접히 연결되어 있었다.[29]

1920년대에 들어, 이러한 '발견'의 결과는 더 작은 단위에서 정리되

---

26 古林龜治郎編, 『東京大正博覽會出品之精華』, 1914.
27 朝鮮硏究會編, 『山林經濟』, 1914.
28 慶尙南道物産共進會 編, 『慶尙南道物産共進會事務報告』第一回, 1915; 朝鮮總督府 編, 『始政五年記念朝鮮物産共進會報告書』 1~3권, 1916.
29 朝鮮總督府 編, 『貿易統計表ヨリ觀タル朝鮮産業ノ狀況』, 1918.

어 나갔다. 1910년『朝鮮産業誌』를 위해 전국 단위로 조사가 이루어졌던 조선의 물산은『忠南産業誌』이나『忠北産業誌』에서 보듯이 각 도별로 상세하게 정리되었다.[30] 이러한 흐름은 1929년에 열린 조선박람회에서 정점을 이루었고, 이는 1930년『朝鮮博覽會記念寫眞帖』으로 간행되었다.[31] 이 책은 서문에서 "지역의 산업, 교통, 토목, 교육, 위생 기타 각 영역의 상황을 한 곳에 전시할 뿐 아니라 내지 기타 영토 및 외국의 출품도 다수 망라하여, (…중략…) 산업경제의 발전에 도움이 되고자 한다"고 말해, 박람회 자체의 목적이 조선 지역의 산업 빌전에 있음을 명시하고 있다.

동아시아 교역체계와 관련해 1933년『産業と觀光の大博覽會協贊會會誌』도 주목할 필요가 있다. 이 책은 이시가와현石川県 가나자와시金澤市에서 1931년 4월 12일부터 6월 5일까지 열린 박람회의 백서이다. 당시 간도협약 이후 부설되기 시작한, 함경북도 청진에서 회령을 지나 중국 길림까지 이어지는 길회철도吉會鐵道의 전체 개통에 맞춰, 지방 정부가 지방 관광과 산업을 부흥하기 위해 박람회를 개최했다. 일본의 3부 43현과 4개의 식민지청 중 3부 33현 17시 및 홋카이도, 대만, 사할린, 조선, 만주가 참여했으며, 출품인원 6천 명, 출품단체 200단체, 출품점수는 약 30만 점에 달했다. 이 책의 "4장 영향影響"은 박람회가 미친 영향을 역하차인원, 여관숙박이용인원, 전차電車 수입 증가액, 진열상품의 매상증가, 연초의 매상증가, 금융 동향, 광고술의 진보, 도로의 포장

---

30 田中市之助,『忠南産業誌』, 1921; 天野行武,『忠北産業誌』, 1923; 朝鮮中央經濟會,『朝鮮産業大觀』, 1922; 大陸社編,『朝鮮ノ産業』, 1926.

31 朝鮮總督府 編,『朝鮮博覽會記念寫眞帖』, 1930.

화 등을 지역 경제와 관련시켜 기술하고 있다.

위와 같은 흐름은 1927년 조선총독부 관방문서과에서 발간한 『朝鮮の物産』의 저술 목적에도 잘 반영되어 있다. 이 책은 당시 관방문서과의 촉탁嘱託이었던 저자 젠쇼 에이스케善生永助가 조선 물산의 종류·성질·분포·생산·무역·매매 상태 등을 밝히기 위해 조사한 결과를 출간한 것이다.[32] 이 책의 서문에서 저자는 조선에서는 "산업제일주의"가 제창되고 "조선산품朝鮮産品 애용운동"이 일어나고 있었는데, 이를 관민이 힘을 합쳐 발전시키는 것이 중요하다고 주장했다. 조선에 부족한 생산 자본·지식·기술을 일본에서 이입할 때 비로소 조선 산업은 장래 크게 발전할 것이다. 이를 통해 조선인의 경제력을 신장시킬 수 있을 뿐 아니라, 일본에 부족한 원료품 및 식료품의 공급을 확대해, 일본의 인구 문제와 식량문제를 해결할 수 있을 것이라고 예측했다. "그러나 지질상 천부의 자원이 다를 뿐 아니라 국토의 위치 자체, 지세, 기후, 조류, 토질 등에 따라 혹은 문화의 정도, 교통의 편부, 경제력의 차이 등에 따라 물산의 종류 및 분포 상태가 상이하다. 또 동일한 것일지라도 산액, 품질, 수급 상황, 매매방법 등에는 특수한 사정이 있다"고 말해, 이 책의 저술 목적이 기술 전파, 생산 확대, 교역에 있음을 분명히 하고 있다.

이러한 동아시아 네트워크의 재편에 따른 '사물의 발견'은 조선뿐 아니라 대만,[33] 그리고 러일 전쟁을 통해 할양받은 대련과 배후지 남만주에서도 일찍부터 나타났다. 먼저 1912년 『滿洲大豆論』, 1915년 『滿洲特産物ニ關スル調査』, 1915년 『滿洲大豆及其加工品』은 만주에 대한

---

32   朝鮮總督府 編, 『朝鮮の物産』, 1927.
33   臺灣總督府殖産局 編, 『臺灣産業槪要』, 1924.

일본의 관심이 일본 내 소비 수요와 관련되어 있음을 보여준다.[34]『滿洲大豆論』의 서문에 따르면, 콩은 만주의 경제에 큰 영향을 미치고 있었을 뿐 아니라, 일본 농업계에 미치는 영향도 작지 않았다. 만주산 콩과 콩깻묵은 만주와의 무역품 중 비중이 가장 커서, 수입량이 홋카이도와 조선 콩의 생산량에 필적했다. 더욱이, 1908년 미쓰이三井가 구미쪽 판로를 개척한 이후 일본의 콩 수출은 계속 증가하고 있었다. 콩은 인도와 아메리카의 면실 아마亞麻 종자에 비견될 만한, 세계적 무역품의 하나로서 이미 인정받고 있었다. 따라서 만주의 콩은 이미 단지 극동에 국한된 문제가 아니라 매우 광범위한 세계 경제 체계의 일부였고, 만주의 콩이 세계경제체계와 연결되는 결절점에는 일본이 있었다.[35]

위와 같은 흐름은 면포의 수급 상황·이동 경로 등을 조사한 1924년『重要商品調査 : 綿布の部』와 조선의 목탄과 목탄 운송에 대한 보고서인 1925년『木炭ニ關スル經濟調査』를 통해서도 엿볼 수 있다.[36] 서일본 지역 내 물자의 이동을 검토한 1925년『産物と其の移動』이나, 철도 및 광업조합 혹은 석탄상조합 등에서 작성한 통계로부터 규슈의 석탄과 철도 수송을 탐구한 1926년『九州の石炭と鐵道』, 일본 중부의 물산을 정리한 1928년『中部日本の産物を尋ねて』도 마찬가지 맥락에서 이해될 수 있다.[37] 이러한 흐름은 1926년 12권으로 이루어진『日本産業

---

34 統監府臨時間島派出所殘務整理所 編,『間島産業調査書』, 1910; 駒井德三,『滿洲大豆論』, 1912; 木原小平,『滿洲特産物ニ關スル調査』, 1915; 關東都督府民政部庶務課 編,『滿洲大豆及其加工品』, 1915.
35 1910년대 만주의 대두에만 집중되어 있던 일본의 관심은 1920년대 들어 만주의 다른 산물로까지 확대되었다. 이와 관련된 장서로는 滿洲重要物産滿洲重要物産業組合 編,『滿洲重要物産統計年鑑』, 1921과 大連市役所編,『大連勸業博覽會審査報告』, 1926이 있다.
36 京城府,『重要商品調査. 綿布の部』, 1924, 鐵道省運輸局 編,『木炭ニ關スル經濟調査』, 1925.
37 門司鐵道局運輸課 編,『産物と其の移動』 1~3, 1925; 門司鐵道局運輸課 編,『九州の石炭

資料大系』의 발간으로 이어진다.[38] 1926년 『帝國産業大資料』下卷은 "자연에서, 인문, 인문을 거쳐 경제 지리로의 이동을 외치며" 쥬고쿠·시코쿠·규슈 지방을 거쳐 홋카이도·사할린·대만·조선·남만주·관동주·남양군도 등까지 제국 판도 내의 물산들을 설명한다.

다른 한편, 수산업편의 장서는 산업편과 달리 『韓國水産誌』 4권이 1911년 완간된 후 한동안 나타나지 않다가 1920년대부터 다시 등장한다. 이 시기에 나타난 학지 변화에 주목해 볼 필요가 있다. 1910년대까지의 수산업 조사가 생산주체인 어민의 생업활동(혹은 기술)을 '발견'하는 데 초점을 맞추고 있었다면, 1920년대 전반기 경성제대 도서관 수산업편 장서들은 '물자의 이동'을 파악하는 데 집중하고 있다. 이를 반영한 것이 1921년 『朝鮮の十大漁業』과 개정판인 1923년 『朝鮮の重要漁業』이다.[39] 어촌이나 어민의 생산에 대해서가 아니라, 유통되는 주요 상품으로서 10~11가지 수산물을 선택해 정리하고 있다.

1920년대가 되면, 식민지기 전부터 형성되기 시작한 제국 수산물 유통망이 정착되어 조선 바다에서 어획된 수산물 중 상당량이 일본으로 운반되었다. 특히 조선 남부 근해에서 어획된 수산물은 혼슈 서단의 야마구치현 시모노세키항으로 유입되었다. 1923년 『下關の水産』에 따르면, 시모노세키항은 연안 어업의 근거지일 뿐 아니라, 조선의 근해 및 동중국해, 황해, 대만 등까지 나아가 조업하는 원정 어업의 중심지였

と鐵道』, 1926; 名古屋鐵道局 編, 『中部日本の産物を尋ねて: 昭和三年一二月調』, 1928.
38 瀧本誠一, 向井鹿松 編, 『日本産業資料大系』1~12, 1926; 廣島高等師範學校附屬小學校 地理研究部 編, 『帝國産業大資料』下卷, 1926.
39 朝鮮總督府殖産局 編, 『朝鮮の十大漁業』, 1921; 朝鮮總督府殖産國 編, 『朝鮮の重要漁業』, 1923. 식민지를 수산물 공급지로 바라보는 시각은 臺灣銀行調査課, 『臺灣の魚塩(養魚)に就て』, 1926에서도 잘 나타난다.

다. 조선과 중국 근해에서 수조발동기선이 어획하거나 조선·동중국해·황해·대만 등지에서 트롤어선이 어획한 수산물은 시모노세키항을 통해 서일본京阪神 지방뿐 아니라 동일본 및 동북 지방奧羽까지 운반·판매되었다.[40]

1920년대 이후로 제국의 판도는 다시 한 번 더 확장된다. 먼저, 일본은 제1차 세계대전 직후인 1919년 베르사유조약을 통해 독일의 권리를 승계해, 중국 청도靑島를 할양받고 독일령이던 남양의 섬들에 대한 위임 통치권을 얻게 된다. 이에 1922년 미크로네시아 팔라우 섬에 남양청을 설립한다.

1926년 『南支那及南洋調査 漁業試驗報告』은 대만총독부에 의해 남양 섬들이 아니라 남양에서 물자가 이출되던 홍콩과 남해도(남중국해)의 해양, 어업, 제조업, 양식업, 해산물 무역 등을 조사한 것이다.[41] 앞서 독일이나 영국의 식민지였던 남양과 동남아는 실제 조사서보다는 번역서가 많은데, 대만총독부는 제국의 남쪽 경계 밖인 영국령인 말레이시아와 필리핀 군도에 대한 조사서인 『英領馬來の漁業』과 『比律賓群島の水産資源』을 번역한다. 외무성에서도 미얀마와 관련된 번역서인 『緬甸の漁業』을 간행한다.[42] 여기에 수산물의 만주 수출을 진흥하기 위해 1929년 『滿洲に於ける水産物の需給』이 간행된다. 후자는 본래 "중국은 오래 전부터 일본 수산물의 좋은 고객이었지만, 만주는 벽지로 인

---

40 下關商工會議所, 『下關の水産』, 1923.
41 大熊保道, 靑木赳雄, 『南支那及南洋調査 漁業試驗報告』, 臺灣總督官房調査課, 1926.
42 Herre, A. W., 『比律賓群島の水産資源: 南支那及南洋調査 164號』, 臺灣總督官房調査課, 1929; (英)D. G. Stead, 『英領馬來の漁業』, 臺灣總督官房調査課, 1926; 『緬甸の漁業』, 外務省通商局, 1932.

경성제국대학 부속도서관 장서의 성격과 활용 - 식민주의와 총동원체제

구도 비교적 적고 문화도 지체되어 수산물에 관한 지식을 갖고 있지 못해 현재는 소비액이 적다. 그러나 개발이 진전됨에 따라 인구도 증가하고 부력富力도 증가해 앞으로 상당히 유망한 시장이 될 것이 분명하다"고 역설한다. 이 책을 위한 직접 조사에는 철도 인근의 상업회의소와 일본인업자의 도움을 받았으며, 기존 조사서로는 『滿洲産業誌』(관동도독부육군부), 『滿蒙全書』(만철조사과), 『關東廳要覽』(關東廳), 『關東都督府水産試驗場要覽』(關東廳), 『滿蒙の産業研究』(田中末廣), 『北滿洲に於ける漁業』(만철하얼빈조사과), 『黃渤海の漁業』(만철조사과) 등을 참고했다. 일본의 만주 조사가 이미 상당히 축적되어 있었음을 알 수 있다.[43]

이러한 경향은 수산업뿐 아니라 산업 분야에서도 마찬가지였는데, 1924년 『北滿洲の特産物』는 대련중요물산조합의 초대로 만주 시찰을 나온 일본 내지內地의 특산 매매상단에게 제공하기 위해 긴급 편찬된 것으로, 당시 만주와 일본의 물산 교역이 확대되고 있었음을 알 수 있다. 이어 중국 중부인 후난성·후지엔성·산동성·강시성 일대의 주요 산업에 대한 보고서인 1922년 『支那産業の現況』도 간행된다. 1928년 몽골을 포함한 『滿蒙の産業研究：原料編』은 서문에서 일본과 중국 "양국의 융화 친선이 동아의 평화를 확보하고 나아가 세계의 문운文運에 공헌하는 바"이지만, "다행히 만몽의 땅은 양국의 특수 관계에 의거해, 경제적 제휴를 합리적으로 실현할 수 있는 특수지역"이라고 주장한다. 특히 1930년 『北滿地方に於ける特産物の取引及採算』은 구체적인 물산거래 양상을 규명한다. 이 책은 대두 및 콩껍질과 콩기름에 관련한 수급상황을 검토하는데, 1편 각국의 수급상황, 2편 다롄, 3편 영국, 4편 안동, 5

---

43 南滿洲鐵道株式會社庶務部調査課, 『滿洲に於ける水産物の需給』, 南滿洲鐵道株式會社, 1929.

편 만철연선지방, 6편 북만 지방 중 6편에 해당하는 책이다. 여기에 과거 "만주"로 간주되던 러시아 연해주와 관련해, "일본 식량 문제에서는 경시될 수 없는 러시아 극동의 미작"에 대한 참고자료로서 1923년『露領沿海洲と農業の將來:殊レニ米作問題レニ就て』가 발간되었다.[44]

일본 제국 내외의 물자 유통망에 대한 관심은 조선·만주·대만·중국·홍콩의 주요 토산품들을 정리한 1926년『鮮滿及北支那の産業』과『南支那及臺灣の産業』에서 잘 드러난다.[45] 두 책은 본래 한 권으로 기획되었지만, 편의상 분권되어 출간되었다. 저자는 1922년에 가지를 시찰했고, 조선과 대만 총독부를 비롯한 관동청·각지 영사관·(주)남만주철도·미쓰이물산三井物産 등에서 자료를 수집했다. 서문에 따르면, "현재 중국에 대한 조사연구가 부족한 상황인데, 과거 중국에 대한 이해로부터 출발해 현재를 관찰하고 미래를 예측하는 것이 사물의 연구방법"이라고 설명한다. 또, 저자는 "각지를 걸어 다니며 여러 사람을 만나고 고금에 밝고 분별능력活眼을 높인 사람"을 높이 평가하며, "중국 전문가를 많이 보유한 국민은 먼저 중국을 지도하고 중국과 제휴하고 중국의 장래를 이야기할 수 있다"고 말해, 시찰 보고서가 중국 조사에 중점을 두고 이루어졌음을 알 수 있다.

끝으로, 1920년 전후까지 물산으로서 '사물의 발견'에 맞춰져 있던 제국의 학지가 일본과 식민지 조선에서 상이하게 나타났다는 점을 언

44　臺灣總督官房調査課 編,『支那産業の現況』, 1922; 朝鮮銀行東京調査部,『露領沿海洲と農業の將來：殊レニ米作問題レニ就て』, 1923; 滿鐵爾賓事務所調査課 編,『北滿洲の特産物』, 1924; 田中末廣,『滿蒙の産業研究：原料編』, 1928; 加悅秀二,『北滿地方に於ける特産物の取引及採算』, 1930.

45　藤本實也,『鮮滿及北支那の産業』, 1926;『南支那及臺灣の産業』, 1926.

급할 필요가 있다. 예를 들어 일본에서는 1917년『道府縣副業調査』나 1923년『岡山縣産業叢書』등 각 부현별 조사 보고서가 간행된다. 전자는 중요한데, 1916년 11월 제국농회 주최 도부현농회 상무원협의회의 협의를 거쳐, 각 부현 농회에서 올라온 보고를 토대로, 오키나와를 뺀 일본 각지의 ① 부업의 종류, ② 가장 활발한 군촌명, ③ 정통한 조합 및 개인 ④ 총생산금액, ⑤ 공업 분야 숙련자의 일일 임금, ⑥ 판매 방법 개관을 편찬한 것이다.[46]

　반면, 조선에서는 1918년『朝鮮産業指針』과 1924년『朝鮮副業指針 : 朝鮮副業品共進會總覽』과 같이, 일본 내와 몇 년 차이를 두고 "조사"가 아니라 "지침"이 간행된다.[47] 전자는 "무려 11,600여 점에 달하는 한반도의 모든 문물"을 수집해 전시한 1915년 10월 시정始政 5년 기념 공진회에 출진한 경영방법 및 실적에 관한 기술서 중, 농업·척식·임업·광업·수산·금융 등에 관한 기술서를 선별해 편찬한 것이다. 이 책의 예언例言은 "관과 민의 양측이 조선 산업의 개량발전에 노력하고 있는 바를 가장 적확하면서 가장 완벽하게 소개"하기 위해, 관민 융화와 노력의 특별한 산물을 선전해 국민복리에 이바지할 필요가 있다고 역설했다. 위 같은 태도는 일본이 조선의 사물을 규정하는 방식을 보여주며, 이는 1926년『産業第一之朝鮮』第1編에도 잘 반영되어 있다.[48]

46　帝國農會 編,『道府縣副業調査』, 1917; 岡山縣內務部 編,『岡山縣産業叢書』, 1923.
47　大橋淸三郞 等,『朝鮮産業指針』, 1918; 足立丈次郞 編,『朝鮮副業指針 : 朝鮮副業品共進會總覽』, 1924.
48　今成政男(天外) 編,『産業第一之朝鮮』第1編, 1926.

3. 근대 학문지식의 전개와 가치합리성의 문제

1) 통치술의 전개 - 통계화와 과학화

1920년대 후반부터는 이미 수집된 '지식'에 기반해 현상을 조작하려는 학문 지식 권력의 진화가 나타나기 시작했다. 이 시기 학지는 현상을 조사·기록하는 것에서 더 나아가 근대 지식 권력의 근간인 '법과 과학' 담론을 전면에 내세워, 사물들을 "올바르게 배치"[49]하려고 했다.[50]

우선 수산업 분야를 검토해 보겠다. 먼저, 기존의 관방 조사와는 확연히 구별되고 보다 학술적인 접근을 시도하는 흐름이 나타났다. 1926년 『漁村經濟調査書』, 홋카이도 어가漁家에 대한 조사서인 1928년 『漁家經濟調査書』, 도쿄제대에서 수행한 1932년 『漁村經濟の研究』가 이러한 흐름을 반영한다.[51] 특히 『漁村經濟の研究』는 도쿄제대 농학부 농업경제학교실에서 네 마을에 대한 현지답사를 근거로 편찬되었는데, 일본의 어촌을 원양어업촌·연안어업촌·농업겸업촌, 세 형태로 구분

---

49 미셸 푸코 외, 이승철 외역, 「통치성」, 『푸코 효과-통치성에 관한 연구』, 난장, 2014, 141~145쪽. 여기서 푸코는 "통치란 적절한 목적에 이르기 위한 사물의 올바른 배치"라는 라 페리에르의 명제를 인용하며, 국가를 실재로 상정하고 그 자체에서 합리성의 원칙을 찾아내려는 시도, 즉 국가합리성과 통치성의 단초를 읽어내고 있다.

50 조직적인 통계교육이 제3기 1883년 이후 90년대 중반까지 이루어졌다. 통계학전문가를 양성하는 고등교육, 조사를 설계하고 실시하는 능력을 가진 전문적인 통계실무가의 양성이 진행되었다. 더욱이 시정촌(市町村) 등의 현장 조사를 뒷받침하는 현장 통계 실무가의 조직적인 교육훈련체계가 1900년대 초두까지 형성되었다(末廣 昭, 「アジア調査の系譜 : 満鉄調査からアジア経済研究所へ」, 『「帝国」日本の学知』 제6권, 2006, 190쪽).

51 『漁村經濟調査書』, 北海道水産會, 1926; 『漁家經濟調査書』, 北海道水産會 1928; 東京帝國大學農學部農政學研究室編, 『漁村經濟の研究』, 1933.

해 각각의 특성을 규명하고 있다.

1930년『水産工業』과 화학적 분석을 도입한 1931년『水産化學』은 수산물에 대한 학지의 성격이 기존과 확연히 달라졌음을 보여준다.『水産工業』은 생산 확대를 위해 제도 개선, 공선工船 도입, 양식 장려 등의 방안을 제시하며, 도호쿠제국대학과 센다이고등공업학교 교수들이 참여한, 魚油와 관련된 화학적 전기 시험 결과도 담고 있다. 이처럼 이른바 사물을 구성요소들로 분해해 분석하는 성향은 일본 아키타현 내 호수 주변 자연환경, 생물학, 양식, 어업 등에 대해 아키타현 수산시험장 秋田縣水産試驗場이 간행한 조사서인 1936년『八郎湖水産基本調査書』에서도 엿볼 수 있다.[52]

사물의 발견·수집·정리에서 나아가 사물의 '개선' 또는 소위 "합리화"를 주도하려는 학지의 변화는 1930년대 조선총독부 수산시험장(1921년 설립)의 활동들에서 가장 잘 드러난다. 어선의 개량을 위해 1929년『沖合漁船設計範例』와『沖合漁船設計範例附圖』가 간행되었다. 또, 1939년에 발간된『木造漁船に關する試驗調査成績』은 목선의 개량을 도모하고 있다. 1932년『朝鮮水産業の現況と將來』는 조선 전체 수산업을 개괄하려는 조사서라는 점에서는 1920년대 나온『朝鮮の重要漁業』과 일맥상통한다. 그러나 단순한 현장 보고를 넘어, 정책에 따라 산업 전체의 방향을 지시하고 재조직하려고 한다는 점에서 학지의 근대적 경향이 더 뚜렷이 나타난다.[53]

---

52 小野信雄,『水産工業』, 1930; 奧田讓,『水産化學』, 1931; 秋田縣水産試驗場 編,『八郎湖水産基本調査書』, 1936.

53 이하 조선총독부수산시험장의 출간물임.『朝鮮總督府水産試驗場案內』, 1940;『沖合漁船設計範例』, 1929;『沖合漁船設計範例附圖』, 1929;『木造漁船に關する試驗調査成績』

1931년 만주사변을 거쳐 전시체제기로 진입하던 1933년 조선에서는 과학선 '鷓丸'이 건조되었다. 이 과학선을 통해 수산시험장은 1936년『朝鮮海洋便覽』, 『朝鮮近海平年海況圖』, 1940년『朝鮮近海の海況竝漁況』, 1943년『朝鮮近海平年海況圖』등 태평양전쟁이 한창이던 1940년대까지 '과학적 성과'를 지속해서 출간했다. 『水産試驗船北洋丸建造報告』에 따르면, 함경남도 수산시험장은 1924년 시험선을 처음 건조하고 1943년에는 어장 확대를 위해 신형 시험선인 北洋丸을 건조했다. 이뿐 아니라 1940년『朝鮮東岸サバ漁業連絡試驗成績』, 1941년『朝鮮近海に於けるサバ漁場の性狀』, 1942년『朝鮮近海のタラに就いて』, 1944년『貝の棲む干潟』, 1945년『鯉の養殖法に就て』등 조선총독부수산시험장은 종전 직전까지 수산업의 '개량'을 도모하는 보고서를 출간했다.[54]

1930년대 전반기 학지 변화를 보여주는 또 한 가지 현상으로서, (흔히 근대적 학지로 지적되는) 법령, 제도, 행정 관련 장서들이 다량 나타났다는 점도 지적할 필요가 있다. 먼저, 수산업법과 관련한 저서, 서구의 수산물 증식 '법례와 사례'에 기초해 수산증식방법을 조사한『水産增殖調査書』가 1926년에 간행된다. 이어 1930년『水産關係法規解說』, 1931년 현행 어업법을 포함해 구어업법·조선어업령·대심원 민사판결록·동형사판결록·행정재판소 판결록 등을 정리한『漁業法新論』, 에도시대 이후 일본의 어업권 제도의 변화를 정리한 1934년『日本漁業權

1939; 岩倉守男, 『朝鮮水産業の現況と將來』, 1932.
54   이하 조선총독부수산시험장의 출간물임. 『鷓丸建造報告』, 1933; 『朝鮮海洋便覽』, 1936; 『朝鮮近海平年海況圖』, 1936; 『朝鮮近海の海況竝漁況』, 1940; 『朝鮮近海平年海況圖』, 1943; 『朝鮮東岸サバ漁業連絡試驗成績』, 1940; 『朝鮮近海に於けるサバ漁場の性狀』, 1941; 『朝鮮近海のタラに就いて』, 1942; 『貝の棲む干潟』, 1944; 『鯉の養殖法に就て』, 1945; 咸鏡南道水産試驗場, 『水産試驗船北洋丸建造報告』, 1943.

制度概論』, 행정기관·수산연구시험기관·수산교육시설·수산법령·어업조합·수산금융제도 등 수산정책 관련 각종 제도를 개괄한 1935년 『水産政策要綱』과 『日本漁業法論』 등이 간행되었다.[55]

1920년대 중반까지 새롭게 발견된 물산들을 무역 속에 포섭하려는 시도, 즉 물산 정보의 표준화·수치화가 본격화되었다. 1927년 『本邦農産物の生産數量指數に就て』[56]의 서문에 따르면, "생산수량지수의 방법, 즉 상이한 계량단위로 계측된 제 물품의 생산수량을 결합해 총생산고의 증가의 추이를 보이는 통계법은 학계의 중요한 발견이었다. (…중략…) 일본에서는 아직 이 방법이 초기 단계에 불과해 영국 캠브리지대 출신인 Penrose씨의 논문을 번역한다"고 적고 있다. 즉, 1920년대 후반까지 제국 내 물산의 표준화는 아직 걸음마 단계에 있었음을 알 수 있다. 이밖에도 1927년 『産業能率講義要領』, 1933년 『本邦生産數量指數總覽』, 『最近五年間各種生産高調』도 앞의 장서와 동일 선상에서 이해될 수 있다.[57]

이와 함께 지역별로 상이하게 존재했던 도량형을 세계 기준에 맞춰 표준화하려는 시도가 이루어졌다. 먼저, 중국 각지의 도량형을 조사한 1927년 『東三省に於ける度量衡』과 1929년 『尺度綜考』가 각각 간행되

---

55 今村與作, 『水産關係法規解說』 大日本水産會, 1930; 渡邊省三, 『漁業法新論』, 水産社, 1931; 原暉三, 『日本漁業權制度概論』, 杉山書店, 1934; 帝國水産會 大日本水産會, 『水産政策要綱』, 1935; 佐藤百喜, 『日本漁業法論』, 常磐書房, 1935.

56 名古屋高等商業學校産業調査室 編, 『本邦農産物の生産數量指數に就て』, 1927; 경성제대 장서 산업편에는 名古屋高等商業學校에서 발간한 자료가 비교적 다수 소장되어 있다는 점도 특기할만하다.

57 上野陽一, 『産業能率講義要領』, 1927; 名古屋高等商業學校産業調査室 編, 『本邦生産數量指數總覽』, 1933; 『最近五年間各種生産高調』, 東京手形交換所, 1933.

었고, 상공성공무국商工省工務局에서 1935년『各國の度量衡單位』가 번역되었다. 이는 각지의 도량형을 표준화시키려는 시도였다. 이어 표준 미터법에 맞춰 제국의 도량형을 통일시키는 작업도 진행되었다. 1933·1935·1937~1941년 상공성공무국에서 간행한『メートル法の實行概況』과 미터법에 찬성하는 의견을 담은 1934년『實際家の「メートル」法意見』이 간행되었다. 그러나 이러한 미터법 표준화 정책은 반발을 불러일으켰는데, 이를 1933년『「メートル」法强制施行反對意見集』과 1934년『「メートル」法批判』에서 볼 수 있다. 특히 전자는 전세계 표준 미터법의 도입이 "국체에 대한 반역"이라고까지 주장했다.[58]

그러나 일본에서와 같은 표준화에 대한 저항은 조선, 대만 등 식민지에서는 적어도 표면 위로 올라오지 못했다. 식민지에서 표준화 정책은 1920년대 후반부터 시작되었는데, 장서로는 조선도량형협회朝鮮度量衡協會의 1940년『計量指針』, 남만주 철도주식회사 조사부의 1940년『支那度量衡表』, 대만기술협회臺灣技術協會의 1941년『甲—アール換算表』가 소장되어 있다.[59]

---

58   岡部長景 等,『「メートル」法强制施行反對意見集』, 1933; 尺貫法存續聯盟 編,『「メートル」法批判』, 1934; メートル協會 編,『實際家の「メートル」法意見』, 1934.
59   商工省工務局 譯,『各國の度量衡單位』, 1935; 朝鮮度量衡協會 編,『計量指針』, 1940; 南滿洲鐵道株式會社調査部 編,『支那度量衡表』, 1940; 臺灣技術協會 編,『甲—アール換算表』, 1941.

2) 세계대공황과 합리성 논쟁

1920년대 후반 일본이 형성한 무역 체계는 세계 자본주의 경제체계의 경기순환, 특히 세계 경제대공황(1929~1939)의 발생에 따른 급격한 경기하강과 1933년 이후 영국과 프랑스의 경제블록권의 형성 등에 따라 극도의 불안정 상태로 내몰린다. 19세기 말 서구를 이상적인 모델로 좇는 탈아입구(脱亜入欧)는 제국 학지의 통치합리성이 기반하고 있던 근간이자 자명해 보였던 명제였다. 그러나 이러한 통치합리성은 1930년대 세계대공황 이후 발생한 전세계적이고 유래 없는 위기 상황에서 의심받기 시작한다. 통치합리성의 자명성이 의심받기 시작하면서 나타난 혼란은 1920년대 말부터 시작된 "합리화 논쟁" 속에 잘 드러난다.[60]

1928년『英國産業組織論』는 영국의 산업 조직을 1차 세계대전 전후로 나누어 변화를 기술한다. 1920년대 일본 내에서 계급갈등이 심해지면서, 러시아 기술자이며 경제학자인 Stepanov, I.의 저서를 일부 번역한 1927년『勞農露國の産業と電化計劃』과, 영국의 노사 간 평화운동을 소개한 1928년『英國に於ける産業平和運動』이 간행되었다.[61] 세계대공황이 시작된 1929년 이후로 다량의 이론서가 간행되었다. 이는 산업 발전의 돌파구를 더 이상 서구에서 찾을 수 없게 된 일본 내 학지 상황과 맞물려 있다. 1929년『英國綿業の現狀』은 영국이 더 이상 일본의

---

60 산업합리화 논쟁에 대한 조선지식인의 반응에 대해서는 이수일, 「1920~30년대 산업합리화 운동과 조선 지식인의 현실 인식」, 『실학사상연구』 38, 역사실학회, 2009을 참조바란다.

61 小島精一, 『英國産業組織論』, 1928; 南滿洲鐵道株式會社庶務部調査課 編, 『勞農露國の産業と電化計劃』, 1927; 日本工業倶樂部調査課(秋山斧助調査) 編, 『英國に於ける産業平和運動』, 1928.

발전 모델이 될 수 없는 상황을 말했고, 1929년 『明治大正産業發達史』는 "외국에서 기술을 들여왔지만 이제 그것들이 필요 없게 되었다. 그들도 현재의 문제를 해결할 수 없게 되었다"는 자조적인 평가를 내놓기도 했다.[62]

일본은 세계대공황의 위기에 부딪혀 산업을 재편해야 했지만, 무엇을 새로운 모델로 삼을 것인가와 관련한 문제는 산업합리화 논쟁으로 이어졌다. 1931년 『産業の合理化』에 따르면, 본래 공황 극복을 위해 독일이 미국으로부터 도입한 산업합리화론은 세계대공황 직전부터 산업 재편에 대한 이론적 논의로써 일본에 도입되었다. 1928년 『産業合理化問題』, 1928년 『日本産業の合理化』, 1930년에는 산업합리화론이 사회정책에 미친 영향에 대한 번역서인 『産業合理化と社會政策』이 간행되었다. 또, 1930년 『産業合理化に關する邦文資料目錄』, 1930년 『米獨に於ける産業合理化に關する資料目錄』, 1932년 『産業合理化講習錄』 II 등 산업합리화의 실행지침을 보여주는 장서들도 간행된다. 1930년 『産業合理化』에서 오사카상공회의소大阪商工會議所는 "상공의 합리적 개선에 협력해 호경기를 일으키자"고 주장했다. 임시산업합리국의 업무를 요약한 1932년 『臨時産業合理局の事業』에 따르면, 산업합리화는 능률향상 운동을 넘어 사회 이데올로기로서 추진되었다.[63]

62   外務省通商局(梅川書記調査) 編, 『英國綿業の現狀 一九二九年四月調査』, 1929; 高橋龜吉, 『明治大正産業發達史』, 1929; 三浦秀次 編, 『東三省に於ける度量衡』, 1927; 藤田元春, 『尺度綜考』, 1929.

63   日本貿易協會 編, 『産業合理化問題』, 1928; 時事新報社經濟部 編, 『日本産業の合理化』, 1928; (獨)Rauecker, B., 協調會調査課 譯, 『産業合理化と社會政策』, 1930; 東京商工會議所 編, 『産業合理化に關する邦文資料目錄』, 1930; 東京商工會議所 編, 『米獨に於ける産業合理化に關する資料目錄』, 1930; 日本商工會議所 編, 『産業合理化講習錄』 II, 1932;

그러나 서구 자본주의 국가의 합리성이 대공황 문제를 해결하지 못하자, 1931년『英國産業の合理化問題』를 필두로 다양한 비판서가 쏟아져 나왔다. 통치합리성이 지향해야 할 자명한 가치로 받아들였던 '서구적 근대'가 사라진 상황에서, 이러한 합리화 논쟁은 서구적 근대에 도달하는 방법의 문제, 다시 말해 도구합리성의 문제를 넘어 보다 본질적인 문제, 즉 가치합리성에 대한 문제에 부딪힐 수밖에 없었다.

1930년『産業合理化の批判』이나『産業合理化か失業合理化か』는 합리화 운동을 비판하고 소비에트 합리화운동을 옹호했다.[64]『産業合理化の批判』[65]은, 1930~1931년 사이 금본위제로 복귀하려는 정책인 금수출해금金輸出解禁에 대한 대책으로 제시되던 산업합리화론을 비판했다. 이 책의 서언에 따르면, 산업합리화는 자본주의 경제의 탈출 노력이나 금해금 정책에 대한 대책이 아니라, 결국 물가와 임금을 하락시켜 이윤상실을 보완하려는 대책이라고 주장했다. 당시 재계는 영리주의경제, 자유경쟁 정신에 기초한 경제제도를 대신해, 일반 대중의 이익을 지향하는 후생주의 경제를 내세우고 있었는데, 저자는 이것이 "국가기관과

臨時産業合理局,『臨時産業合理局の事業』, 1932. 이와 함께 大阪商工會議所,『産業合理化』, 1930; 大阪府立産業能率研究所 編,『能率講演錄 : 創立滿十週年記念』, 1935; 大阪府立産業能率研究所 編,『能率講演錄』, 1936; 大阪府立産業能率研究所 編,『産業能率ト指導實績』, 1936 등 오사카부립 산업능률연구소의 자료가 다수 소장되어 있다는 점을 알 수 있다.

[64] 財團法人協調會調査課 編,『英國産業の合理化問題』, 1931; 那波周一,『産業合理化か失業合理化か』, 1930; 山川均,『産業合理化の批判』, 1930.

[65] 이 책의 저자인 山川均(1880~1958)는 재야 경제학자이자 노농파(勞農派) 마르크스주의의 지도적 이론가였다. 저자의 주요 저서로는『無産階級の政治運動』, 1924;『殖民政策下の台湾 弱少民族の悲哀』, 1926;『労働組合の理論と實際』, 1929;『社会主義の話』, 1930;『無産政党の話』, 1931;『社会主義講話』, 1946;『労働者政党のために』, 1949;『社会主義への道』, 1955 등이 있다.

결합한 독점조직의 발전이고, 금융자본의 경제적 지배의 형태인 독점적 국가자본주의 트러스트로의 전향"이라고 보았다. 위 같은 재계의 주장에 맞춰, 정부는 산업합리국을 설치하고 노동자·소비자·자본가의 반대를 물리치고, '과학적 관리법'에 기초해 생산행정 내의 합리화, 노자관계의 합리화를 추진했다. 그러나 저자는 이러한 산업합리화국의 주장, 즉 노자관계의 합리화나 산업계의 무사도가 결국 노자협조주의에 다름 아니며, 산업합리화운동이 결국 이윤의 유지와 증대라는 입장에서 수행되는 자본주의직 합리화라고 비판했다.

다음으로 1930년 『産業合理化か失業合理化か』 역시 마르크스주의 입장에서 합리화 정책을 비판했다. 저자에 따르면, 실업난이 가중될 때마다 나오는 해결책이 "합리화"였고, 산업의 합리화, 경제의 합리화, 생활의 합리화 등 무엇이든 합리화를 수행해야 좋다고 여겨졌다. 그러나 저자는 이것이 정부의 선전이자 자본가의 선전이고 기성정당과 어용학자의 선전일 뿐, "자살, 살인 등은 계속 늘고 있고 100만 명의 실업자가 거리에 있고 그들의 월급, 임금, 수당은 매월 하락하고 있고 더 궁핍화되고 있다. 일부는 도시의 실업자는 농촌으로 귀농하고 일본의 가족제도가 최선의 실업보험이 될 수 있다는 낙관론을 주장하고 있지만, 가족제도는 붕괴하고 농촌은 피폐해" 가고 있다고 지적했다.

1930년 『産業統制論』의 지적처럼, 세계대공황 이후 합리화의 논쟁은 "자연스럽게 (국가의) 산업통제로 귀결"되어 갔다. 세계대공황 이후 세계 경제는 자유 무역에서 영국, 프랑스 등 강대국들이 자기 식민지를 하나의 권역으로 모아 블럭권을 형성하려고 하던 보호무역주의로 치닫게 된다. 1934년 『日本主要産業論』이나 『生氣躍動する産業朝鮮』은 세

계 경제의 블록화에 대한 일본의 대응을 모색하고 있다.[66]

먼저, 『生氣躍動する産業朝鮮』은 일본제국의 입장에서 "통제경제의 중핵을 잡은 조선"의 산업을 소개한다. 일본 상품 수출은 빠르게 늘어났지만, 상대적으로 큰 면화·양모·철·밀·석탄 등 원료품의 수입으로 인해 무역 적자를 벗어나지 못했다. 저자는 도입부에서 이러한 주요 원료품을 국내에서 자급자족할 수 있다면, 국제무역수지는 일거에 개선될 수 있을 것이라고 주장했다. "경제적 압박에 위압될 일도 없이 세계 제일의 번영 일본을 호가할 수 있을 것"이며 무역적자에서 벗어나기 위해, 우선 제국 내 조선의 자원 상황을 검토할 필요가 있다는 것이다.

1930년대 전반기 산업 부문에서는 산업통제로 연결되던 합리화 운동은, 소비 분야에서 국산품 애용운동으로 연결되었다. 국산품 애용운동의 기운은 "멸시 받아온 일본제품을 일으킨 것을 회고하는" 1928년 『國産臺帳』에서 이미 엿볼 수 있다. 국산품 애용운동은 1930년대 들어 여타 사회운동과 함께 본격화되었다. 1931년 오사카상공회의소의 『衣食住に關する生活改善産業改善』, 가고시마현의 『産業統計上より見たる我が市町村の誇り』가 있고, 일본 상공회의소의 『代用國産品の愛用奬勵について』가 간행되었고, 상공성 임시산업합리국에서도 『雜製品と國産愛用』을 간행해 산업합리화와도 연계되어 있음을 알 수 있다. 1932년에는 『世界各國の國産愛用運動』, 1933년 조선의 『「鮮産愛用」 標語集』과

---

66 井上貞藏, 大森英治郎 譯, 『産業統制論』, 1930(Robertson, D. H., The Control of Industry, 1926의 번역서); 飯田淸三, 『日本主要産業論』, 1934; 三浦悅郎, 『生氣躍動する産業朝鮮』, 1934. 저자인 三浦悅郎의 저서로는 『亜細亜の火薬庫』, 1931; 『極東新時局 : 満洲事変の展望』, 1931; 『満洲移住読本』, 1939; 『満蒙開拓青少年義勇軍の現地訓練と将来(満洲開拓叢書 1)』, 1942 등이 있다.

『最近我國の國産愛用運動』이 있다. 『「鮮産愛用」標語集』은 "조선산 애용은 공업발달의 원동력이고 자력갱생도 경제갱생도 모두 이것에 관련을 가진 것이다. 조선산 애용은 확실히 상호를 위해 국가를 위한 것이다. 조선의 발달은 즉, 일본제국의 발달이기 때문"이라고 주장했다. 日本商工會議所는 국산애용을 장려하고 진흥하는 운동의 일환으로 1934년 『國際貸借改善と國産愛用』, 『國産品を以て外國品に代用し得る爲めの國産改善資料』, 1935년 『新興産業と國産愛用』 등을 간행했다.[67]

4. 국체 보존을 위한 '통치합리성'의 진화

1) 전쟁을 위한 '사물의 재발견'

1929년 시작된 세계공황을 계기로 금본위제를 기반으로 했던 20세기 전반기 세계화는 막을 내리고, 세계 경제는 빠르게 블록화되어 갔

---

67 國産振興會 編, 『國産臺帳』 1928; 大阪商工會議所 編, 『衣食住に關する生活改善産業改善』, 1931; 鹿兒島縣知事官房 編, 『産業統計上より見たる我が市町村の誇り』, 1931; 『雜製品と國産愛用』, 商工省臨時産業合理局, 1931; 日本商工會議所 編, 『代用國産品の愛用奬勵について』, 1932; 日本商工會議所 編, 『世界各國の國産愛用運動』, 1932; 朝鮮工業協會 編, 『「鮮産愛用」標語集』, 1933; 日本商工會議所, 『最近我國の國産愛用運動』, 1934; 日本商工會議所 編, 『國際貸借改善と國産愛用』, 1934; 日本商工會議所 編, 『國産品を以て外國品に代用し得る爲めの國産改善資料』, 1934; 日本商工會議所 編, 『新興産業と國産愛用』, 1935.

다. 이 과정에서 독일이나 일본처럼 식민지가 좁고 제국 내에서의 자급자족이 불가능했던 국가들은 심각한 타격을 입게 되었다. 1931년 일본 제국의 관동군이 만주를 침공하는 만주사변을 일으키고 1932년 만주국을 성립시켜, 사실상 중국의 동북지방을 지배하기 시작했다. 이어 1937년에는 중일전쟁을 일으키고 1938년 3월에는 국가총동원법을 의회에서 통과시켰다. 이처럼 일본 제국의 학지는 '사물의 발견과 유통'을 목표로 했던 1900~1920년대 상황과는 상이한 환경 속에서, 역내의 사물들을 '재발견'해 나갔다. 그리고 이러한 재발견은 이전의 발견보다 훨씬 신속하고 일사불란하게 추진되었다.[68]

우선, 만주국이 설립된 이듬해인 1933년 『[滿洲國] 産業篇』이 간행되었고 만주대박람회가 열렸다. 1935년에 나온 『滿洲大博覽會誌』는 "동북군벌로부터 고통받고 폭학에 시달리던 3천 만 민중이 만주국을 건립한 이후 이를 통해 일본과 만주 양국은 정치적 관계를 강화하고 경제적으로 산업발달을 촉진하고 문화적 향상을 이룰 수 있는 기반을 마련했다"고 자평했다.[69]

1936년 『滿洲帝國産業』은 1910년에 발간된 『朝鮮産業誌』에 대응한 보고서이지만 간행 목적을 달리하고 있다. 서문에 따르면, 이 책의 목적은 "무통제한 자본주의경제의 폐해를 막고, 이것에 소요의 국가통제를 더해 자본의 효과를 활용해 국민경제 전체의 건전 또는 발전을 기도하는 것"이었다. 중일전쟁이 발발한 1937년 『滿洲資源産業視察便覽』이라

---

68   당시 경성제대국대학의 연구에 대해서는 정준영, 「군기(軍旗)와 과학-만주사변 이후 경성제국대학의 방향전환」, 『만주연구』 20, 만주학회, 2015를 참고할 수 있다.
69   滿洲國國務院總務廳情報處, 『[滿洲國] 産業篇』, 1933; 大連市役所 編, 『滿洲大博覽會誌』, 1935.

는 산업조사보고서가, 1938년에는 만주 산업 발전에서 일본의 역할을 강조하는『滿洲の産業革命 : 滿洲重工業と日産移駐』가, 1939년에는『滿洲國産業槪觀』이 발간되었다.[70] 무엇보다 오랫동안 북만주 지역을 점령했던 러시아 보고서의 번역서가 정책적으로 출간되었다. 만철산업부에서 1937년『松花江の農地改良的意義と松花江及び上部アルグン河流域の水況』,『北滿に於ける在來工業の勞働條件』,『北鐵沿線に於ける畜産の特性と北鐵の畜産助成方策』을 비롯해 1938년에는『北鐵沿線に於ける乳牛の特質』등 10권의 러시아 조사서의 번역서가 한꺼번에 쏟아져 나왔다.[71]

　1937년 중일전쟁의 발발과 함께, 조사의 지리적 범위가 중국 북부와 남부까지 확대된다. 경성제대 도서관에는 중국 전체에 대한 물산 목록인 1936년『中國物産ニ關スル資料目錄』과, 중국 우정국에서 낸 1937년『中國通郵地方物産誌』가 소장되어 있었다. 중일전쟁의 발발 이듬해인 1938년 간행된『北支産業要覽』은 허베이성・산동성・산시성・(현)내몽구자치구에 속한 수원성綏遠省・차하얼성察哈爾省에 대한 농업・목축・수산・광업・공업 자료를 담고 있다. 다만, 이 장서들은 지리적 범위가 너무 넓은 데 반해 담고 있는 내용이 빈약해 본격적인 조사서라고 보기는 어렵다. 이후 (民國)吳承洛의『支那資源及産業總覽』,『中國通郵

70　滿洲國務院總務廳情報處 編,『滿洲帝國産業』, 1936; 名古屋鐵道局,『金澤運輸事務所管內』, 1936; 滿洲國通信社 編,『滿洲の産業革命 : 滿洲重工業と日産移駐』, 1938; [滿洲國]産業部大臣官房資料科 編,『滿洲國産業槪觀』, 1939.

71　(露)エム・デ・グレーボフ, 內山彼得譯,『松花江の農地改良的意義と松花江及び上部アルグン河流域の水況』, 1937; (露)ア・エ・ゲラ-シモフ, 滿鐵産業部編,『北滿に於ける在來工業の勞働條件』, 1937; (露)ア・エ・マ・チ-ホノフ; 滿鐵産業部編,『北鐵沿線に於ける畜産の特性と北鐵の畜産助成方策』, 1937.

地方物産誌』의 후속편인 『支那物産綜覽 : 實物調査, 統計的硏究』, 1940 년 E. B. Schumpeter 편저의 번역서인 『日滿産業構造論』이 1942년에 발간된다. 패전 2년 전인 1943년에 발간된 『支那の資源と日本 : 大東亞 共榮圈建設途上にむける支那資源の開拓』은 대동아공영권 하에서 중국 자원이 새롭게 개척·재편되어야 한다고 주장하고 있다. 그러나 이러 한 조사서들은, 1910년 전후 조선에서 발간된 직접 조사보고서들과는 질적이나 양적인 급이 달랐다. 이 시기 장서 곳곳에는 전쟁 상황이 직접 반영되어 있어, 전경수[72]가 지적한 "점령지주의"나 "군속인류학"적 경 향이 드러난다.[73]

상대적으로 식민지가 좁고 자원이 부족한 일본 제국이 세계대공황 이후 자원 조사 지역을 급격히 확대시키는 양상에도 주목할 필요가 있 다. 1929년 페루에 관한 『秘露國ノ産業』, 1929년 중국 해남도에 관한 『海南島に於ける農産業調査』가, 1930년 남아메리카의 브라질에 관한 조사서인 『ブラジルの新興産業』, 『ブラジルの産業と經濟』가 각각 발 간된다. 중일전쟁이 한창이던 1939년에는 『世界纖維資源の地理的分 布』가, 1943년에는 1941년 발간된 독일의 아프리카 산업 조사서까지 번역되어 출간되었다.[74]

---

[72] 전경수, 「식민지주의에서 점령지주의로—일본 인류학 '진화' 과정의 일면」, 『한국문화 인류학』 37-1, 한국문화인류학회, 2004와 「이즈미 세이이치와 군속인류학—뉴기니 조 사를 중심으로」, 서울대 규장각한국학연구원, 2015.

[73] 東亞同文書院物産館 編, 『中國物産ニ關スル資料目錄』, 1936; (民國)交通部郵政總局 編, 『中國通郵地方物産誌』, 1937; 東亞問題硏究會 編, 『北支産業要覽』, 1938; (米)H. B. モ ース, 增井經夫 譯, 『支那ギルド論』, 1939; (民國)吳承洛, 藤枝丈夫 譯, 『支那資源及産業總 覽』, 1942; 山崎百治, 『支那物産綜覽:實物調査, 統計的硏究』, 1942; E. B. シュムペーター; 雪山慶正, 三浦正 譯, 『日滿産業構造論』, 1942; 馬場鍬太郎, 『支那の資源と日本 : 大東亞 共榮圈建設上にむける支那資源の開拓』, 1943.

1930년대 중반 이후 전쟁이 격화되면서, 조선산 정어리의 위상이 점점 높아졌다. 본래 정어리는 농업 비료로 많이 사용되었는데, 1930년대 들어서는 어분魚粉으로 재가공되어, 물고기, 사금, 낚시용 미끼, 가축 사료 등 용도가 다양해졌다. 이와 관련해 1938년『魚粉と魚粕』이 간행되었다. 또, 자연과학 지식을 동원해 정어리 어업의 현재와 미래를 설명하려는 1939년『朝鮮マイワシ資源の將來を豫測する爲の二三の資料』가 있다. 뒤에서 다시 상술하겠지만 1940년대 들어 미국의 석유 자원 수입이 불가능해짐에 따라 석유 대체품으로서 정어리 자원은 더욱 주목받게 되었다. 이러한 상황에서 1940년『朝鮮の鰯』이 발간되었다.[75]

조선의 정어리와 함께 홋카이도 북방의 연어, 송어 자원도 전면에 등장했다. 이러한 관심의 이면에는 19세기 말 홋카이도, 사할린, 조선으로 나간 계절이주어업자들이 적극적으로 국가의 개입을 요청하고 이를 통해 식민화해 나간 역사적 과정이 있었다. 먼저, 1935년에는 1890년에 홋카이도수산협회에서 발간했던『北海道漁業志稿』가 복간되었고,『北洋沖取大合同の全貌』,『北千島漁業の經濟調査』가 각각 발간되었다. 중일전쟁이 발발한 1937년에는 북양어업연구위원회北洋漁業研究委員會가『對

---

74 外務省通商局(大谷彌七調査) 編,『秘露國ノ産業』, 1929; 平間惣三郎,『海南島に於ける農産業調査』, 1929; 日伯協會,『ブラジルの新興産業』, 1930; 市毛孝三,『ブラジルの産業と經濟』, 1930; 阿部武道,『世界纖維資源の地理的分布』, 1939; エルンスト・ワーゲマン編, 世界經濟調査會 譯,『アフリカの食糧及び原料經濟』, 1943.

75 정어리 자원과 관련해서는 김태인,「1930년대 일제의 정어리 油肥통제 기구와 한국 정어리 油肥제조업자의 대응」, 충북대 석사논문, 2015를 참조하기 바란다.大島幸吉,『魚粉と魚粕』, 1938; 中井甚二郎,『朝鮮マイワシ資源の將來を豫測する爲の二三の資料』, 1939; 朝鮮鰯油肥製造業水産組合聯合會,『朝鮮の鰯』, 1940; 정어리 통조림과 관련해서는 星野佐紀, 木村金太郎 編,『日本鰮類罐詰業水産組合沿革誌及罐に關する文獻集』, 1940을 참조할 수 있다.

ソ漁業權益と我等の決意』를 출간하고, 1939년에는 노령수산조합露領水産組合이 『露領漁業の沿革と現狀』을 출간한다. 이 장서들을 보면, 국경 근처에서 활동하던 이들이 자신들의 경제적 위기를 타개하고 이익을 확대하는 계기로 정치적 위기를 활용해 국가의 적극적인 개입을 요청하고 있음을 알 수 있다. 북방 어업조합들의 이러한 움직임은 1931년 만주사변 이후 일제 전시체제에 대한 민간 반향으로써, 일본 근대에서 지역과 국가 사이의 공모 관계의 일단을 드러낸다.[76]

2) 고도국방국가를 향한 '통치합리성'의 진화

1939년 일본이 중국 해남도와 스프래틀리 군도 등을 점령하자, 미국은 1938년 금수조치를 한층 강화해, 1940년 1월 미일통상항해조약美日通商航海條約을 폐기해 원유를 비롯한 중요 전략물자의 일본 수출을 금지한다. 미국의 원유에 상당히 의존하고 있던 일본은 이로 인해 엄청난 경제적 타격을 받게 된다. 이에 같은 해 7월 고노에 후미마로 내각은 '대동아 신질서 건설'과 이를 위한 경제 '신체제'를 요강으로 내세운다. 1937년 중일전쟁 이후 경제통제가 강화되었으나 주로 물자의 흐름을 규제하는 유통부문에 초점을 둔 것이었다. 이에 반해 1940년 신체제는 생산과 생산경영까지 통제하는 것이었다.[77]

---

[76] 北海道水産協會, 『北海道漁業志稿』, 1935; 日蘇通信社, 『北洋沖取大合同の全貌』, 1935; 小樽高等商業學校北海道經濟研究所, 『北千島漁業の經濟調査』, 1935; 北洋漁業研究委員會 編, 『對ソ漁業權益と我等の決意』, 1937; 露領水産組合 編, 『露領漁業の沿革と現狀』, 1939.

이러한 1940년 이후 학지의 변화는 1920년대 말부터 시작된 산업 합리화의 연장선상에서 파악할 필요가 있다. 3절에서 살펴보았듯이, 1929년 세계대공황을 전후로 일본 학계는 산업 합리화의 가치를 둘러싼 논쟁을 벌여 왔는데, 1937년 중일전쟁과 1941년 태평양 전쟁을 거치면서, 천황국체론에 기초한 국가의 생존에 합리화의 목적을 두게 되었다. 국가의 생존을 위해서는 대동아공영권의 완성이 필요했고, 사회 전체가 고도국방국가로, 국가의 모든 능력과 사물을 전쟁에 동원할 수 있도록 "올바르게" 합리화할 필요가 있었다. 이러한 1920년대부터 이어진 산업합리화 논쟁은 천황국체론이나 고도국방국가론이 전근대로의 회귀가 아니라 근대 통치합리성이 전개되며 나타난 역사적 현상임을 드러내준다.[78]

만주사변 직후인 1933년에 임시산업합리국臨時産業合理局이 발간한『重要産業ノ統制ニ關スル法律ノ適用ヲ受ケツツアル産業ノ統制概況』은 1920년대 후반부터 산업합리화를 추진해 오던 임시산업합리국이 이제 '통제경제'의 주체가 되어 중요 산업을 통제하고 '합리화'해 나가고 있었음을 알 수 있다. 1942년『産業技術』은 기술 합리화의 단계 등을 제시하며 산업 통제와 기술 발전의 상관관계를 설명한다. 나아가 1941년『日本戰時産業統制論』은 대동아공영권의 자립성을 추구하는 신체제 건설에 맞춰 전체주의와 고도국방국가를 지향하는 산업통제, 나아가

---

77 서정익, 「전시 일본의 경제신체제와 통제회」, 『한국경제학보』 8-2, 연세대 경제연구소, 2001.

78 일본 제국의 총동원체제의 특징에 대해서는 진필수, 「일제 총동원체제의 기원과 특징에 대한 재검토 - 전쟁인류학의 모색」, 『비교문화연구』 22-2, 서울대 비교문화연구소, 2016을 참고할 수 있다.

생활방식의 합리화를 주장하고 있다.[79] 1942년『新産業合理化』는 "대동아전쟁을 싸우기 위해"라고 부제를 붙인 서문에서 "대동아전쟁을 싸워내기 위해 종래의 전시체제에 무엇이 부가되어야만 하는가? 무엇이 개선되어야 하는가?"라고 물은 뒤, 승전을 위해서는 일본 제국과 점령지가, 소위 대동아공영권이 합리화될 필요가 있다고 주장했다.[80]

1941년『産業軍と産業基地』는 정신과 육체가 노동을 만들고 노동과 지능이 물질을 산출하기에, 타산관념을 버리고 공公의 정신에 사는 것이 최대로 능률을 증진하는 길이고 황도경제의 근본이념이라고 선언한다. 1941년『工場鑛山産業報國會の組織と運營』은 국체에 기반한 황국산업의 본질과 황국산업인으로서의 사명을 강조한다. 산업보국정신을 확립·보급해 신산업근로체제를 수립하고, 이를 통해 "전기능을 진흥·발양해 대업을 달성하기 위한 관민일체의 조직적 국민운동"을 추진해야 한다는 것이다.[81]

1942년『日本産業論』은 일본 산업발달사를 천황국체론, 고도국방국가론, 대동아공영권이라는 틀 속에서 설명한다. 이 책은 산업의 목표를 "제국의 고도국방국가체제를 확립하는 동시에 각 민족의 생활을 유지·안정시켜, 대동아의 세계경제에서의 자주적 지위를 설정하는 것"이라

79　臨時産業合理局,『重要産業ノ統制ニ關スル法律ノ適用ヲ受ケツツアル産業ノ統制概況』, 1933; 相川春喜,『産業技術』, 1942; 小島精一,『日本戰時産業統制論』, 1941.

80　小島精一,『新産業合理化』, 1942. 小島精一(1895~1966)는『鉄鋼業発展史論』, 1925 등 철강 관련 서적을 출간했다가 1920년대 후반부터는『産業統制論』, 1927~1928;『世界経済の合理化』, 1930;『鮮・滿・支・新興經濟』, 1938;『東亜重工業論』, 1939;『日本戰時經濟論』, 1939;『日本戰時中小工業論』, 1940;『日本戰時經濟読本 : 封鎖経済と日本経済の前途』, 1941 등 당대 유행하던 합리화론과 통제론과 관련된 저서를 출간한다.

81　久保田孫一,『産業軍と産業基地』, 1941; 佐佐木正制,『工場鑛山産業報國會の組織と運營』, 1941.

고 정의한다. 이어 "실로 3천년"에 걸쳐 발전되어 온 일본 산업발전의 특수성은 "도덕, 문화 정치 등 기타 모든 부문과 함께, 실로 만방무비, 광대무궁, 존엄절대한 우리 국체에서 연원한 것"이라고 주장했다. 따라서 산업은 국체인 천황의 나라, "황국무궁의 발전을 위한 큰 뜻에 기초한 대업"이며, "단지 물질적 발전일 뿐 아니라 물심일여物心一如의 경지에 있으며 산업구조의 근저는 극히 심원하며 또한 강고하다"고 주장한다.[82]

1942년 『大東亞産業立地概説』은 일본·만주·중국·인도차이나·말레이반도·대양주·인도 등 7개 구역으로 구성되는 대동아공영권 하에서 사물의 "올바른 입지"에 대해 서술한다.[83] 이 책의 저자들은 남양을 포함한 공존공영권의 결성이 "동아민족의 흥폐와 관련될 뿐 아니라 대세계의 질서와 평화에 기여하는 것"이라는 점을 강조한다. 이러한 신질서의 구축은 "동아공영권 중핵 지도자인 우리 일본의 국력에 관한 것"이며, 무엇보다 "신체제에 기반해 국력을 충실히 함과 동시에, 공영권의 기초를 이루는 日滿支의 협력에 의해 자력의 자급자족에 의한 고도국방국가의 건설을 이루는 것"이다.

국가의 생존을 최우선 목표로 삼기 시작한 1940년대 이후의 통치합리성은, 일본산업발달사를 군사공업발달사의 관점에서 국민경제와 국

---

82 延兼數之助, 『日本産業論』, 1942.
83 이 책의 저자인 永井龍一은 『明治御維新直前に於ける薩藩財政研究資料』, 1933 ; 『南島雑話補遺篇』, 1933; 『婚姻習俗(奄美大島)』, 1936 등을 썼다. 또 다른 저자인 谷本龜次郎은 『合理的農家経営法』, 1921; 『生産的多産の原理農産物増収法』, 1928; 『農村救済·四時福農場の経営』, 1929; 『理想農村の建設』, 1929; 『我が農村の進路』, 1933; 『農村文化の建設』, 1937; 『合理的農家経営の実際』, 1938; 『農家を富ます道』, 1938; 『天然資源の開発』, 1940; 『農業教育自力奮闘記』, 1940 등을 썼다. 두 저자가 낸 저서의 성격이 상당히 대조적인 것에 주목할 필요가 있다.

방국가의 확립 과정으로 규정하는 1943년 『日本産業機構研究』에서도 잘 드러난다. 저자인 小山弘健(1912~1985)은 마르크스주의와 군사기술연구에서 출발한 일본 근대경제사, 노동·사회운동사 연구자이며, 일본공산당 당원이기도 했다. 공저자인 上林貞治郎(1908~2001) 역시 과학적 사회주의를 주장하며 학생과 노동자에게 큰 영향을 미친 인물이다. 저자는 일본산업발달사 중 일본산업기구를 군사 공업과 군사 산업으로부터, 즉 "국방국가의 특질"로부터 재구성한다. 서문에서 "일본은 근대적 출발점인 메이지유신 이래 이미 75년의 역사 동안 청일, 러일, 세계대전 3대전을 계기로 수많은 비약적 발전을 실현하고 지금 대동아전쟁의 수행자로서 세계사적 역할을 다하고 있다"고 말한다. 그러면서 "일본경제의 역사적 전성장과정을 통일적으로, 또 산업기구적 조성으로 파악하는 것은 과거·현재·미래를 관통해 우리 일본의 급속한 발전의 주요 기저를 이해하는 것"이라고 말한다.[84]

수산업편에서도 과거에서 현재까지를 하나의 필연성 속에서 파악하려는 근대적 접근이 나타난다. 1937년에 출간된 『大日本水産史』는 메이지 시대 이후의 수산업과 수산단체를 정리·나열하는 정도에서 그치고 있지만, 당시까지의 수산업의 진보와 성공의 긴 과정을 보여주려 한

---

[84] 小山弘健 외, 『日本産業機構研究』, 1943을 살펴보면, 제1론 일본군사공업발달사는 "막말 메이지 연대를 통해 일본이 생사를 걸던 제 전쟁 수행의 산업적 기초이자 군사공업의 발전·확립과정을 고찰하고, 또 이것을 통해 국민경제확립과정과 국방국가적 특질"을 명확히 한다. 제2론 일본공업전화발달사에서는 "메이지 다이쇼 쇼와에 걸쳐 일본공업전화의 과정을, 특히 다이쇼 연대에 걸친 공업전화확립을 중심으로 고찰하고 또 이것을 통해 이 기간 동안의 국민경제의 성숙과정과 산업구성적 특질을 규명"한다. 제3론 일본무역구성 및 정책에서는 "주로 쇼와 기간의 무역구성과 정책의 발전과정을 일반 산업의 발전과의 관련 속에서 고찰하고 이것을 통해 이 기간 동안의 국민경제 전환과정과 총순환적 특질을 규명"한다.

다. 1942년『水産日本』은 한 발 더 나아가 수산업 발전을 "일본 정신의 발현 과정"으로 간주한다. 특히 전시체제 하 수산업 통제를 정신과 문명의 발전과정상에서 이해하고 있다. 1943년『槪觀日本水産史』역시 전시 수산업을 일본 장기사적 과정, 역사적 진보과정의 일부로 서술하고 있다.[85]

1940년 신체제는 1930년대 통제경제에서 더 나아가 말단 생산 주체의 경영까지 통제해 나갔는데, 이를 실천하는 말단 기구가 동업조합, 농어촌조합이었다.[86] 이와 관련된 서적들이 1930년대 말에 다량 간행되었는데, 이를 통해 전쟁기 최말단까지 뻗어나간 근대 통치합리성의 일단을 구체적으로 확인할 수 있다.

1939년『同業組合及準則組合』이 발간되고, 조선 섬유 공장을 통제하기 위해 1940년『朝鮮ニ於ケル纖維關係團體調査』가 간행되었다. 특히 미국의 Joseph Henry Foth의 *Trade Association, Their Services to Industry*(1930)를 번역한 1941년『同業組合論』은 서문에서 "각종 조합이 정리 통합되는 상황에서 미국 동업조합의 발달을 검토하는 것이 필요하다"고 간행 목적을 밝힌다. 농림수산단체에 대한 통제를 위해 참고자료로 1943년『農林水産團體會社總覽』이 발간되었다. 1936년에 나온『漁村更生の理論と實際』라는 책의 후속편인 1939년 『漁村計畫と漁業組合』은 저자가 농림성 경제갱생부에서 근무하면서 수집한 자료와 어업

---

85   水産社調査部 編,『水産資材統制の解說』, 1941; 神山峻,『漁村經濟新體制論』, 1942; 朝鮮鰮油肥製造業水産組合聯合會 編,『朝鮮鰮油肥統制史』, 1943; 相川廣秋,『水産資源學 : 魚群體學』, 1941; 桑田透一,『水産日本』, 1942; 片山房吉,『大日本水産史』, 1937; 桑田透一,『槪觀日本水産史』, 1943.
86   이성우, 「전시체제기(1937~1945년) 일제의 농촌통제정책과 그 실상-忠南 靑陽郡 木面의 사례를 중심으로」,『한국근현대사연구』 60, 한국근현대사학회, 2012.

조합협회에서 모은 자료를 토대로, 어촌경제의 갱생과 어가경제의 개선방책을 서술하고 있다.[87]

농어촌 합리화운동의 일환으로 시작된 갱생운동은 전시체제기 들어 통제경제와 신체제로 전환되는데, 이는 1942년 『漁村經濟新體制論』에서 살펴볼 수 있다.[88] 세계대공황으로 인해 심각한 위기에 빠진 어촌의 경제갱생을 도모하기 위해 협동주의를 기조로 한 어업조합운동이 정책적으로 발전했다. 그러나 이러한 조합운동이 일정한 결과를 내기도 전에 중일전쟁이 발발하고 통제경제가 발전함에 따라, 협동주의는 큰 타격을 받게 되었다. "자주와 자위를 주축으로 하는 조직 활동이 국가의 요청에 부응해 활동할 수밖에 없게 되어 (…중략…) 어쩔 수 없이 포기하게 되었다." 대신에 각 어촌경제는 '신체제'로의 전환을 요구받았다. "전시 하에 국내태세의 변혁 내지 정비는 전쟁목적의 달성을 유일의 목표로 하고 있다. (…중략…) 이 전쟁은 침략과 자원쟁탈을 위한 것이 아니라 일본 민족의 역사를 관통하는 일본적 원리를 기축으로 하는 전면적 투쟁이고 소위 세계관의 전쟁이다. 현상적으로 보면, 대외적으로 신동아의 건설을 통해 세계 신질서의 확립을 지향하고 있고, 국내적으로는 전쟁을 능률적으로 추진하기 위한 총력전태세가 구현되는 것이다." 요컨대, 신체제 하에서 어촌의 문제란 국가의 생존을 위해 "어촌의

---

87 小池金之助, 『同業組合及準則組合』, 1939; 朝鮮織物協會 編, 『朝鮮ニ於ケル纖維關係團體調査』, 1940; (米)ジョセフ・ヘンリー・フォス, 桝沢久之 譯, 『同業組合論』, 1941; 農林水産技術協會 編, 『農林水産團體會社總覽』, 1943; 農林省水産局 編, 『水産增殖調査書』, 1926; 小石季一, 『漁村計畫と漁業組合』, 1939.

88 이 책의 저자인 神山峻는 岡本正一와 함께 쓴 『日ソ漁業』, 1939; 『水産新體制の展望』, 1941; 『南方水産資源の科学的考察』, 1942; 『水産皮革』, 1943; 『産業行政機構革新論』, 1942; 『水産業団体法の解説』, 1944 등을 저술했다.

총력을 전쟁 목적 수행을 위해 어떻게 능률적으로 발휘해야만 하는가 라는 점"에 있었다.[89]

다른 한편, 최말단 생산단위까지 통제하고자 했던 극단적인 통치합리화 정책은 일방적이지만은 않았으며, 각 지방 단위로부터 다양한 반향을 일으켰다. 이와 관련해, 경성제대 도서관에는 고베시와 관련된 자료가 여러 권 소장되어 있다.[90]

이러한 신체제로의 전환은 수산업 분야에서도 일어났다. 1941년 『水産資材統制の解說』은 "전시에는 일절의 인간과 물건이 전쟁 목적에 집중되기에, 여기에 일반 민수물자의 공급이 비상하게 이루어진다. 각각 사변 초기에는 물자의 유통 루트가 아직 정비되지 않고, 매매는 종래의 자유경제에 맡겨져 있어, 물자의 사용자 측에서도 사용 합리화가 지체되어, 통제 초기에는 비상한 동요와 혼란이 일어났다. 점차 관청의 통제기술도 진전하고, 배합기구도 일정 정도 정비하고, 물자의 사용자 측도 합리적 사용절약에 노력하고, 상호 다소라도 자재 문제는 일단 안정을 보는 듯하다." 이듬해인 1942년에는 『漁村經濟新體制論』이, 1943년에는 전략물자인 정어리의 통제 역사를 정리한 『朝鮮鰮油肥統

---

89 이러한 관점에서 저자는 어촌의 실천적 목표로 "전시식량정책상의 사명", "인적자원의 함양지대", "해양국방상의 역할", "국민경제의 기본적 산업" 등 네 가지를 들고 있다.

90 神戸市經濟部産業課, 『第七十六議會重要法律要綱』, 1941; 神戸市經濟部産業課, 『神戸市に於ける中小商工業者の現狀と轉失業問題に對する意見 : 業者の聲に聽』, 1941. 이하 神戸市産業部經濟調査室의 출간물임. 『第七十七臨時議會議決法律の解說』, 1941; 『簡易にして合理的な商店帳簿の附け方』, 1941; 『食糧配給政策の回顧と神戸市の現狀』, 1942; 『戰時體制に入らんとする米國最近の財政金融問題』, 1941; 『商業組合は何處に向ひつつあるか : 神戸市に於ける實情調査から得た一示唆』, 1942; 『工業組合は何處に向ひつつあるか』, 1942; 『貿易旋風裡に立つ貿易組合』, 1942 그리고 중국 전통 상업조직에 대한 미국 H. B. Morse의 연구서를 번역한 增井經夫 譯의 『支那ギルド論』, 1939이 간행되었다.

制史』가 간행된다. 1941년『水産資源學 : 魚群體學』도 '수산'을 온전히 전시 자원으로서 규정하고 생산조직을 합리화하려고 했다는 점에서 앞서의 통제론과 직접 연결되어 있다.

『朝鮮鰯油肥統制史』를 통해, 전시체제기 통제 정책을 구체적으로 검토할 수 있다. 조선정어리유비^{朝鮮鰯油肥}업에 대한 통제는 만주사변 직전인 1930년에 시작되었다. 조선의 정어리 수산업은 1929년부터 시작된 세계경제공황뿐 아니라 동해안을 강타한 폭풍으로 인해 재기할 수 없을 정도의 타격을 입는다. 그러나 "통제의 힘에 의해 회생할 수 있었고 발전"까지 이룰 수 있었다. 당국은 "자력갱생의 정신과 협력 일치의 전체주의를 근본적 지도이념"으로 삼았으나, 자유경제주의를 지향하던 자금대여업자와 객주(仕込業者와 問屋業者) 등으로부터 맹렬한 반대에 부딪혔고, 이러한 잔재로 인해 정어리기름의 생산 과잉과 가치하락, 혹은 금융의 압박 등이 발생했다고 평가했다.

1930년에 도별로 조합이 설립되었고, 1935년에는 함북·함남·강원의 정어리기름 제조업수산조합^{鰯油肥製造業水産組合}에 경북·경남의 어업조합연합회가 참가해 정어리기름의 판매가 통제될 수 있게 되었다. 제1차 5개년 통제계획이 만료되는 1936년에 함북·함남·강원의 정어리유비 제조업수산조합을 합쳐 조선정어리유비제조업수산조합연합會^{朝鮮鰯油肥製造業水産組合聯合會}를 설립하고, 경북과 경남의 조합연합회도 참가시켜 전국적인 통제단체를 결성한다. "종래 油肥水産組合은 전적으로 협동조합정신에 의거해 조합원의 이익 증진을 제일의 목적으로 삼았지만, 중일전쟁이 장기화됨에 따라 영리 본위의 이윤 추구 관념을 넘어, 정어리기름 제조업의 국가적 사회적 사명을 자각해, 공익우선·

멸사봉공이라는 신이념 위에서 생산의 확충, 군수의 충족, 무역의 진흥 등에 노력하게 되었다"고 자평한다.

원유 수입이 불가능해지는 1940년대 들어서는, 원유가 매장되어 있는 남방 자원에 대한 관심이 매우 높아졌다.[91] 1942년 발간된『新南方資源論』의 서문에서 남방 자원과 대동아경제권이 일본 경제에 가지는 의미를 엿볼 수 있다. 상공차관인 椎名悅三郎은 "일본, 만주, 중국을 연결하는 동아 中核體만으로는 자급자족경제는 성립하지 않았다. 지금 남방자원을 포괄해 이깃을 시작으로 자급자족체제의 기초가 확립되는 것이다. (…중략…) 지금 전쟁경제는 상대국의 군비확충 여하에 대응해 자원을 무제한 필요로 하고, 어제의 자급은 오늘의 부족이 되는 경우도 있기 때문이다. 그러면 우리는 소위 자급의 소리에 안주하지 않고 남방의 자원을 세우고 일로 계획적인 증산에 박차를 가해야한다"고 주장했다.

1943년에는 번역서로 뉴기니에 대한 산업 조사서인『ニュ-・ギネアの原始産業』((和)W. C. クライン)이, 민족학적 조사를 포함한 광의의 지리학적 조사서인『南方の地域文化と資源』과『大南方資源地圖』가 간행되었다. 수산업분야에서는 태평양전쟁이 발발한 이듬해인 1942년『南方圈の水産』이 출간되고, 1944년에는『南方産業技術要覽』이 간행

---

91 北沢新次郎, 宇井丑之助,『石油經濟論』, 1941; 松丸志摩三,『南方圈の棉花資源』, 1942; 経済統計研究所 編,『新南方資源論』1942; 岡本正一 編,『南方資源統計要覽 : 大南亞資源地圖解說』, 1942; 啓明会 編,『南方資源の活用 : 砂糖・ゴム・油脂』, 1942; 小林碧, 益田直彦,『南方圈の資源』, 1943; W.C.クライン, 編, 東亜会 譯,『ニュ-・ギネアの原始産業』, 1943; 谷山整三,『南方の地域文化と資源』, 1943; 岡本正一, 松本安雄 編,『大南方資原地圖』, 1943; 齊藤宗一,『南方圈の水産』, 1942; 南方産業技術要覽編纂會 編,『南方産業技術要覽』, 1944.

되어, 남방자원에 대한 관심이 종전까지 지속되었음을 알 수 있다. 『南方の地域文化と資源』은 남방권을 설정하고 남방 지역의 풍토, 민족문화, 역사, 생활 등을 개괄한 뒤 부존자원賦存資源을 구체적으로 기술하고 있다. 이 저서는 일종의 군속 활동의 결과임이 분명하지만, 상당히 체계적인 학술 보고서이다. 저자의 관심은 지리학의 고유한 대상인 자연지리에서 출발해 문화인류학, 역사학, 자원학으로 점차 확대되는 양상을 보여준다.[92] 이러한 관점은 이 책의 1장에 잘 나타나 있는데, "종래 단지 자연환경의 의미 정도로 사용되던 자원이라는 말도 인간의 현실생활에 관한 자연물의 이용을 의미한다고 말하는 것처럼 되었다. 일체 자원이라는 것이 마치 피가 통하는 즉 경제자원으로서 현실의 가치를 발휘하기 위해서는 역시 이것에 기술이 가미되어 문화적 취향을 붙여 우리 경제생활의 순환과정 내로 들어와 피가 되고 살이 되는 상태로 둘 필요가 있다."

---

[92] 저자인 谷山整三은 金子鷹之助과의 공저인 『資源と経済』, 1941과 白崎享一과의 공저인 『商品の科学解説』, 1950; 『経済地理』, 1960 등을 출간한 지리학자이다. 이 책의 각 장은 1장 남방의 광역권, 2장 남방의 광역권 (속), 3장 남방지역의 풍토, 4장 남방지역의 민족문화, 5장 남방자원의 역사적 역할 上, 6장 남방자원의 역사적 역할 下, 7장 남방권의 생활, 8장 제철자원, 9장 제철자원 (속), 10장 비철금속자원, 11장 알루미늄 자원과 전력, 12장 액체연료자원, 13장 농림산원료자원─목재, 고무, 14장 농림산원료자원─수지(樹脂)・유지, 15장 농림산원료자원─섬유, 16장 식품자원으로 구성된다.

5. 제국의 성쇠와 통치합리성의 진화 단계들

지금까지 일본 제국의 통치합리성의 진화라는 관점에서 경성제대 도서관 장서 중 산업편과 수산업편에 나타난 학지의 변화를 분석했다. 일본 제국의 학지는 통치합리성의 진화 단계에 따라 크게 3기로 구분될 수 있다. 3기의 학지는 각 지역별 상황에 따라 중첩되기도 하고 변형되어 나타나기도 한다. 다시 말해, 일본 국내, 오래된 식민지, 새로 편입된 식민지에서는 학지의 진화 단계가 상이하기 때문에 상이한 양상이 나타났다. 또, 학지의 진화 단계가 동일할지라도 제국 중심부의 상황에 따라, 예를 들어 승전 후 편입된 식민지와 전시기에 점령된 식민지 간에는 유사하지만 상이한 양상이 나타났다. 그럼에도 불구하고 경성제대 산업·수산업편 장서에 반영된 학지의 진화는 다음과 같이 구분될 수 있다.

우선, 가장 오래된 장서의 발간연도인 1894년대부터 1920년대까지이다. 근대 통일 국가는 자신의 영토 내에 있는 인구(노동력), 재화 등 자원에 대한 면밀한 지식을 필요로 한다. 그러나 오랫동안 분권적인 막번제를 유지해 온 일본은 메이지유신 전까지 전국 재화에 대한 구체적인 지식을 갖고 있지 못했다. 따라서 자기 안의 타자들을 조사·규정하는 작업이 진행될 필요가 있었다. 1910년대까지의 장서들은 당대의 학지가 "사실을 밝혀 행정 규획에 이바지하는 것이다. (…중략…) 행정이 민업을 편하게 할 수 있을 것", 소위 "국내평정"을 지향했다는 점을 보여준다. 본고는 이러한 근대 권력의 보편적 양상이 본국뿐 아니라 식민지에서도 유사하게 전개되었지만, 일본 국내와 식민지 간의 권력 불균

등에 따라 상이한 양상을 보이며 전개되었음도 보여주었다. 그리고 이 시기 학지는 사물의 발견을 넘어 일본 내뿐 아니라 새로 편입한 식민지 내의 물산을 발견하고, 일본 중심의 동북아시아 체제로, 나아가 세계체제로 접합시키기 위해 진화해 나갔다.

첫 번째 시기와 다소 중첩되지만 구분되는 흐름이 1910년대 후반부터 1930년대 초반까지 등장한다. 이 시기 등장한 이론·도량·법규·통사와 운동·정책과 관련된 장서들은 통치합리성의 근대적 진화를 보여준다. 전자인 도량형 혹은 법규는 정치·군사적으로 병합된 제국에 통일성을 부여함으로써 사물을 조사하는 것을 넘어 규율하고 재편해 나가려는 의지를 드러낸다. 후자는 앞의 의지를 실천하는 구체적인 방식을 보여준다. 또, 1920년대 후반 이후 산업합리화론이나 산업통제론 등 다양한 이론서들이 등장하는데, 이는 세계대공황이라는 경제 위기에 대한 반작용일 수도 있지만, 지식이 사물을 능동적으로 재편할 수 있다는 자신감을 반영한 것이다. 마찬가지로 이 시기에 발간된 수많은 통사서通史書들도 역사를 관통하는 '의지'나 필연성을 발견하려고 한다는 점에서 통치합리성이 새로운 단계에 이르렀음을 확인할 수 있다.

세 번째 시기는 1930년대부터 마지막 장서가 발간되는 1945년까지이다. 이 시기를 1938년 국가총동원법이나 1940년 제2차 고노에近衛文麿 내각의 신체제 운동을 기점으로 전후前後를 구분하기도 한다. 또, 전경수는 1937년 중일전쟁을 기점으로 이 시기 학지가 식민지 경영을 강조하는 식민지주의에서 군사활동을 우선시하는 점령지주의로 변화되어 갔다고 지적했다.[93] 즉, 본고에서도 분석했지만, 1900~1920년대 대만, 조선, 남만주, 남양과 같이 군사적·정치적 점령을 완료한 뒤 출간된 보고서와 1930년대 전쟁이 격화되는 와중에 발간된 보고서는 발간 목적이나 내용이 상이했다. 전경수의 지적대로 1930년대 이후 중국 본토와 남방권에 대한 조사서는 군사적·정치적 점령이 진행되는 과정에서 부수적으로 수행되는, 이른바 군속인류학적인 성격이 강하게 나타났다.

그럼에도 본고는 1920년대 후반부터 시작된 산업합리화논쟁을 중심으로, 이러한 변화를 통치합리성이 전개되는 연속적인 과정으로 바라볼 필요가 있음을 주장했다. 통치합리싱은 1920년대 '법과 과학' 담론을 내세우며 진화해 결국 지식이 사물을 완벽히 조작할 수 있다는 의지를 함축한 통제경제론에 이르게 된다. 그러나 개항 이래 탈아입구를 외치며 '서구적 근대'를 자명한 것으로 받아들여 온 일본 제국의 통치합리성은 1929년 세계대공황을 계기로 더 이상 지속될 수 없었다. 서구적 근대를 향해 스스로를 합리화해 온 통치합리성은 서구적 근대를 대신할 새로운 가치를 찾을 필요가 있었다. 이는 자본주의, 공산주의, 전체주의 등 당시 경합하던 이데올로기 중 어떤 가치 위에서 인간과 사물을 합리화할 것인가의 문제를 의미했다. 가치합리성을 두고 치열하게 다투었던 산업합리화 논쟁은 1930년대 후반 결국 (천황)국체를 보존하기 위해 전쟁에 적합하게 인간과 사물을 합리화하려는 "고도국방국가"로 귀결되고 말았다. 요컨대, 1920년대 후반부터 30년대 후반까지 지속된 산업합리화 논쟁은 천황국체론이나 고도국방국가론이 전근대로의 회귀가 아니라, 통치합리성이 전개되며 나타난 역사적 현상이

---

93 전경수, 앞의 책, 2004.

었음을 보여준다.

끝으로, 위의 흐름과 구별되거나 완전히 상반되는 학지도 이 시기에 적지만 분명히 존재하고 있었다는 점을 부기해 두고 싶다. 중일전쟁이 시작되던 1938년 여러 어종들에 대한 에세이 형태의 교양서인『魚の 國』이 간행되었다. 또, 태평양 전쟁이 한창이던 1942년에는 일본 민속 과 북방의 민속과 연어, 송어 등을 정리한『鮭鱒聚苑』과 은어 낚시 해 설서인『鮎つり』가 간행된다. 1943년에는 당대의 유명 민속학자의 어 촌답사기인『漁村記』가 발간되었다. 계속해서, 패전의 기운이 짙어진 1944년에는 "토속학적 연구ethnography"를 통해 어민생활을 실증하고 전체 역사상을 재구성하려는『日本漁業史論考』와 같은 장서도 있었다.

지금까지 이 장은 '제국 엘리트'를 키워내기 위해 1924년 설립된 경 성제국대학의 부속도서관으로서, 일제의 패망까지 근대 지식의 수용과 형성 과정에 독보적인 역할을 담당했던 경성제대 부속도서관의 장서 중 산업·수산업편을 일본 제국의 통치합리성의 진화라는 관점에서 시 계열적으로 분석했다. 경성제대를 통해 확산된 근대 지식 이데올로기 가 해방 이후 한국사회에 뿌리 내려 전후 학문 지식 체계에 적지 않은 영향을 미쳤음은 부정할 수 없을 것이다. 이 연구는 분석대상이 수산업 편과 산업편 장서에 제한되어 있음에도 불구하고, 일본 제국이 구축한 한국 역사의 일부로서 식민지기 학문지식의 전개과정을 일부나마 검토 했다는 점에도 의의가 있을 것이다.

참고문헌

서울대학교 도서관 고문헌실 장서 산업편 전권(청구번호 9000)
서울대학교 도서관 고문헌실 장서 수산업편 전권(청구번호 9700)
『서울대학교 도서관 旧藏書分類表』(1978, 서울대 도서관)

고든 콜린, 「통치합리성에 관한 소개」, 『푸코 효과』, 난장, 2014.
기든스, 앤서니, 『민족국가와 폭력』, 삼지원, 1993.
김태인, 「1930년대 일제의 정어리 油肥 통제 기구와 한국 정어리 油肥제조업자의 대응」, 충북대
　　석사논문, 2015.
바우만, 지그문트, 『현대성과 홀로코스트』, 새물결, 2013.
박명규·서호철, 『식민권력과 통계-조선총독부의 통계체계와 센서스』, 서울대 출판부, 2003.
서정익, 「전시 일본의 경제신체제와 통제회」, 『한국경제학보』8-2, 연세대 경제연구소, 2001.
오창현, 「일본 '地先漁場 地元主義'의 성립과정에 대한 역사적 고찰-일본 메이지어업법의 성립과
　　정을 중심으로」, 『중앙민속학』16, 중앙대 문화유산연구소, 2011.
이성우, 「전시체제기(1937~1945년) 일제의 농촌통제정책과 그 실상-忠南 靑陽郡 木面의 사례
　　를 중심으로」, 『한국근현대사연구』60, 한국근현대사학회, 2012.
이수일, 「1920~30년대 산업합리화 운동과 조선 지식인의 현실 인식」, 『실학사상연구』38, 역사
　　실학회, 2009.
이철우, 「법에 있어서 근대 개념-얼마나 유용한가」, 『법과 사회』16, 법과사회이론학회, 1999.
＿＿＿, 「일제하 한국의 근대성, 법치, 권력」, 신기욱 마이클 로빈슨 편, 『한국의 식민지 근대성』,
　　삼인, 2006.
장원아, 「경성제국대학 도서관의 역할과 위상」, "(9월 4일 서울대 중앙도서관 주최) 경성제국대학
　　도서관 연구" 발표문, 2015.
전경수, 「식민지주의에서 점령지주의로-일본 인류학 '진화' 과정의 일면」, 『한국문화인류
　　학』37-1, 한국문화인류학회, 2004.
＿＿＿, 『이즈미 세이이치와 군속인류학-뉴기니 조사를 중심으로』, 서울대 규장각한국학연구원,
　　2015.
정근식, 「경성제국대학 부속도서관의 형성과 운영-제도이식론과 권력의 재현 사이에서」, 『사회
　　와 역사』87, 한구사회학학회, 2010.
정근식 외, 『식민권력과 근대지식-경성제국대학 연구』, 서울대학교출판문화원, 2011,
정준영, 「군기(軍旗)와 과학-만주사변 이후 경성제국대학의 방향전환」, 『만주연구』20, 만주학
　　회, 2015.

진필수, 「일제 총동원체제의 기원과 특징에 대한 재검토-전쟁인류학의 모색」, 『비교문화연구』 22-2, 서울대 비교문화연구소, 2016.

차승기, 「추상과 과잉-중일전쟁기 제국/식민지의 사상연쇄와 담론정치학」, 『상허학보』 21, 상허 학회, 2007.

_____, 「전시체제기 기술적 이성 비판」, 『상허학보』 23, 상허학회, 2008.

미셸 푸코, 오트르망 역, 『안전, 영토, 인구』, 난장, 2011.

_____, 이승철 외역, 「통치성」, 『푸코 효과-통치성에 관한 연구』, 난장, 2014,

末廣 昭, 「アジア調査の系譜 : 満鉄調査からアジア経済研究所へ」, 『「帝国」日本の学知』 제6권, 2006.

石川亮太, 『近代アジア市場と朝鮮-開港・華商・帝国』, 名古屋大学出版会, 2016.

제5장

국토·식민지 정보의 축적과 변용

지지 항목의 장서 분석

김순주

1. 경성제대 부속도서관 장서와 식민주의

일제 식민지시기에 제국대학의 하나로 설립된 경성제국대학은 대학 설립과 거의 동시인 1926년 5월부터 부속도서관을 설치하기 시작하였 다. 부속도서관은 전공 위주로 운영된 학부 도서관과 별도로 종합적 체 제를 갖춘 '중앙도서관'으로, 장서 보유고에서도 당대 도서관 중 최대 규모에 이르렀던 것(1945년 약 55만 권)으로 알려져 있다.[1] 경성제국대학 부속도서관(이하 '경성제대 부속도서관') 관련 연구는 조직·인력·운영을 중심으로 제국대학 도서관의 구축과 성격을 실증적이면서도 방대하게 검토한 정근식의 연구(2010)를 비롯하여 도서관 설립과 일본 제국의

---

[1] 정준영, 「제국일본의 도서관체제와 경성제대 도서관」, 『사회와 역사』 105, 2015, 134~ 136쪽.

통치성의 관계를 본격적으로 고찰한 정준영의 연구(2015), 그리고 장서 구성 및 주제 분석을 시도한 연구들이 나왔다.[2]

경성제대 부속도서관 연구는 제도에 대한 접근과 장서에 대한 접근으로 크게 나눌 수 있다. 그런데 장서적 접근에 의해 수행된 최근의 연구들은 경성제대 부속도서관이 일본 제국의 제도나 식민주의 이념이 그대로 이식되고 침투한 부산물이었다기보다 대학 안팎의 여러 다양한 요인과 요소가 복합적으로 영향을 미쳐 형성된 공간이었음을 시사한다. 프랑스어 역사서를 분석한 권윤경은 "식민주의 통지 이데올로기가 촘촘히 관철되기보다는 해당 국가의 지적 흐름이 보다 충실히 반영되었다"고 하였다.[3] 또 영어 역사서를 분석한 윤영휘는 "보편성을 띤 교양주의의 명분하에, 전집, 일반교양서, 저명 학자의 저서들이 면밀한 심의 과정을 거치지 않고 수집된 결과 제국대학 도서관은 상당히 이질적이고 독특한 장서 구성을 가지게" 되었다는 결론을 내렸다.[4] '식민' 항목의 장서를 전수 조사한 진필수의 연구에 그 같은 점이 나타나는데, 이 항목에는 전 세계 지역을 망라하며 장르적으로도 다양할 뿐만 아니라 다른 주제로도 분류될 수 있는 도서들이 혼재되어 있다.[5] 나아가 정

---

2   정근식, 「경성제국대학 부속도서관의 형성과 운영 – 제도이식론과 권력의 재현 사이에서」, 『사회와 역사』 87, 2010; 정준영, 앞의 글, 2015; 진필수, 「경성제국대학 부속도서관 장서구성에 대한 일고찰 – '식민' 항목의 경우」, 『사회와 역사』 105, 2015; 권윤경, 「식민지도서관과 이식된 근대 – 경성제국대학 부속도서관의 프랑스어 장서 및 역사서 분석」, 『사회와 역사』 105, 2015; 김광식, 「경성제국대학 부속도서관의 문학부 계열 장서 분석 – 법문학부 민요조사와의 관련 양상을 중심으로」, 『연민학지』 25, 2016; 윤영휘, 「경성제국대학 부속도서관 내 영문 역사장서의 구성분석 연구」, 『역사와 실학』 59, 2016 등.
3   권윤경, 위의 글, 234쪽.
4   윤영휘, 위의 글, 426쪽.
5   진필수, 위의 글.

근식이 지적한 바와 같이, '보편적 교양주의'를 추구함으로써 구축된 도서관 컬렉션의 성격이 식민통치 이념이나 식민지 현실과 반드시 부합한 것은 아니었을 것이다.[6] 현재까지 이루어진 장서 분석의 항목은 수 개에 불과하기는 하나 상기한 선행연구에 비추어 보면 경성제대 부속도서관 컬렉션이 식민 통치를 위한 '학지學知' 일변도로 구축된 결과였다고 보기만은 어렵다.

이 글은 상기한 바와 같은 문제의식에 기초하여 경성제대 부속도서관 컬렉션을 검토하여 부속도서관의 성격을 보다 다면적으로 파악해보고자 하는 시도이다. 본고에서는 지지地誌, geography 컬렉션을 선정하고, 일본 지지 및 일본의 해외 식민지─대만, 사할린樺太, 관동주, 조선, 남양 3군도─지지를 검토대상으로 살펴보고자 한다. 경성제대 부속도서관이 보유한 지지 장서는 총 3,284건으로, 이중 화한서가 2,184건, 서양서가 1,100건이다. 화한서를 검토대상으로 하여 장서 구성의 차원에서 지지는 크게 세 루트로 접근할 수 있다. 첫 번째 루트는 일본과 근대를 포괄하는 지지로, 지지(4700), 일본 지지(4710) 및 그 이하 항목, 그리고 조선(4790)에 분포된 장서군이다. 두 번째 루트는 중국학과 대륙 연구를 위해 수집한 중국과 만몽 위주의 아시아 지지로, 아시아주(4800), 지나(4810), 만몽지방(4850), 서부지나(4860)에 분포된 장서군이다. 세 번째 루트는 유럽, 아메리카, 대양주를 망라하는 서구 및 그 관련 지역의 지지로, 유럽(4900), 아메리카(4970·4980), 대양주(4990)에 분포된 장서군이다. 이 글에서는 일본과 근대 지지로 검토 범위를

---

6   정근식, 위의 글, 2010, 80쪽.

한정하여 총류, 일본 지지 및 그 이하 항목을 하나의 장절로 살펴보고, 조선 및 일본 지지에 수록된 대만과 가라후토, (주로) 만몽지방에 수록된 관동주, 대양주에 수록된 남양 3군도 지지를 '식민지 지지'로[7] 살펴보고자 한다.

첫 번째 검토대상은 일본의 근대적 '학지'로서 지지가 어떠한 범주로 경성제대 부속도서관의 지식체계를 구성하고 있는가를 살펴보는데 초점을 둔다. 두 번째 검토대상은 경성제대 부속도서관이 수입受入한 식민지 지지의 유형과 내용을 파악함으로써 식민지 비교연구를 위한 자료적 유용성을 타진해 보는 동시에, 상기한 바와 같이 부속도서관 컬렉션에 대한 '식민지적' 가정을 재고하는데 검토 목적을 둔다.[8] 아래에서는 지지 컬렉션의 구성을 분류 방식, 도서 수입 경로, 그리고 학부 강좌와의 관련성을 중심으로 개관해 보고자 한다.

---

7 '식민지 지지'란 필자가 명명한 지지 장서군으로, 지지 컬렉션에서 조선 외에 다른 식민지는 별도로 분류되어 있지 않기 때문에 식민지 지지 장서가 수록된 일본, 만몽, 대양주 위주 항목에서 관련 장서를 선별하였다.

8 본고에서 검토대상으로 선별한 화한서 지지는 총 243건으로, 이는 화한서 지지에서 약 12%를 차지한다. 자료성, 학술성, 시기성 등에서 중요 문헌으로 판단된 경우 서지 정보를 비롯해 목차, 서문, 내용을 검토하였으며, 그 외에 목차와 서문을 위주로 살펴보았다. 소장 현황을 파악하기 위해 서울대학교 중앙도서관, 한국 국립중앙도서관, 일본 국립국회도서관, 기타 국내외 디지털 도서관의 검색 시스템을 활용하였다. 그 외에도 저자와 인물, 서지, 도서 개요 정보를 얻기 위해 백과사전 웹사이트, 데이터베이스 웹사이트, 포털 웹사이트 등을 참조하였다.

2. 지지 항목 장서의 분류 및 구성

경성제대 부속도서관 장서는 화한서 10개 대분류 항목과 서양서 European Books 22개 대분류 항목main classes으로 이루어져 있다.[9] 지지 는 화한서 컬렉션 대주제의 하나인 역사(4000)의 하위 항목으로, 단행 본은 4700~4999, 연속간행물은 Y47에 소장되어 있다. 서양서 컬렉 션에서 지지는 대분류 항목의 하나로, 단행본은 K000~K990, 연속간 행물은 YK에 소장되어 있다.[10]

서울대학교도서관은 경성제국대학부속도서관의 화한서분류표와 서 양서 분류표를 합본하여 [旧藏書分類表](1979)를 간행하였다. 그런데 두 도서관의 분류표에는 달라진 데가 있으므로 유의할 필요가 있다. 즉 서울 대학교도서관의 [旧藏書分類表]에는 경성제국대학부속도서관의 화한 서분류표에 존재하지 않는 경기도(4791), 강원도(4792), 황해도(4793), 함경도(4794), 평안도(4795), 충청도(4796), 전라도(4797), 제주도(4798), 경상도(4799)가 신설되어 조선(4790) 아래에 추가되어 있다. 경성제대 부 속도서관이 조선에 세워진 도서관이므로 조선 항목 외에 도별 항목이 따 로 있었다고 착각할 수 있겠지만, 경성제국대학부속도서관의 화한서 분 류표에는 분류 항목 4791~4799가 없었다. 본고는 경성제대 부속도서

---

9   京城帝國大學附屬圖書館,『和漢書分類表』, n. d.; 서울大學校図書館,『旧藏書分類表』, 서 울大學校図書館, 1979; 유재아,「京城帝國大學 附屬圖書館의〈和漢書分類表〉연구」,『도 서관보』130, 98~123쪽, 서울대 중앙도서관, 2008.
10   참고로, 경성제대 부속도서관의 화한서 주제 분류와 다르게 교토제대부속도서관, 만철 경성도서관, 조선총독부도서관의 화한서 주제 분류에서 지지는 10개 대분류 항목 중 하 나였다(유재아, 위의 글).

관 운영 당시의 화한서분류표를 기준으로 삼고자 한다.

〈표 1〉 경성제대 부속도서관 지지 컬렉션(단위 : 건)

화 한 서		서 양 서	
단행본(4700~4999)	1,991	단행본(K000~K990)	1,063
연속간행물(Y47)	193	연속간행물(YK)	37
합계	2,184	합계	1,100
총 3,284건			

　　지지 컬렉션은 총 3,284건의 장서로 이루어져 있다.[11] 이중 화한서가
차지하는 비중은 66.5%에 달한다. 부속도서관이 개설되는 시점부터 도
서가 수입된 주요 경로에 관해서는 정근식(2010)이 도서원부圖書原簿 및
학내 자료를 통해 실증적으로 밝힌 바 있다. 즉 1926년 5월 1일자로
조선총독부 및 대학본부로부터 보관전환保管轉換이 이루어졌고, 1928~
1930년 사이에 조선총독부로부터 규장각 자료가 세 차례에 걸쳐 부속
도서관으로 이관되었다. 이 특별한 경위 외의 도서 수입은 상시적 구매
를 통해 이루어졌으며, 빈번하지는 않으나 기증도 있었다.[12]
　　화한서 도서원부를 보면 지지 도서도 대체로 위와 같은 경로에 의해

11　위의 총 집계에는 간행연도가 1945년도인 도서를 포함시켰으며, 그 건수는 화한서 단행
　　본 1건(4870), 서양서 단행본 7건(K070, K730, K800, K880 각 1건, K740 3건)으로,
　　총 8건이다. 서울대학교 중앙도서관 고문헌자료실 소장의 지지 장서 중 경성제대 부속도
　　서관과 같은 분류법을 사용한 경성대학 도서관 및 서울대학교 도서관의 도서로는 화한서
　　단행본 5건(1946, 1947, 1948, 1949, 1968 각 1건), 서양서 단행본 16건(1946, 1947
　　각 8건) 등 합계 21건이 있으며, 이 도서들은 총 집계에서 제외시켰다. 참고로, 서울대학
　　교 종합화(1975) 이전의 단과대학 도서에는 경성제대 부속도서관 도서와 다른 듀이십진
　　분류법(DDC)이 사용되었다.
12　정근식, 앞의 글, 55~59쪽.

확보되기 시작했음을 알 수 있다.[13] 우선 1926년 5월 1일자로 조선총독부로부터 보관전환된 지지가 있는데, 그 최초의 건은 吉田東倍의 『大日本地名辭書』 汎論索引, 上卷, 中卷, 下卷, 續編 총 5책으로, 이는 辭書・地名索引(4711)에 등록되었다.[14] 곧이어 山岐直方・佐藤伝蔵의 『大日本地誌』가 일본 지지(4710)에 최초로 등록되었다(4710). 총독부로부터의 보관전환 후 같은 일자에 대학본부로부터도 도서가 보관전환된 절차가 있었다. 이 절차에서 가장 먼저 등록된 건은 『新增東國輿地勝覽』 총 19책으로, 이는 조선(4790)에 '古'로 등록되었다. 지지를 포함해 5월 1일자에 조선총독부와 대학본부로부터 보관전환된 도서는 총 11,726책이다.[15] 그 후 5월 19일부터 구입이 이루어졌다. 한편, 1926년 9월 8일에 『大東輿地圖』 22건 '古' 을 김병주金秉冑라는 개인에게서 구입하여 지도류(4709)에 등록한 것도 보인다. 일본, 중국, 만몽, 서부지나, 조선 외에 가장 먼저 수입한 화한서 컬렉션의 서구 지지는 북아메리카(4970)의 『大

---

13 필자가 열람한 도서원부는 화한서 1-5000, 5001-10000, 10001-15000, 15001-20000, 20001-25000, 25001-30000, 30001-35000이다(서울대 중앙도서관 수서정리과 보관).
14 이어서 조선총독부로부터 보관전환된 도서로 다음과 같은 것들이 있다. 東亞同文會의 『支那省別全誌』 18책(지나-4810에 등록), 何秋濤의 『朔方備乘』 24책 및 附圖 2건(만몽지방-4850에 등록), 俞浩撰의 『西域考古錄』 12책 및 『欽定皇輿西域圖志』 卷首 1책 및 본책 23책(서부지나-4860에 등록), 王錫祺의 『小方壺齋輿地叢鈔』 64책(지나-4810에 등록) 등.
15 보관전환은 도서원부에 기재된 표현이지만, 도서 관리, 이관 등의 업무에서 그것이 구체적으로 어떠한 규정이나 절차에 근거했으며, 또 그 의미가 무엇인지는 현재에 가진 자료만으로는 정확히 판단하기가 어렵다. 다만, 1928년에 제정되었기는 하나 '경성제국대학부속도서관규정'을 참조하여 추정해 보면, 보관전환은 도서 관리 및 보관을 위한 소속처 또는 소장처의 변경을 가리키는 것으로 짐작된다. 또한 동 규정 제1장 총칙 제3조에 '本學[경성제국대학] 소장도서 중 貴重圖書는 本館(부속도서관)에 장치(藏置)한다'고 명시되어 있는데, 『新增東國輿地勝覽』과 같은 고서를 대학본부로부터 보관전환한 경위에는 이 같은 맥락이 있었을 것으로 추정된다(京城帝國大學, 『京城帝國大學一覽』(自昭和二年至昭和三年), 1928.4.10, 100쪽).

平洋の彼岸』인데, 주목할 만한 점은 이 도서를 마루겐丸善으로부터 구입하였다는 점이다.[16]

경성제대 부속도서관이 개설되는 시점에서 어떠한 경위에서 총독부와 대학본부가 도서를 보관전환하도록 하였는가에 관해서는 아직 구체적으로 알려진 바가 없는 상태다. 다만, 위에서 살펴본 바와 같이, 적어도 초기 시점에서 지지 컬렉션은 일본학, 중국학, 만몽학, 조선학 중심의 지식체계를 구현하려 하였다는 점을 말할 수 있다. 이 같은 구상을 패전 시점까지도 실현하고자 했을 것으로 추정할 수 있는 근거는 지지 컬렉션에서 이 지역들의 지지가 가장 높은 비중을 차지한다는 사실에 있다.[17]

장서 수입 계기 및 그로 인한 장서 구성 변화와 관련하여 고려할 만한 또 다른 사항은 경성제대 강좌 개설 여부이다. 『京城帝國大學一覽』에 의거해 보면, 1924년에 예과豫科가 개설되는 시점에서 지리학은 없었다. 그런데 1934년에 예과의 문과文科 제1학년 학과목으로 地理가 새롭게 추가되었으며, 예과 소속의 지리 강사로 阿部廣吉이 고용되었

---

16 丸善은 1869년에 창업한 이래 경성제대 부속도서관과 상시적으로 거래하였으며, 현재에도 丸善雄松堂株式會社로 운영되고 있다. 지지 도서의 다른 공급처로는 大阪屋, 新井武之助, 北澤書店, 朴駿和 등이 보이며, 고전보존회와 같은 간행단체로부터 직접 구입한 경우도 있다.

17 화한서 단행본과 서양서 단행본 각각에서 비중이 높게 나타나는 항목은 다음과 같다(단위 : %).

화한서	지도류 (22.5)	지나 (19.7)	일본 (12.9)	만몽 (10.4)	조선 (8.2)	지지 (5.6)	대양주 (5.5)	유럽 (3.1)
서양서	Travels & voyages (12.0)	China (10.1)	Asia (10.0)	Japan (10.0)	Atlas & maps (5.8)	Korea (4.1)	Great Britain & Ireland (3.8)	United States (3.1)

분류번호	항 목	고문헌자료실	규장각	합계
4700	地誌	107	5	112
4708	寫眞帖	13	–	13
4709	地圖類	335	112	447
4710	日本地誌	251	5	256
4711	辭書·地名索引	21	–	21
4719	雜書	10	–	10
4790	朝鮮	93	69	162
4800	アジア洲	20	–	20
4810	支那	370	23	393
4850	滿蒙地方	204	3	207
4860	西部支那(新疆省·西藏)	38	–	38
4870	印度·印度支那	51	–	51
4880	西部アジア	11	–	11
4890	北部アジア	21	–	21
4900	ヨーロツパ	61	–	61
4960	アフリカ	8	–	8
4970	北アメリカ	23	–	23
4980	南アメリア	22	–	22
4990	大洋洲	110	–	110
4999	兩極地方	4	–	4
총 건수		1,773	218	1,991

다.[18] 1935년에는 법문학부 사학과史學科 공통과목으로 地理學이 신설되고,[19] 이어서 1936년에 지리학 강의촉탁講義囑託으로 도쿄제대 조교수인 多田文男이 초빙되었다.[20] 多田文男은 도쿄제대 이학부 지리학과

---

18 京城帝國大學, 『京城帝國大學一覽』, 1934.8.31, 100~101쪽, 187쪽.
19 京城帝國大學, 『京城帝國大學一覽』, 1935.9.20, 70쪽, 75~76쪽.
20 京城帝國大學, 『京城帝國大學一覽』, 1936.10.13, 194쪽.

를 졸업했으며, 山崎直方과 辻村太郎에 이어 도쿄대학 지리학교실을 주재했다. 그는 지형학적 단층구조나 활단층活斷層 등 도쿄제대 지리학의 학맥을 계승하는 자연지리학적 · 지형학적 연구를 주로 수행한 것으로 알려져 있다. 경성제대 예과와 학부에서 지리학은 문과와 사학과의 과목으로 채택되었기 때문에, 이학사인 多田文男이 강의촉탁으로 고빙된 것은 다소 의외의 일이다. 다만, 학부 졸업 이후 조수 시절에 그가 중국, 만몽 지방을 방문, 조사하고, 이후 제출한 박사논문도 「漢 · 滿 · 蒙交界地方の乾燥地形」(1944)인 것을 볼 때,[21] 중국 및 만몽과 관련한 그의 연구 이력이 경성제대 부임에 작용한 것이 아닌가 짐작된다. 多田文男은 1941년까지 법문학부의 강의촉탁으로 활동하였다.[22] 1942년에는 지리학 조교수로 保柳睦美가 부임하였는데,[23] 保柳睦美 역시 도쿄제대 이학부 지리학과를 졸업하고, 박사논문으로 「亜細亜乾燥地域における最近の気候変化・土地の砂漠化問題」를 제출하였다. 多田文男과 保柳睦美의 고빙이나 그 개설 과목이 부속도서관의 장서 구성과 어떠한 관련성이 있었을지는 도서원부, 학내 자료, 나아가 중국 및 만몽 지지를 비롯한 다른 주제 항목을 검토한 연후에야 명확하게 밝혀질 수 있을 것이다. 다만, 도쿄대학 지리학교실을 주재한 辻村太郎의 지형학 관련 도서나 保柳睦美의 저서가 경성제대 부속도서관 장서 중 理學(7100) 하위의 地文學(7330) 항목에 다수 소장되어 있는 것을 볼 때, 그것은 본고의

21 岡山俊雄, 「追悼 : 多田文男先生を悼む」, 『地質學雜誌』48(5), 日本地質學會, 1978, 279~280쪽.
22 京城帝國大學, 『京城帝國大學一覽』(n.d.), 1941, 256쪽.
23 정근식 외, 『식민권력과 근대지식―경성제국대학 연구』, 서울대 출판문화원, 2011, 357~358쪽 참조.
    京城帝國大學, 『京城帝國大學一覽』, 1943.3.30, 185쪽.

검토 대상인 지지보다 이학 계열의 자연지리 분야의 장서 구성과 오히려 관련성이 있었을 수 있다.

이 글에서 검토대상으로 한 일본 및 일본 식민지 지지 243건은 화한서 지지 전체에서 보면 그다지 큰 비중이 아니다(약 12%). 그렇지만 그 내부에서 편차가 나타난다는 점에서 그것은 의미를 가질 수 있는 수치이다. 즉 1930년대 이후에 간행된 도서가 상대적으로 많을 뿐만 아니라, 그 성격도 전시 국면을 의식해 간행된 도서들이 특색을 이룬다. 이는 전시가 부속도서관 장서 구성에 영향을 미친 또 하나의 변수가 되었음을 시사하는 바라 하겠다(표 3, 4 참조).

〈표 3〉 검토대상 일본 지지의 간행연대별 현황

구분	1890년 이전	1890~1899	1900~1909	1910~1919	1920~1929	1930		1940~1945	연속 간행물	건수
						1930~1936	1937~1939			
근세지지 및 고지지	1	1	1	8	6	3	1			21
아카데믹 지리학의 성립					3	9		1	1	14
전국 지지의 편찬	1	1	1 (1903 ~1915)		2	4		1		10
세계 지지의 제작					1	6	1	1		9
일본풍경론과 내셔널리즘					4	5	3	3		15
문헌목록집 간행 및 지명사전 편찬*			1	6	6	8	5	4		30
대동아공영권과 지지의 변용						1	2	7		10
합 계	2	2	3	14	22	36 / 48	12	17	1	109

〈표 4〉 검토대상 식민지 지지의 간행연대별 현황

구분	1890년 이전	1890 ~ 1899	1900 ~ 1909	1910 ~ 1919	1920 ~ 1929	1930		1940 ~ 1945	연속 간행물	건수
						1930~1936	1937~1939			
대만		3		2	4	4	3	5	1	22*
관동수				2	2	1	1		3	9
가라후토			3	1	2				3	9
조선	22 (미상)	1	4	11	13	1	4		15	53
남양				4	2	14	3 1(미상)	12	5	41
합 계	4	4	7	20	23	20 32	12	17	27	134

(비고) 대만 지지는 일본 지지(문헌목록집 및 지명사전 편찬)에 수록한 1건을 중복 합산하여 총 22건임.

3. 일본 지지의 분야별 검토

경성제대 부속도서관에 소장된 일본 지지는 일본에서 지지가 근대적 '학지'로 발달하는 계열들을 어느 정도 충실히 반영한다. 이 지지들은 메이지시기를 전후하여 작성된 난학蘭學 계열의 지지를 비롯해 일본 지지의 원류인 '풍토기風土記', 아카데믹 지리학 관련서, 세계 지지, 문헌목록집과 지명사전, 일본풍경론과 내셔널리즘 관련서, 대동아전쟁 지지로 범주화할 수 있다.

1) 근세 지지 및 고지지의 재간행

근세 이후 일본에서 편찬된 지지의 한 부류로 중국학과 난학 계열의 지지를 들 수 있다. 이 지지들은 세계를 지구도설地球圖說 식으로 해설하거나 중국과 그 주변, 서양 열국의 사정을 소개하고 있다.[24]

일본 자국의 지지 편찬 계보는 이보다 훨씬 이른 시기로 거슬러 올라가 그 원류를 풍토기에서 찾는다. 아카데믹 지리학 계열의 藤田元春은 '우리나라의 지리학계는 먼저 왕조王朝의 풍토기 편찬을 제1기로 하고, 후에 근세의 국지國誌 편찬을 제2기로 하며, 거기에 메이지 이후의 성세盛世에 들어간 것'라고 요약하였다.[25] 재야 지지사가로 짐작되는 高木利太도 일본 지지의 원류를 와도기和銅期, 708~715의 풍토기에서 찾고 있다.[26] 현존하는 고풍토기는 히타치常陸, 이즈모出雲, 하리마播磨, 히젠肥前, 분고豊後의 오국五國의 풍토기로,[27] 일본 지지(4710)에 수록된 관련 지지들은 고풍토기나 국지를 신편新編, 표주標主하거나 교정校訂을 가하여 간행한 것들이다. 또한 아이즈번지지국會津藩地誌局이 재간행한『新編會津風土記』(1893)는 막부幕府 시대에 중앙의 내훈內訓으로 각 번에 번지藩誌 편찬을 하달하여 편찬한 지지의 하나이다.[28]

---

24 이 계열의 대표적인 지지로 西川如見,『華夷通商考』, 梅村彌與門, 1695; 司馬江漢,『地球全圖略說』, 江戶 : 春波樓, 1793; 箕作省吾,『坤與圖識』, 夢霞樓, 1845; 福澤諭吉 譯述 (1871)『世界國盡』, 1871; 新井白石(1881),『采覽異言』, 東京 : 賣捌書肆, 1881 등이 소장되어 있다.

25 藤田元春,『日本地理學史』, 東京 : 刀江書院, 1932, 3쪽.

26 高木利太, 1927, 1~11쪽.

27 藤田元春, 앞의 책, 16쪽.

28 高木利太, 위의 책, 8쪽.
    풍토기는 다음과 같은 문헌이 소장되어 있다. 荒木田久老 校,『豊後風土記』, 大阪, 1800;

일본 지지에서 주목할 만한 또 다른 자료는 명소도회名所圖會다.[29] 명소도회도 막부 시대에 널리 편찬된 지지의 한 유형인데, 다이묘大名들의 참근교대제參觀交代制와 서민여행이 활성화됨에 따라 도회 편찬이 성행하였다.[30] 경성제대 부속도서관에 소장된 명소도회는 주로 1910년대에 출판된 것으로, 대일본명소도회간행회가 근세기의 명소도회를 재간행한 것으로 보인다. 부속도서관에 소장된 명소도회는 에도江戶, 닛코日光, 기소木曾, 오와리尾張로 통하는 여정 및 이세신사伊勢神社, 동해도로의 여행과 관련해 제작된 것들이다.

會津藩地誌局 編, 『新編會津風土記』, 若松 : 万翠堂, 1893; 栗里寬 註, 『標註古風土記』, 東京 : 大日本圖書式會社, 1900; 足立鍬太郎 等編, 『南豆風土記』, 東京, 1914; 後藤藏四郎, 『出雲國風土記考證』, 東京 : 大岡山書店, 1926; 松岡靜雄, 『播磨風土記物語』, 東京 : 刀江書院, 1927; 松岡靜雄, 『常陸風土記物語』, 東京 : 刀江書院, 1928; 井上通泰, 『播磨風土記新考』, 東京 : 大岡山書店, 1931; 井上通泰, 『肥前風土記新考』, 大阪 : 巧人社, 1934; 井上通泰, 『豊後風土記新考』, 東京 : 巧人社, 1935; 室殿虎男, 『常陸風土記の研究』, 京都 : 立命館出版部, 1937.

29 대일본명소도회간행회에서 간행한 명소도회의 소장 현황은 다음과 같다. 秋里籬島 著, 原田幹 校訂, 『都名所圖會』 上, 下卷, 東京 : 大日本名所圖會刊行會, 1918; 秋里籬島, 滕禹言 著, 原田幹 校訂, 『大和名所圖會. 全』, 東京 : 大日本名所圖會刊行會, 1919; 蔀關月 編, 原田幹 校訂, 『伊勢參宮名所圖會. 全』, 東京 : 大日本名所圖會刊行會, 1919; 秋里籬島 著, 竹原春朝齊 等畵, 原田幹 校訂, 『攝津名所圖會』 上, 下卷, 東京 : 大日本名所圖會刊行會, 1919; 岡田啓, 野口道直 共著, 小田切春江 編纂, 『尾張名所圖繪』 上, 下卷, 東京 : 大日本名所圖會刊行會, 1919; 秋里籬島 編著, 原田幹 校訂, 『木曾路名所圖會』, 東京 : 大日本名所圖會刊行會, 1919; 齊藤幸成 編, 長谷川雪旦 畵, 原田幹 校訂, 『江戶名所圖會』 1~4卷, 東京 : 大日本名所圖會刊行會, 1919; 秋里籬島 著, 竹原春泉齊 畵, 原田幹 校訂, 『東海道名所圖會』, 東京 : 大日本名所圖會刊行會, 1920; 植田孟縉 編(1920), 『日光山志』 및 谷文晁 著, 原田幹 校訂(1920), 『日本名山圖會』, 東京 : 大日本名所圖會刊行會.

30 高木利太, 앞의 책, 8쪽.

2) 아카데믹 지리학의 성립

메이지시기에 이르러 일본 지지는 몇 가지 영역으로 성장하는 전환기를 맞이하였다. 우선 주목할 만한 변화로 아카데믹 지리학의 성립을 들 수 있다. 1907년 교토제대 문과대학 사학과에 사학지리학史學地理學 제2강좌가 설치되어 일본 대학 최초로 지리학 강좌가 개설되었으며, 1911년에는 도쿄제대 지질학과에 지리학 강좌가 설치되었다.[31] 1908년 교토제대에 小川琢治가, 1912년에 도쿄제대에 山崎直方이 지리학교수로 부임하면서 두 제국대학을 중심으로 아카데믹 지리학 제1세대가 성장하기 시작하였다. 小川琢治는 아카데믹 계열에서 최초로 대만 지지를 완고完稿한 지리학자이며, 山崎直方도 머지않아 일본 전국 지지를 완간하게 된다(1903~1915). 이 두 지리학자들의 저작들은 경성제대 부속도서관에 다수 소장되어 있다.

일본 지리학계의 단체적 활동은 일찍이 지학회地學會와 도쿄지학협회 東京地學協會를 중심으로 전개되었다. 이중 도쿄지학협회는 영국 왕립지리학회를 본떠서 1879년에 창립한 단체로, 당초 지리학자들 외에도 화족, 군인, 행정관리, 외교관 등도 주요 회원으로 활동하였다.[32] 경성제대 부속도서관에는 도쿄지학협회가 발간한 『東京地學協會報告』가 창간호부터 소장되어 있다.

지리학의 아카데미즘으로 서구 지리학서의 번역물이 소개되고 국내 지리학자들의 방법론서도 저술되었으며, 이로부터 체계화되는 자연지

---

31   岡田俊裕, 『日本地理学史論』, 東京 : 古今書院, 2000, 28, 33쪽.
32   岡田俊裕, 위의 책, 26쪽.

리학과 인문지리학의 제 요소들이 향후 편찬되는 다양한 지리학 개설서에 반영되었다. 당시 자연지리학은 지문지리학地文地理學, physical geography / natural geography이라고도 하며 수리지리학(천문지리학), 지문지리학(자연지리학, 협의), 생물지리학으로 세분화되었으며, 인문지리학은 인류지리학human geography / anthropological geography이라고도 하고 인문지리학(인류지리학, 협의), 경제지리학, 정치지리학(국가지리학) 등을 포함하였다.[33] 애초 일본에서 중국 위주의 역사지리나 자연지리 계열의 분과가 주류를 이루다가 1920년대 이후 취락, 도시, 인구, 정치, 경제, 국가 등을 연구하는 인문지리가 크게 유행하면서, 경성제대 부속도서관에도 인문지리 계열의 도서가 다수 유입되었던 것으로 보인다.[34] 중일전쟁 이후 지리학자들은 국가, 전쟁, 경제, 대동아공영권 등을 지리학과 접목시키는데, 이에 관한 장서들도 부속도서관에 다수 소장되어 있다.

---

33 高尾常磐, 『國家地理學槪論』, 東京 : 目黑書店, 1931, 1~2쪽.

34 小川琢治, 『人文地理學硏究』, 東京 : 古今書院, 1928; E. Huntington and S. W. Cushing 著, 伏見義夫 譯, 『人文地理學槪論』, 東京, 大阪 : 積善館, 1928; Brunhes, J. 著, 松尾俊郎 譯, 『人文地理學』, 東京 : 古今書院, 1929; 國松久彌, 『人文地理學と文化景觀』, 東京 : 共立社, 1930; 佐佐木彦一郎, 『人文地理學提要』, 東京 : 古今書院 1930; 小田內通敏, 『日本·風土と生活形態 : 航空寫眞による人文地理學的硏究 : 序集』, 東京 : 鉄塔書院, 1931; ブラーシュ 著, 山口貞夫 譯, 『ブラーシュ人文地理學』, 東京 : 古今書院, 1933; Otto Maull 著, 辻村太郎, 山崎禎一 譯, 『人文地理學』, 東京 : 古今書院, 1935; 別技篤彦, 『人文地理學通論』, 東京 : 地人書館, 1935; チョーノキ·イェノェ 著, 今岡十一郎 譯, 『人文地理學の基礎知識』, 東京 : 古今書院, 1935; ノルブルト·クレープス 著, 辻村太郎, 能登志雄 譯, 『人類地理學』, 東京 : 古今書院, 1936; 淺井治平, 『人文地理學の基礎的知識』, 東京 : 目黑書店, 1936; 國松久彌, 『人文地理入文』, 東京 : 古今書院, 1940.

3) 전국 지지의 편찬

일본 국내 지지도 이전의 고풍토기와 다른 범주와 성격을 띠게 되고, 그 단위도 전국지, 지역지, 도시지 등으로 분화되었다. 山岐直方·佐藤伝蔵이 총 10권으로 집성한 『大日本地誌』는 해외 식민지 영토까지 수록하여 일본 제국 영토를 완전하게 편제한 가장 이른 시기의 지지다.[35] 전국 단위의 지리서 체계가 갖추어지면서 학교와 강단에 이와 유사한 편제의 지리서가 교재로 보급되었는데, 立正大學 강사인 佐佐木三之助의 『大日本地理槪說』(1930)은 그 하나의 전형으로 볼 수 있을 것이다. 이지지는 자연지리와 인문지리를 종합하여 일본 제국의 지리를 다루고, 일본 국내 8개 지역에다 류큐琉球, 대만, 사할린, 조선, 조차지관동주, 위임통치령 남양제도도 모두 수록하였다.[36] 개조사改造社가 간행한 『地理講座 : 日本編』(1933)은 총 7권으로, 대체로 편제도 위와 같다.[37] 국내 지방 및 해외 식민지 영토를 전국지 속에 통합하는 지지의 편찬은 지지를 통한 중앙집권화 및 제국화의 이념을 구현하고자 한 것이었다.

전국 지지와 아울러 군현郡縣과 정町, 시市, 부府 등의 지지도 활발하게 간행되었다. 이중 도쿄에 대한 지지가 다수 소장되어 있다.[38]

---

35 山岐直方, 佐藤伝蔵 編(1903~1915), 『大日本地誌』, 東京 : 博文館. 1권 關東, 2권 奧羽, 3권 中部, 4권 近畿, 5권 北陸, 6권 中國, 7권 四國, 8권 九州, 9권 北海島, 10권 琉球 및 臺灣으로 구성되어 있다.

36 佐佐木三之助, 『大日本地理槪說』, 東京 : 古今書院, 1930.

37 改造社, 『地理講座 : 日本編』, 東京 : 改造社, 1933.

38 竹外居士, 『東京土産』, 東京 : 文魁堂, 1889; 指南社, 『(新撰)東京案內鑑』, 東京 : 指南社, 1893; 『東京府勢一覽 : 大正8年』, 東京 : 警眼社, 1921; 服部誠一, 『東京新繁昌記』, 東京 : 聚芳閣, 1925; 大坂稔 編, 『全東京展望寫眞帖』, 東京 : 大塚巧芸社 複製; 指南社, 1932; 地人社, 『大東京史蹟名勝地誌』, 東京 : 地人社, 1936; 竹澤義夫 編, 『東京市民讀本』, 東京

4) 세계 지지의 제작

경성제대 부속도서관 지지 중 의외의 비중을 차지하는 분야는 세계 지지다. 세계 지지는 일본에서 戰間期라 부르는 1920~30년대에 왕성하게 제작되었다. 이 시기의 초기에는 세계 주요 지역의 자연지리와 인문지리를 개관하고 현황을 보강하는 성격의 도서들이 간행되다가 전시기가 되면서 일본을 필두로 아시아 중심의 세계 지지로 새롭게 편제되는 현상이 하나의 특징으로 나타난다.

세계 지역에 관한 정보를 구축하기 위해 일본 학자들은 구미 학자들의 설을 참조하여 아시아, 유럽, 북미합중국, 중앙아메리카, 남아메리카, 오스트레일리아, 아프리카의 지체地體 구조를 소개한다든가[39] 유럽의 자연지리와 인문지리를 소개한다든가[40] 오세아니아, 아프리카 같은 식민지대륙 지지를 편찬한다든가[41] 세계를 대국과 소국으로 구분하여 외몽고, 신장, 아프리카, 아메리카를 소국으로 분류한다든가[42] 하는 등, 비교적 다양하게 세계 지지를 제작하였다. 또 그 분량도 비대해져 전집 형태로 발간하는 것이 유행처럼 되었다. 대표적으로 香川幹一의『槪觀世界地誌』는 3권 총 7편으로 구성되어 있는데, 제1편 아시아주, 제2편 및 제3편 유럽주, 제4편 아프리카주, 제5편 북아메리카주, 제6편 남아메리카주, 제7편 대양주를 다루고 있다.[43] 또한 대공황 이후 세계 경제

　　: 愛之事業社, 1940.

39　楠田鎭雄,『世界構造地理學要論』, 東京 : 古今書院, 1929.

40　帷子二郎,『世界地誌 : 西歐及中歐篇』, 東京 : 古今書院, 1931.

41　櫻井靜,『世界新地誌. 植民大陸篇』, 東京 : 大同館書店, 1935.

42　國松久彌,『世界小國地誌』, 東京 : 古今書院, 1937.

43　香川幹一,『槪觀世界地誌』, 東京 : 古今書院, 1930. 이 외에 改造社 編,『地理講座. 外國

제1권 일본		제9권 인도, 서아(西亞)	
제2권 만주	1932년 만주국 건설을 반영.	제10권 호주, 태평양, 남극	일본이 신질서를 건설하기 위한 지역.
제3권 북지(北支)	남단의 향항(香港)에서 만주국, 시베리아, 소련을 통하여 멀리 서구, 리스본에 이르는 세계 최장의 대륙횡단철도의 일부를 구성.	제11권 구주(총론), 북구(北歐)	
제4권 중지나 (中支那)		제12권 남구(南歐), 동구(東歐)	
제5권 변강(邊疆)		제13권 중구(中歐), 서구(西歐)	
제6권(I) 외남양	수마트라, 보르네오, 셀레베스 등. 백인 세력권. 지나인 및 그 경제적 세력이 큼. 천연자원이 풍부하고, 잉여 생산물과 미개발 자원이 막대함.	제14권 아프리카	
제7권(II) 외남양	프랑스령 인도지나, 타이, 말레이, 버마 등. 열대농업, 화교 등.	제15권 비소장	
제8권 시베리아(西比亞)	시베리아의 지리적 의의, 일본의 북양(北洋) 어업 지역, 북화태(北樺太) 등.	제16권 라틴아메리카	

정세가 크게 변동함에 따라 세계 지지도 일반적 개관에서 나아가 주요 국가의 현황을 소개하는 경향이 두드러졌다.[44]

세계 지지는 유럽과 미국, 그리고 중국에 주된 비중을 두었지만, 이와 함께 중요성이 배가된 지역은 아시아였다. 1940년에 출간된『世界地理』는 일본 전국의 지지 연구자들이 총집결하여 모두 총 16권으로 집성한 방대한 지지였다.[45] 이 지지는 제1권 일본을 필두로 하여 '동아 및 세계에서 일본의 지위'를 부각시키고, 일본으로부터 중요한 대륙과 해양 거점을 방사적放射的 형상으로 편제하였다.

編』, 東京 : 改造社, 1933 등.
44 新潮社,『世界現狀大觀』, 東京 : 新潮社, 1931～32; 香川幹一,『教材世界地理』下卷, 東京 : 古今書院, 1936.
45 河出書房,『世界地理』, 東京 : 河出書房, 1940.

5) '일본풍경론'과 내셔널리즘

일본 지지를 통해 엿볼 수 있는 사회적 현상의 하나는 지지 관련 저작이 국토와 국민에 대한 의식을 고양하는 기제로 파급력을 가지게 되는 사회적 담론이 구축되었다는 점이다. 일본인들의 내셔널리즘 고양에 크나큰 영향을 미친 志賀重昻의 『日本風景論』(1894)[46]은 근대 지지서가 일본인성Japanese-ness을 창출하고 그에 호소하는 대중적 파급력을 가실 수 있음을 난적으로 예시하는 저삭이다. 志賀重昻의 일본풍경론은 '내셔널리즘의 고양기인 청일전쟁에서 러일전쟁 사이에 非常히 많이 읽히'면서,[47] '다양한 자연미를 다양한 예술로 표현하여 보존과 계몽에 노력하고, 일본과 계통이 같은 아시아 대륙의 지리, 지질에까지 시야를 넓혀 서구의 기준에 의존하지 않는 아시아의 독자적 지학 체계를 개발할 것을 호소'한 것으로 요약된다.[48]

이후 '일본 풍경'은 일본미日本美의 상징어가 되었다. 그리고 그것은 늘 서양과의 비교에서 일본의 우월성과 특수성을 의미화하는 코드로 재생산되었다.[49] 나아가 풍경협회와 같은 단체가 편찬한 지지는 국민적 차원에서 일본 풍경의 진가를 알고 이해를 넓히기를 호소하고 있다.[50]

여행기와 여행안내기도 지지 컬렉션에 수록되어 있다. 기관, 단체,

46 　志賀重昻 著, 小島烏水 解說, 『日本風景論』, 東京 : 岩波書店, 1939. 이 도서는 일반도서 (0000)−총서(0200)−일본인편찬(0210)으로 분류되어 있다. 이 외에『志賀重昻全集』, 東京 : 志賀重昻刊行會, 1928; 志賀重昻 著, 土方定一 解題, 『知られざる國國』, 東京 : 日本評論社, 1943 등도 소장되어 있다.

47 　岡田俊裕, 앞의 책, 30쪽.

48 　오쿠보 다카키(大久保喬樹), 송석원 역, 『일본문화론의 계보』, 소화, 2007, 21쪽.

49 　脇水鐵五郎, 『日本風景誌』, 東京 : 河出書房, 1939 등.

50 　風景協會 編, 『日本風景讀本』, 東京 : 古今書院, 1937.

개인의 시찰기 및 여행기,[51] 여행안내서,[52] 온천안내서,[53] 철도안내서,[54] 지역소개서[55] 등이 다수 구비되어 있다.

6) 문헌목록집 간행 및 지명사전 편찬

정보 영역으로 지지를 구축하는 다양한 분야들이 있겠지만, 문헌목록집 간행과 지명사전 편찬은 일본인들이 유독 열성을 보인 작업이었다. 일본 국내 지지뿐만 아니라 해외 식민지에 소장된 지지의 비대해져가는 목록을 데이터베이스화 하는 작업이 지속적으로 이루어졌다. 특정 지역의 문헌목록집이 전시기에 집중적으로 양산되는 현상도 나타난다. 이에 관해서는 '식민지 지지' 장에서 다시 살펴보기로 한다.

지명사전 편찬도 일본인들이 심혈을 기울인 분야였다. 문학박사 吉田東伍가 총 5권으로 집성한 『大日本地名辭書』는 지금 참고해도 손색이 없을 정도로 일본 지명사전 편찬사에서 기념비적 업적으로 평가받

---

51 北海道廳殖民課 編, 『北海道視察便覽』, 札幌：北海道殖民課, 1928; 福德生命保險株式會社 編, 『歐米南洋朝鮮支事情』, 大阪：福德生命保險株式會社, 1929; 土肥慶藏, 『乙丑周遊記』, 東京：土肥健男, 1931; 笹森儀助, 『笹森儀助西伯利亞旅行日記：竝露,淸,韓,三國境界線視察日記』, 靑森：靑森縣中央圖書館, 1935; 外務省歐亞局第一課 編, 『「アフガニスタン」國內視察報告』, 東京：外務省歐亞局第一課, 1936; 陳賡雅 著, 井上紅梅, 武田泰淳 共譯, 『支那邊疆視察記』, 東京：改造社, 1937; 北海島協會 編, 『千島視察錄』, 札幌：北海道協会, 1942 등.
52 鐵道省 刊, 『日本案內記：中部篇』, 東京：博文館, 1931; 中央公論社 編, 『趣味の旅行案內』, 東京：中央公論社, 1934; 鐵道省山岳部 編, 『日本山岳案內』, 東京：博文館, 1940.
53 鐵道省, 『溫泉案內』, 東京：鐵道省, 1940.
54 井上露舟 編, 『鐵道旅行新案內』, 東京：巧芸社, 1920.
55 熊本營林局 編, 『九州之山水』, 熊本：熊本營林局, 1926.

〈표 6〉 경성제대 부속도서관 소장 地名 辭典・辭書

지 역	서 명	연 도	편저자
일 본	大日本地名辭書	1907 1913 1937	吉田東伍
	帝國地名辭典	1912	太田爲三郎
	市町村便覽	1913	一書堂編輯部
	市町村名鑑	1918	藤澤衛彦(等)
	市町村名鑑	1920	藤澤衛彦(等)
	市町村名鑑	1926	增田穆, 關惣右衛門, 吉田政夫(校)
	市町村名鑑	1929	福神出版部
	市町村名鑑	1938	堀部千尋(校閱)
	市町村名鑑: 昭和18年版	1942	文錄社
	江戶地名字集覽	1929	三村淸三郎
	大日本地名辭典竝交通地圖大鑑	1929 1934	國際學術評論社地學硏究部
	日本沿岸地名表	1936	海軍省水路部
	日本地名大辭典	1937	日本書房
세 계	地名の起原	1928	香川幹一
	世界地名大辭典	1932	小林房太郎
조 선	朝鮮支那地名辭典	1910	根來可敏
대 만	臺灣市街庄名の讀み方	1938	新道滿
만 주	滿洲地名辭典	1933	岡野一郎
	滿洲國地名大辭典	1937	山崎總與
중 국	中國地名大辭典	1930	劉鈞仁(民國)
	中國古今地名大辭典	1931	謝壽昌(等)(民國)
	中外地名辭典	1933	丁督盦, 葛綏成(民國) (*중국, 일본, 기타 외국)
	支那地名集成	1936	外務省情報部
	支那地名辭典	1941	星斌夫
홋카이도	北海道地名解	1918	礒貝精一
남 양	大南洋地名辭典	1942	南洋經齊硏究所
중남미	中南米地名辭典: 西・葡・墨・比	1942	村岡玄, 村岡恭子

(비고) 지지(4700) 3건, 일본 지지(4710) 1건, 사서・지명색인(4711) 17건, 조선(4790) 1건, 지나 (4810) 4건, 만몽지방(4850) 2건, 남아메리카(4980) 1건, 대양주(4990) 1건(총 30건).

고 있다.[56] 太田爲三郎이 편찬한 『帝國地名辭典』은 일본, 대만, 오키나와, 조선의 지명을 수록하고 있다.[57] 나아가, 小林房太郎의 『世界地名大辭典』은 일본 최초의 외국지명 사전으로, Lippincott's Gazetteer of the World, 백과전서, 외국 지리서 및 세계지도 등을 참고하고, 지명 편찬 단위로 단일 국가를 중시하였다.[58]

7) 대동아공영권과 지지의 변용

1930년대가 되자 지지서들은 국가, 정치, 전쟁을 논의하기 시작하였다. 아카데믹 지리서와 그에 준하는 개설서들은 국가지리학, 정치지리학, 전쟁지리학이라는 제명으로 출판되거나, 그간의 글을 모아 전시 국면에 맞게끔 변용되어 출판되었다.[59]

대동아공영권大東亞共榮圈을 둘러싼 담론도 급부상하기 시작하였다. 대동아공영권과 직접 관련된 지지들은 주로 아시아주(4800)에 분포되어 있다.[60] 대동아공영권 건설의 필요성과 필연성은 환경적, 역사적, 정치

---

56 岡田俊裕, 위의 책, 31쪽.
    吉田東伍, 『大日本地名辭書』, 東京 : 冨山房, 1907~1910. 1~4권은 일본 지명, 속편 5권은 홋카이도, 대만, 류큐 지명을 수록하고 있다.
57 太田爲三郎 編, 『帝國地名辭典』, 東京 : 三省堂書店, 1912.
58 小林房太郎, 『世界地名大辭典』, 東京 : 南光社, 1932.
59 高尾常磐, 『國家地理學槪論』, 東京 : 目黑書店, 1931; 小川琢治, 『戰爭地理學硏究』, 東京 : 古今書院, 1939; 杉本音治郎, 『最新地理學通義』, 東京 : 啓文社, 1939; 中村良之助, 『經國と地理』, 東京 : 帝國書院, 1944 등.
60 齋藤昌司, 『槪觀大東亞圈』, 東京 : ダイヤモンド社, 1941; 廣瀨淨慧, 『大同亞經國誌』, 大阪 : 日本出版社, 1941; 高橋次郎, 『廣域圈の經濟理論』, 東京 : 文川堂書房, 1943; 天野敬太郎, 『大東亞資料總覽』, 京都 : 大雅堂, 1944; 國松久彌, 『東亞共榮圈の地理』, 東京 : 柁

적, 경제적, 문화적 차원 등 다각도에서 설파되고 있지만, 그 입론은 단순하다. '동아 제 민족과 국가는 전쟁을 통해 서구의 압제로부터 해방되어야 하는데, 이 전쟁은 정치적으로 제국주의적이며 경제적으로 자유주의적인 영미의 전쟁과는 다른 도의道義에 기초한 전쟁으로, 전쟁에 승리하기 위해서는 동아의 제 민족과 국가가 하나의 공생공영권을 형성해야하며, 이를 선도할 국가는 가장 발달된 일본'[61]이라는 것이다. 이 시기의다른 지지에 나타난 대동아공영권 언설도 크게 다르지 않다. 즉 아시아제 민족의 환경적, 민족직, 문화적 공동성을 환기시킨 후 정치적 전략과경제적 이점을 강조하며 정신적 동원을 호소하는 것이 그것이다.

4. 식민지 지지의 지역별 검토

1) 대만 지지

청일전쟁에서 승리한 일본은 청국과 시모노세키조약을 체결하고 첫해외 공식 식민지를 획득하였다. 일본이 획득한 이 식민지는 정확하게표현하면 '대만 전도全島와 그 부속 제도 및 팽호澎湖 열도'다.

경성제대 부속도서관의 지지 컬렉션에서 대만의 비중은 의외로 크

谷書院, 1943; 共存社, 『大東亞共榮圈』, 東京 : 共存社, 1944.

61 國松久彌, 위의 책, 1943.

지 않은 편이며, 일본 지지(4710)로 분류되어 있는 것도 상기할 점이다. 우선, 연속간행물로 대만총독부가 펴낸 『臺灣事情』이 1926년 6월 3일자로 구비되었다.[62] 단행본 지지는 1895년을 전후한 것부터 소장되어 있다. 가장 이른 시기의 지지는 足立栗園의 『臺灣志』(1894)로, 청대까지의 대만 역사를 서술한 것이다.[63] 일본 참모본부가 1895년 7월에 간행한 지지도 소장되어 있다.[64]

한편, 식민통치가 실시될 무렵 일본인들은 현지 원주민인 생번(生番, 이후에는 生蕃으로 표기됨) 정보가 거의 없었으므로, 초기 지지들은 생번의 유래와 분류, 교화 정도와 외부인에 대한 태도 등에 큰 관심을 가졌다. 인류학자 도리이 류조鳥居龍藏도 식민통치 직후에 생번 조사를 실시하면서 분류에 지대한 관심을 기울인 것으로 알려져 있다.[65] 위의 참모본부가 편찬한 지지에는 생번을 네 종족으로 분류하고, 생번의 습속, 거주지인 번사番社의 현황, 생번과 지나인支那人의 차이와 동화 양상을 서술하고 있다.

아카데믹 계열에서도 대만 지지 편찬에 참여하였다. 1908년 교토제대 지리학교수로 부임하게 될 小川琢治가 도쿄제대 지질학과 재학 중에 도쿄지학협회 위촉으로 대만지 편찬에 착수하였다. 『臺灣諸島誌』

---

62 臺灣總督府 編, 『臺灣事情』, 臺北 : 臺灣總督府, 1921～1943. 도서원부 10001-15000 참고.
63 足立栗園, 『臺灣志』, 東京 : 哲學書院, 1894. 저자에 관해서는 거의 알려진 바가 없으나, 『朝鮮志』(1894), 『朝鮮新地誌』(1910)를 비롯해 일본국립국회도서관에 90여 권의 저서 정보가 탑재되어 있다.
64 參謀本部, 『臺灣誌』, 東京 : 參謀本部, 1895. 구성은 위치·넓이(廣袤)·인구, 산맥·지질, 하류·호수, 항만·도서·방어설비, 기후, 동식광물, 철도·전신, 구분, 건치·연혁, 풍속·생번(生番) 풍속, 모 영사(某領事)의 생번시찰, 물산·수출품, 상황(商況)·물가, 도로, 모 영사의 대만시찰로, 내용은 다소 조잡한 수준이다.
65 사카노 토오루, 2013, 223～227쪽.

서문은 "대만도는 우리 판도에 새로 들어왔음에도 지리의 탐구는 아직 전혀 이루어지지 않아 섬의 한쪽 반, 즉 번인蕃人이 거주하는 지방은 가히 최고로 암흑인 아프리카와 같이 지구를 향하지 않는 달의 반쪽과 같고, 다른 반쪽, 즉 지나인이 거주하는 지방에 이르러도 역시 빙거憑據할 만한 재료가 모자라"라고 하여, 사실상 대만 전역에 대해 일본인들이 신뢰할 만한 정보가 부재한 실정을 환기시켰다.[66] 이 지지를 편찬하기 위해 小川琢治가 대만에서 현지조사를 수행한 것으로 보이지 않는다. 내신 중국을 비롯해 16세기 말 이후에 스페인, 포르투갈, 네덜란드, 일본이 대만과 교섭한 자취를 문헌에 기초해 정리하였으며, 유럽 제국의 '대만 탐험의 연혁과 문서 항목'부터 시작하여 해양, 산악 및 하류, 지질, 생물, 주민, 산업, 교통, 천연天然 구획 및 도읍, 연혁 등을 서술하고 있다. 『臺灣諸島誌』는 아카데믹 전문성(자연지리, 인문지리, 문헌조사)으로 일본 지리학사에서 높이 평가되고 있다.

식민 관청이 발간한 지지는 식민 행정 항목 중심으로 식민지 변화상을 정리하는 '사정지事情誌' 형태를 띤다. 부속도서관에는 대만총독부와 팽호청澎湖廳이 간행한 지지가 각각 1건씩 소장되어 있다. 대만총독부는 시정 30주년이 되는 1925년에 25쪽 분량의 책자인 『最近の臺灣 : 施政三十年記念』을 간행하였다.[67] 대만과 함께 식민지로 편입된 팽호 열도는 대만총독 직예直隷로 팽호청이 관리하였는데,[68] 부속도서관에는

---

66 小川琢治 著, 神保小虎 閱, 『臺灣諸島誌』, 東京 : 東京地學協會, 1896.
67 臺灣總督府, 『最近の臺灣 : 施政三十年記念』, 臺北 : 臺灣總督府, 1925. 일본 영유 이전의 대만, 토지 · 기후, 주민, 통치, 신사 · 종교 및 교육, 위생, 교통 · 체신, 토목공사, 산업, 무역 · 물가 및 재정, 전매(專賣), 사회사업, 연구조사기관, 그리고 부록으로 도시 · 명소 · 구적 등 식민 행정의 제반 내용을 수록하고 있다.
68 澎湖廳 編, 『澎湖事情』, 澎湖 : 澎湖廳, 1932, 12쪽.

팽호청이 1932년에 발간한 『澎湖事情』이 소장되어 있다.[69]

대만과 팽호의 인구 구성은 일본 식민주의의 한 특징을 드러내는 단서가 된다. 대만총독부가 간행한 자료를 참조하면, "본도인本島人은 한인종漢人種과 번족蕃族 둘로 대별되는데, 한인종은 그 원산 지방에 따라 민족閩族(복건인)과 월족粵族(광동인)으로 나누어지며, 전全 주민 중 족히 9할을 점한다. 번족은 본도 주민 중 가장 오래된 종족으로, 본도를 자기 땅이라 하고 기타 종족을 약탈자로 여기는 분위기가 있다. 생번生蕃과 숙번熟蕃으로 나뉜다. 외국인은 주로 지나인을 가리키는 것이다."[70] 1923년 당시 대만 총 인구(3,976,098명) 중 본도인이 92.5%(3,679,371명)로 절대적 다수를 차지하는 반면, 일본인은 4.6%(181,847명), 생번인은 2.1%(84,177명), 외국인은 0.8%(30,703명)에 그쳤다. 팽호의 사정도 크게 다르지 않았는데, 즉 총 인구 63,997명(1931년 말) 중 대다수(61,459명)는 복건계福建系 본도인이며, 일본인은 2,477명(3.9%)에 불과했다.[71] 식민통치 30년이 경과하는 시점에서 식민자의 비율은 고작 5%도 되지 않는 것이다. 이는 사할린이나 남양의 사정과 확연히 다른 것으로, 식민지 비교연구에서 고려해야 할 하나의 사항이다.

대만총독부가 설립한 대북상업학교臺北商業學校의 교유敎諭로 재직한 武內貞義가 『臺灣』을 출간하였다.[72] 그 외에 대만명승구적지편찬회臺灣

---

69 澎湖廳 編, 위의 책.

70 臺灣總督府, 『最近の臺灣』, 臺北 : 臺灣總督府, 1925, 5쪽.

71 澎湖廳 編, 앞의 책, 5~6쪽.

72 武內貞義, 『臺灣』, 臺北 : 新高堂書店, 1927. 이 지지는 1914년에 초판이 간행된 이래 1927년에 개정판이, 1929년에 증정판(增訂版)이 나왔으며, 서울대 고문헌실에는 1927년과 1929년 판이 소장되어 있다. 구성은 지리, 역사, 관습, 번족(蕃族), 동식물 자연계 총 5편이다.

名勝舊蹟誌編纂會가 대만과 팽호 일대에서 명소구적 총 331개소를 '발굴'하여 정리한 문헌이 소장되어 있다.[73] 또 1930년대의 시가지 관계 자료,[74] 고古 지방지를 중간한 서적들이 있다.[75] 현지 정보가 축적될수록 실상을 강조하는 지지도 나왔다.[76]

식민 관료, 저명 작가 등의 견문기도 3건 소장되어 있다.[77] 대만총독부 촉탁 및 중추원 의원을 지낸 田中善立이 일찍이 남방정책의 필요성을 환기하는『臺灣と南方支那』(1913)를 비롯해 이왕직李王職 장관인 篠田治策이 이왕李王(영친왕) 수행원으로 대만을 여행하고 펴낸『臺灣を視る』(1935), 작가로 알려진 中西伊之助의 견문기가 소장되어 있다.

1930년대 후반에 이르러 대만은 통치를 위한 식민지에서 전시 거점으로서 '남방南方'과 함께 그 위상이 재정립되기에 이른다. 예를 들어 오사카매일신문사가 "대만의 재인식"을 주제로 개최한 좌담회는 '일본, 지나 중심의 북방정책만으로는 동아의 신질서를 이룩할 수 없으므로 네덜란드령 인도네시아蘭印, 프랑스령 인도차이나佛印, 필리핀 등으로의 남진이 필요하고, 대만은 남방정책에서 군사적, 경제적 거점으로서 중요성을 가진다'고 피력하였다. 이 문헌은 남방정책의 중대성과 대만의 장래, 대만의 자원개발과 공업화, 전력, 미곡, 설탕, 노동력, 대만 거주 내지인의 발전책, 교통정책, 황민화, 의무교육제, 씨氏의 창설, 관광시

73 杉山靖憲,『臺灣名所舊蹟誌』, 東京 : 臺灣總督府, 1916.
74 臺灣日日新報社編輯局 編,『(改正)臺北市全圖』,臺北, 1936; 新道滿 編,『臺灣市街庄名の讀み方』, 臺北 : 藤井秀夫, 1938.
75 臺灣經世新報社 編,『臺灣全誌』, 臺北 : 臺灣經世新報社, 1922.
76 東洋時報社 編,『朝鮮滿洲臺灣實狀要覽』, 京城 : 東洋時報社, 1924.
77 田中善立,『臺灣と南方支那』, 東京 : 新修養社, 1913; 篠田治策,『臺灣を視る』, 東京 : 樂浪書院, 1935; 中西伊之助,『臺灣見聞記』, 東京 : 臺灣三省堂, 1937.

설 등을 수록하고 있어, 전시 중의 대만 및 남방에 대한 사상적, 정책적 동향을 살피는 데 참고할 만하다.[78]

1939년에 '남방문화단체'로 창립된 대만남방협회가 교육, 학예, 위생 등의 문화 사업에 이어 경제조사에 착수하면서 발간한 총서 몇 권도 소장되어 있다.[79] 동 협회의『臺灣南方協會調查叢書』제2집은 비교적 잘 알려져 있는데, 이는 열대경제식물 카카오에 관한 독일어 책자를 번역한 것이다.[80] 동 협회가 외남양 사정과 시사를 소개한『南方讀本』도 소장되어 있다.[81]

한편, 대만총독관방조사과와 대만총독부외사부는 대만총독부에 의해 창설된 조사기관으로, 남양 조사를 활발히 수행하였다.[82] 이중 대만총독부외사부는 전시기 와중에 조사 및 간행 활동에 적극적으로 투입되었다. 경성제대 부속도서관에는 대만총독부외사부가 간행한 뉴기니 지도 자료와 남지나 문헌목록이 소장되어 있다.[83] 그 외 동양문고東洋文庫 소장의 중국, 만주, 대만의 지방지 문헌목록집, 대만총독부도서관이 간행한 중국 지방지 목록집도 소장되어 있다.[84] 문헌목록집은 일본의 해외 정보 수집 활동을 파악하는 외에도 전시와 관련하여 정책적 조류를 시사하는 자료로 일람할 수 있다.

78 大阪每日新聞社 編,『南方の將來性 : 臺灣と蘭印を語る』, 大阪 : 大阪每日新聞社, 1940.
79 末廣昭 外,『「帝国」日本の学知. 第6卷. 地域研究としてのアジア』, 東京 : 岩波書店, 2006, 407쪽.
80 臺灣南方協會,『臺灣南方協會調查叢書』, 臺北 : 臺灣南方協會, 1941.
81 臺灣南方協會,『南方讀本』, 東京 : 三省堂, 1941.
82 末廣昭 外, 앞의 책, 406쪽.
83 臺灣總督府外事部 龜案䂓編纂,『ニューギニヤ島全圖』, 臺北 : 臺灣總督府外事部, 1942;
    臺灣總督府外事部,『南支那文獻目錄』, 臺北 : 臺灣總督府外事部, 1943.
84 東洋文庫 編,『東洋文庫地方志目錄 : 支那·滿洲·臺灣』, 東京 : 東洋文庫, 1935; 臺灣總督府圖書館 編,『支那地方志目錄 : 昭和一三年末現在』, 臺北 : 臺灣總督府圖書館, 1939.

2) 관동주 지지

1904년 1월 여순旅順에서 발발한 러일전쟁은 1905년 9월 일명 '포츠머스조약Treaty of Portsmouth'의 체결과 함께 종결되고, 일본은 러시아가 통치하던 여순, 대련大連의 조차권과 장춘-대련 간 철도 경영권을 획득함으로써 관동주關東州를 식민통치하기 시작하였다. 1906년 9월 여순에 관동도독부關東都督府 및 그 하위에 군사를 관장하는 육군부와 행정을 관장하는 민정부가 설치되었다.[85]

관동주 지지로는 여순, 대련, 관동주, 요동遼東 등이 포함될 수 있다. 경성제대 부속도서관에는 관련 장서들이 만몽지방(4850)에 포함되어 있으며, 그 수도 얼마 되지 않는다. 우선 대련과 여순을 소개하는 지지 중[86] 남만주철도주식회사조사과가 펴낸 지지는 1898년부터 러시아가 대련과 여순을 조차지로 경영한 13년간의 발달상과 추이, 시 조직 및 행정, 시 세출세입, 인구 및 인종, 산업교통 및 상업, 우편, 전신, 전화, 수도 및 전등, 위생 및 교육, 재판 및 구류소, 물가, 노임, 건축재료 물가, 식료품 물가, 지명, 기상 등을 다루고 있다.

한편, 관동주의 식민통치 기관은 관동총독부(1905.10~1906.8), 관동도독부(1906.9~1919.4), 관동청(1919.4~1934.12), 관동주청(1934.12~1945.8)으로 변천하였다.[87] 경성제대 부속도서관에는 관동주청이 편찬

---

85 郭鐵椿・關捷, 韓俊英, 신태갑 외역, 『일본의 대련 식민통치 40년사』, 선인, 2012, 106~141쪽.

86 南滿洲鐵道株式會社調查課 編, 『露國占領前後ニ於ケル大連及旅順』, 南滿洲鐵道株式會社調查課, 1911; 畢恭 編, 『遼東志』, 東京 : 高木亥三郎, 1912; 旅順市役所 編, 『旅順』, 旅順 : 旅順市役所, 1937.

87 郭鐵椿・關捷, 韓俊英, 위의 책, 133쪽.

한 98쪽 분량의 관동주 안내서가 소장되어 있다.[88] 이 책자는 관공서, 만철, 학교, 병원, 공공시설, 산업시설, 농업, 광공업, 박물관, 전적, 사사社寺, 유적, 사적, 명승 등을 소개하고 있다. 관동청 관방문서과에서 간행한 연속간행물 3건이 소장되어 있는데, 이는 1920년대 말부터 1930년대 말까지의 현황을 알 수 있는 자료다.[89] 이밖에 러일전쟁 당시 육군 주임 통역으로 활동한 上田恭輔의 여순 전적지 회고서가 두 건 소장되어 있다.[90]

3) 가라후토 지지

가라후토는 북위 50도 이남의 남사할린으로, 러일전쟁 후 일본의 공식 식민지가 되었다. 가라후토는 홋카이도北海道 북부에 위치하여 일본 제국의 최북단 지점이 된다.

가라후토 지지는 일본 지지(4710)에 수록되어 있으며, 지리적 인접성과 역사적 배경을 고려하여 연해주, 쿠릴열도, 오호츠크 해, 캄차카勘察加 지지도 함께 참조할 필요가 있다. 우선 연속간행물이 3건 소장되어 있다. 모두 가라후토청이 간행한 것으로, 1920~1940년대의 가라후토 사정을 파악할 수 있는 잡지이다.[91] 가장 이른 시기의 단행본 지지는 중

---

88 關東州廳, 『關東州の栞』, 旅順 : 關東州廳, 1936.
89 關東長官官房文書課, 『關東廳要覽』, 大連 : 關東長官官房文書課; 關東長官官房文書課, 『關東局要覽』, 大連 : 關東長官官房文書課; 關東局官房文書課 編, 『關東局局勢一斑』, 大連 : 關東長官官房文書課.
90 上田恭輔, 『旅順戰跡案内の記』, 大連 : 上田恭輔 [著作兼發行人] , 1927; 上田恭輔, 『旅順戰跡秘話 : 附營口の思ひ出』, 東京 : 大阪屋號書店, 1928.

국 지역을 활발히 조사한 동아동문회의 『樺太及北沿海州』로, 이는 러일전쟁 이전의 樺太와 북연해주를 소개하고 있다.[92] 『樺太及堪察加』는 러시아와 일본의 樺太 통치, 국경문제, 어업관계 등의 내력을 기술하고 있다.[93]

러일전쟁 종결 후 일본의 식민지로 가라후토를 소개한 문헌으로는 도쿄지학협회가 펴낸 『樺太地誌』가 있다.[94] 『樺太地誌』는 마쓰마에번松前藩이 가라후토를 관할한 17세기 이래 1875년 러시아와 일본 간의 사할린 교환으로 러시아가 사할린을 통치하게 된 후 1907년 가라후토청樺太廳 설치와 함께 일본의 영토가 된 가라후토의 내력을 상세히 소개하고 있다.

식민지 가라후토에서 주목할 점은 대만 및 팽호와 달리 가라후토는 일본인들이 점유하였다는 사실이다. 가라후토청이 설치된 1907년 당시 총 인구 47,831명 중 '일본 민족'은 무려 45,604명에 달했다. 일본인의 가라후토 이주는 러일전쟁 직후에 활발하게 이루어졌다. 이들 중 관리직에 종사하는 소수를 제외하고는 대다수가 농업·상업·공업·어업에 종사하였는데, 그중에서도 어업 종사자가 가장 많았다.[95] 마쓰마에번이 가라후토를 관할한 이래 어업과 수산업은 일본인들에게 가라후토가 가진 크나큰 이점으로 여겨졌다.[96] 슬라브계 러시아인들도 있었지만, 이들은 러일전쟁 이전만 해도 1만 명에 달했다가 종전과 함께

91 樺太廳 編, 『樺太要覽』, 東京 : 樺太廳, 1928~1936; 樺太廳, 『樺太槪要』, 東京 : 樺太廳, 1929, 1930; 樺太廳, 『樺太時報』, 豊原 : 樺太廳, 1940~1941.
92 東亞同文會編纂局 編, 『樺太及北沿海州』, 東京 : 東亞同文會, 1905.
93 松永聽劍 編, 『樺太及勘察加』, 東京 : 博文館, 1905.
94 東京地學協會 編纂, 『樺太地誌』, 東京 : 大日本圖書株式會社, 1908.
95 東京地學協會, 앞의 책, 107쪽.
96 위의 책, 130쪽.

귀국함으로써 1907년에는 불과 208명만이 '잔류'한다고 보고되었다. 아이누 족(1,535명), 오로촌 족(334명), 기리야크 족(116명) 등의 종족도 소수 거주하고 있었다.[97]

일본이 러시아로부터 북 가라후토 자원을 개척할 수 있는 특권을 확보하자, 오사카매일신문사가 학술탐험대를 파견하여 편찬한 조사보고도 소장되어 있다.[98] 한편, 개인이 저술한 지지로, 일본령 가라후토와 러시아령 사할린, 캄차카, 연해주의 지리와 산업을 소개한 문헌이 소장되어 있다.[99] 이 지지는 일본인의 가라후토 진출을 통한 해외 발전책을 꾀하려는 취지가 담겨 있다. 가라후토청 촉탁을 지낸 저자가 아이누와 같은 소수 종족들의 거주 형태, 언어, 종교薩滿敎, 사후 관념을 현지조사하여 펴낸 글도 있다.[100] 식민통치 후 원주민 사회에 일어난 문화변동의 한 사례로, 이 지지에는 아이누 족의 전통 직물 '아쓰시'를 생산하는 직업織業이 저렴한 가격의 다른 직물을 일본인들이 공급하게 되면서 사라졌다고 한 현장보고도 수록되어 있다.

4) 조선 지지

조선은 일본의 식민지 중 유일하게 별도로 분류된 지역이다. 조선 지지는 총 162건으로, 서울대 고문헌자료실에 93건, 규장각에 69건이

97   위의 책, 105~106쪽.
98   大阪每日新聞社 編纂, 『北樺太 : 探險隊報告』, 大阪 : 大阪每日新聞社, 1925.
99   長崎武 著, 『樺太堪察加沿海州案內』, 東京 : 廣文堂書店, 1920.
100 中目覺, 『樺太の話』, 東京 : 三省堂, 1917.

소장되어 있다. 규장각에 소장된 지지는 읍지, 일기, 기행문, 지리지, 지도 등의 고서다.

현재 서울대 중앙도서관 고문헌자료실에 소장된 조선 지지 중 연대가 밝혀진 가장 이른 시기의 지지는 1844년에 청대 관리 柏葰이 쓴 조선 사행使行 일기다.[101] 또 조선 말기 문신 조성하趙成夏의 『金剛山記』(1865)를 비롯해 간행 연도가 밝혀지지 않은 『白頭山記』와 『平壤志選』도 소장되어 있다.[102]

1900년대에 긴행된 지지서와 지리 교과서도 소장되어 있다. 정약용의 『我邦疆域考』를 장지연張志淵이 증보한 『大韓疆域考』(1903)를 비롯해 지리 교과서로 현채玄采의 『大韓地誌』(1901), 장지연의 『大韓新地誌』(1908)가 소장되어 있다.[103]

한편, 메이지시기 이후에 일본에서 유통된 조선 지지의 현황은 미야지마 히로시의 연구를 통해 엿볼 수 있다. 1868~1912년 사이에 일본에서 출판된 '조선 관련 단행본' 중 가장 높은 비중을 차지한 분야가 바로 지지・기행류로, 이는 전체 단행본에서 약 21%에 달한다.[104] 이 시

---

101 장안영, 「19세기 淸人의 琉球・朝鮮 파견과 영접의례－李鼎元과 柏葰을 중심으로」, 『문화와융합』 38(4), 2016 참조.

102 趙成夏, 『金剛山記』, 1865; 朴榮喆, 『白頭山記』, 刊年未詳; 『平壤志選』 卷 1~3, 刊者未詳. 刊年未詳.

103 丁若鏞 述, 張志淵 增補, 『大韓疆域考』 卷 上, 下, 皇城新聞社, 1903; 玄采, 『大韓地誌』, 廣文社, 1901; 張志淵 著, 南廷哲, 柳瑾 校閱, 『大韓新地誌』 卷 1~2, 南章 熙, 印刷所 : 徽文館, 1908.

104 미야지마 히로시(宮嶋博史), 「일본 '국사'의 성립과 한국사에 대한 인식－봉건제에 대한 논의를 중심으로」, 김용덕・미야지마 히로시 공편, 『근대 교류사와 상호인식 I』, 아연출판부, 2002[2000], 334쪽. 이는 미야지마 히로시가 도쿄대학동양문화연구소부속 동양학문헌센터 편의 『朝鮮研究文獻目錄』(1968)에 수록된 "메이지 시기 조선관련 단행본" 및 "메이지 시기 조선관련 논문, 기사"를 집계한 것을 참고한 것이다. 조선 관련 단행본에서 지지・기행 분야에 이어 산업(약 15.5%), 역사(약 14.0%), 정치・행정・법률(약

기에 출판된 지지가 경성제대 부속도서관에도 몇 건 소장되어 있다. 그 중 야마구치현山口縣 사족士族이라 밝힌 坂根達郎의 『朝鮮地誌』(1881)는 총론과 조선 8도를 싣고 있는데, 책에는 주한 대리공사 花房義質의 제자 題字가 실려 있다.[105] 大田才次郎의 『新撰朝鮮地理誌』(1894)는 청대 중국 인의 『東藩紀要』외에 조선에서 작성된 지지를 다수 참고하여 저술한 것이다. 이 지지도 1편 지형과 지세, 민업民業, 인구, 제도, 풍속 등 총론과 2편 조선 8도에 대한 해설로 구성되어 있다.[106] 『朝鮮西伯利紀行』(1894)은 도쿄고등사범학교 지리학교수인 矢津昌永이 집필한 것으로,[107] 당시 지리학자가 조선을 직접 방문하고 지지를 편찬하는 경우는 매우 드물었다. 이 지지에는 1893년에 이루어진 여행에서 관찰한 조선의 생활상이 소상히 그려져 있는데, 또한 동시기에 일본에서 유통된 조선 지지 중 베스트셀러였던 것으로 알려져 있다.[108]

1900년대에 간행된 지지로는 일찍이 조선으로 건너와 정무에 관계한 일본인들이 편찬한 지지가 몇 건 소장되어 있다.[109] 예를 들어 『韓半

13.8%) 분야의 비율이 높았다. 단행본 현황과 달리 논문, 기사에서는 경제가 가장 높은 비중을 차지하였다.

105 坂根達郎, 『朝鮮地誌』, 大阪 : 坂根達郎, 1881. 총론에는 '(조선의) 풍속 및 기예(技藝)는 대체로 지나(支那)를 방불케 하고, 의복 모양은 명제(明制)를 사용하며, 나라 사람들은 문학을 좋아하고, 한문을 강습하는 자들이 많고, 또 따로 본토 고유의 문자가 있는데, 이를 언문이라 하며, 인종도 역시 대체로 지나와 유사하고'라고 서술하고 있다.

106 大田才次郎, 『新撰朝鮮地理誌』, 東京 : 博文館, 1894.

107 矢津昌永은 조선의 학부 편집국이 1902년에 번역하여 간행한 세계지지 교과서『中等萬國地誌』의 원저자로 알려져 있다("중등만국지지", 한국민족문화대백과, 한국학중앙연구원).

108 최혜주, 60~62쪽, 2008.

109 信夫淳平, 『韓半島』, 東京 : 東京堂書店, 1901; 根來可敏, 『朝鮮支那地名辭典』, 東京 : 共同出版株式會社, 1910; 松波仁一郎, 『朝鮮海峽論』, 東京, 1911; 吉田英三郎, 『朝鮮誌』, 京城 : 町田文林堂, 1911; 山口豊正, 『朝鮮之研究』, 東京 : 巖松堂書店, 1911.

島』(1901)를 저술한 信夫淳平은 1897년에 경성으로 건너와 영사관에서 근무하였으며, 이후 도쿄제대에서 법학 박사학위를 취득한 일본인으로 알려져 있다. 총 694쪽에 달하는 『韓半島』는 그가 3년째 조선에 체류하던 중에 집필한 것이다.[110] 조선총독부 취조국取調局 국원局員을 역임한 吉田英三郎는 병합 일주년을 기념하여 『朝鮮誌』(1911)를 발간하였는데, 이 지지에는 조선 사회와 조선인에 대한 인종적·문화적 편견이 곳곳에 드러나 있다. 山口豊正도 재무관財務官으로 한국 정부에서 재직하였다. 그의 『朝鮮之研究』(1911)는 행정, 재무, 경찰, 교육, 통신, 재판, 군사, 면面 제도 및 조선의 풍속 등을 다루고, 밀도도 높은 편이다.

강점 이후에 편찬된 지지는 편찬 시기 및 주체별로 살펴볼 수 있다. 우선, 총독부에서 1911년부터 『最近朝鮮事情要覽』을 발행하기 시작하고, 해마다 개정증보판을 펴냈다.[111] 총독부 임시토지조사국臨時土地調査局은 1918년 11월까지 조선 지지 자료를 수집하고, 이를 대세大勢, 행정구역, 하천, 호지湖池, 산악, 해안선, 도서, 경제 별로 수치화하여 이듬해에 『朝鮮地誌資料』로 발간하였다.[112] 동시기에 시중 출판사가 편찬한 지지도 소장되어 있다.[113] 나아가, 개항지와 도시를 중심으로 집단 거류하던

110 이 지지는 부산 및 인천의 거류지 현황, 경성, 경복궁 및 경운궁, 개성부, 평양 및 진남포, 성환(成歡)의 고전장(古戰場), 행정조직, 재정, 국제관계의 역사(日本, 淸國, 露國, 佛國, 米國, 英獨伊墺諸國), 조약, 각국의 이익선(利益線), 한반도에 관한 제 통계를 수록하고 있다.
111 朝鮮總督府, 『最近朝鮮事情要覽』, 京城 : 朝鮮總督府. 주요 항목은 지형 및 지세, 인구, 기상, 중요 시가지, 지방행정, 재정 및 경제, 농업, 척식사업, 수산업, 임업, 상업, 공업, 토지조사, 종교, 교육, 재판 및 감옥, 위생, 경찰, 통신, 교통 등이다.
112 朝鮮總督府臨時土地調査局 編纂, 『朝鮮地誌資料 : 大正七年十一月』, 京城 : 朝鮮總督府, 1919.
113 日韓書房編輯部, 『最新朝鮮地誌』, 京城 : 日韓書房, 1912; 朝鮮及滿洲社, 『最新朝鮮地誌』, 京城 : 朝鮮及滿洲社出版部, 1918.

일본인들이 해당 지역의 내력과 현황을 정리하여 펴낸 지지도 있다.[114]

　1920년대의 지지는 다소 분산적이다. 총독부와 총독부철도국이 펴낸 철도여행 편람 및 명승지, 승경, 오락 등에 대한 화보집이 소장되어 있는데,[115] 이는 조선의 관광 개발이 식민 관청에 의해 주도되는 것과 관련된 현상이다. 조선의 경관을 소개한 『四季の朝鮮』(1926)은 제3판이 출판되기에 이른다. 그 외 강원도가 발간한 명소구적지도 소장되어 있다.[116] 한편, 조선 개척에 대한 일본인들의 관심이 지지에 본격적으로 나타난 것도 이 시기의 한 특징이라 짐작된다. 대륙 발전의 견지에서 원산항을 다룬 것을 비롯해 북선北鮮 지방으로의 진출과 개척을 장려하는 지지가 다수 소장되어 있다.[117]

　그밖에 귀족원貴族院 의원, 신문기자 등의 개인 및 단체의 식민지 여행기가 소장되어 있다.[118] 이중에서 조선총독부가 출판한 『半島を一巡して』는 일본은행 총재와 대장대신大藏大臣을 역임한 井上準之助가 1925년 중 약 1개월에 걸쳐 조선 각지를 둘러보고 쓴 것이다. 조선 농촌의 상태

114　釜山商業會議所, 『釜山要覽』, 釜山, 1912; 尾西要太郎, 『鮮南發展史』, 仁川 : 朝鮮新聞社, 1913; 木浦誌編纂會, 『木浦誌』, 木浦 : 木浦誌編纂會, 1914; 阿部辰之助, 『大陸之京城』, 京城 : 京城調査會, 1918.

115　朝鮮總督府, 『朝鮮鐵道旅行便覽』, 京城 : 朝鮮總督府, 1924; 朝鮮總督府鐵道局, 『朝鮮之風光』, 京城 : 朝鮮總督府鐵道局, 1927.

116　江原道, 『江原道名所舊蹟』, 春川 : 江原道, 1927.

117　高尾新右衛門, 『大陸發展策より見たる元山港』, 元山 : 東書店, 1922; 東洋時報社 編, 『朝鮮滿洲臺灣實狀要覽』, 京城 : 東洋時報社, 1924; 南甚作, 『朝鮮の開拓 : 半島の國防と最近事情』, 鎭南浦 : 南甚作, 1926; 龜岡榮吉・砂田辰一, 『朝鮮鐵道沿線要覽』, 京城 : 朝鮮拓殖資料調査會, 1927; 岩本善文・久保田卓治, 『北鮮の開拓』, 京城 : 北鮮の開拓編纂社, 1928; 咸鏡北道 編, 『咸北要覽』, 京城 : 朝鮮印刷株式會社, 1929.

118　井上準之助, 『半島を一巡して』, 京城 : 朝鮮總督府, 1926; 龜岡榮吉, 『四季の朝鮮』, 京城 : 朝鮮拓殖資料調査會, 1926; 福德生命保險株式會社 編, 『朝鮮支那南洋事情. 第一輯』, 大阪 : 福德生命保險株式會社, 1927; 大木春三, 『趣味の朝鮮の旅』, 京城 : 朝鮮印刷, 1927.

를 비롯해 산업, 금융, 철도, 교육 등을 정책적 견지에서 서술하고 있으며, 인구 증가와 관련하여 이민, 공업, 식량, 연료, 관세, 물가, 사회정책 등의 대책도 다루고 있다.

조선총독부는 1933년에 조선 사정지의 완결판이라 할 수 있는『朝鮮總攬』을 발간하였다. 1920년대부터 문헌 위주로 조선 관습 조사를 실시하던 조선총독부중추원이 편찬한 조선조 지리지 색인집도 다수 소장되어 있다.[119] 그 외 경성제대 법문학부 법학과부속정리실에서 간행한 문헌도 1건 소장되어 있다.[120]

5) 남양 지지

남양 지지는 대양주 지지(4990)에 수록되어 있다. 대양주 지지는 일본의 위임통치령 지지를 비롯해 오늘날의 동남아시아를 구성하는 대륙부 동남아시아와 도서부 동남아시아, 나아가 호주와 태평양 지지를 망라한다. 일본어 지지 문헌에서 '남양'이란 좁게는 위임통치령인 마리아나, 캐롤린, 마셜 3군도를 가리키며, 이를 경우에 따라 '내裏 남양'이라 지칭한다. 이에 비해 서구 식민지인 네덜란드령 동인도, 영국령 말레이馬來, 프랑스령 인도차이나印度支那, 미국령 필리핀과 수많은 부속 도서를

---

119 朝鮮總督府中樞院 編,『新增東國輿地勝覽索引』, 京城 : 朝鮮總督府中樞院, 1937; 中樞院 調査課 編,『(校訂)世宗實錄地理志索引』, 京城 : 朝鮮總督府中樞院, 1937, 1938; 中樞院 調査課 編,『(校訂)慶尙道地理誌; (校訂)慶尙道續撰地理誌 : 索引』, 京城 : 朝鮮總督府中樞院, 1938, 1939.
120 京城帝國大學法文學部法學科附屬整理室 編,『朝鮮總督府月報分類總目錄』, 京城 : 京城帝國大學法文學部, 1934.

남양(또는 남방)이라 지칭하기도 하며, 이를 '외表 남양'으로 묶는다.[121]
일본은 제1차 세계대전 이후 국제연맹의 결의에 따라 당초 독일의 식
민지인 남양 3군도를 위임받아 통치하게 되었다.

　일본인들이 남양과의 접촉을 개시한 것은 메이지시기 이후다. 남양
협회 남양군도지부에서 펴낸 지지를 참조하면, 1884년 해군병학교 졸
업생들이 일본 군함을 타고 순항하자 현지 추장이 이를 보고 '크게 기
뻐하며 내방해서 우리 선조는 일본인이다. 우리는 정말 일본인의 자손
이라며 진심으로 환영했다'고 한 것이 남양 접촉과 관련하여 구비 전승
되는 일화라고 한다. 같은 해 영국 범선 에다호가 마셜 군도에서 학살
된 일본인을 발견하여 일본 측에 보고하자 외무성에서 담당자를 파견
하여 추장과 교섭하고 사죄의 조건을 결정지은 일이 있었다고 한다.[122]
그 후의 접촉은 잘 알려진 바와 같이 田口卯吉이 1890년에 그의 일행
과 범선 天佑丸을 타고 포나페로 가 남도상회南島商會를 세운 것이다.[123]
　일본은 1914년 12월 '임시남양군도방비대조례臨時南洋群島防備隊條例'
를 발포하고 군사로 하여금 민정사무를 담당하게 하다가 1922년에 상
기 조례를 폐지하고 남양청을 설치하여 위임통치를 시작하였다.[124] 제1
차 세계대전 후 국제연맹의 규약에 따라 위임통치는 세 유형으로 구분
되었는데, 일본은 인구가 희박하고 면적이 협소하며 문명의 중심에서
떨어진 지역을 수임국受任國 영토의 구성원으로 받아들이고 수임국의
법 하에 시정을 실시하는 C식 유형에 속했다.[125] 통치대상 지역은 '태

121　日本評論社, 『南洋讀本』, 東京 : 日本評論社, 1934, 63쪽.
122　南洋協會南洋群島支部, 『日本の南洋群島』, 南洋 : 南洋協會南洋群島支部, 1935, 87쪽.
123　南洋廳, 『委任統治地域 南洋群島事情』, 南洋廳, 1931, 24쪽.
124　南洋協會南洋群島支部, 앞의 책, 86~87쪽.

평양 중 적도 이북에 위치한 구 독일령의 제 섬 전부'인 마리아나, 캐롤린, 마셜이었다.[126]

경성제대 부속도서관에 소장된 대양주 지지 중 일본 위임통치 지역을 단독으로 다룬 지지는 별로 많지 않은 반면, 다수가 서구 식민지 관련 지지다. 본고에서는 대양주 지지 총 110건 중 41건을 검토대상으로 하였는데, 이중 연속간행물 5건을 제외하고 간행연대가 1930년대 이후인 장서가 30건에 달한다는 것이 특징적이다. 우선, 연속간행물로 남양협회 2건, 남양경제연구소 1건, 남양청 1건, 대만총독부외사부 1건이 소장되어 있는데, 다른 식민지에 비해 비교적 많은 편이다.[127] 1915년에 대남양 무역 확대를 위해 창립된 남양협회가 발간한『南洋協會雜誌』와『南洋』은 1919년부터 1940년대 초까지 사정을 파악할 수 있는 잡지다. 재단법인 남양경제연구소가 발간한『南洋資料』는 1941년 창간호부터 소장되어 있으며, 주로 동남아시아 정보를 싣고 있다.[128]

식민 관청이 펴낸 지지로 위임통치 10년이 경과하는 시점에서 남양청이 3군도 사정지를 간행하였다.[129] 남양협회 남양군도지부도 3군도의 사정지를 간행하였다.[130]

125　南洋廳, 앞의 책, 29쪽.
　　A식 유형은 수임국이 해당 지역에 조언과 원조를 제공하는 식이며, B식 유형은 수임국이 해당 지역에 대해 양심과 신교(信敎)의 자유를 보장하고, 노예 매매와 무기 거래를 하지 않으며, 군사시설을 세우거나 토민에게 군사교육을 실시하는 일이 없는 조건으로 시정을 담당하도록 하는 것이었다(南洋廳, 위의 책, 29쪽).
126　南洋廳, 위의 책, 27~30쪽.
127　南洋協會,『南洋協會雜誌』, 東京 : 南洋協會; 南洋協會,『南洋』, 東京 : 南洋協會; 南洋廳,『南洋群島要覽』, 東京 : 南洋廳臺; 灣總督府外事部,『南洋年鑑』, 東京 : 臺灣總督府官房調査課; 南洋經濟研究所 編,『南洋資料』, 東京 : 南洋經濟研究所.
128　末廣昭 外, 앞의 책, 408~410쪽.
129　南洋廳,『委任統治地域 南洋群島事情』, 東京 : 南洋廳, 1931.

한편, 도쿄제대 경제학부 교수이자 식민정책가인 야나이하라 다다오 矢內原忠雄의 저서도 소장되어 있다.[131] 야나이하라 다다오는 서구와 일본의 식민통치 비교 및 식민통치로 인한 도민의 사회경제생활의 변화에 관심을 가졌다. 그에 따르면, 독일과 일본의 식민통치는 모두 경제개발에 목적이 있었으나, '독일에게 남양 군도는 단순한 투자 식민지로, 남양 군도의 경제개발을 위해서는 도민을 수출상품의 생산자이자 수입상품의 구매자로 만들지 않을 수 없었으며, 또 구래의 사회조직을 붕괴시키고 근대적 사회관계를 도입하지 않을 수 없었다'고 보았다. 일본의 경우 독일의 경제개발 정책을 계승하는 한편, 일본의 식민통치로 도민에 대한 인종적 멸시가 약화되고, 행정조직의 규모와 사무가 전반적으로 나아졌으며, 그 외에 경제적 부원富源 개발, 도민 생활의 근대화, 인구 쇠퇴 저지 등도 독일과 다른 일본 통치의 특색이자 결과라고 평가하였다.[132]

현대의 동남아 일대에 분포한 서구 식민지에 대해서도 일본인들은 일찍이 관심을 가졌으며, 이와 관련된 지지가 부속도서관에 다수 소장되어 있다. 이 지지들은 주로 현황, 생업, 풍습, 산업 등을 소개하는 동시에 국내 일본인들에게 남양 지역의 이점을 알리고 남양 진출을 통한 해외 발전책을 촉구하려는 취지를 가지고 있다.[133] 예컨대, 원료가 풍부하고, 기후가 적당히 온난하며, 정치적으로도 안정되어 있는 네덜란드령 동인도가 일본인들을 위한 향후 발전 지역으로 유망하다는 입장

---

130 南洋協會南洋群島支部, 『日本の南洋群島』, 南洋 : 南洋協會南洋群島支部, 1935.

131 矢內原忠雄, 『南洋群島の研究』, 東京 : 岩波書店, 1935.

132 矢內原忠雄, 앞의 책, 486~495쪽.

133 ロベル・フック, 吉川巖 共著, 『ニューカレドニヤ : 南洋之大寶庫』, 東京 : 尙文堂書店, 1913; 九芳葆, 『獨領南洋』, 東京 : 南洋興業合資會社, 1914; 中山成太郎, 『蘭領東印度』, 東京 : 有斐閣書房, 1915; 保坂彦太郎, 『南洋通覽』, 東京 : 警醒社書店, 1916 등.

이 비교적 우세하다.[134] 이민도 장려되었는데, 척무성척무국拓務省拓務局
이 간행한 책자는 필리핀, 네덜란드령 동인도, 영국령 말레이, 시암, 프
랑스령 인도차이나 등지의 일본인 현황 및 생업 현황과 함께 남양 도항
정보도 싣고 있다.[135]

　　외무성통상국[136]과　남양청장관관방조사과南洋廳長官官房調査課[137]도　사
정지를 발간하였다. 남양청장관관방조사과에서는 영어판 '태평양제도
연감'을 비롯해 유럽 사전, 기타 서양 자료를 번역하고, 현지 거주 일본
인들의 사정을 추가한『南洋廳調査課資料』를 시리즈로 펴냈는데, 경성
제대 부속도서관에는 1939년 7월에 제1집으로 발간된 영국과 프랑스
공동통치 지역인 뉴헤브리디스를 시작으로 뉴기니, 안본, 솔로몬, 영국
령 북보르네오, 프랑스령 뉴칼레도니아 등을 소개한 소책자 9권이 소
장되어 있다. 이외에도 척무성남양과, 태평양협회, 국제일본협회, 남방
산업조사회, 남양경제연구소, 호아조사소濠亞調査所 등의 기관 및 단체가
펴낸 사정지도 있다. 남양의 역사적 고찰로부터 국제사정, 위임통치지
역으로서 제 군도의 중요성, 경제적 견지에서 본 일본의 남양정책, 화

134　保坂彦太郎,『南洋通覽』, 東京 : 警醒社書店, 1916; 藤山雷太,『南洋叢談』, 東京 : 日本評
　　論社, 1927.
135　拓務省拓務局,『南洋事情梗概』, 東京 : 拓務省拓務局, 1934.
136　外務省通商局(小林新作) 編,『「サラワク」國事情』, 東京 : 外務省通商局, 1930; 外務省通
　　商局第三課(乾武夫) 編,『英領「ブルネイ」國事情』, 東京 : 外務省通商局, 1932; 外務省通
　　商局第三課(宮崎幹太郎報告) 編,『佛領「ニュー・カレドニア」事情』, 東京 : 外務省通商局,
　　1932; 外務省通商局第三課(小谷副領事) 編,『蘭領東印度』, 東京 : 外務省通商局, 1932;
　　外務省通商局第三課(杉内書記生) 編,『英領北「ボルネオ」事情』, 東京 : 外務省通商局,
　　1932; 外務省通商局,『比律賓ミンダナオ島事情』, 東京 : 外務省通商局, 1932.
137　南洋廳長官官房調査課,『ヌメア案內』, コロール : 南洋廳長官官房調査課, 1939; 南洋廳長
　　官官房調査課,『キレバート諸島』, コロール : 南洋廳長官官房調査課, (n.d.); 南洋廳長官官
　　房調査課,『ミナハサ事情』, コロール : 南洋廳長官官房調査課, 1939; 南洋廳長官官房調査
　　課,『ニュー-ギニア事情』, 蘭領篇, コロール : 南洋廳長官官房調査課, 1939.

교, 남양의 문화 등의 글을 묶은 독본도 참고할 만하다.[138]

그밖에 1916년 오사카상선회사大阪商船會社의 남양항로 개척으로 남양을 순방한 시찰단의 여행기가 소장되어 있으며,[139] 田口卯吉 일행의 『南島巡航記』도 척무성에 의해 복간되었다.[140] 탐험가, 지리학자, 인류학자로 알려진 Alfred. R. Wallace의 *The Malay Archipelago*(1869)를 『南洋』으로 번역한 책도 소장되어 있다.[141]

남양의 지정학적 중요성은 태평양전쟁과 함께 더욱 커졌다. 논자에 따라 차이는 있으나 동아공영권東亞共榮圈은 북방으로 중국과 만주, 남방으로 인도차이나와 남양 제도를 아우르는 권역으로 설정되었다. 남양은 농업과 공업은 낙후되었으나 대륙에서 생산되지 않는 열대작물이 조달 가능하므로, 전시기에 식량 자급자족을 충족시킬 수 있는 이점을 가진 곳으로 인식되었다.[142] 일본과 남양의 관련성을 역사적, 고고학적, 민족학적으로 접근한 태평양협회 학술위원회의 논문집[143], 대동아공영권 등 시국을 다룬 지지,[144] 지정학·경제지리·화교·종교문화·최근 국제관계 등을 주제로 간행된 8권의 총서[145]도 소장되어 있다. 그 밖에 전시기에 간행된 문헌목록집도 다수 수입되었다.[146]

138　日本評論社 編, 『南洋讀本』, 東京 : 日本評論社, 1934.

139　三竹勝造, 『南遊茶話』, 大阪 : 大阪國文社, 1924.

140　拓務省, 『南島巡航記』, 東京 : 拓務省, 1933(원래 井上彦三郎, 鈴木經勳, 『南島巡航記』, 東京 : 經濟雜誌社, 1893).

141　Wallace, A. R. 著, 內田嘉吉 譯, 『南洋』, 東京 : 財團法人柳生南洋記念財團, 1931.

142　國松久彌, 『東亞共榮圈の地理』, 東京 : 柁谷書院, 1943, 296쪽.

143　太平洋協會 編, 『大南洋 : 文化と農業』, 東京 : 河出書房, 1941.

144　佐藤定勝, 『太平洋 : 島の解剖』, 東京 : 大同印書館, 1941; 京都市文化課 編, 『南方講座』, 京都 : 京都市役所, 1942; 佐藤弘, 『南方共榮圈の全貌』, 東京 : 旺文社, 1942.

145　佐藤弘·飯本信之, 『南洋地理大系』, 東京 : ダイアモンド社, 1942.

146　臺北高等商業校, 『南洋文獻目錄』, 台北 : 臺北高等商業校, 1932; 太平洋貿易研究所 編,

5. 지지 장서의 활용과 향후 과제

이 글은 경성제국대학 부속도서관의 성격을 장서적 접근을 통해 파악하고자 하는 시도로, 부속도서관 장서 중 일본 및 일본의 해외 식민지 지지를 검토대상으로 살펴보았다. 우선, 부속도서관의 도서가 구성되는 경위를 도서원부 기록 및 강좌 개설과의 관련성 속에서 추적해 보았다. 도서관 개설 시점에서 조선총독부와 대학본부로부터 지지 도서가 다수 보관전환되었다. 한편, 1934년에 경성제대 예과 교과목으로 지리가 개설된 데 이어 학부 사학과에도 지리학이 개설되었고, 지리학 담당 인력도 보강되었다. 그러나 본고에서는 개설 강좌 및 담당 인력이 부속도서관 장서 구성과 가지는 관련성을 명확하게 밝혀내지 못했다.

일본 지지는 메이지시기를 전후하여 일본에서 편찬된 지지의 제 경향을 어느 정도 충실히 반영하고 있다. 경성제대 부속도서관에는 근세지지 및 고지지의 재간행, 아카데믹 지리학의 성립, 전국 지지의 편찬, 세계 지지의 제작, 일본풍경론과 내셔널리즘, 문헌목록집 간행 및 지명사전 편찬, 대동아공영권과 지지의 변용으로 범주화할 수 있는 관련 장서들이 소장되어 있다.

『南方共榮圈資料目錄』, 橫濱 : 太平洋貿易研究所, 1941~42; 京城商工會議所 編, 『最近の南方關係圖書目錄』, 京城 : 京城商工會議所, 1942; 京都帝國大學經濟部研究室 編, 『南方資料文獻目錄』, 京都 : 京都帝國大學經濟部研究室, 1942; 農林大臣官房南方資源調査室, 『南方諸地域資料目錄 : 南方諸地域一般』, 東京 : 農林大臣官房南方資源調査室, 1942; 神戶商工會議所圖書館, 『南方諸地域圖書目錄 : 神戶商工會議所圖書館所藏』, 神戶 : 神戶商工會議所, 1943; 日本拓殖協會 編, 『南方文獻目錄』, 東京 : 財團法人日本拓殖協會, 1944; 日本拓殖協會 編, 『(增補)南方文獻目錄』, 大阪 : 株式會社大同書院, 1944.

경성제대 부속도서관이 조선에 설립된 만큼 부속도서관은 조선 관련 고서를 다수 입수하였으며, 이와 함께 일본 국내 및 현지에서 간행된 식민지 지지들을 수입하였다. 그러나 조선을 제외하면 지지 컬렉션에서 식민지 지지가 차지하는 비중은 미미한 편이다. 부속도서관 및 경성제대 구성원들의 조선 외의 다른 식민지에 대한 관심도는 의외로 낮았다고 판단할 수 있다.

식민지 지지를 검토함으로써 드러나는 또 하나의 윤곽은 일본 제국 내부의 차이이다. 본고에서 일목요연하게 드러내지 못한 한계가 있으나, 일본은 각 식민지 지역을 상이한 조건을 가진 곳으로 이해하고, (이들을 정책적으로 동질화하기보다) 그 특수성과 이점을 파악하려고 한 것이 지지에서 엿보인다. 경성제대 부속도서관에 소장된 식민지 지지는 그 같은 의미에서 비교연구를 위한 기초 자료로 활용될 수 있을 것이다. 한편, 남양, 대만 지지에서 1930년대 이후 간행된 지지가 비교적 높은 비중을 차지할 뿐만 아니라 그 성격도 시국 의식적 경향성이 짙은 것임을 볼 때, 전시 국면이 부속도서관의 장서 구성에 영향을 미친 한 변수였다고 판단된다.

경성제국대학 부속도서관의 실체를 온전하게 드러내기 위해서는 아직 먼지 속에 파묻혀 있는 도서원부를 전면 검토하고 분류하는 작업이 필요하다. 본고에서 명확하게 밝히지 못한 채 남겨둔 문제들도 도서원부 검토를 통해 해명할 수 있을 것이다.

경성제대 부속도서관 지지 서양서 단행본 현황(단위 : 건)

분류번호	항 목	합계	분류번호	항 목	합계
K000	GEOGRAPHY		K420	Austria	5
K020	Dictionaries. Gazetteers	8	K430	Hungary	2
K040	Universal geography	25	K440	Czecho-Slovakia	2
K070	Travels & voyages	127	K450	Switzerland	2
K080	Atlases & maps	61	K470	Netherlands	1
K085	Cartography	12	K480	Belgium	2
K090	Miscellaneous	0	K500	Great Britain & Ireland	40
K100	Asia	106	K520	France	22
K110	Japan	104	K540	Spain	3
K120	Korea	44	K550	Portugal	3
K130	China	107	K560	Italy	9
K140	Manchuria. Mongolia	26	K570	Balkan states	2
K150	Sinkiang. Koko-nor. Tibet	23	K580	Greece	6
K160	Indo-China	5	K600	Africa	10
K170	French Indo-China	4	K610	North Africa	6
K175	Siam	4	K620	Egypt	7
K180	Burma	0	K650	South Africa	7
K185	Malay Peninsula	1	K700	America	5
K190	Malay Archipelago	8	K710	North America	4
K191	Sunda	0	K720	Canada	4
K192	Sumatra	1	K730	Alaska	3
K193	Java	4	K740	United States	33

K194	Timor	0	K760	Mexico	5
K195	Borneo	2	K770	Central America	0
K196	Celebes	0	K780	West Indies	5
K197	Moluccas	0	K800	South America	5
K198	Philippine Islands	2	K810	Columbia. Ecuador	3
K200	India	32	K820	Peru	2
K210	Afghanistan	1	K830	Bolivia	0
K220	Baluchistan	0	K840	Chile	1
K230	Persia	5	K850	Argentina	1
K240	Arabia	6	K860	Paraguay. Uruguay	2
K250	Mesopotamia. Syria. Palestine	7	K870	Brazil	0
K260	Aisa Minor. Armenia.	9	K880	Guiana	1
K270	Caucasus	1	K890	Venezuela	0
K280	Central Asia	25	K880	Guiana	1
K290	Siberia	19	K890	Venezuela	0
K300	Europe	12	K900	Oceania	4
K310	Russia	17	K910	Australiasia	1
K320	Poland	0	K920	Australia	6
K330	Baltic states	2	K930	New Zealand	2
K340	Finland	0	K940	Melanesia	2
K350	Scandinavia	1	K950	Micronesia	0
K360	Sweden	0	K960	Polynesia	4
K370	Norway	0	K970	Polar regions	2
K380	Iceland	0	K980	Arctic regions (including Greenland)	5
K390	Denmark	0	K990	Antarctic regions	2
K400	Germany	21	총 1,063건		

참고문헌

권윤경, 「식민지도서관과 이식된 근대-경성제국대학 부속도서관의 프랑스어 장서 및 역사서 분석」, 『사회와 역사』 105, 2015.

김광식, 「경성제국대학 부속도서관의 문학부 계열 장서 분석-법문학부 민요조사와의 관련 양상을 중심으로」, 『연민학지』 25, 2016.

미야지마 히로시(宮嶋博史), 「일본 '국사'의 성립과 한국사에 대한 인식-봉건제에 대한 논의를 중심으로」, 김용덕·미야지마 히로시 공편, 『근대 교류사와 상호인식』 I, 아연출판부, 2002[2000].

서울-大図書館, 『旧藏書分類表』, 서울대 도서관, 1979.

오쿠보 다카키(大久保喬樹), 송석원 역, 『일본문화론의 계보』, 소화, 2007.

유재아, 「京城帝國大學 附屬圖書館의 〈和漢書分類表〉연구」, 『도서관보』 130, 서울대 중앙도서관, 2008.

윤영휘, 「경성제국대학 부속도서관 내 영문 역사장서의 구성분석 연구」, 『역사와 실학』 59, 2016.

장안영, 「19세기 淸人의 琉球·朝鮮 파견과 영접의례-李鼎元과 柏葰을 중심으로」, 『문화와융합』 38(4), 2016.

정근식, 「경성제국대학 부속도서관의 형성과 운영-제도이식론과 권력의 재현 사이에서」, 『사회와 역사』 87, 2010.

정근식 외, 『식민권력과 근대지식-경성제국대학 연구』, 서울대 출판문화원, 2011.

정준영, 「제국일본의 도서관체제와 경성제대 도서관」, 『사회와 역사』 105, 2015.

진필수, 「경성제국대학 부속도서관 장서구성에 대한 일고찰-'식민' 항목의 경우」, 『사회와 역사』 105, 2015.

진필수 외, 「부속도서관 장서분석을 통한 경성제국대학 학지의 연구-식민지에서 점령지로」, 서울대 중앙도서관, 2014.

주편 郭鐵椿·關捷, 부주편 韓俊英, 신태갑 외역, 『일본의 대련 식민통치 40년사』, 선인, 2012.

최혜주, 「『朝鮮西伯利紀行』(1894)에 보이는 야즈 쇼에이(矢津昌永)의 조선 인식」, 『韓國鶴論集』 44, 2008.

岡山俊雄, 「追悼 : 多田文男先生を悼む」, 『地質學雜誌』 48(5), 日本地 質學會, 1978.5.

岡田俊裕, 『日本地理学史論』, 東京 : 古今書院, 2000.

京城帝國大學, 『京城帝國大學一覽』, 1928, 1934, 1935, 1936, 1941, 1942.

京城帝國大學附屬圖書館, 『圖書原簿』(和漢書), 1-5000, 5001-10000, 10001-15000, 15001-20000, 20001-25000, 25001-30000, 30001-35000.

京城帝國大學附屬圖書館,『和漢書分類表』, (n.d.).

高尾常磐,『國家地理學概論』, 東京:目黒書店, 1931.

高木利太,『家藏日本地誌目錄』, 兵庫:추가, 1927.

廣瀨淨慧,『大同亞經國誌』, 大阪:日本出版社, 1941.

國松久彌,『東亞共榮圈の地理 』, 東京:柁谷書院, 1943.

南洋廳,『委任統治地域 南洋群島事情』, 南洋廳, 1931.

南洋協會南洋群島支部,『日本の南洋群島』, 南洋:南洋協會南洋群島支部, 1935.

臺灣總督府,『最近の臺灣』, 臺北:臺灣總督府, 1925.

東京地學協會 編纂,『樺太地誌』, 東京:大日本圖書株式會社, 1908.

藤田元春,『日本地理學史』, 東京:刀江書院, 1932.

末廣昭 外,『「帝国」日本の学知. 第6卷. 地域研究としてのアジア』, 東京:岩波書店, 2006.

矢内原忠雄,『 南洋群島の研究』, 東京:岩波書店, 1935.

日本評論社 編,『南洋讀本』, 東京:日本評論社, 1934.

한국민족문화대백과, 한국학중앙연구원.

http://www.kishu-bunka.org.

제6장

일제 국가신도의 국민도덕화와 일본정신의 자각

신도·윤리 항목의 장서 분석

문혜진

1. 황민화 정책과 국가신도

일제는 1920년대 말에 시작된 세계 경제공황을 타개하기 위해서 대륙 침략전쟁을 확대하였다. 일제는 침략전쟁을 통해 군수공업을 육성하고 더 넓은 식민지를 건설하여 상품을 판매하고 자원을 수탈함으로써 경제위기를 극복하고자 했다. 이와 같은 정책 하에 일제는 1931년 9월 만주를 침략하였으며, 1932년 3월 1일 만주국을 세웠다. 1931년 만주 침략 이후 조선이 중일전쟁의 지원을 위한 후방이 되면서, 총독부로서는 한반도에 대한 물적·인적 수탈을 원활히 하기 위해 조선인에게 '황민'이라는 사상을 심어줄 필요가 생겼다. 즉, 조선인은 일본인과 동일한 권리행사는 하지 못하지만 동일한 의무가 주어진 일본 천황의 '신민臣民'

이 되어야 했다. 이에 1931년 부임한 우가키宇垣一成 총독은 일본과 조선이 정신적·물질적으로 결합하는 "내선융화" 방침을 내세웠으며, 이를 구체화한 것이 1932년부터의 민심작흥운동民心作興運動과 1935년에 제창된 심전개발운동心田開發運動이다. 이후 민심작흥운동은 1937년 7월 7일 "노구교사건"을 계기로 중일전쟁이 발발하여 '국민정신총동원國民精神總動員'으로 이어지게 된다.

이러한 일련의 황민화 정책의 핵심은 '국체명징國體明徵'·'내선일체內鮮一體'로서 국가신도[1]의 의례를 통해서, 때로는 심전개발과 같이 타종교를 매개체로 국가신도를 '국민의례'로 체화시켜 조선인에게 '일본정신'을 심는다는 것이었다. 일본정신은 1930~40년대 일본혼, 황도皇道 (혹은 황도정신), 간나가라노미치惟神の道 / 神ながらの道,[2] 야마토고코로大和心 등의 명칭으로 불리었지만,[3] 그 핵심적 내용은 만세일계의 국체國體[4]를

---

1 국가신도는 근대 천황제 국가가 만들어낸 국가종교로서 메이지유신에서 태평양 전쟁 패전에 이르는 약 80여 년간 일본인들을 정신적으로 지배했다. 19세기 후반에 등장한 이 새로운 국교는 신사신도와 황실신도를 결합하여 궁중제사를 기준으로 신궁 및 신사의 제사를 조합함으로써 성립되었다(村上重良, 『國家神道』, 岩波新書, 1970, 1쪽).

2 간나가라[惟神]는 "신 그대로, 신으로서, 신이므로, 신의 뜻 그대로" 등을 의미하는 오래된 신도 용어로 근세 이래 다양한 해석이 존재하며 메이지 시대 널리 사용되었다. '간나가라노미치[惟神の道]'는 신도 자체를 가리키는 표현이기도 하면서 근대 일본에서는 그 의미내용이 특히 국체와 결부되는 경우가 많았다. 즉, 신직이자 신도학자인 고노 세이죠 (河野省三)는 간나가라를 "천황이 황조(皇祖) 아마테라스오미카미[天照大神]의 본질을 구현시킨 현인신(現人神)으로서 황조의 어심(御心)을 받들어 대리 통치함을 이른다."며 국체와 간나가라를 결부시키고 있다. 이와 같이 '유신의 도'는 종교적 국체개념의 핵심적인 신학적 교의로 이용되었다(河野省三, 「神社の本義」, 日本電報通信社 編, 『神社大觀』, 日本電報通信社, 1940, 3쪽; 박규태, 「종교와 공공성 – 국가신도의 국체신학과 공사관념」, 『종교문화비평』 26권, 한국종교문화연구소, 2014, 171쪽).

3 河野省三, 『日本精神發達史』, 大岡山書店, 1934, 2쪽; 亘理章三郎, 『國體精神の涵養』, 中文館書店, 1933, 12쪽.

4 국체는 넓게 국가전체에 관련된 것으로, 일본의 국체는 만세일계의 황통으로써 그 기초를 이루고 있다. 즉 만세일계의 황통이 그 기초이며, 그것에 기타의 부속적 특색이

존숭하고 제사지내어 황실을 받든다는 것이었다. 이러한 일본정신의 조선인으로의 이식은 조선인이 일본 천황의 신민臣民이 되는 길을 의미하며,[5] 황민화 이데올로기로서의 일본정신은 국민도덕·간나가라노미치·황도정신으로 담론화되어 성행하였다. 그리고 이러한 담론의 형성 과정은 국가신도와의 관련 속에서 식민지 조선의 지식생산을 주도한 경성제국대학 부속도서관 장서(이하 경성제대 장서) 중 윤리부문과 신도부문을 통해 확인할 수 있다.

경성제대 장서는 식민지 제국대학의 지식생산체계를 이해하는 핵심 자료들이며, 1945년 패전 당시 조선총독부 도서관의 장서 33만여 권을 훨씬 능가하는 55만 권의 장서를 보유하고 있었던 조선 최대의 도서관이었다.[6] 식민권력은 식민 통치를 정당화시키는 지식과의 결합을 통해 형성되고 유지되었으며, 경성제대 장서는 식민지 조선 최고의 지식의 보고로서 식민권력의 지배이데올로기를 뒷받침하는 지식 생산에 관여하였다. 즉, 경성제대 장서는 경성제국대학 출신들, 특히 녹기연맹[7]의 지식생산과 활동에 영향을 미쳤을 것으로 추정된다.[8] 참고로 녹

있다. 주권은 국체의 특정으로 일본의 주권은 황위에 있으며, 역사적으로 보면 만세일계의 황통이 주권의 소재(所在)이다(井上哲次郎, 『(新修)國民道德槪論』, 三省堂, 1928, 32~33쪽).

5 河野省三, 「中臣祓と民族精神」, 國民總力朝鮮聯盟 編, 『祓禊の奬勵』, 國民總力朝鮮聯盟, 1941.

6 정근식, 「경성제국대학 부속도서관의 형성과 운영－제도이식론과 권력의 재현 사이에서」, 『사회와 역사』 통권87호, 한국사회사학회, 2010, 40쪽.

7 녹기연맹은 1933년 2월 11일에 결성되었으나 그 시작은 1925년에 결성된 경성천업청년단(京城天業靑年團)으로 거슬러 올라간다. 1925년 2월 11일(기원절) 국주회(國主會) 회원인 경성제대 교수 쓰다 사카에(津田榮)는 경성제대 예과를 중심으로 경성천업청년단을 결성하였다. 1928년에 결성한 '묘관동인 모임'은 국주회 내 혁신적인 학생활동가들의 움직임이 가시화된 것이었다. 경성제대에 재학 중이던 쓰다의 동생 쓰다 가타시(津田剛)와 스에 모쿠지로(須江杢二郎), 모리타 요시오(森田芳夫) 등 '묘관동인 모임'의 주요 멤버들은 이후 녹기연맹의 중추를 형성하게 된다. 이들 학생활동가의 사회진출과 더불

어 1931년에는 기존 '묘관동인 모임' 조직을 재편하여 녹기동인회(綠旗同人會)로 재출발하였다. 녹기연맹은 1933년 2월에 이르러 기존의 단체들을 통합하여 '사회교화단체'를 표방하며 출범하였다(鄭惠瓊·李昇燁, 「일제하 綠旗聯盟의 활동」, 『한국근현대사연구』 제10집, 한울엠플러스, 1999, 362쪽; 이승엽, 「내선일체운동과 녹기연맹」, 『역사비평』 50, 역사비평사, 2000, 203쪽).

8 1931년대 만주사변의 발발 이후 식민지 조선에서는 국체명징·내선일체를 표방한 황민화정책이 실시되었으며, 국체명징·내선일체의 달성은 국가신도의 의례를 국민의례로 의무화시킨 신사참배, 미소기하라이(祓禊)의 실천 등으로 이어졌다. 이는 녹기연맹의 창시자인 경성제대 교수 쓰다 다키시의 「내신일체론의 발흥과 우리들의 사명[內鮮一體の勃興と我等の使命]」(1937)이란 글에서 살펴볼 수 있는데, 그는 이 글에서 "내선일체의 실현은 내지연장주의나 내선융합(內鮮融合)의 강제가 아니라 조선과 일본의 공통의 기반(地盤)에 근거해야 하며, 그 공통의 기반이라는 것은 일본 황실을 중심으로 하는 일본국체의 자각"이라고 했다(津田剛, 「內鮮一體の勃興と我等の使命」, 綠旗聯盟, 『綠旗』 2권 11호, 1937, 綠旗聯盟, 4쪽). 이와 같은 녹기연맹의 내선일체 담론이 조선총독부의 '내선일체' 정책에 가장 적극적으로 기여한 것은 국민정신총동원운동으로 볼 수 있다. 국민정신총동원 조선연맹(1940년 이후 국민총력조선연맹, 이하 조선연맹으로 표기)은 중일전쟁 중 전시체제를 확립하기 위해 일본에 설립한 대정익찬회(大政翼贊會) 운동에 호응하여 1938년 7월 7일 내선일체 즉, 반도 민중의 완전한 황국신민화라는 대명제를 내걸고 조직되었다. 조직이 결성되기 직전 1938년 6월 22일 59개 단체와 개인 56명이 참석하여 발기인 총회를 가졌는데(朝鮮敎育會, 「國民精神總動員朝鮮聯盟の組織と其の活動」, 國民精神總動員朝鮮聯盟事務局, 『文敎の朝鮮』, 朝鮮敎育會, 1940), 18쪽), 이들 단체 중 녹기연맹이 가입되어 있었다(발기인 및 단체명은 國民總力朝鮮聯盟의 『國民總力運動要覽』(1943) 중 100~106쪽을 참조할 것). 즉, 1938년 조선연맹이 결성될 당시부터 녹기연맹은 가담하였으며, 녹기연맹의 간부들이 조선연맹의 요직을 차지하며 '내선일체' 운동에 적극적으로 활동하였다. 그리고 이들 녹기연맹 출신의 간부들의 명단을 정리해보면 다음의 〈표 1〉과 같다.

〈표 1〉 조선연맹의 녹기연맹 출신의 간부

단체(설립연도)	참가자(연도/직위)
국민정신총동원 조선연맹(1938)	쓰다 사카에(경성제대 예과 교수) – 1938/ 참사 현영섭(경성제대 문학과 졸) – 1938/ 본부 주사
국민총력조선 연맹(1940)	쓰다 사카에 – 1940/ 보도부(補導部) 참사 모리타 요사오(森田芳夫, 경성제대 사학과 졸) – 1941/ 문화위원 학술부문연락계 → 1942/전무참사, 선전부 편집과장 쓰다 다카시(津田剛, 경성제대 철학과 졸)–1940/사상부 참사 → 1941/문화위원 교화부문 연락계, 각종 논문심사위원 → 1942/이사겸 선전부장 → 1943/홍보부장 야마자토 히데오(山里秀雄) – 1941/ 문화위원 출판부문 연락계 미키 히로시(三木弘) – 1941/ 문화위원 생활부문 연락계 스에 모쿠지로(須江杢二郎, 경성제대 의학과 졸) – 1941/문화위원 생활부문 연락계

기연맹은 조선인의 황민화에 중추적인 역할을 했던 조선연맹의 결성에서부터 관여하며 그 주요 간부가 조선연맹의 간부로 활동함으로써, 그들의 지식생산 및 활동이 조선총독부의 식민정책과 불가분의 관계에 있었다.

녹기연맹의 주요 간부들은 조선연맹에서 내선일체에 관한 담론 생산 및 운동에 관여하였는데, 1938년 조선연맹의 결성 당시 9대 강령 중 첫 번째가 정신적 방면에서는 '황국정신의 현창', '내선일체의 완성', 즉 국체에 토대한 조선인의 황국신민화였으며, 내선일체의 달성을 위한 세부 실천요목으로는 매월 1일을 애국일로 정하여 신사참배를 실시한다는 내용이 있었다.[9] 그리고 신사참배와 같이 국가신도의 의례가 조선연맹의 '내선일체'라는 기치 아래 국민의례로서 실천될 수 있었던 것은 '신도가 전통적인 일본 규범으로서의 국민도덕이라는 담론' 덕분이었으며, 이러한 담론은 경성제대 출신의 녹기연맹의 활동 및 잡지를 통해서도 보급·실천되었다.[10]

스에 아이코(須江愛子, 스에 모쿠지로의 부인) – 부인지도위원
아마노 미치오(天野道夫, 현영섭의 개명) – 본부 주사
우에다 타츠오(田龍男, 李泳根의 개명) – 문화부

위 〈표 1〉에서 시사하듯이, 녹기연맹이 1938년 이래 조선연맹의 문화관련 활동에 주요 간부 및 논리를 제공함으로써 조선연맹의 '내선일체' 운동에서 중요한 역할을 담당하였다. 그러므로 경성제대 장서의 지식체계가 녹기연맹의 활동에 영향을 미쳤을 것으로 추정된다. 이에 대한 입증은 향후 더 치밀한 검증이 필요할 것으로 생각되며, 본고의 연구주제에서 다소 벗어남으로 차후 과제로 남겨두기로 한다.

9　朝鮮教育會, 앞의 글, 126쪽.
10　녹기연맹의 잡지 『녹기(綠旗)』는 1937년부터 식민지 지식의 생산 및 보급의 매개체로 운용되었다. 『녹기』 1권 1호의 「신사참배에 대해서(神社參拜に就いて)」(1937)에 따르면, "대일본은 신국(神國)이며, 신국답게 살아가는 모습은 신사를 일본국민 생활의 중심 기둥으로 하는 것이다. 이는 신사야말로 일본제국 발전의 기초근간이기 때문이다. 최고 숭경의 신사는 이세신궁(伊勢神宮)으로 황실의 종묘, 제국의 대사(大祠), 일본 건국의

따라서 본 연구에서는 국가신도가 어떻게 국민도덕화될 수 있었는지, 혹은 국가신도의 의례가 어떻게 국민의례화될 수 있었는지 식민지 지식 생산의 보고인 경성제대의 윤리부문[11]과 신도부문[12]의 장서를 중심으로 그 주요 담론을 고찰해 보고자 한다. 특히 전시체제 하의 심적 동원의 논리로서의 일본정신과 관련하여 1930~40년대 간행된 윤리 및 신도 관련 장서들에 초점을 맞추고자 한다. 본고는 국가신도가 어떻게 국민도덕과 결부되어 있는지를 경성제대 장서를 통해 제시함으로써, 1930년대 이후 국체명징·내선일체의 황민화정책과 국가신도 의례의 국민의례화 간의 상관성을 이해하는 데 도움이 될 것이라 생각된다.

　　본원(本源)과 관계된 거국숭경존신(擧國崇敬尊信)의 중책이며, 또한 일본 국민 모두의 정신생활, 모든 물질생활의 본원의 존재이다(上內彦策, 「神社參拜に就いて」, 綠旗聯盟, 『綠旗』1권 1호, 綠旗聯盟, 1937, 14~15쪽)"고 서술하며, 일본 국민 생활에 있어서 근본적인 도덕규범으로서의 신사숭경을 들고 있다. 그리고 도덕규범으로서의 신사숭경은 조선인을 황민화시키기 위해 신사숭경의 의례인 신사참배가 수반되어야 함을 나타낸다.

11　경성제대 윤리부문의 장서는 현재 서울대학교 고문헌자료실에 소장되어 있으며, 분류번호 1140 국민도덕 296권, 1141 교육칙어·무신조서 61권, 1143 무사도 25권, 1144 심학 7권, 1145 보덕교 26권, 1149 한국도덕 3권으로 구성되어 있다.

12　경성제대 신도부문의 장서는 분류번호 1600 신도 81권, 1603 총서 14권, 1610 사전(史傳) 16권, 1620 신기(神祇)·신기(神器) 12권, 1630 신사·신체(神体) 60권, 1640 신직(神職) 3권, 1650 제의·촉예(觸穢) 14권, 1660 축사·정화(祓)·축문 19권, 1670 종파 17권, 1690 국학(和學) 43권이다.

2. 일본 국민도덕의 형성과 변천

경성제대의 장서 중 윤리 분야의 장서는 총 673권으로 그 하위 항목
이 1140 국민도덕, 1141 교육칙어·무신조서戊申詔書, 1143 무사도,
1144 심학, 1145 보덕교, 1149 한국도덕으로 구성되어 있다.[13] 특히
국민도덕의 하부 항목 중에서도 교육칙어·무신조서, 무사도, 보덕교
는 일본 국민도덕의 담론을 구성하고 있는 핵심 요소들이다. 구체적으
로 1141 부문의 장서들은 군인칙유[14]·교육칙어[15]·무신조서[16]·국민

---

[13]   윤리 분야의 장서 중 국민도덕 부문의 책들의 연대별 구성은 아래의 〈표 2〉와 같으며,
       국민도덕 부문의 대부분의 책이 1930년대 이후 출간된 것을 알 수 있다. 이는 전시체제하
       심성동원을 위해 국민도덕의 담론의 생산과 보급의 필요성을 반영하고 있다.

〈표 2〉 경성제대 윤리 부문의 장서 중 국민도덕 분야의 연대별 구성

국민도덕 분야의 세부항목	1900 년대	1910 년대	1920 년대	1930 년대	1940 ~45년	총 수
1140 국민도덕	–	7	18	151	115	296 (연대미상 5권포함)
1141 교육칙어 무신조서	3	3	6	30	19	61
1143 무사도	2	–	1	10	12	25
1144 심학(心學)	1	–	1	2	3	7
1145 보덕교(報德敎)	5	–	2	13	6	26
1149 한국도덕	1	–	1	1	–	3

[14]   군인칙유는 1882년 1월 4일 메이지천황이 군인의 최고의 도덕이자 정신교육의 기초로
       서 육해군의 군인에게 하사한 칙령이다(建部遯吾, 『戊申詔書衍義』, 同文館, 1909, 1쪽).
       메이지유신 이전 일본은 무사의 나라였지만, 메이지유신 이후 국민개병(國民皆兵) 제
       도의 확립에 의하여 전 국민이 군인으로서의 의무를 져야했기 때문에, 전 국민의 도덕
       (亘理章三郎, 『勅語の聖訓と道德敎育』, 明治図書, 1934, 117쪽)으로서 공포된 것이다.
[15]   교육칙어는 메이지천황이 1890년 10월 30일 황조황종(皇祖皇宗)의 유훈을 기초로 하여
       그것을 명징(明徵)하여 초등교육의 근간으로 환발한 것이다(國民精神作興會 編, 『教育

정신작흥의 대칙[17] 등의 황민화정책에 필수적인 조서詔書로 구성되어

있다. 1143 부문의 장서들은 무사도[18]에 관련된 책들로 전쟁의 승리에

필수적인 심신단련의 필요성을 강조하기 위한 담론으로 구성되어 있으

며, 1145 부문의 장서들은 보덕교 관련 책들로 도덕·경제 일원론의

논리物心一如[19]를 강조하며 전시체제 하의 물자동원을 위한 담론을 형성

하고 있다. 즉, 이들 장서들은 전시체제하 물적·심적 동원을 위해 일

본 국민들이 지켜야 하는 국민도덕으로서 천황에 대한 충성심, 체력단

련, 도덕경제의 일원화를 강조하고 있다. 따라서 본 절에서는 일본이

勅語物語』, 金蘭社, 1930, 12쪽).

16 무신조서는 러일전쟁이 끝난 이후 만반의 정치를 다시 다잡을 필요성에서 1908년 10월
14일에 관보에 의해 발포된 메이지천황의 칙서의 총칭이다. 러일전쟁 후 사회적 혼란
등을 시정하고, 또한 금후 국가적 발전에 기해 필요한 도덕 기준을 국민에게 제시하려고
한 것이다. 그 내용은 상하일심(上下一心)하여 충실하게 맡은 바 일에 임하여 근검을
중심으로 가계를 운영하고 어디에서도 신의를 중히 여겨 인정이 두터운 것이 국민전반의
기풍이 되도록, 경박을 피하여 실질을 중시하고 방탕과 나태에 빠지지 않도록 항상 서로
다잡아 끊임없이 노력해 갈 것을 명시하고 있다(建部遯吾, 앞의 책, 2쪽).

17 국민정신작흥에 관한 조서는 1923년 11월 10일 관동진재(關東震災)의 뒤를 이어서 국
민이 잘못하면 위미침체(萎靡沈滯)하여 유타방일(遊惰放逸)에 빠지려는 폐해를 계식
(繫飾)하기 위해 1925년 10월 10일 다이쇼(大正)천황이 하사한 것이다(山田孝雄, 『國民
精神作興に關する詔書義解』, 宝文舘, 1933, 1쪽).

18 무사도라는 것은 일본민족 고유의 용감한 기상에 근거하여 일어난 것으로서 전투적 정신
을 중심으로 생긴 군주와 국가에 대한 도덕이다. 1930년대 전시체제 이래 일본국민의
생활상의 심체일여(心體一如)의 단련, 무도(武道)의 진흥, 통제적 훈련, 근로봉사는 무
사도 정신의 현현으로서, 이와 같은 무사도 정신의 연마·체득·독려·철저는 당시 대
동아공영권의 건설을 완수하고, 비리부도(非理不道)의 흉악을 척결하고, 세계 안정의
신질서를 건설하는 데 긴요하였기에(佐伯有義 編, 『武士道全書』1, 時代社, 1942, 13쪽)
중일전쟁 이후 성행하게 된 것이다.

19 보덕교는 니노미야 긴타로(二宮金次郎 또는 二宮尊德, 1787~1865)가 일본 고유의 신도에
불교와 유교의 사상을 통합하여 창시하였다. '국체를 명징하여 일본정신의 진수에 접하면,
도덕과 경제의 물심일여(物心一如), 즉 도덕경제의 일원화가 달성되고, 국민이 전부 일원융
합하여 일체가 되는 내외일치(內外一致)가 달성된다.'는 것이 교리(遠山信一郎, 『日本精神
と新興報德』, 二宮尊德翁全集刊行会, 1939, 46쪽, 50쪽)의 핵심이다. 보덕교는 이러한 교리
에 따라 일본의 농촌갱생운동·국민정신총동원운동에 적극적으로 동참하였다.

규정한 국민도덕의 특성을 파악하기 위하여, 국민도덕 부문의 장서 중 1140 국민도덕, 1141 교육칙어・무신조서, 1143 무사도, 1145 보덕 교를 중심으로 국민도덕의 개념의 형성과 변천 그리고 일본국민의 규정 및 그 범주를 살펴보고자 한다.

1) 국민도덕의 개념과 변화

일본에서 국민도덕이라는 명칭이 사용된 것은 메이지유신 이후부터 이며, 메이지 초기 국민도덕이란 용어를 사용하여 그 정의를 규명하고 자 한 선구자로는 후쿠자와 유키치福澤諭吉와 니시무라 시게키西村茂樹 등 이 있다.[20] 요시다 구마지吉田熊次는 메이지유신 이후 일본에 통용된 국 민도덕을 "한 나라에 있어서 지켜야 하는 규칙으로서의 유럽 혹은 북미 합중국에서 일컫는 도덕이 아니라, 메이지시기 서구화를 좇는 시대적 상황 속에서 니시무라 시게키 등이 제창한 충효忠孝 본위의 유교를 본으 로 하는 국민도덕 사상에 기인한다"[21]고 정의하였다.

이와 같은 충효본위의 국민도덕 사상을 다나카 요시토田中義能[22]는 경 신숭조에 있다고 보았다.[23] 그는 국민도덕 사상을 건국신화에서 찾으

---

20 井上哲次郎, 앞의 책, 1쪽.
21 吉田熊次, 『國體と倫理』, 富山房, 1925, 92쪽, 116쪽.
22 이노우에 데쓰지로의 '국가신도의 국민도덕화' 담론을 계승하여 도쿄제국대학의 신도 강좌(神道講座)의 교수를 역임한 다나카 요시토는 경성제대 장서에 『神道講演』(1923), 『神社本義』(1926), 『國民道德要領講義』(1927), 『がむながらの神道の研究』(1933) 등 총 15권의 저서가 소장되어 있다. 참고로 신도강좌에는 이노우에 데쓰지로(井上哲次郎), 가토 겐치(加藤玄智), 미야지 나오카즈(宮地直一), 다나카 요시토가 차례로 담당교수로 임명되었다.

며, "일본은 아마테라스오미카미가 그 손자 니니기邇邇藝에게 일본 땅으로 내려가 다스릴 것을 명한 신칙에 의해 그 기초가 세워졌으며, 그 이후로 극히 존엄한 국체를 발전시켜왔다"[24]고 하였다. 즉, 일본의 국체는 황조신 아마테라스 이래 만세일계의 황통이라는 것이다. 또한 일본의 국체에 대해 이노우에 데쓰지로井上哲次郎[25]는 "아마테라스를 황조 중의 황조로 해서, 일본 국가 영원의 본원으로 제사지내고, 그 종통인 황실을 중심 생명으로 해서 국가의 근본조직을 이루는 것"이라 하며 다나카와 동일한 국체개념을 제시하고 있다. 그리고 이에 덧붙여 "황위는 만세일계의 황조의 혈통에 의해서만 계승되며, 군민일체君民一體·억조일체億兆一體·조손일체祖孫一體의 일대가족一大家族적 국가를 이룬다"[26]고 설명하였다.

즉, 이노우에는 천황과 국민의 관계를 가족관계에 빗대어 해석하며 부모에 대한 효와 국가에 대한 충성심을 하나로 보았다. 그는 "고래의 많은 사회가 그 근본을 가족에 놓고 그 사회를 가족과 같이 이루는 것을 이상으로 하고 있듯이, 일본도 또한 그러하다. 군주를 민民의 부모로 해서 국민상호를 형제자매로 해서 동포라고 칭하고, 국가를 일대가족으로

23　田中義能, 『國民道德要領講義』, 日本学術研究会, 1927, 76쪽.
24　田中義能, 앞의 책, 53쪽.
25　이노우에 데쓰지로는 일찍이 한학과 동양철학을 공부한 후에 1884년부터 독일을 비롯한 유럽 제국에 유학하였다. 6년간의 유학생활을 마친 후 귀국하자마자 당시 도쿄제국대학 문과대학의 교수로 취임하였으며, 이후 국민도덕론의 체계화에 있어 중심적인 역할을 수행한 인물이다. 특히 1912년에는 교육칙어를 일종의 성전(典)으로서 강조하는 『國民道德概論』을 편찬하였다(박규태, 「국가신도란 무엇인가」, 『종교연구』제29집, 한국종교학회, 2002, 241~242쪽). 경성제대 장서에 그의 저서는 『倫理と敎育』(1911), 『國民道德概論』(1933) 등 총 46권이 소장되어 있다.
26　井上哲次郎, 앞의 책, 208쪽.

하여[27] 전 국민은 그 전력을 다해 지존至尊의 황업을 익찬하는 것을 그 천분天分으로 한다. 이러한 전 국민의 노력이 천황의 자연의 덕으로 포섭되고 통합되어 일본이 통치되는 것[28]이라 하였다. 이노우에에 따르면, 일본국민은 국체, 즉 아마테라스 이래의 만세일계인 일본 황실을 제사지내고, 또한 대가족의 일원으로서 부모에게 효도하듯이 천황의 황업을 익찬하여 그 천분을 다하는 것이 국민도덕이라는 것이다.

1920년대까지 일본에서 국민도덕은 위험한 외래사상에 대한 일본정신의 오염을 방지하기 위해 교육되었다. 가령, 이노우에는 국민도덕의 필요성을 "서양윤리 도덕에 치우친 나머지 동양윤리의 연구를 등한시하거나 사회주의, 공산주의, 과격주의, 무정부주의에 의한 사회문제와 사상문제"에서 찾았으며,[29] 다나카는 "외래사상, 극단적인 주장의 위협에 의한 국체의 해체와 국민도덕의 전복의 위험성"을 들었다. 다시 말해서, 다나카는 "국체의 관념이 부족하고 국민도덕에 무지한 것은 직접적·간접적으로 구미인의 깊은 감화영향을 받았다는 것이고, 이러한 불건전한 사상을 품은 자들은 불건전한 사상을 대중의 앞에서 고취시켜 물의를 일으킬 수 있다"[30]고 하였다.

한편 1930년대부터 국민도덕이란 용어는 황도皇道로 자주 지칭[31]되

---

27 위의 책, 219쪽.
28 위의 책, 21쪽.
29 위의 책, 2쪽.
30 田中義能, 앞의 책, 4~5쪽.
31 이에 대한 사회적 배경에 대해 고노는 "만주사변 이후 국민의 사상은 긴박미를 더해 안으로는 건국의 정신으로 돌아가려는 노력과 밖으로는 국난의 타개에 만진하려는 의기가 서로 합쳐져, 1937년 봄부터 여름, 가을에 걸쳐 급히 일본정신의 자각에 박차를 가하고, 그 발양에 대한 분위기가 일어났다(河野省三, 『日本精神の研究』, 日本文化協会, 1936, 1쪽)"고 하였다.

게 된다. 신도학자이자 조선연맹의 강연회에 적극적으로 활동한 고노 세이죠河野省三[32]는 중일전쟁 이후부터 유행한 '황도'를 "일본 건국 이래 황국신민이 실천해온 천하의 대도大道, 황조황종의 유훈에 기초한 군민 일체의 도"라고 규정하였다. 즉, "황국의 신들이 연 일본의 도는 신의 도인 신도神道이며, 그 신도의 순수한 모습 혹은 그 본질이 황도이며, 간 나가라노미치라는 것"[33]이다. 중일전쟁 이전 황도를 논하는 자는 보수 세력으로 주목을 받아 위험분자의 처우를 받았지만, 1940년대 초에는 일본 국내 혁신의 지도 원리로서, 그리고 세계 신질서 확립의 추진논리 로서 논해지게 되었다.[34] 고노는 1940년대의 '황도'를 "사상 상의 신도 적 경향, 교육상의 황도학적 경향, 생활상의 무사도적 경향을 합해서

---

32 고노 세이죠는 1882년 기사이정(騎西町, 현 加須市 騎西)의 신궁가(神宮家)에서 태어났 다. 국학원대학의 졸업 후 다마시키신사(玉敷神社) 사사(社司)로 근무하면서 모교인 중 학교 교사로 활동하였다. 1918년 국학원대학(國學院大學)·황전강구소(皇典講究所) 주사(主事)를 역임했으며, 1935년 국학원대학 학장에 취임, 1942년에는 사임하였다 (KAZO INTERNET MUSEUM 자료 참조, http://www.kazodmuseum.jp/05story/ijin /kouno.htm 2015년 8월 27일 마지막 검색). 고노는 교육자·신도학자로서 왕성한 활동 을 하였는데, 경성제대 장서에도 『神道の研究』(1936), 『神道學序說』(1934), 『神道と國 民生活』(1934) 등을 비롯하여 총 30권의 저서가 소장되어 있다. 또한 경성제대 장서에 포함된 조선연맹이나 녹기연맹의 간행물에도 신도와 관련된 글을 다수 수록하였으며, 조선연맹 주최의 각종 강연회에도 활동하였다.

33 河野省三, 『皇道の研究』, 博報堂, 1942a, 1쪽.

34 今泉定助, 『皇道の本義』, 桜門出版社, 1941, 1쪽; 대동아공영권 건설을 위한 국민도덕으 로서의 '황도'사상의 필요성을 고사카 및 고노의 글을 통해 보충하면 다음과 같다. "제2차 세계대전 이후 침략자 미국·영국을 완전히 대동아천지에서 몰아내기 위해서, 일본은 전투력에서 승리해야 할 뿐만 아니라 경제력·생활력·문화의 싸움에서도 승리해야 했 다(高阪太郎, 『大東亞戰爭と靑年學徒の道』, 東世社, 1942, 2쪽). 황도정신은 일본정신의 진수 즉 간나가라노미치로서, 이를 바탕으로 한 국민정신의 자각은 일본정신과 역사와 국가를 일체로 해서 건전한 국민정신을 연마하여 건국의 정신을 부활시키기 때문에, 서 구 민주주의와 소련의 공산주의에 반대하여 세계 사상전에서 승리를 이끌 수 있다. 그리 하여 대동아 건설에 있어서 영미의 민주주의, 소련의 공산주의와는 다른 세계관 위에서 새로운 질서와 역사를 다시 건설하고, 창조하고, 황도사상으로 사상계를 선도할 수 있다 (河野省三, 앞의 책, 1936, 6~9쪽)"는 것이다.

그것을 황도정신의 각성 내지 표현"³⁵으로 규정하며, 황도의 도덕상의 범주를 확대·해석하였다. 그리고 1940년대 당시 황도사상의 성행 원인에 대해 와타리 쇼자부로^{亘理章三郎36}는 "전국시대에 들어간 세계체제 속에서 국민교육에 있어서의 황도를 통한 문무겸비의 대국민을 연성하는 것이 대동아공영권을 건설하고 유지하는 데 긴요³⁷하였기 때문으로 보았다.

요컨대 일본의 국민도덕이란 충효 본위의 유교를 바탕으로 만세일가의 천황을 어버이로 하여 그 국민들은 각자의 직분을 다하면서 천황가를 제사지내고 천황의 명령에 따르는 것을 의미한다. 이와 같은 국민도덕은 1920년대까지는 서구사상에 대항한 일본정신의 옹호의 측면에서, 1937년 이후로는 대동아공영권을 건설하는 지도원리 '황도'로서 논해져왔음을 알 수 있다.

2) 일본국민의 범주

일본의 국민성을 후카사쿠 야스후미^{深作安文}는 "일정의 토지상에서 일정의 제도 하에 공동생활이 국민에 의해 이루어졌을 때 그 역사적 발전에 따라 특유의 국민적 성격이 형성된 것"이라 하였으며,³⁸ 다나카

---

35 河野省三, 앞의 책, 1942a, 4쪽.
36 와타리 쇼자부로는 일본 국민도덕 및 교육에 관한 다수의 연구 성과를 출간한 학자로서, 경성제대 장서에는 『修身敎授參考 : 人格篇』(1926), 『國民道德論槪要』(1932), 『敎育勅語釋義全書』(1934), 『聖訓と日本精神』(1942) 등 총 23권의 저서가 소장되어 있다.
37 亘理章三郎, 『聖訓と日本精神』, 金港堂, 1942, 119쪽.
38 深作安文, 『國民道德要義』, 弘道館, 1933, 249쪽.

요시토는 "국민이 가치로서의 국가를 자각하고, 그 국가가치를 창조해가려고 하는 의욕, 즉 국민으로서의 본질적인 정신"이라고 했다.[39] 즉, 다나카는 국민성이라는 것은 "한 국가의 영토 내에서 역사상 발전해 온 국민으로서의 본질적인 정신"으로서 "그 정신이 발로하여 국민도덕의 출현을 본 것이다"[40]고 보았다. 특히, 후카사쿠는 국민성을 개인의 성격처럼 변화하는 것과 변화지 않는 것으로 분류할 수 있는데, 후자를 본질적인 국민성으로 규정한다고 하였다.[41]

후카사쿠는 일본 국민성의 특성으로 결백성,[42] 쾌활성, 현실성, 예양성禮讓性,[43] 동화성,[44] 진취성, 절도성,[45] 담백성澹泊性[46]을 들었고,[47] 고노 세이죠는 "발명적 능력과 타문화에 대한 포용력의 풍부성을 거론하면서 타문화를 모방하고, 포용하고, 섭취하고, 공구工具하는 사이에 항시 본질의 힘을 잃지 않는 것, 즉 고유의 힘을 신장시키는 것에서 일본적인 문화가 발전하고 일본적인 힘이 발휘된다"면서, 그러한 특색을 "야마토고코로 및 간나가라노미치"라고 지칭하였다.[48] 즉, 후카사쿠와 고

---

39   田中義能, 앞의 책, 6쪽.
40   위의 책, 25쪽.
41   深作安文, 앞의 책, 250쪽.
42   청결을 사랑하고 부정을 기피하는 국민성(深作安文, 앞의 책, 252쪽).
43   예의를 존중하고 계근(啓謹)을 지키는 국민성(深作安文, 앞의 책, 262쪽).
44   타국민의 장점을 취하고, 그것을 개조하여 일본의 사정·경우에 적합하게 하여 일본의 것으로 이루는 국민성(深作安文, 앞의 책, 268쪽).
45   중용을 사랑하고 극단을 기피하고, 전후를 사려하는 것에 해당하는 국민성(위의 책, 175쪽).
46   일본 국민은 다대(多大)한 욕구가 없고 사상도 생활도 단순·간이(簡易)를 사랑하는 반면, 신궁을 시작으로 일본의 신사의 대부분은 백목으로서 건축되어 신도의 예식이 간정(簡淨)을 존중하고, 이로써 신도 도덕이 결백, 정직, 간소 등의 주덕(主德)을 이루는 성질(深作安文, 앞의 책, 178~179쪽).
47   위의 책, 252~279쪽.
48   河野省三, 앞의 책, 1936, 2~3쪽.

노는 공통적인 일본 국민성으로 타문화를 포용하여 일본적인 것으로 발달시키는 성질인 동화력을 강조하였고, 이는 1930년대 전시체제하의 국민도덕인 야마토고코로나 간나가라노미치의 특성이라는 것이다.

그럼 야마토고코로나 간나가라노미치의 개념은 어떻게 구분할 것인가? 이에 대해 와타리 쇼자부로는 "국민정신, 국체정신, 건국정신[49]은 그 내용에서 동일한 정신으로 일본혼, 야마토고코로, 국의國意, 황국혼皇國魂, 간나가라노미치 등이라 칭하는 국민정신과 일본정신은 동의同義"하다고 하였다.[50] 그리고 고노 또한 "일본정신은 일본민족의 정신적 유전遺傳의 모습이며, 일본국민의 혼이며, 일본의 국체·일본의 역사·일본의 문화를 창조하고 발달시켜온 힘이며, 또한 동시에 그것들에 의해서 배양되어 훈련된 마음으로,[51] 일본정신은 건국정신, 간나가라노미치, 무사도 혹은 야마토고코로, 국민정신으로 볼 수 있다"고 규정하였다.[52]

한편, 일본 국민의 범주에 대해 가토 겐치加藤玄智[53]는 다음과 같이 규정하고 있다.

---

49 건국정신은 건국사에만 한정되지 않는다. 천손강림, 진무천황(神武天皇)의 창업, 다이카개신, 메이지유신 등 모두가 건국사상 가장 중대한 사적(史蹟)에 속한다. 일본국가·국체의 창립은 신대(神代)라는 먼 옛날부터 행해진 것으로, 진무천황 이래 메이지 시대에 이르기까지 군민일체의 도덕에 의해 연속적으로 행하여져 온 것이다. 이것이 일본의 전통적인 건국관(建國觀)이다(亘理章三郎, 『國體精神の涵養』, 中文館書店, 1933, 10~11쪽).

50 亘理章三郎, 앞의 책, 1933, 12쪽.

51 河野省三, 앞의 책, 1934, 2쪽.

52 河野省三, 『我が國體と日本精神』, 青年教育普及會, 1942b, 62쪽.

53 가토 겐치는 일본 종교학의 제1대 종교학자로, 1921년부터 1933년까지 도쿄제국대학 신도강좌 교수를 역임하였으며, 국체신도(즉, 국가신도)의 개념화에 기여하였다. 경성제대 장서 중 그의 저서는 『神道の宗教發達史的研究』(1935), 『神道精義』(1938) 등 총 20권이 소장되어 있다.

일본국민은 ① 헌법치하의 국민, ② 신정정치를 현대에 가지고 있는 국민, ③ 일본인은 국가적 소유이며 일본 국가는 자연국가로서 소위 황실을 중심으로 하는 천손민족이 중핵을 이루고, 이민족도 이에 더해져 이것이 점차로 팽창·확충되어 마침내 일대국가를 이룬다.[54]

즉, 가토는 일본인의 범주에 '이민족' 즉, 피식민지인들도 포함되며, 일본인이 되기 위해서는 신정정치를 수용할 것, 즉 황실을 존숭하고 제사지내는 것이 그 의무임을 피력하고 있다.

요컨대, 일본의 국민도덕은 일본의 개국 이래 발달되어 온 정신으로 건국정신, 국체정신, 야마토고코로, 간나가라노미치, 일본혼, 무사도 등과 동일한 것이며, 일본정신의 특징은 여러 가지가 있지만 그 중에서도 식민지 확장에 필수적인 타문화의 포용과 그것을 일본적인 것으로 발달시켜 나가는 정신이 가장 중요한 국민성이라는 것이다. 그리고 이러한 포용력과 동화력은 식민지의 확장·대동아공영권의 건설에 필수적인 국민성으로 피식민지인들에게 일본국민의 유전하는 일본정신을 공교육이나 국가신도의 의례를 통해 이식시킴으로써 피식민지인들도 진정한 일본인(혹은 천황의 신민)이 될 수 있다는 것이다.[55]

---

54 加藤玄智,『神道精義』, 大日本図書, 1938, 193~194쪽.
55 이에 대해 보충하자면, 다나카는 "조선, 대만, 사할린(樺太)은 야마토 민족이 아닌데 어떻게 신도에 의해 통치될 수 있는가? 우리 신도에는 위대한 동화력이 있다. 그렇기 때문에 고대에 있어서도 조선인과 지나인이 일본에 귀화해 온 것이다"고 하였다(田中義能, 『神道哲學精義』, 日本学術研究会, 1928, 194~195쪽).

3. 국민도덕으로서의 국가신도

신도부문의 장서는 총 279권으로 그 하위 항목에 분류번호 1600 신도, 1603 총서叢書, 1610 사전史伝, 1620 신기神祇 · 신기神器, 1630 신사 · 신체神体, 1640 신직神職, 1650 제의 · 촉예触穢,[56] 1660 축사 · 하라이祓 · 축문, 1670 교파教派, 1690 국학和學으로 구성되어 있다. 이들 장서구성의 경향을 도표로 정리하면 〈표 3〉과 같다.

〈표 3〉에서 나타나듯이 신도부문 장서의 하위 항목들은 모두 일본 천황의 제사기관인 국가신도 제사와 관련되어 있다. 즉, 천황에게 황위를 부여한 황조신 아마테라스 이하 천신지기 및 그들의 행적사 · 제사를 다룬 것이 신기사로서 신도사이기도 하며, 신도의 제사를 연행하기 위해서는 1630에서 1660까지의 신직 · 신기神器[57] · 축사 · 하라이[58] ·

---

[56] 촉예는 '병 · 죽음 따위의 부정한 것을 접촉'한다는 뜻이다.

[57] 가토 닌페이는 일본 황실의 삼종의 신기를 "황조황종께서 하사하신 황위의 증표로서, 역대 천황은 황위계승 때 이것을 계승받아 황위의 존엄으로 일계(一系) 승계되어 변함없는 황실을 표징"하는 것이라 하였다. 한편 그는 삼종의 신기는 "보경(寶鏡)의 신칙 및 천양무궁의 신칙과 함께, 국가건국 때 황조로부터 황손에게 하사된 것으로 순수한 일본정신의 표현"으로 보았다(加藤仁平, 『三種神器觀より見たる國民精神發達史』, 教育研究會, 1928, 1쪽; 加藤仁平, 『三種の神器觀より見たる日本精神史』, 第一書房, 1939, 4쪽). 구체적인 삼종신기의 상징성에 대해 다나카는 "거울은 유(柔) 또는 지(知), 옥은 강(剛) 또는 인(仁), 검은 정직 또는 용(勇)의 삼덕(三德)을 나타낸다."고 하였다(田中義能, 『神道概論』, 明治書院, 1942, 127쪽). 삼종의 신기는 신궁의 본전에 아마테라스의 신체로 모셔지기도 하며, 그 외 삼종신기를 제외한 신기는 신사의 제사용구를 지칭한다.

[58] 이마이즈미는 하라이와 미소기의 차이를 규정하였는데, "하라이라는 것은 몸의 부정을 없애 청결하게 하는 것으로 하라이의 행사가 끝나고 오염과 더러움을 내부로부터 끄집어내서 죄를 없앤 후 행하는 정화의례가 미소기"라는 것이다(今泉定助, 앞의 책, 5쪽). 하라이와 미소기는 일본 신사 고유의 부정을 씻는 의례이지만, 전시체제하에는 대동아공영권의 완성에 방해가 되는 잡념을 씻어내어 국민총력을 집결한다는 의미에서 일반인을

<表 3> 신도부문 장서 구성의 경향

신도부문 장서의 세부항목	장서 구성의 경향
1600 신도	장서 총 81권 중 66권(약 80% 이상)이 1930년대 이후 간행되었으며, 1930년대 이후부터 간행된 저서명에서 간나가라노미치, 황도 등의 용어가 새롭게 등장하는 것이 특징이다.
1610 사전	총 16권으로 그 중 5권이 신기사(神祇史)를 다루고 있으며, 9권이 신도사를 다루고 있다.
1620 신가신기	신기(神祇)는 일본 고래의 천신지기(天神地祇 : 천신과 지신)로서 신기사는 신사의 제신 및 제사의 역사를 다루는[59] 것이다. 반면 신기(神器)는 일본 황실의 3종 신기를 주요 수제로 다루고 있다.
1630 신사신체	총 60권으로 이들 장서는 천황의 제사기관으로서 천황가나 국고에서 그 제사비용을 지원받는 관국폐사(官国幣社)를 중심으로 구성되어 있다.
1650 제의·촉예	제식(祭式)·마쓰리(祭)·가정제사잡제(雜祭) 등의 주제를 다루고 있다. 이들 신도의 제사에 대한 저서들이 간행된 배경에 대해 신기학회는 "국민정신의 기초를 이루고 그 근간을 이루는 것은 실로 신기배제(神祇拜祭)의 실행에 있기 때문에, 국민정신의 고양을 위해서 국민일반에 준거할 만한 제사작법의 지도서를 발간한 것이다"[60]고 하였다.
1660 축사 하라이·축문	오오하라이·미소기하라이(祓禊), 중세시대의 하라이 축사집인 나카토미하라에(中臣秡), 그 외 대동아전쟁축사집을 비롯한 축사해설집으로 구성되어 있다.
1670 교파	천리교(天理教)·금광교(金光教)·흑주교(黒佳教) 등의 교파신도, 중세의 유이츠신도(唯一神道),[61] 근세의 스이카신도(垂加神道)[62]로 구성되어 있다.
1690 국학	가다노 아즈마마로(荷田春満), 가모노 마부치(賀茂眞淵), 모토오리 노리나가(本居宣長), 히라타 아츠타네(平田篤胤) 등 흔히 복고신도(復古神道)라 일컬어지는 근세 국학의 4대 학자를 주로 다루고 있다. 그 외의 국학자로서 이이다 다케사토(飯田武鄉), 스즈키 시게타네(鈴木重胤)가 있다. 다케시타(竹下數馬)는 국학을 "일본적 입장으로서 순수 일본적인 '간나가라문화(惟神文化)'를 청명하게 함으로써 황국의 대도(大道)를 나타내려고 하는 학문"[63]으로 규정하였으며, 전시체제하 국학의 부흥 이유에 대해 고노는 "민족정신을 자각하고, 일본문화를 연구하여 충실한 국민생활을 건설하고, 국운의 진흥을 도모하기 위함"[64]이라고 설명하였다.

축문이 필요하다. 이 모든 요소들을 바탕으로 천황을 제사지내는 기관이 1630 신사 부문을 구성하는 관국폐사이며,[65] 국가의 종사인 국가신

대상으로 실천되었다. 즉, 전시체제하의 민중의 정신통일을 위하여 하라이와 관련된 연구들이 수행되었고, 일반인들을 대상으로 이것이 강연되고 실천되었다(國民總力朝鮮聯盟, 『祓禊の奬勵』, 國民總力朝鮮聯盟, 1941, 1쪽).

59 清原貞雄, 『神道史』, 厚生閣書店, 1935, 5쪽.
60 神祇學會 編, 『神祇に關する制度作法事典』, 神祇学会, 1944, 1쪽.
61 무로마치 시대에 대성한 요시다가(吉田家)의 유이츠신도는 불교·유교의 가르침을 배제한 일본 고유의 신도로서 요시다신도(吉田神道)라고 칭하기도 한다.
62 스이카신도는 근세 신도사를 형성하는 2대 사상체계로 천황중심의 신도사상 연구의 필요성에서 수행되었다(河野省三, 『唯一神道名法要集解說』, 國民精神文化研究所, 1935, 1쪽).

도를 대신하여 식민지에 신도를 포교하는 역할을 맡은 것이 교파신도[66]이다. 그리고 천황의 제사인 국가신도 이데올로기의 기초가 되는 것이 가다노 아즈마마로, 가모노 마부치, 모토오리 노리나가, 히라타 아츠타네를 잇는 복고신도[67]의 국학이다.

---

63 竹下數馬, 『平田篤胤の古典精神』, 文松堂, 1943, 6쪽.
64 河野省三, 『國學の研究』, 大岡山書店, 1932, 9쪽.
65 아래의 〈표 4〉와 같이 1630대 장서 목록에서 다룬 신사들은 시모쓰케신사(下野神社), 소시모리신사(曾尸茂梨神社)를 제외하고 천황의 국가제사 기관인 관국폐사로 구성되어 있다. 참고로 관국폐사는 메이지유신 이후 황조신 아마테라스를 모시는 이세신궁을 필두로 위계화된 신사의 등급 중 최상위를 차지하는 신사들이며, 관폐사는 일본 황실에서, 국폐사는 국고에서 제사비용을 지원받았다.

〈표 4〉 1630 장서에 등장하는 관국폐사

사격(社格)	1630대 장서에서 다룬 신사명	총수
관폐사(官幣社)	이나리신사(稻荷神社), 기타노신사(北野神社), 메이지신사(明治神社), 조선신궁(朝鮮神宮), 대만신사(臺灣神社), 이세신궁(伊勢參宮), 다가신사(多賀神社), 기비쓰히코신사(吉備津彦神社), 사카오대신궁(坂翁大神宮), 아쓰다신궁(熱田神宮)	10사(社)
국폐사(國幣社)	시와히코신사(監竈神社), 센겐신사(淺間神社), 이소노신사(伊曾及神社, 또는 伊曾乃神社로 표기), 시라야마히메신사(白山比咩神社)	4사
별격관폐사(別格官幣社)	도쇼구사(東照宮社), 야스쿠니신사(靖國神社), 미나토가와신사(湊川神社)	3사
기타	시모쓰케신사, 소시모리신사	2사

66 교파신도는 종파(宗派)신도로도 불리며, 에도(江戶) 막부말기부터 농상공인들 사이에서 강신 체험을 토대로 현세구복적인 경향을 가진 민간신앙들 중 교의(敎義)를 황조 아마테라스를 섬기는 국가 이데올로기적인 경향으로 바꾸어 교파신도로 승인받은 13종교 단체들을 일컫는다. 신도수성교(神道修成派), 흑주교, 신도계교(神道禊敎), 대사교(大社敎), 천리교, 금광교, 부상교(扶桑敎), 신습교(神習敎), 대성교(大成敎), 어악교(御嶽敎), 실행교(實行敎), 신리교(神理敎), 환산교(丸山敎)를 일컫는다(加藤玄智, 앞의 책, 1938, 235쪽; 村上重良, 『国家神道と民衆宗教』, 吉川弘文館, 2006, 84쪽).
67 복고신도는 단순한 신도의 복고가 아니라, 신도의 전개사로 볼 수 있다. 복고신도의 전개에 대해 국학담화회는 다음과 같이 서술하였다. "아즈마마로가 서기(庶幾)한 황왜(皇倭)의 학(學)은 마부치에 이르러 급격히 발달했으며, 노리나가에 이르러서는 복고학, 즉 황국의 학으로 전개되어 완성을 보았다. 아츠타네에 이르러서는 이 학문이 신황(神皇)의 학으로 전개하여 실생활과 밀접하게 연결되어 그 진면목을 발휘하였다(國學談話會 編, 『國學論纂』, 神田書房, 1942, 1쪽; 竹下數馬, 앞의 책, 15쪽)."

즉, 국가제사에서부터 가정의 제사에 이르기까지 신사의 제사는 일본 건국의 기초로서[68] 제사를 통해 경신숭조의 염(念)을 깊게 하고 충군·애국의 정신을 생기게 하기 때문에,[69] 전시체제하 국가제사 자체에 대한 연구 및 국가신도 의례의 실천이 한층 강조되었다고 볼 수 있다. 따라서 본 절에서는 1603 총서와 1640 신직을 제외한 1600에서 1690까지의 신도의 장서를 중심으로 신도와 국민도덕 간의 상관성, 그리고 신사의례의 국민의례로의 전개를 이끌었던 담론을 고찰해 보고자 한다.

1) 신도와 국민도덕

다나카 요시토는 신도를 "유교가 전래되기 전의 일본 유일의 도덕",[70] 후카사쿠 야스후미는 신도를 "아마테라스의 위대한 덕에 연원한 일본의 국민사상"[71]이라고 규정하였다. 구체적으로 다나카는 신도를 다음과 같이 정의하였다.

일본 천황에게 통치권을 부여한 황조신 아마테라스가 천양무궁의 신칙을 내리고 삼종의 신기(神器)를 하사하고 조상숭배의 대도(大道)를 나타내어, 세계무비의 일본국가의 근저·존엄한 국체의 연원을 창조하였다. 그리고 그 족적이 흘러 신도가 되어 발전을 이루었으며, 이 신들이 행한 대도(大道)

68　大塚承一, 『實修神社祭式行事作法精義』, 京文社, 1941, 1쪽.
69　皇典講究所 編, 『宮中三殿竝に祝祭日解說』, 國晃館, 1912, 2쪽.
70　田中義能, 앞의 책, 1927, 84쪽, 157쪽; 田中義能, 앞의 책, 1942, 3쪽.
71　深作安文, 앞의 책, 207~208쪽.

는 국민의 도(道), 국민의 생활규범, 국민도덕이 되어 일본 국민된 자는 신도를 반드시 지켜야 하게 된 것이다.[72] 따라서 신도의 본질은 이치에 의한 것이 아니라 간나가라노미치에 있으며, 고대 일본의 성문법은 모두 신도의 일부를 성문으로 한 것으로 메이지천황의 제국헌법 또한 황조황종의 유훈(遺訓)을 명징하는 것이다.[73]

즉, 다나카는 '신도'를 황조신 아마테라스의 유훈으로, 일본 국민의 생활규범으로서 일본인이 지켜야할 국민도덕으로 본 것이다.

반면 이노우에 테쓰지로는 "신도를 아마테라스신의 신칙을 민족의 신앙으로 내세운 국가적 종교",[74] 기요하라 사다오淸原貞雄는 "신도를 불법의 전래 후 상대적으로 고유 신기神祇에 대한 신앙"이라고 규정하였다.[75] 문제가 되는 것은 위의 기술에서 나타나듯이 신도를 국민도덕으로 간주해야 할지 민족종교로 봐야 할지 혼동이 생기는 것이며, 또한 메이지유신 이래로 재편되어 1945년 일제의 항복 선언 전까지 일본 국내 및 제諸 식민지에 적용된 국가신도와 신도를 어떻게 범주화해야 할지 혼란이 생긴다는 것이다. 이와 같은 도덕으로서의 신도와 종교로서의 신도 간의 혼란은 '신사비종교론'[76]과 연관되어 있다. 신사비종교론은 신사가 국가

---

72   田中義能, 앞의 책, 1942, 122~126쪽, 173쪽.
73   田中義能, 앞의 책, 1927, 160~162쪽.
74   井上哲次郎, 앞의 책, 86쪽.
75   淸原貞雄, 앞의 책, 3쪽.
76   메이지정부는 신교(信敎)의 자유를 추구하는 내외의 압박에 밀려 1889년 '대일본제국헌법' 제28조를 발포하여 신교의 자유를 허용하였다. 그러나 신교의 자유는 신권적 천황제를 근간으로 하는 제국헌법의 정신과 근본적으로 모순되는 것이었다. 이에 정부는 신사신도는 제사이며 종교가 아니라고 규정하면서 신사로부터 종교적 요소를 제거시킨 이른바 '신사비종교론'을 내세우게 된다(박규태, 앞의 글, 2002, 232쪽).

제사를 행하기 때문에 '종교'가 아니라 '도덕'이라고 설파하면서, 전전戰前의 일본국민에게 신사숭배의 의무화를 강제하는 담론이었다.

이노우에는 1920년 일본 국내에서 유일하게 설치된 도쿄제국대학의 신도강좌의 초대교수로서 국가신도를 종교가 아니라 국민도덕으로 담론화하는 데 노력한 인물이다.[77] 이러한 이노우에의 논의를 이어받아 국가적 신도의 정의를 시도한 가토 겐치에 따르면, "신도는 크게 국가적 신도와 종파적 신도(혹은 교파신도)로 구분된다.[78] 국가적 신도는 신인즉일교神人卽一教 또는 신황신앙神皇信仰이나 천황교[79]라는 국민적 종교로서 국민도덕의 방면, 그리고 국가적 의례의 형상을 발전시켜왔다. 일본에 있어서는 상어일인上御一人(즉 천황)은 국가적 가족제의 수장, 족부族父 또는 부장父長으로 있어, 의義는 군신, 정情은 부자의 관계로 일본국가가 성립해 왔기 때문에 국체가 바로 신도의 정수를 이루고 있다."는 것이다. 가토 겐치는 이것을 국체신도라고 칭하며, 신사신도는 이러한 국체신도의 구현화具現化라고 하였다.[80] 가토 겐치의 신도의 정의를 도표로 나타내면 다음의 〈그림 1〉과 같다.

즉 가토 겐치는 국가적 신도(국가신도)를 신일즉일교(또는 천황교)라는 종교로 정의하였으며, 그의 정의에서 국가신도의 도덕적 부분인 국체신도와 종교의 형식화인 신사신도가 각기 범주화되어 있다. 하지만 국가신도를 국민도덕 방면과 국가적 의례, 즉 종교적 형식으로 구분하는

---

77 이에 대한 자세한 내용은 박규태, 앞의 글, 2002, 232쪽; 최석영, 『일제의 조선연구와 식민지적 지식 생산』, 민속원, 2012, 348쪽을 참조할 것.

78 加藤玄智, 『神道の宗敎發達史的硏究』, 大空社, 1935a, 1쪽.

79 加藤玄智, 『神道の再認識』, 章華社, 1935b, 195쪽.

80 加藤玄智, 앞의 책, 1938, 229쪽.

〈그림 1〉 가토 겐치의 신도 개념의 도식화

것 자체가 모순적이다. 가토가 규정한 국체신도란 것은 중세 이세신으로 민중에게 널리 신앙되던 아마테라스를 메이지유신 이래 황조신의 이미지를 부각하여 이세신궁을 필두로 전국의 신사를 위계화하면서 생긴 것이다. 그리고 위계질서화된 국체신도라고 해도 그 종교성이 배제될 수 없다. 다시 말해서, 국체신도는 국가의 제사로서 사적인 기원이나 부적 판매 등의 종교적 행위가 금지되었지만, 실질적으로 조선신궁에서조차 이러한 종교적 행위는 이루어졌다.[81] 애초부터 신사비종교론과 신사비종교론에 정당성을 부여하는 가토의 국가신도의 규정은 논리적으로 모순될 수밖에 없는 것이다.

한편 신사가 종교로서 신교의 자유가 있음에도 불구하고 국민적 의무로서 숭경해야 하는 이유에 대해 가토는 "국가적 신도는 신일즉일교로서 신황배대神皇拜戴가 일본 국체의 본질이기 때문에, 일본국민의 종교인 국가신도를 일본인 누구 한 사람 빠짐없이 모신다는 것이 결코 헌

---

81 조선총독부가 국가의 종사(宗祀)로서 조선신궁의 사제(私祭)를 제한하였음에도 불구하였고 조선신궁에서는 신전결혼식, 부적판매, 사적 기원 등이 행해졌다(「神前結婚式のお株をぜひ京城神社へ」, 『京城日報』, 1926.5.4.).

법 제28조 신교자유법에 모순되지 않는다."[82]고 주장하였다. 또한 신사비종교론을 옹호하는 다나카 요시토에 따르면, "현인신 천황폐하에게 경의를 표하는 것, 신사의 제신에 경의를 표하는 것은 종교적 신앙심의 표현이 아니라 정치적 경의, 도덕적 경의의 표현이며, 진심의 신앙을 바쳐 황조황종을 숭경하고 천황폐하에게 경의를 다하는 것은 진정한 일본정신의 발로이고 일본국민의 대도大道"[83]이기 때문에 일본 국민은 신사숭경을 해야한다고 주장했다. 즉 국가신도의 도덕적 부문인 국체신도 혹은 신사비종교론에 의해 종교성이 거세된 국가신도는 신사숭경이 곧 국체존숭의 천황숭경으로서, 이는 모든 일본인에게 유전하는 일본정신이자 국민도덕이기 때문에 신교의 자유에 모순되지 않는다는 논리이다. 하지만 앞서 서술했듯이, 국가신도에서 국민 도덕적 방면과 종교적 형식과의 구분이 불가능하며 국체신도에서조차 그 종교성을 배제할 수 없기 때문에, 신사숭경이 신교자유법에 모순되지 않는다는 것은 논리적으로 모순된다.

2) 신사참배의 국민의례화

신사비종교론 및 가토의 국가신도 규정은 신도의 국민도덕화에 일조하였다. 그럼 신도가 국민도덕으로 간주된다면, 신도의 제의시설인 신사는 어떻게 규정해야 하는가? 가토 겐치는 위의 국가신도의 범주와

---

82   加藤玄智, 앞의 책, 1935b, 201쪽.
83   田中義能, 앞의 책, 1942, 184쪽, 187쪽.

같이 신사도 국체신도를 제사지내는 곳과 신사신도를 제사지내는 곳으로 범주화하였다.[84] 또한 고노 세이죠는 신사의 제신祭神을 "이세신궁에서는 황조신 아마테라스를, 가시하라 신궁橿原神宮에서는 (제1대 인간 천황인) 진무천황을, 하치만궁八幡宮에서는 오진천황應神天皇을"[85] 제사지낸다고 서술하며 신사를 역대 천황을 제사지내는 곳으로 규정하였다. 가와카미 다미히로河上民祐는 고노의 제신의 범주를 확대하여 "신사에 봉제하여 제사지내는 신은 황조황종을 시작으로 씨족의 조상 이하 황운익찬의 대업에 봉사한 신령"[86]이라고 하였다. 즉, 신사는 고노와 가와카미가 언급한 것과 같이 황조황종 이하 조상을 제사지내는 곳으로, 신도의 국민도덕 담론의 핵심인 경신숭조와 보본반시報本反始를 실천하는 의례기관이 되는 것이다.[87] 그러므로 고노는 신사의 근본의가 "일본민족의 도덕의식과 종교의식이 그 기초를 이루고 있기 때문에 일본 황국의 신들의 위덕을 경회하고 그 신령을 봉제奉齊하는 것에 있다"[88]고 하였다.

신사의 제사가 경신숭조, 보본반시의 국민도덕의 실천기관이 되려면, 신사에서 모시는 황조황종, 씨족의 조상 이하 황운익찬의 신령이

---

84 가토 겐치는 신사에서 제사지내는 신의 종류에 따라 신사를 범주화하였는데, 국체신도의 정수로서 아마테라스 이하 황실의 조상신을 제사지내는 신사는 신사의 주형(主形)·신하(臣下)나 위인 혹은 자연신을 봉사하는 신사를 종형(從形)으로 나누었다. 보충하자면 신하나 위인을 봉제하는 신사를 제1종형, 자연신을 봉제하는 신사를 제2종형으로 분류하였다(加藤玄智, 앞의 책, 1938, 233쪽).
85 河野省三, 앞의 책, 1936, 247쪽.
86 河上民祐, 『教育と神社祭祀』, 六盟館, 1942, 158쪽.
87 이에 대해 보충하면, 가와카미는 "신사는 간나가라노미치의 표현이며, 신을 봉제하고 제사지내는 것은 보본반시의 성(誠)을 실천하는 곳"이라고 하였다(河上民祐, 위의 책, 157쪽).
88 河野省三, 앞의 책, 1936, 243쪽.

국민의 조상이 되어야 한다. 이에 대해 다나카 요시토는 "국가로서 일대가족을 이루는 일본국가에 있어서, 황실의 선조는 국민의 선조이며, 황실을 존숭하는 것은 역대의 천황을 숭배하고 다수의 일본 민족의 영웅위인을 숭배하는 것이다. 그것과 동시에 국민 각각의 가족은 황실에서 관국폐사를 세우듯이 혹은 다수의 신기神祇를 숭경하듯이 스스로 우지가미氏神 또는 지역수호신産土神의 신사를 세우고 숭경하며, 스스로의 가정 내에는 가미다나神棚[89]를 만들어 선조의 신령을 제사지낸다"[90]고 하였다. 즉, 다나카는 일본국이 일대가족국가를 이루기 때문에 황실의 조상이 국민의 조상이며, 황실에서 신궁을 세워 조상에게 제사를 올리듯이 일본 국민들도 넓게는 마을의 우지가미(혹은 지역수호신)를 제사지내고 좁게는 가정에 가미다나를 설치하여 보본반시를 행하여야 한다고 설파하였다. 이러한 신도의 국민도덕으로서의 의무와 실천은 식민지 조선에서는 1933년부터 신궁대마神宮大麻[91]를 모신 가미다나의 배포[92] 및 1936년 '일읍면일신사—邑面—神祠'를 통한 우지가미(또는 지역수호신)의 확대정책으로 이어졌다.

요컨대 신도는 일본인이 일상생활에서 준수해야 할 국민도덕으로, 신사는 경신숭조・보본반시의 국민도덕을 실천하는 의례기관으로 담

---

89 가미다나는 신궁대마를 비롯하여 각 신사에서 배포하는 다양한 신의 신찰을 넣어서 모시는 선반 또는 제물상을 말한다. 가미다나에 신찰을 모시는 방법은 삼전(三殿) 형식으로 중앙에 신궁대마, 이것을 기준으로 우측에 우지코(氏子)신사의 신찰, 좌측에 숭경신사의 신찰을 모신다.

90 田中義能, 앞의 책, 1927, 80쪽.

91 신궁대마는 일본의 황조신 아마테라스오미카미를 모신 이세신궁에서 매년 전국에 배포하는 신찰(神札 : 부적)을 말한다.

92 신궁대마의 배포에 대해서는 필자의 졸고 「1930~1945년 신궁대마(神宮大麻)의 배포와 가정제사」, 『문화인류학』 48-2, 한국문화인류학회, 2015를 참조할 것.

론화되었다. 그렇다면 신사에서 행해지는 제의는 어떻게 규정되어졌는가? 가령 가토 겐치가 국체신도의 제의기관으로 분류한 관국폐사에서도 국가제사뿐만 아니라 사적 기원, 신생아의 명명命名에서부터 신전결혼식·신장제神葬祭 등의 일생통과의례, 신에게 바치는 주악가무奏樂歌舞 가구라神樂에 이르기까지 종교적 행위가 이루어졌다. 이와 같은 신사에서의 종교적 의례의 비종교성에 대해 신사비종교론을 옹호하는 다나카 요시토는 다음과 같이 설명하였다.

신사의 제사는 완전히 국가의 정치이며, 제(祭)와 정(政)은 하나이다. 종교가 치병을 해도 의사가 아니듯이 신직이 기년제(祈年祭)에 축사를 올리고 오곡의 풍요를 기도해도 종교라고 할 수 없다. 종교가의 본의는 그 교지(敎旨)를 선전하고 인민을 교화시키는 데 있다. 관혼상제의 식전을 주재하는 것은 필연코 종교가의 임무라고는 할 수 없다. 종교가 이외도 이것이 허가된다. 일본인이 행하는 의식에는 신기(神祇)에 관련된 것들이 많기 때문이다. 신사에서도 신전결혼을 행하고 신직이 신장을 주재하는 것을 종교행위라고 하는 것은 우매한 설이다. 신사는 국가의 종사이며, 그것에 대한 숭경혹은 제사는 보본반시이다. 감사이다. 기념이다. 결코 종교가 아니다. 신도를 종교로 보게 되면, 타종교를 믿는 자는 우지코[氏子]가 아니게 되어 신사에 참배하지 않는 자가 많이 속출하게 된다. 학교생도의 단체참배도 시킬수 없게 된다. 학교에서 어진영(御眞影)을 모시고 절을 하고 예배를 하는 것은 종교행위가 아니다. 만약 종교행위라고 한다면, 교장, 교원 등은 당연 처분을 받게 되는데, 이는 불합리하다.[93]

즉, 신사비종교론의 입장인 다나카는 신사에서 거행되는 국가제사는 정치적 행위이기 때문에 종교가 아니며, 일생통과의례와 같이 신사에서 의례가 행해지는 것은 일본인의 의례에 신기와 관련된 것이 많기 때문이라고 하였다. 또한 신사참배 및 어진영에 대한 의례도 종교적 의례가 아니라고 주장하였는데, 이는 이들 의례가 천황가를 중심으로 일대가족적 국가를 이루고 있는 일본국에 있어서 보본반시라는 국민도덕의 실천이기 때문이다. 특히 신사참배의 국민의례화 담론은 1930년대 이후 조선인의 신사참배 강제[94]에 중요한 역할을 하였다. 앞서 2절에서 살펴보았듯이, 피식민지인이 일본국민이 될 수 있는 길은 야마토고코로, 간나가라노미치, 황도정신 등이라 불리는 일본정신을 체화시키는 것이었다. 일본인의 경우 일본정신은 일본국민의 고유한 것으로서 애초에는 소질로서 잠재해 있다가 자각을 통해서 국민성으로 발전시킬

---

93   田中義能, 앞의 책, 1942, 162~164쪽.
94   식민지 조선에서 신사참배가 본격적으로 실시된 것은 1931년부터 일선 학교에서 강제되면서이다. 매월 초에 대표학생이 신사를 참배하는 것을 시작으로, 신사에서 중요한 제사가 있는 날이나 일본의 각종 기념일에는 신사에 관한 내용을 배우거나 신사참배를 하도록 배웠다. 일반 국민에게 있어서의 신사참배 강제는 1932년 민심작흥운동을 통해 실시되었다. 일본과 달리 식민지 조선에서 학생뿐만 아니라 일반인에게까지 신사참배가 강제된 이유는 1920년대까지 보통학교의 취학률이 약 20%로 저조하여 교육을 통한 국체관념의 이식에 한계가 있었기 때문으로 생각된다(김승태, 「조선총독부의 종교정책과 신사(神社)」, 『한국기독교역사연구소소식』 제79호, 한국기독교역사연구소, 2007, 56쪽; 권경희, 「식민지기 보통학교 교육의 재해석」, 『초등교육학연구』 제7권 제1호(1999), 351쪽). 이후 조선총독부는 내선일체를 강화하기 위해 국민의례인 신사참배를 효과적으로 실시하고자 1938년에 창건된 조선연맹과 협력하였다. 조선연맹은 지역적으로는 중앙연맹과 지방연맹, 학교를 포함하는 직업별 각종연맹, 이하 행정말단구역이나 부인들을 포함하는 애국반을 위로부터 아래로까지 체계적으로 조직한 관·민 전시통제 기구였다. 그리고 이들 각종연맹 및 애국반에는 천황에 대한 충성심을 진작하기 위해, 매월 정기적인 신사참배 외에도 공식적인 신사 제전의 신사참배가 의무로 지워졌다(山口公一, 「植民地期朝鮮における神社政策と朝鮮社会」, 一橋大學大學院 社會學研究科 博士論文, 2006, 155쪽).

수가 있으며, 이러한 일본정신의 자각 및 함양은 4대절의 학교의식,[95] 사회교육을 통한 국민들의 축제일 의식 행사(국기게양, 기미가요·황국신민서사의 제창 등)를 통해 이루어질 수 있었다.[96]

식민지 조선의 경우에는 일본정신의 자각이 일본정신의 이식으로 변화되며, '국체명징'·'내선일체'를 내세운 황민화정책으로 전개되었다. 다시 말해서, 조선인에게는 일본정신이 내재되어 있지 않기 때문에, 조선인의 일본인화는 공교육이나 신사참배를 통한 일본정신의 이식으로 전개된 것이다. 또한 국체명징을 통한 국체정신(일본정신)의 이식은 미소기하라이의 실천을 통해서도 전개되었다. 미소기하라이는 일본이 1941년 태평양전쟁에 돌입하면서, 미나미 지로南次郎 총독이 1월 16일자로 '조선연맹 사무국 총장'인 각도연맹 회장과 참가단체장 앞으로 "미소기하라이의 점진적 보급에 관한 건"이라는 공문을 보내 협조를 요청하면서 실시되었다. 그리고 1942년 6월 고이소 구니아키小磯國

---

95 신사참배는 메이지유신 이래 일본에서 학교교육의 세속화된 국민의례로 창출되었다. 그 일련의 과정을 살펴보면, 1890년 10월 30일 국가신도를 이론적으로 보강하여 교육칙어가 공포되었으며, 교육칙어는 제2차 세계대전에서 패전하는 반세기 동안 어진영 봉제와 함께 황민화 교육을 위한 일본 국민교화의 지침서 역할을 수행하였다(박진우, 「일본 파시즘의 천황제이데올로기와 국가신도-강제와 동의의 관점에서」, 『일본학연구』 제18집, 단국대 일본연구소, 2006, 397쪽). 1891년에는 소학교 축일 대제일 의식 규정이 공포되어, 기원절·천장절 등의 축제일에 교사와 생도들이 식장에서 행할 의식의 내용들, 즉 '천황의 사진에 대한 배례, 만세 봉축, 칙어 봉독, 교장 훈시, 축제일 창가 합창' 등이 규정되었다(미즈노 나오키 외, 정선태 역, 『생활 속의 식민주의』, 산처럼, 2004, 137쪽). 그리고 이러한 학교 행사와 신사참배 등의 실천과 이른바 국책과목이라 할 수 있는 '국어(일본어), 수신, 국사(일본사)' 등의 교과내용을 통하여 '천황제' 이데올로기를 주입함으로써, 학교교육은 국가주의·군국주의 방향으로 획일화되었다. 즉 신사참배를 비롯한 학교의식(儀式)은 이른바 "천황교(天皇敎)"의 교전으로서의 '교육칙어'를 위시하여, 학교에서 국민의례로서 메이지 시기부터 실시되었다(오에 시노부, 양현해·이규태 역, 『야스쿠니 신사(靖国神社)』, 川花, 2002, 84쪽).

96 亘理章三郎, 앞의 책, 1933, 14쪽, 223쪽.

昭가 총독으로 새로 부임하면서, "동원의 전제가 황국정신 · 황민정신의 연성"이라는 정치적 판단 하에 기존의 조선연맹 사무국을 개편하여 연성부鍊成部를 신설하면서 미소기하라이의 실천은 확대되었다. 미소기하라이는 원래는 신도의 정화의례이지만, 전시체제하에는 황민화정책의 일환으로서 "정신을 오염시키는 불필요한 (조선의) 사고, 감정, 관습을 미소기하라이로 정화함으로써, 깨끗한 동일민족의식을 구축"한다는 담론[97] 속에서 실천되었다.

이와 같이 일제식민지기 신사참배 · 미소기하라이 등의 신사의례가 국민의례로서 의무적으로 실시된 것은 "국가신도의 도덕적 요소"때문이었다. 그 도덕적 담론은 첫째, 경신숭조로서 일본은 일대가족국가이기 때문에 국민의 조상인 황실조상신을 숭경하는 것은 국민의 도덕적 의무라는 것이다. 두 번째 도덕적 담론은 보본반시로서 신사에서 조상신, 특히 황실 조상신에게 감사를 표하는 의례는 보본반시를 실천하는 국민의 도덕적 의례가 되며, 신사의 제신에게 인사를 올리는 가장 간단한 신사참배가 국민의례가 될 수 있었던 것이다. 이와 같은 맥락에서 1930년대 이후 전시체제하 식민지 조선인의 물적 · 심적 동원을 위해 조선인의 일본인화(혹은 일본국민화)가 요구되었고, 일본정신의 이식을 통한 황민화 정책은 국민의례로서 조선인에 대한 신사참배 강제로 이어지게 된 것이다.

---

97   國民總力朝鮮聯盟, 앞의 책, 11쪽.

4. 일본정신의 자각과 이식

1931년 만주사변의 발발 이후 식민지 조선에서는 황민화정책의 실시로 신사참배, 신궁대마를 모신 가미다나의 봉제, 조선인 지배층을 중심으로 한 미소기하라이의 실천 등이 강제되었다. 신사참배는 일본인들이 신사에 가서 신에게 하는 인사이며, 가미다나는 일본 가정에서 신을 모시는 가신신앙이며, 미소기하라이는 신사제사에서 행하는 일종의 정화의례이다. 이들 신도의 제사의례가 1930년대 전시체제하에 식민지 조선에서 강제되기 시작한 것은 국가신도의 국민도덕성에 기인한다.

신도는 아마테라스가 신칙을 내린 이후부터의 일본의 신들과 조상들의 행적이며, 이를 후손들이 본받고자 일상생활에서 신의 도를 실천하기에 신도가 일본의 국민도덕이 된 것이다. 신도는 황조신 아마테라스가 그 손자 니니기에게 일본 땅으로 내려가 다스릴 것을 명한 신칙에 의해 그 기초가 세워져 국체로 발전했으며, 이러한 일본의 국체는 아마테라스를 황조 중의 황조로 해서 황실 이하 일본 국민이 일대가족을 이루는 것을 가리킨다. 이것이 가토가 정의한 국가적 신도(또는 국가신도)의 국체신도를 이룬다. 국가의 종사로서 국가신도의 도덕적 구현인 국체신도에 있어서 경신숭조·보본반시가 중요 도덕적 가치로 거론되며, 국체신도의 의례기관인 신사에서 신사참배를 위시한 신도 의례는 국민의 조상신에 대한 의례로서 종교적 의례가 아닌 국민의례로 부상하게 된다.

따라서 자식이 부모를 공경하듯 국체의 정수인 황실숭경, 한층 더 나아가 천황에 대한 충성심이 일본인으로서 지켜야 할 국민도덕이며, 이 것이 1930년부터 1945년까지 유행한 간나가라노미치·황도의 핵심 논리로 이어진다. 즉, 국가신도의 제사와 국민도덕은 '신사의 제사를 통한 천황숭경'이란 언설로 이어져 있다. 일제식민지기 내선일체를 강조한 황민화정책이 집중적으로 실시된 것은 1937년 중일전쟁 이후부터이며, 내선일체(혹은 조선인의 일본인화)는 녹기연맹의 쓰다 다카시가 서술했듯이 국체정신(또는 일본정신)의 자각 혹은 이식이 전제될 수밖에 없었다. 조선인에게는 태어나면서부터 일본인에게 유전하는 일본정신이 없었기 때문에 일본정신을 이식받아야 했으며, 일본정신의 이식은 경신숭조나 보본반시에 대한 공교육이나 신사참배와 같은 신도의례의 실천을 통해 가능하다는 것이다.

조선연맹과 같은 관변단체의 협력 하에 조선총독부의 내선일체를 달성하기 위한 일련의 정책들은 당시의 식민지 지식을 토대로 결정되었다. 결국 정책 형성의 지적 배경에 대한 이해 없이는 신사참배와 같은 국가신도 의례의 국민의례화 현상도 민족말살정책이었다는 일반적인 관점에서 피상적인 논의에 그칠 수밖에 없다. 이런 맥락에서 경성제대 장서는 식민지 지식의 최고의 보고로서 조선총독부의 정책 형성의 배경, 한층 더 나아가서는 식민지 지식인 개개인의 사고방식을 이해하는 데 중요한 자료라고 생각된다. 특히 경성제대 윤리·신도 부문의 장서는 전시체제하 조선인의 심성동원을 위한 황민화정책과 밀접히 관련되어 있기 때문에 앞으로 식민지 정책 연구에 있어서 많이 활용되기를 기대해본다.

참고문헌

京城日報
每日申報

河上民祐, 『教育と神社祭祀』, 東京 : 六盟館, 1942.

加藤玄智, 『神道の宗教發達史的研究』, 東京 : 大空社, 1935a.

_____, 『神道の再認識』, 東京 : 章華社, 1935b.

_____, 『神道精義』, 東京 : 大日本図書, 1938.

加藤仁平, 『三種神器觀より見たる國民精神發達史』, 東京 : 教育研究會, 1928.

_____, 『三種の神器觀より見たる日本精神史』, 東京 : 第一書房, 1939.

高阪太郎, 『大東亞戰爭と青年學徒の道』, 東京 : 東世社, 1942.

河野省三, 『國學の研究』, 東京 : 大岡山書店, 1932.

_____, 『日本精神發達史』, 東京 : 大岡山書店, 1934.

_____, 『唯一神道名法要集解說』, 東京 : 國民精神文化研究所, 1935.

_____, 『日本精神の研究』, 東京 : 日本文化協会, 1936.

_____, 「神社の本義」, 日本電報通信社 編, 『神社大觀』, 東京 : 日本電報通信社, 1940.

_____, 「中臣祓と民族精神」, 國民總力朝鮮聯盟 編, 『祓禊の奬勵』, 京城 : 國民總力朝鮮聯盟, 1941.

_____, 『皇道の研究』, 東京 : 博報堂, 1942a.

_____, 『我が懷體と日本精神』, 東京 : 青年教育普及會, 1942b.

清原貞雄, 『神道史』, 東京 : 厚生閣書店, 1935.

皇典講究所 編, 『宮中三殿竝に祝祭日解說』, 東京 : 國晃館, 1912.

國學談話會 編, 『國學論纂』, 東京 : 神田書房, 1942.

國民精神作興會 編, 『教育勅語物語』, 東京 : 金蘭社, 1930.

國民總力朝鮮聯盟, 『祓禊の獎勵』, 京城 : 國民總力朝鮮聯盟, 1941.

田中義能, 『國民道德要領講義』, 東京 : 日本学術研究会, 1927.

_____, 『神道哲學精義』, 東京 : 日本学術研究会, 1928.

_____, 『かむながらの神道の研究』, 東京 : 日本學術協會, 1933.

_____, 『神道槪論』, 東京 : 明治書院, 1942.

建部遯吾, 『戊申詔書衍義』, 東京 : 同文館, 1909.

竹下數馬, 『平田篤胤の古典精神』, 東京 : 文松堂, 1943.

遠山信一郎, 『日本精神と新興報德』, 東京 : 二宮尊德翁全集刊行会, 1939.

佐伯有義 編, 『武士道全書』1, 東京 : 時代社, 1942.

神祇學會 編, 『神祇に關する制度作法事典』, 東京 : 神祇学会, 1944.

津田剛, 「內鮮一體の勃興と我等の使命」, 綠旗聯盟, 『綠旗』 2권 11호, 1937.

大塚承一, 『實修神社祭式行事作法精義』, 東京 : 京文社, 1941.

吉田熊次, 『國體と倫理』, 東京 : 富山房, 1925.

山田孝雄, 『國民精神作興に關する詔書義解』, 東京 : 宝文館, 1933.

上內彥策, 「神社參拜に就いて」, 綠旗聯盟, 『綠旗』 1권 1호, 1937.

井上哲次郞, 『(新修)國民道德槪論』, 東京 : 三省堂, 1928.

今泉定助, 『大祓講義』, 東京 : 山洲堂書店, 1938.

亘理章三郞, 『國體精神の涵養』, 中文館書店, 1933.

_____, 『勅語の聖訓と道德敎育』, 東京 : 明治図書, 1934.

_____, 『聖訓と日本精神』, 東京 : 金港堂, 1942.

朝鮮敎育會, 「國民精神總動員朝鮮聯盟の組織と其の活動」, 國民精神總動員朝鮮聯盟事務局, 『文
    敎の朝鮮』, 1940.

深作安文, 『國民道德要義』, 東京 : 弘道館, 1933.

村上重良, 『國家神道』, 岩波新書, 1970.

_____, 『国家神道と民衆宗教』, 吉川弘文館, 2006.

山口公一, 「植民地期朝鮮における神社政策と朝鮮社会」, 一橋大學大學院 社會學硏究科 博士論文, 2006.

권경희, 「식민지기 보통학교 교육의 재해석」, 『초등교육학연구』 제7권 제1호, 한국초등교육학회, 1999.

김승태, 「조선총독부의 종교정책과 신사(神社)」, 『한국기독교역사연구소소식』 제79호, 한국기독
    교역사연구소, 2007.

미즈노 나오키 외, 정선태 역, 『생활 속의 식민주의』, 산처럼, 2004.

박규태, 「국가신도란 무엇인가」, 『종교연구』 제29집, 한국종교학회, 2002.

_____, 「종교와 공공성-국가신도의 국체신학과 공사관념」, 『종교문화비평』 26권, 한국종교문
    화연구소, 2014.

박진우, 「일본파시즘의 천황제이데올로기와 국가신도-강제와 동의의 관점에서」, 『일본학연구』
    제18집, 단국대 일본연구소, 2006.

오에 시노부, 양현해 · 이규태 역, 『야스쿠니 신사(靖国神社)』, 川花, 2002.

이승엽, 「내선일체운동과 녹기연맹」, 『역사비평』 50, 역사비평사, 2000.

정근식, 「경성제국대학 부속도서관의 형성과 운영-제도이식론과 권력의 재현 사이에서」, 『사회
    와 역사』 통권87호, 한국사회사학회, 2010.

鄭惠瓊 · 李昇燁, 「일제하 綠旗聯盟의 활동」, 『한국근현대사연구』 제10집, 한울엠플러스, 1999.

KAZO INTERNET MUSEUM http://www.kazo-dmuseum.jp

제7장

조선문화의 발견과 법문학부 민요조사의 관련 양상

문학부계열 장서의 분석

김광식

1. 고대문화의 잔존과 구비문학 조사

경성제국대학(이하 경성제대) 법문학부 관련 연구 중, 어문학('문학부계열') 연구가 가장 많이 축적되었다. 선행연구에서 경성제대 부속도서관 장서와 연결시켜 그 내용을 검토한 연구는 적었으나, 최근 관련성과가 계속해서 나오고 있다.[1] 그러나 어문학 관련 장서에 대한 전반적 검토는 전무한 실정이다. 본고는 이러한 현상을 타개하기 위한 일환으로

---

1 최근 대표적인 성과로는 다음을 들 수 있다. 윤영휘, 「경성제국대학 부속도서관 내 영문 역사장서의 구성분석 연구」, 『역사와 실학』 59, 역사실학회, 2016; 문혜진, 「일제 식민지기 국가신도의 국민도덕화 담론에 관한 소고」, 『정신문화연구』 38(4), 한국학중앙연구원, 2015; 진필수, 「경성제국대학 부속도서관 장서구성에 대한 일고찰」, 『사회와 역사』 105, 한국사회사학회, 2015; 정상우, 「서울대학교 중앙도서관 고문헌자료실 소장 '新聞切拔'의 제작 주체와 특징」, 『사회와 역사』 105, 2015 등.

작성되었다.

경성제대가 동양학, 조선학의 확립과 식민지 학지의 지배를 목표로 설립된 것을 감안하면, 선행연구가 조선어학·조선문학 강좌 관련 중심으로 검토된 것은 그 나름대로 이해될 수 있다. 이에 본고에서는 조선어학·조선문학 강좌를 실질적으로 이끈 다카하시 도오루高橋亨, 1878~1967[2]와 오구라 신페이小倉進平, 1882~1944[3]를 중심으로 한 문학부 강좌 및 그 구성원들의 연구와 장서를 중심으로 그 관련성을 검토하고, 식민지기 조선총독부 교과서 집필자들을 구체적으로 언급하며 그 교육적 활용[4]을 해명함으로써 경성제대 문학부 계열 장서 내용을 맥락적으로 분석하고자 한다. 본 작업을 통해 해당 교수의 강좌 운영 및 연구가 실질적으로 조선인 제자에게 어떤 영향 및 반발을 초래했는지에 대한 배경을 이해하는 토대가 됨은 물론이고, 경성제대 학지의 방향성을 검토하는 기반을 마련하고자 한다.

필자는 문학부 강좌가 고대문화와 구비전승에 대한 공통적인 관심에서 출발했다는 점에 주목하고, 그 식민주의적 성격을 검증하고자 한

---

2 대표적 연구로는 다음을 참고. 이윤석, 「다카하시 도오루(高橋亨)의 경성제국대학 강의 노트 내용과 의의」, 『동방학지』 177, 국학연구원, 2016; 박광현, 「다카하시 도오루와 경성제대 '조선문학' 강좌」, 『韓國文化』 40, 2007; 구인모, 「조선연구의 발산과 수렴의 교차점으로서 민족성 연구」, 『한국문학연구』 38, 2010. 이하 선행연구는 대표적 업적만을 기술함.

3 安田敏朗, 『「言語」の構築－小倉進平と植民地朝鮮』, 三元社, 1999; 이병근, 「1910~20년대 일본인에 의한 한국어 연구의 과제와 방향－小倉進平의 方言硏究를 중심으로」, 서울대학교 규장각 한국학연구원 편, 『일제 식민지 시기 한국의 언어와 문학』, 서울대 출판부, 2007.

4 정준영, 「경성제국대학의 유산－일본의 식민교육체제와 한국의 고등교육」, 『日本硏究論叢』 34, 2011; 김용덕, 「경성제국대학의 교육과 조선인 학생」, 『한일공동 연구총서』 5, 2007.

다. 각 강좌 교수진은 조선 및 동양문화를 확립하기 위해 '고대문화의
잔존'에 관심을 갖고, 조선 및 동아시아 구비문학 조사를 병행했다. 다
카하시는 "조선 문학에서 진정으로 조선적이라 할 만한 것은 가요, 특
히 민요 외에는 없다"고 언급할 정도로 민요에 집착했고,[5] 오구라는 조
선에 부임한 이듬해 제주도를 방문해 방언 채집과 함께 "전설연구는 민
족의 기원・역사를 묻는 데 가장 유력한 보조과학"이라고 강조하며, 제
주도 전설과 민요를 소개했다.[6]

경성제대는 1926년 발족 시 법문학부와 의학부로 시작했고, 의학부
는 1937년에 각 교실에 분산된 서적을 모아 별도로 의학부도서실을 운
영했다. 1938년 이공학부가 개설되었으나, 이공학부는 별도로 도서실
을 운영했기 때문에, 경성제대 부속도서관(건물 준공은 1930년) 장서는
법문학부 계열이 그 중심을 이룬다.[7] 부속도서관 장서는 1926년에
77,503책, 1932년에 368,156책, 1945년에 552,006책에 달했다.[8]

즉 1932년 단계에서 1945년 단계 장서의 약 66.7퍼센트가 확보되
어 초기에 다수의 자료가 구비되었음을 확인할 수 있다. 초기단계에 반
입된 장서 중 상당수가 조선총독부(이하, 총독부) 학무국에서 이관된 도
서임을 상기한다면, 총독부 학무국과 경제제대의 연관성을 검토해야
할 것이다. 특히, 본고의 분석 대상인 어문학('문학부계열') 분야의 조선

---

5   大谷森繁, 「高橋先生と朝鮮の民謠」, 高橋亨, 『東方學紀要別冊2 濟州島の民謠』, 天理大學
    おやさと研究所, 1968, 2쪽.
6   이복규, 김광식, 「오구라 신페이(小倉進平)의 글 〈제주도의 민요와 전설〉」, 『국제어문』
    59, 2013, 432쪽.
7   宮本正明, 「解題」, 加藤聖文・宮本正明監修・解說, 『旧植民地圖書館藏書目錄』第Ⅰ期 朝
    鮮篇14卷, ゆまに書房, 2004, 417쪽.
8   森田芳夫, 「韓國における主要圖書館および藏書目錄」, 『朝鮮學報』116, 1985, 83쪽.

어학·조선문학 강좌교수 다카하시와 오구라 모두 총독부 학무국 출신이라는 점에서, 본고는 초기 식민지 학무경험이 아카데미즘을 거치면서 어떻게 재생산되는지 검토하고자 한다.

2. 어문학 장서 구성의 분석

우선, 본고에서는 주로 분류번호 3000 문학, 3600 어학, 2000 교육 관련 장서를 다루었다. 구체적 분석 대상은 문학이지만, 가급적 어학 및 교육적 활용 상황을 엿볼 수 있는 장서를 구체적으로 분석하고자 했다.

〈표 1〉에서는 어문학 및 교육 분야 장서의 총 분류를 제시하고, 본고의 대상 분야를 명확히 하였다. 3000 문학 분야 장서 총 7,407종(25,701책) 중에 약 469종(1,042책)을, 3600 어학 분야 장서 1,627종(4,711책) 중에 약 202종(314책)을, 2000 교육 분야 장서 2,323종(3,464책) 중에 약 695종(1,208책)을 분석 대상으로 하였다. 본고에서 다루는 분석 대상은 약 1,366종(약 2,564책)에 해당된다.

우선, 3000 문학 분야 장서 내용을 고찰하면, 지역별로 3100 일본문학, 3300 국문학, 3400 중국문학, 3500 구미문학 등으로 분류되었다. 구비문학 도서를 주로 언급하면, 3120 일본가日本歌에는 전근대의 자료를 포함한 57종이 소장되었는데, 먼저 일본 중세 초기 저명한 수필가 가모노 초메이鴨長明, 1155~1216의 『歌林四季物語』卷1~12(田原仁左衛門, 1686)는 위서로 알려진 작품이다. 고전학자 이치조 가네요시一條兼良, 1402~1481 『歌林良材集』(和田屋平左衛門, 1651), 국학자 반 스케노리伴資規, ?~1810가 정리한 일종의 가사 사전 『歌辭要解』(須原屋平助 외, 1806)과 이자와 반류시井沢蟠龍子(이자와 반류, 神道家, 1668~1731) 편, 쇼테쓰正徹, 1381~1459(승려)의 가론서 『正徹物語』甲-乙 (吉田新兵衛, 1790) 등이 소장돼 있었다.

구보타 우쓰보窪田空穗, 1877~1967(가인 겸 문학자)의 『短歌作法』(博文館 1909, 改造社 1938), 사사키 노부쓰나佐佐木信綱, 1872~1963(가인 겸 문학자)의 『歌學論叢』(博文館, 1908), 후지이 규조福井久藏, 1867~1951(문학자 겸 어학자)의 『大日本歌書綜覽』 상, 중, 하권(不二書房, 1926~8), 『和歌連歌叢考』(成美堂書店, 1930), 히사마쓰 센이치久松潛一, 1894~1976 · 시다 노부요시志田延義, 1906~2003(志田義秀의 차남)의 『고대시가에서의 신의 관념古代詩歌に於ける神の概念』(國民精神文化硏究所, 1934), 가인 오카야마 이와오岡山巖, 1894~1969의 『現代短歌論』(人文書院, 1938)을 비롯해, 다양한 당대의 대표적 시가론, 가론집, 가집 등이 가치가 있다. 중요한 사실은 일본가日本歌는 국체 및 국학, 내셔널리즘과 밀접하게 연계되어 있는데, 이러한 의식을 노골적으로 드러낸 서적도 소장되어 주의를 요한다는 점이다.[9]

화한서를 중심으로 2천 5백여 권의 책을 대상으로 하였다. 3145 이요민요俚謠民謠에는 11종이 소장되어 있다. 김소운(1907~1981)의 조선시집 번역판의 서문을 쓰기도 한 기타하라 하쿠슈北原白秋, 1885~1942(일본시인), 후지사와 모리히코藤澤衛彦, 1885~1967(민요, 전설연구자), 일본 향토예술의 발견 및 보급자로 알려진 고데라 유키치小寺融吉, 1895~1945,[10] 소

---

9   다케다 유키치(武田祐吉, 1886~1958, 일본문학자)의 『愛國精神と和歌』(啓明會事務所, 1943) 등을 참고할 것.

어문학 및 교육 전반			본고의 검토 대상 장서		
분류	종	책	분류	종	책
3000문학	7,407	25,701	3120 日本歌	57	104
3100일본문학	3,172	8,349	3145 俚諺민요	11	12
3300 국문학	731	1299	3200-1 物語	108	517
3400중국문학	2,869	16,084	3320국문학 가요	36	62
3500구미문학	382	584	3350국문학 物語	107	117
기타	253	385	기타	150	230
3600어학	1,627	4,711	3600 어학		
3700일본어	524	986	3770일본어방안속어	79	94
3800 국어	68	148	3870 국어	15	58
3910중국어	566	2,703	3880 국어방안속어	8	12
기타	469	874	기타	100	150
2000교육	2,323	3,464	2100 초등교육	90	95
2050-8교수법	542	667	2180 교과서	9	13
2100 교과서	291	838	2181국민학교	139	462
기타	1490	1959	21**/22** 기타	약 200	250
			기타 1990신화전설	57	88
			기타 구비문학 관련	200	300
총계	11,357	33,876	합계	1,366	2,564

밑줄 및 강조부분은 주요 검토 대상이다.

다케유우키^{宗武志}, 1908~1985(영어학자, 시인), 사토 소노스케^{佐藤惣之助}, 1890~
1942(시인), 다카하시 기쿠타로^{高橋掬太郎}, 1901~1970(작사가) 등의 대표적
인 서적이 소장돼 있었다. 특히 중요한 서적은 문무성문예위원회^{文部省}

---

10 고데라는 와세다 영문과 출신으로, 정인섭의 선배다. 정인섭이 송석하를 고데라에게 소
    개한 것으로 보이며, 송석하는 고데라의 향토예술론에 영향을 받아, 향토예술의 보급에
    힘썼다. 자세한 내용은 남근우, 「조선민속학과 식민주의—송석하의 문화민족주의를 중
    심으로」, 『韓國文化人類學』35-2, 2002를 참고.

文藝委員會가 편집한『이요집俚謠集』(國定敎科書共同販賣所, 1914)이다. 전술한 이요 민요 서적이 개별 또는 각 단체가 민간에서 집필한 데 비해,『이요집』은 국정교과서공동판매소에서 펴낸 것이다. 문부성 보통학무국은 도쿄제국대학 교수 하가 야이치芳賀矢一, 1867~1927와 우에다 가즈토시上田萬年, 1867~1937의 주도로 1905년 11월에 일본 전국에 걸쳐 민요(속요) 및 전설을 대대적으로 수집했다. 겨우 1914년이 되어 1905년의 자료를 정리해 펴낸 것이다. 1914년의 자료집 편찬을 주도한 이가 다카노 다쓰유키高野辰之, 1876~1947다. 다카노는 이듬해에 보고되지 않은 지방의 자료를 보충해『이요집습유俚謠集拾遺』(高野辰之, 大竹舞次 編, 六合館, 1915)를 펴냈다. 하가와 우에다, 그리고 다카노는 러일전쟁 시기부터 일본 문부성 국정교과서 편찬을 진두지휘한 인물로, 제국일본의 국민교육에 지대한 영향력을 미쳤다. 이들 모두 설화에 관심을 가지고 그 교육적 활용을 몸소 실천한 인물이기도 하다. 후술하듯이 하가와 우에다가 주도한 문부성 조사에 영향을 받아, 한국 학부와 조선총독부 학무국에서도 수차례의 조사가 행해졌다.

3200-1 물어物語(이야기)에는 108종이 소장돼 있었는데,『겐지 이야기源氏物語』를 중심으로 한 대표적 일본 이야기집이 있었다.『겐지 이야기』연구서는 물론이고, 해제 및 요람서도 소장돼 있었다. 서구를 중심으로 한 노벨Novel 중심의 근대문학이 성립·정착되면서,『겐지 이야기』를 세계 최초의 소설로 정립하려는 자부심을 갖고 일본의 각 제국대학이 경쟁적으로 이를 연구했다. 식민지 조선의 경성제대에서『겐지 이야기』는 일본인 교수들에 의해, 일본의 국체를 강조하는 고전문학의 하나로 인식되었다.[11] 이처럼『겐지 이야기』연구가 왕성했는데, 그 연

구를 위한 근세 이래의 관련 자료집도 다수 소장돼 있어 가치가 높다. 주요 자료집[12]과 더불어, 시마즈 히사모토島津久基, 1891~1949의 『對譯源氏物語講話』 卷1~6 (中興館, 1936), 경성제대 교수 아소 이소지麻生磯次, 1896~1979의[13] 『註釋源氏物語』(至文堂, 1944) 과 같은 대표적 대역, 주석집이 있었다.

설화자료집 및 연구서로는 『今昔物語集』과 『宇治拾遺物語』 등이 있었는데, 『금석물어집』의 대표적인 연구인 도쿄제국대학 교수 하가가 편찬교정纂訂한 『攷證今昔物語集』(冨山房, 1913~21) 등이 소장되었고, 나카지마 에쓰지中島悅次, 1899~1983의[14] 『(參考) 宇治拾遺物語新釋』(大同館書店, 1928), 『宇治拾遺物語』(1~15, 刊寫者未詳) 등이 소장돼 있었다. 더불어 『宇治拾遺物語』에는 한국과 유사한 혹부리영감담이 수록되어 있어 주목을 요한다.

3300 국문학에는 3320 가요(36종)와 3350 物語(107종)가 있다. 먼저 3320 가요에는 조선의 가곡, 민요, 시가, 시조, 잡가 등에 걸친 다양한 장르의 내용이 포함되었는데, 특히 조선인의 심성을 이해하기 위해

---

11   金榮心, 「植民地朝鮮에 있어서의 源氏物語 - 京城帝國大學의 敎育實態와 受容樣相」, 『日本研究』21, 2003, 42쪽.

12   紫式部, 『源氏物語』, 1650; 一�竿斎『首書源氏物語』, 積德堂, 1673; 北村季吟, 『源氏物語湖月抄』, 1673; 紫式部, 窪田空穂 譯, 『源氏物語』, 改造社, 1939~43; 吉澤義則 외 譯, 『源氏ものかたり』, 王朝文學叢書刊行會, 1925~6 등 소장.

13   『겐지 이야기』 등을 연구한 아소 이소지(麻生磯次)는 1920년 11월 조선총독부 학무국 편집과 편수서기로 조선에 건너와, 1922년 3월부터 편수관으로 근무했다. 第六高等學校 교수를 거쳐 1928년부터 경성제대 조교수로 임명되었다(貴田忠衛 編, 『朝鮮人事興信錄』, 朝鮮人事興信錄 編纂部, 1935, 9쪽); 學習院大學 國文學研究室, 「麻生磯次博士 年譜・著作目錄」, 『國語と國文學』57~2, 1980, 82쪽. 국문학(일본문학)강좌 조교수에서 1939년에 교수가 되어 1941년까지 근무했다.

14   나카지마 에쓰지(中島悅次)는 전설 신화 연구자였는데, 태평양 전쟁기에 『大東亞神話』(統正社, 1942)를 발간하였다.

일본인 연구자들은 초기부터 조선어로 된 가요에 깊은 관심을 가졌고, 조선인 연구자들도 이에 영향을 받거나 반발을 제기하였다. 경성제대는 이들 자료집을 소장하고, 당대의 민요 등을 채집 조사, 연구하게 된다. 먼저 전근대 가요집으로『龍飛御天歌歌詞』(小倉進平 編, 1928),『(校註)歌曲集』,『靑丘永言』(京城帝國大學, 1930),『海東歌謠』(金壽長 撰, 京城帝國大學, 1930), 孫晉泰 編『朝鮮古歌謠集』(刀江書院, 1929) 등 필사본, 등사판, 영인본, 번역본이 있다. 또한 당대의 민요, 속곡, 잡가에 대한 자료집도 다수 있었다.[15]

3350物語에는 다수의 조선 이야기, 고소설, 딱지본, 설화집이 있었다. 대표적인 딱지본이 다수 소장돼 있었는데, 이들은 근대적 구비문학의 변용 양상을 보여주는 한국어본이라는 점에서 귀중한 가치가 있다. 대표적인 구비문학 자료집, 재담집, 야담집, 고소설도 있었는데, 그중에는 귀중서·희귀서가 다수 포함돼 있었다. 이들 딱지본은『불가살이』,『별주부전』등 구비문학과 고소설과의 관련을 보여주는 자료집으로, 구비문학 및 고소설의 근대적 변용에 대한 연구가 요청된다.

한편, 일본어로 간행된 근대설화집으로는 경성제대 교수 다카하시 도오루의『조선 이야기집朝鮮の物語集』(日韓書房, 1910)이 두 권 소장되어 있다. 다카하시의 자료집은 근대 초기에 간행된 본격적 근대 설화집으로 후대에 커다란 영향을 끼쳤다. 더불어, 조선총독부가 발행한『조선동화집』(1924)의 실제 저자인 다나카 우메키치田中梅吉, 1883~1975(1924

---

15   南宮楔 編,『(特別大增補) 新舊雜歌』, 漢城書館, 1922; 李尙俊,『新撰俗曲集』, 匯東書館, 1923; 玄公廉 編,『(新撰)古今雜歌』, 德興書林, 1928; 金素雲,『朝鮮民謠集』, 泰文館, 1929 등 소장.

년에서 1944년까지 경성제대 예과교수)가 펴낸『(朝鮮說話文學) 興夫傳』(田中梅吉, 金聲律 共譯, 大阪屋號書店, 1929)은 최남선의 신문관판을 일본어로 번역한 것이다. 다나카는 최남선의 허가를 받고, 오구라의 도움을 얻어 번역해 자세한 해설을 덧붙였다. 이처럼, 다카하시, 오구라, 다나카 등 경성제대 교수가 조선설화에 깊은 관심을 갖고 자료집을 간행했다.

3600 어학 분야에서는 어학을 3700 일본어, 3800 국어, 3900 만주어, 3910 중국어, 3920 영어, 3980 인도어 등 언어별로 나누었다. 먼저 3870 국어(15종)에는 조선어학회 편,『(사정한) 조선어 표준말 모음』(조선어학회, 1937)과 최현배, 박승빈 등 한글학자의 책이 있었고, 일본인 학자의 서적으로는 식민지 지배 이전부터 통역관으로 근무하면서 조선고서를 연구한 마에마 교사쿠前間恭作, 1868~1941의『韓語通』(丸善, 1909)과 오구라 신페이가 저술한 근대 최초의 한국어학 저술『朝鮮語學史』(大阪屋號書店, 1920),『增訂 朝鮮語學史』(刀江書院, 1940),『小倉先生 著書及論文目錄 自明治41年8月 至昭和11年10月』등이 소장돼 있었다. 또한 오구라의 스승인 가나자와 쇼자부로金澤庄三郎, 1872~1967의『日韓兩國語同系論』이 소장돼 있었다. 가나자와의 한일 동일 계통론이 식민지 시기의 문맥에서 '일선동조론'에 악용될 소지가 있었던 데 비해, 오구라는 계통론을 비롯한 어원론과 일정한 거리를 유지하면서 조선어 방언, 이두, 향가, 전설, 민요 등 다양한 분야에 관심을 갖고 이를 연구했다. 또한 이 분야 장서에는 朝鮮總督府(新庄順貞)에서 펴낸『鮮語階梯』(朝鮮總督府, 1918)가 소장되어 있다. '선어鮮語'는 조선어의 멸칭, '계제階梯'는 입문서를 의미한다. 즉, 이 책은 총독부의 일본인 관리 등을 위한 조선어 보급 교재다.

계속해서 3770 일본어방언·속어(79종)와 3880 국어방언·속어(8

종)를 분석하고자 한다. 근대 국민국가는 네이션(국민)과 스테이트(국가), 자본주의(캐피탈), 국가어(국어)를 기반으로 성립되는데, 국어의 보급과 정착을 위한 표준어 확립에는 방언 조사가 필수적이다. 구체적으로는 후술하겠지만, 1905년 11월 문부성 보통학무국은 전국의 소학교 등에게 일본민요(속요)와 전설 수집을 의뢰했는데, 이러한 조사 역시 지방개량운동 및 방언 조사와 직접 연관되는 것이었다. 방언 조사에 본격적으로 착수한 부서가 바로 국어조사위원회였다. 1902년 2월 8일, 문부성은 국어조사위원을 폐지하고, 3월 24일 국어조사위원회를 신설했다. 장서에는 國語調査委員會 編纂『國語調査委員會 口語法調査報告書』(國定教科書共同販賣所, 1906)가 포함되었다. 1904년 러일전쟁을 전후한 시기에 일본제국은, 국내외의 반발과 모순을 회피하고 국민국가를 통합하기 위해 문부성 주도로 국정교과서를 편찬하고, 구어법, 방언, 속어 등을 조사하여 표준어를 보급시켰다. 근대 방언, 속어 연구가 이러한 표준어 제정과 관련된다는 점에 유의해 관련 서적을 분석하는 작업이 요청된다. 3770 일본어방언·속어(79종)에서는 일본 방언연구의 창시자 도조 미사오東條操, 1884~1966의 『방언과 방언학方言と方言學』(春陽堂書店, 1938)과 일본민속학의 창시자 야나기타 구니오柳田國男, 1875~1962의 『蝸牛考』(刀江書院, 1930) 등 고전적 이론서를 비롯해, 각 지방의 방언 연구서가 그 중심을 이룬다. 각 지방에서 나온 민간 개인출판본이 소장돼 있었고,[16] 야나기타의 영향 하에서 간행된 야마구치 아사타로山口麻太郎,

---

16 金井保三, 『日本俗語文典』, 宝永館, 1901; 松下大三郎, 『日本俗語文典』, 誠之堂書店 1901, 訂正第3版; 靜岡縣師範學校 靜岡縣女子師範學校 編, 『靜岡縣方言辭典』, 吉見書店, 1910 등의 사전류와 後藤藏四郎, 『出雲方言』, 文友社, 1916; 土俗玩具研究會 편, 『福岡地方方言集』, 1931 등 다수 소장.

1891~1987의 『壹岐島 方言集』(刀江書院, 1930) 등이 소장돼 있었다.

3880 국어방언·속어(8종)에는 경성제대 교수 오구라의 조선 방언 연구서가 주를 이룬다. 오구라는 1911년 이래 조선총독부 학무국과 경성제대에 근무하면서 조선 방언을 비롯한 조선어사, 조선학 서지, 이두, 향가 등을 연구했다. 경성제대 장서에는 오구라의 대표적 조선어 방언 연구서가 다수 포함돼 있었다.[17]

기타 3700 일본어로 분류된 관련 자료 중에서 특히 오구라의 『국어 및 조선어를 위해國語及朝鮮語のため』(ウツボや書籍店, 1920, 1921재판)는 검토를 요한다. 『국어 및 조선어를 위해』는 오구라의 스승인 도쿄제국대학 교수 우에다가 1895년에 간행한 『국어를 위해國語のため』(冨山房, 1897, 1903 정정3판 소장)에서 타이틀을 따온 것이다. 제국일본의 '국어'개념 도입과 제도화를 추진한 언어학자 우에다는 『국어를 위해』에서 국어를 혈액에 비유하며 본질주의적인 내셔널리즘을 설파하는 한편, 국어를 북방 치시마千島에서 오키나와로까지 팽창하던 국토에 울려 퍼지는 공통의 음성으로 규정했다.[18]

기타 3870 독본·회화(8종)에는 둘 다 통역관으로 근무한 바 있는 마에마 교사쿠와 후지나미 요시쓰라藤波義貫, 1877~?가 교정한 『校訂交隣須知』(平田商店, 1904), 오구라의 『교린수지에 대하여交隣須知に就いて』(1936)가 있다. 또한, 대마도 출신으로 1872년 이래 부산에 파견되기도 한 우라세 히로시浦瀬裕, 外務省雇 朝鮮語學敎援가 기존의 교과서를 교정해 공사업

---

17 오구라의 『南部朝鮮の方言』(朝鮮史學會, 1924); 『平安南北道の方言』(京城帝國大學, 1929); 『咸鏡南北道方言』(朝鮮語研究會, 1927); 『朝鮮語方言の研究』上,下卷 (岩波書店, 1944) 등 소장.

18 長志珠絵, 「「国語」という問題」, 刈部直 編, 『日本思想史講座』4, ぺりかん社, 2013, 185쪽.

무에 필요한 구문을 정리하여 교정 증보한『隣語大方』卷1~9 (外務省, 1882), 게일Gale, J. S.이 서양의 문화와 역사를 어린이용으로 출간한 책을 이창식이 교열 편찬한『牖蒙千字』卷1~3 (大韓聖教書會 1903~4, 廣學書鋪 1909), 근대초기의 한일 명사, 동사를 소개하고자 호세코 시게가쓰寶迫繁勝가 짓고 李瑞慶이 교열한『日韓善隣通語』(寶迫繁勝, 1881) 등의 중요도서가 소장돼 있었다.

2000 교육 분야에서는 교육을 2010번 대에서는 교육학, 교육사, 학교관리법, 교수법, 체육 예술교육 등을, 2100번 대에서는 초등, 중등, 고등, 성인교육, 여자교육, 교원, 학교안내, 각종 학교, 교과서 등으로 나누었다. 2050번대에 진열된 교수법 관련 서적 중에는 야쓰나미 노리키치八波則吉, 1875~1953의 국어(일본어) 독본 해설서 등[19]이 소장되어 있는데, 야쓰나미는 일본 국정교과서를 편찬한 인물로 이론적으로도 실천적으로도 일본어(국어) 교육에 커다란 영향을 미쳤다. 전술한 바와 같이, 도쿄제국대학 교수 하가와 우에다, 강사 다카노와 함께 문부성 국정교과서 편찬에 깊이 관여한 야쓰나미는 '내지'뿐만 아니라 '외지'인 조선 교육 및 조선 구비문학에도 관심을 갖고 이를 언급하고 있어 주목된다. 중요한 사실은 하가, 우에다, 다카노, 야쓰나미 모두 구비문학에 지대한 관심을 가지고 이를 통한 문부성 조사, 교육적 활용을 실천했다는 점이다.

계속해서 2100 초등교육에는 90종이 포함되었는데, 번역서로는 Charles Northend(チャールス・ノルゼント)의『노스엔드 소학 교육론那然

---

19 八波則吉,『國語の講習』, 1922;『(第二)國語の講習』, 1924;『創作本位の文章法』, 1925 등.

小學校育論』(小泉信吉, 四屋純三郞 譯, 文部省, 1876)이 문부성에서 간행되어, 특히 지리교육에 있어 가까운 데서부터 먼 곳을 학습해 가는 방식 등에 지대한 영향을 미쳤다. 그 외에 Johnson, H. M.의『보육학교의 실제연구保育學校の實際研究』(靑木誠四郞 譯, 中文館, 1924), Owen, Robert의『유아교육의 신연구幼兒敎育の新硏究』(鎌塚扶 譯, モナス, 1925) 등이 있었다. 이론서로는 오사다 아라타長田新, 1887~1961의 『敎育立國』(廣島文理科大學尚志會, 1936) 등이 소장돼 있었는데, 저명한 교육학자 오사다는 칸트의 비판철학과 페스탈로치 연구를 기초로 한 자발성과 지육知育을 중시한 교육학을 제창하였다. 더불어, 오사다가 창립에 관여한 도쿄의 세이조 소학교成城小學校 編『아동중심주의의 교육兒童中心主義の敎育』(大日本文華株式會社出版部, 1921) 등이 있었다. 또한 세이조 소학교 관리직을 거쳐, 玉川學園을 설립하여 전인교육, 자유교육을 주창한 오바라 구니요시小原國芳의 서적이 다수 소장돼 있었다. 한편, 고바야시 세쓰조小林節藏의『황도교육의 실천皇道敎育の實踐』(弘學社, 1936) 등 반동적인 책이 더 많은 비율을 차지한다는 점에도 주의할 필요가 있다.[20]

2180 교과서에는 9종의 책이 소장되었다. 먼저 이즈미 아키라泉哲, 1873~1943(1927~1935년까지 경성제대 교수, 문화인류학자 이즈미 세이치(泉靖一, 1915~1970)의 부친)의 『국정교과서의 국제적 해설國定敎科書の國際的解說』(1924)은 국제적 시야에 서서 자유주의적 입장을 채용한 국정교과서 연구서다. 이처럼 리버럴한 입장에서 쓰인 책과는 달리, 東亞經濟調査局 編『국정교과

20　安部淸見,『皇民鍊成』, 明治圖書, 1940; 廣島高等師範學校 附屬小學校學校敎育硏究會 編,『皇道歸一の敎育』, 寶文館, 1940; 檜高憲三,『皇民鍊成 西條敎育』, 第一出版協會, 1941; 岡崎吉次郞,『總力戰と國民學校經營』, 藤井書店, 1943 등 시국에 부응한 수많은 책이 소장돼 있다.

서에서의 해외관계 기사國定教科書に於ける 海外關係記事』(東亞經濟調查局, 1930)
는 국책기관이 펴낸 책자다. 또한 東亞文化協會 編『冀東防共自治政府 排
日敎科書改訂事業』은 奉天에서 1937년에 발간된 배일(반일) 교과서 교육
에 대한 공작의 산물이다.

2181 국민학교에는 교과서를 중심으로 139종이 소장돼 있었다. 초
등교육에 해당되는 교과서는 중국(베이징·상하이), 대만, 몽고, 조선, 일
본 문부성에서 편찬한 교과서가 다양하게 있었다. 현재 소장된 해방 전
교과서는 학부 및 조선총독부 교과서가 한정적인 데 반해 일본 문부성
편찬 교과서 및 중국에서 일본이 간여해 편찬한 교과서가 주류를 이루
고 있어 흥미롭다. 먼저 學部 編『修身書』(1908), 『日語讀本』(1908)이
남아 있고, 조선총독부 편『初等國史』(1937~9), 조선인 아용 대상의 4
년제 보통학교용 교재『國史地理』(1938), 『國史地理 敎師用』(1939) 등
이 남아 있다. 이에 비해, 문부성 편찬 교과서는 다수 소장돼 있었다.

한편, 베이징에서 편찬된 교육총서편심회敎育總署編審會 편의 교과서가
다수 소장되었고, 찰남자치정부察南自治政府에서 심정審定하고 察南敎育復
興籌備委員會에서 1938년 편찬한 역사교과서 등과 몽고연합자치정부
蒙古聯合自治政府 민정부民政部가 펴낸 수신修身, 한문漢文, 일본사日本史, 일본
어日本語 교과서 등이 다수 있었다. 특히, 일본어 및 일본사, 수신 교과서
에는 구비문학 교재를 다수 수록하여 초등교육의 흥미를 진작시키고,
제국 신민으로서의 '국민'의식을 강화하려 했음에 유의할 필요가 있다.

기타 1990 신화전설에는 말리노브스키Bronislaw Malinowski, 1884~1942,
『신화와 사회神話と社會』(國分敬治譯, 創元社, 1941), Ernst Cassirer(1874~
1945)의 『카시러 신화カッシ―ラア 神話』(矢田部達郎譯, 培風館, 1941) 번역서를 비

롯해 각종 신화전설 이론서 및 자료집 등 88책에 이르는 다양한 서적이 소장되어 있다. 중요한 이론서로는 신화학자 다카기 도시오高木敏雄, 1876~1922의 『比較神話學』이 두 권 소장되어 있는데, 1904년이라는 이른 시기에 서양의 최신 비교신화 이론을 소개하였다는 점에서 주목된다. 다카기는 계속해서 일본전설을 체계적으로 분석해 신화는 물론이고, 전설, 민담에 이르기까지 후대에 커다란 영향을 끼친 전설자료집 『日本傳說集』(郷土研究社, 1913)을 발간하고 요절했다. 사후에 야나기타에 의해 『일본신화전설의 연구日本神話傳說の研究』(岡書院, 1925, 1936 3판, 荻原星文館판 1943)가 발간되었는데, 본서에는 한일 비교설화론이 다수 수록되어 흥미롭다. 근대 구연동화를 널리 보급해 근대 조선에도 큰 영향을 끼친 이와야 사자나미巖谷小波, 1870~1933 編『東洋口碑大全』(博文館, 1913), 조선설화집을 발간하기도 한 일본신화학자 마쓰무라 다케오松村武雄, 1883~1969의 『神話研究』(培風館, 1940~2 전3권) 등이 소장돼 있었다.

다카기와 마쓰무라로부터 본격적으로 시작된 비교연구는 나카타 센포中田千畝, 1895~1947, 미시나 쇼에이三品彰英, 1902~1971, 시다 기슈志田義秀, 1876~1946에 의해 계속된다.[21] 또한 잘 알려진 일본설화집 및 연구서 야나기타 편 『山島民譚集』(郷土研究社, 1914), 사사키 기젠佐佐木喜善, 1886~1933의 『聽耳草紙』(三元社, 1931), 다나카 가쓰오田中勝雄, 1906~1998의 『단바의 전승丹波の傳承』(建設社出版部, 1941), 시마즈 히사모토島津久基, 1891~1949의 『國民傳說類聚』(大岡山書店, 1933), 후지사와 모리히코의 『日本傳

21　中田千畝, 『浦島と羽衣』, 坂本書店出版部, 1926; 三品彰英, 『建國神話論考』, 目黒書店, 1937; 『日鮮神話傳說の研究』, 柳原書店, 1943; 志田義秀, 『日本の傳說と童話』, 大東出版社, 1941 등.

說叢書』(전13권 중, 8 卷이 분실되어, 현재는 12권만 소장된 상태임,[22] 日傳說叢書刊
行會 編, 1917~19), 『日本傳說硏究』(大鐙閣 제1권 1922, 제2권 1926, 六文館
1931~2 전6권, 三笠書房1935 전8권), 이시카와 산시로石川三四郞, 1876~1956의
『고사기 신화의 신연구古事記神話の新硏究』(三德社, 1921), 히고 가즈오肥後和
男, 1899~1981의 『日本神話硏究』(河出書房, 1938), 『古代傳承硏究』(河出書房,
1938, 1943 재판), 『日本神話』(弘文堂書房, 1940) 등이 소장돼 있었다. 한편,
제국대학이라는 입지를 반영해, 기무라 다카타로木村鷹太郞, 1870~1931의
『희랍로마신화希臘羅馬神話』(日新閣, 1920), 寺本婉雅 譯『티벳 고대신화西藏
古代神話』(帝國出版協會, 1906), 和田徹城의 『고대인도의 전설과 신화古代 印
度の傳說と神話』(博文館, 1920)를 비롯해, 식민지 대만의 조사보고서가 다수
소장되었고 다수의 아이누 설화 관련서가 소장돼 있었다.

일본의 점령지가 점차적으로 확대되면서, 히지카타 히사카쓰土方久功,
1900~1977(조각가 겸 민속학자)의 『파라오의 신화전설パラオの神話傳說』(大和
書店, 1942), 사이토 마사오齋藤正雄, 1895~?의 『남해군도의 신화와 전설南
海群島の神話と傳說』(寶雲舍, 1941), 호소야 기요시細谷淸, 1892~1951의 『滿蒙傳
說集』(滿蒙社, 1936), 澤村幸夫의 『지나 민간의 신들支那民間の神々』(象山閣,
1941), 나카지마 에쓰지中島悅次, 1899~1983의 『大東亞神話』(統正社, 1942)
등이 다수 소장되어 있다.

끝으로 기타 구비문학서적(100여종) 중, 지금까지 살펴본 1990 신화
전설, 2000~2290 교육, 3000~3588 문학, 3600~2994 어학을 제

---

22 1933년에 간행된 경성제대 장서목록에는 13권 전부 소장되어 있었음을 확인할 수 있다.
    京城帝國大學圖書館 編, 『和漢書書名目錄』第一輯, 京城帝國大學圖書館, 1933, 341쪽을
    참고.

외한 곳에 소장된 장서를 검토하고자 한다. 먼저, 朝鮮硏究會가 펴낸 朝鮮硏究會古書珍書[분류번호 1286 7](이하, 괄호[ ]안은 분류번호임)다. 조선연구회 총서에는 아오야기 쓰나타로靑柳綱太郎, 1877~1932의『조선야담집』(1912) 등이 포함돼 있었다. 조선을 이해하기 위해 간행된 조선고서에 조선야담집이 일본어로 번역되었음은 조선설화가 조선을 이해하는 키워드로 중시되었음을 의미한다. 이들 서적의 상당수가 조선총독부와 대만총독부에서 직접·간접적으로 펴낸 보고서임을 고려할 때 식민지 조선과 대만의 지배에 구비문학 연구가 이용되었음을 확인할 수 있다.

3. 조선총독부 학무국의 조사와 그 계승

경성제대 관련 선행연구는 특히 조선어학·조선문학 강좌 관련 연구가 그 중심을 이루는데, 전술한 다카하시와 오구라에 대한 연구를 비롯해, 경성제대 출신자,[23] 국문학 제도의 형성에 대한 연구[24] 등 그 주

---

23 이하 대표적 연구는 다음을 참고할 것. 박광현, 「경성제대와『新興』」,『한국문학연구』26, 2003; 하재연, 「잡지『신흥』과 문예란의 성격과 의의」,『한국학연구』29, 2008; 신미삼, 「『청량(淸凉)』소재 이중어 소설 연구」,『韓民族語文學』53, 2008; 윤대석, 「경성제국대학의 식민주의와 조선인 작가」,『우리말글』49, 2010.

24 유준필,『형성기 국문학연구의 전개양상과 특성』, 서울대 박사논문, 1998; 이준식, 「일제강점기의 대학 제도와 학문 체계」,『사회와 역사』61, 2001; 박광현, 「식민지 '제국대학'의 설립을 둘러싼 경합의 양상과 교수진의 유형」,『일본학』28, 2009; 신주백, 「식민지기 새로운 지식체계로서 '조선사', '조선문학', '조선문학', '동양철학'의 형성과 고등교육」,『동방학지』160, 2012; 최기숙, 「국어국문학 과목 편제와 고전강독 강좌」, 김재현

제가 다양하다. 최근 외국어학외국문학 강좌(특히, 영문학[25]및 최재서[26]관련)와 '국어학[27]국문학강좌',[28] 지나어학·지나문학 강좌 등에 대한 연구가 계속되고 있다.[29] 한편, 사회학 강좌를 담당한 아키바 다카시秋葉隆, 1888~1965에 관한 연구도 상당 부분 축적되었다.[30]

그러나 근년의 연구가 개별적으로 진행되다 보니, 경성제대 문학부 강좌가 어떤 지향점을 지녔는지 전체상에 대한 해명이 어려운 실정이다. 장서에 있어서도 전반적 주제별 소개가 아닌, 주요한 판본의 의미를 소개한 일본연구자들의 개별연구가 존재할 뿐이다.[31]

　　　외, 『한국인문학의 형성』, 한길사, 2011.
25　사노 마사토, 「경성제대 영문과 네트워크에 대하여」, 『한국현대문학연구』 26, 2008; 김승구, 「사토 기요시(佐藤淸) 시에 나타난 식민지 조선의 전통예술」, 『한국민족문화』 48, 2013; 윤수안, 『제국일본과 영어영문학』, 소명출판, 2014.
26　하수정, 「경성제대 출신의 두 영문학자와 매슈 아놀드-김동석과 최재서를 중심으로」, 『영미어문학』 79, 2006; 김윤식, 『최재서의 국민문학과 사토 기요시 교수』, 2009; 서승희, 「1930년대 최재서의 문화 기획 연구」, 『한국문학이론과 비평』 47, 2010; 이혜진, 「신체제 시기 최재서의 '국민문학론'」, 『정신문화연구』 33-3, 2010; 윤대석, 「재조일본인 문학, 경성제대, 그리고 최재서」, 『근대서지』 4, 2011.
27　安田敏朗, 『植民地のなかの『國語學』』, 三元社, 1997; 이연숙, 『말이라는 환영』, 심산, 2012.
28　박광현, 「식민지 조선에 대한 '국문학'의 이식과 다카기 이치노스케(高木市之助)」, 『日本學報』 59, 2004; 박광현, 「'국문학'과 조선문학이라는 제도의 사이에서-'국문학자'로서 서두수의 학문적 동일성을 중심으로」, 『韓民族語文學』 54, 2009; 박상현, 「서두수의 학문적 정체성 연구」, 『일본학연구』 38, 2013.
29　천진, 「식민지 조선의 支那文學科의 운명」, 『中國現代文學』 54, 2010; 홍석표, 「루쉰(魯迅)과 신언준(申彦俊) 그리고 카라시마 타케시(辛島驍)」, 『中國文學』 69, 2011.
30　전경수, 「식민과 전쟁의 일제인류학-대북제대와 경성제대의 인맥과 활동을 중심으로(1)」, 『비교문화연구』 8(1), 2002; 전경수, 「學問과 帝國 사이의 秋葉 隆; 京城帝國大學敎授論(1)」, 『韓國學報』 120, 2005; 남근우, 『조선민속학과 식민주의』, 동국대 출판부, 2008.
31　규장각을 제외한, 경성제대 소장 문학관련 귀중서만을 다룬 대표적인 연구만을 들어도 다음과 같다. 鳥居フミ子, 「〈資料紹介〉ソウル大學校中央圖書館藏本『江州石山寺誓の湖』」, 『實踐國文學』 11, 1977; 藤井茂利, 「ソウル大學藏『地藏菩薩本願經』に見える「吐」について」, 『文學科論集』 14, 1978; 木村晟, 「ソウル大學校藏『方言類釋』の倭語彙」, 『駒澤國文』 26, 1989; 內田康, 「ソウル大學圖書館藏・奈良絵本『秋の夜の長物語』」, 『日本語

계속해서 일본 제국에서 향토지 편찬이 진행되던 동시기에 문부성과 한반도의 학부 및 학무국이 실시한 조선 구비문학 조사를 고찰하고자 한다. 교육을 관장하는 주요 기관이 대대적으로 교육현장에서 근대 초기의 자료를 채집하고, 이를 활용하는 계기를 마련했다는 점에서 중요한 사안이다. 1910년대에 필자가 확인한 것만으로도 적어도 세 차례에 걸쳐 식민지 조선의 교육행정을 관장한 총독부 학무국이 구비문학을 조사했다. 1939년에 경성제대 출신 이재욱은 민요사를 논하면서 후술하는 1905년 일본 문부성 조사, 오스트리아, 독일, 영국의 정부기관이 민요수집 사업에 착수했음을 환기시키고, 다음처럼 지적하였다.

그러면 조선에 있어서는 민요의 연구 내지 정리는 엇더하였든가. 그 수집에 있어서는 메이지 40년경에 조선총독부에서 각지에 의뢰해서 수집하였고[32]

메이지 40년은 1907년이며, 당시는 통감부시기로 조선총독부는 존재하지 않았기 때문에 이재욱의 글은 시기 또는 주체가 잘못된 것이 분명하다. 문제는 그 정답인데, 답은 둘일 수 있다. 학부는 1908년 민요

と日本文學』 26, 1998; 金任淑,「ソウル大學圖書館所藏『伊勢物語注』について」,『國文學』 75, 1997; 小林善帆,「ソウル大學校藏 傳宗碩筆『連歌老葉』」,『日本硏究』 48, 2013. 장서 중 일본문학 관련 서적에 대한 목록 소개는 다음과 같다. 鳥居フミ子,「ソウル大學校 中央圖書館所藏圖書調査目錄」,『実践女子大學 文學部紀要』 19, 1977; 須田悦生,「大韓民國 國立ソウル大學校 圖書館藏 日本古典籍 目錄」, 須田悦生 編『静岡女子短期大學・國語國文學 資料集』 1, 静岡県立 静岡女子短期大學 國語國文學硏究室, 1982. 한편, 모리타는 경성제대 장서의 특색을 4가지 들었는데, ① 규장각도서 ② 조선문화 연구서 수집 ③ 서양서 ④ 일본문학 관계도서를 평가했다. ④ 일본문학 관계도서에는 방대한 근세 자료가 포함되었다.(森田芳夫,「韓國における主要圖書館および藏書目錄」,『朝鮮學報』 116, 1985, 83~4쪽).

32 이재욱,「해제 조선민요서설」, 임화 편,『朝鮮民謠選』, 學藝社, 1939, 264쪽.

356 경성제국대학 부속도서관 장서의 성격과 활용 – 식민주의와 총동원체제

를 수집했고, 총독부 학무국은 1912년에 민요를 수집했기 때문이다.
이처럼 1905년 일본의 문부성 보통학무국은 도쿄제국대학 교수 하가
와 우에다의 주도로 구비문학을 대대적으로 수집했고, 이에 영향을 받
은 총독부는 다카하시의 『조선의 이야기집』(1910)을 참고하여, 1912
년과 1913년에 오구라(하가와 우에다의 제자)가 중심이 되어 이를 조선에
적용했다. 계속해서 학무국은 1916년에 다나카 우메키치의 주도로 조
선 구비문학을 수집했다.[33] 하가와 우에다의 제자 다카기 이치노스케高
木市之助, 1888~1974(경성제대 국어학국문학 강좌 교수) 역시 구승 민요에 깊
은 관심을 지녔다. 또한 무속을 학문적 주제로 삼아 그 가능성조차 생
각하지 않았던 아키바가 조선에 부임한 후에 『조선무속의 현지연구』로
박사논문을 받게 된다.[34]

조선문학, 국문학, 사회학강좌의 교수들이 공통적으로 고대 구비전
승에 관심을 갖게 된 것은 조선인의 심성을 이해하고, 이를 개발·이용
하기 위한 도구로서 구승의 중요성에 착목한 데에서 기인한다. 조선정
체론에 입각한 '조선적 고유성'의 발견을 통한 심성 개발의 성격을 명
확히 하고자 한다. 식민지 제국대학의 학지는 현대적 관점에 따른 현재
의 학지가 아니라, 고대적 관점에 따른 '잔존문화로서의 古代조선상'으
로서 오리엔탈리즘적 타자인식에 기초한 것인데, 오늘날 이를 재구축
하기 위해서는 먼저 그 허실에 대한 철저한 검증이 요구된다. 경성제대
예과 발족 후, 다나카(예과교수)는 조선 최초의 동화집 『조선동화
집』(1924)을 조선총독부에서 발간하고, 곤도 도키지近藤時司, 1890~?(예과

---

33 金廣植, 「近代における朝鮮說話集の刊行とその研究」, 『アジア遊學』 138, 2010.
34 전경수, 앞의 글, 171쪽.

교수)도 다수의 설화관련 논고를 발표하였다.[35]

다카하시와 오구라는 1929년 제주도 민요조사와 함께, 조선민요, 조선가요 강좌를 병행했다. 다카하시는 조선 이야기 및 민요를, 오구라는 방언 및 향가 해석에 집중하였다. 이들은 모두 총독부 학무국 출신자였고, 교과서 편찬을 통한 식민지 초등교육은 물론이고, 고등교육에 있어서도 막대한 영향력을 행사했다는 공통점이 있다. 한편으로 사회학강좌의 아키바는 무속의 神歌를 채집, 분석했다.

고대문화와 구비전승에 대한 교수진의 연구 활동은 경성제대 출신자에게도 큰 영향을 미쳤다. 김태준의 한문학 연구,[36] 조윤제의 시가 연구,[37] 이재욱(영남민요의 연구, 1931년 졸업)과 고정옥(조선의 민요에 대하여, 1939년 졸업)의 민요 연구,[38] 임석재 등의 설화연구가 이어졌다.[39]

최근 다카하시의 경성제대 강의 노트와 더불어, 고정옥의 졸업논문, 오영진의 졸업논문의 일부(조선 내방가사, 1938년 제출), 김사엽, 구자균, 윤재구 등의 민요 수집 보고서 등이 학계에 소개되면서, 관련 연구가 본격화하였다.[40]

35　近藤時司, 『史話傳說 朝鮮名勝紀行』, 博文館, 1929; 近藤時司, 「朝鮮の傳說と洪水」, 『朝鮮及滿洲』 345, 1936; 近藤時司, 「神話傳說より觀たる內鮮の關係」, 『海を越えて』 2-9, 1939.

36　이상욱, 「김태준 문학사 방법론 재고(1)」, 『열상고전연구』 27, 2008; 홍석표, 「김태준(金台俊)의 학문연구」, 『中國現代文學』 63, 2012.

37　임경화, 「식민지하의 〈조선시가사〉의 형성－조윤제 『조선시가사강』을 통해 본 식민지 스티그마의 재해석」, 『일본연구』 3, 2004; 임형택, 「한국근대의 '국문학'과 문학사－1930년대 조윤제(趙潤濟)와 김태준(金台俊)의 조선문학연구」, 『민족문학사연구』 46, 2011.

38　김용찬, 「고정옥의 생애와 월북 이전의 저술 활동」, 『韓民族語文學』 46, 2005; 임경화, 「'민족'에서 '인민'으로 가는 길－고정옥 조선민요연구의 보편과 특수」, 『동방학지』 163, 2013.

39　金廣植, 『植民地期における日本語朝鮮說話集の研究－帝國日本の「學知」と朝鮮民俗學』, 勉誠出版, 2014.

40　이윤석, 「다카하시 토오루[高橋亨]의 경성제국대학 강의노트 내용과 의의」, 『동방학지』

4. 경성제국대학 법문학부의 민요채집

　필자는 지금까지 제국일본의 조선 구비문학 관련 사항을 총체적으로 재조명하고, 이를 바탕으로 특히 1920년대까지의 학무국 관계자의 움직임을 새로운 자료 발굴을 통해 실증해 왔다.[41] 학무국에서의 경험을 인정받아 관료에서 교수로 입신출세한 관계자들(다카하시, 오구라, 다나카, 곤도, 오다 쇼고 등)과 '내지'에서 부임한 경성제대 교수들(다카기, 아키바 등)의 관련을 검토하고자 한다.

　다카하시는 1910년 9월에 『조선 이야기집』을 간행하고, 1914년 6월에는 같은 출판사에서 증보판 『조선 이언집^{朝鮮の俚諺集 附物語}』을 펴낸 이래, 조선총독부 학무국과 관련을 맺고, 조선(인)론을 해명하기 위한 일환으로 조선 설화와 속담에 관한 연구서를 출판했다. 이에 영향을 받은 학무국 편집과에서는 오다 쇼고 편집과장의 지원 하에 오구라가 조선(인)의 구명과 교과서 편찬을 위해 조선 구비문학의 채집과 연구에 깊은 관심과 정열을 기울였다. 문제는 이에 대해서 경성제대 장서를 기반으로 한 연구가 전무하다는 점이다. 지금까지 이에 대한 연구가 진행되지 못한 이유는 1929년에 행해진 경성제대 법문학부의 민요채집에

　　177, 국학연구원, 2016; 임경화, 「식민지기 '조선문학' 제도화를 둘러싼 접촉지대로서의 '민요' 연구 : 고정옥 졸업논문을 통해 본 경성제대 조선문학 강좌의 성격」, 『동방학지』 177, 국학연구원, 2016; 구인모, 「김사엽(金思燁)의 민요 조사와 연구에 대하여」, 『동방학지』 177, 국학연구원, 2016; 김영희, 「고정옥의 〈조선민요연구〉 : 탈식민적 전환의 모색과 잉여」, 『온지논총』 49, 온지학회, 2016.

41　김광식, 「일본 문부성과 조선총독부 학무국의 구비문학 조사와 그 활용」, 『淵民學志』 20, 2013을 참고.

관련된 자료를 찾을 수 없었기 때문이다. 필자는 최근 이를 해명할 수 있는 관련 문서를 발굴했다.

먼저, 이에 관련한 선행연구를 개괄하면 다음과 같다. 우선 다카하시의 연보에 다음과 같은 기록이 보인다.

> 1929년 (…중략…) 11월 먼저 제주도민으로부터 섬의 민요를 듣고, 흥미를 지녔는데, 이때 기회를 얻어 섬에 건너감. 이래 계속해서 각지 민요 채집에 노력함. (…중략…) 1934년 본년 및 차년에 걸쳐 제국학사원의 보조를 받아 오구라 교수와 선내(鮮內) 각지의 민요를 채집함.[42]

그러나 실제로 다카하시는 법문학부 조선어조선문학 강좌 개설 직후인 1927년 전후부터 민요에 관심을 갖고 있었고,[43] 민요를 본격적으로 채집한 시기는 1929년 5월 이후다. 이재욱의 『영남전래민요집』을 분석한 배경숙은 1929년 경성제대 법문학부의 6개월에 걸친 전국적인 민요조사에 대해 연구사상 처음으로 그 내용을 거론했다. 배경숙은 "이 조사는 과학적 방법으로 이루어진 최초의 민요조사 활동으로 기록된다"고 주장하고 다음처럼 서술했다.

> 1929년 6월 경성제대 다카하시는 전국 보통학교 교원을 동원, 향토민요 수집 조사보고의뢰서를 발송하고 집중적인 조사를 했던 사례가 있는데, 이

---

42 「高橋亨先生年譜略」, 朝鮮學會, 『朝鮮學報』 48, 1968, 10쪽.
43 임경화, 「식민지기 '조선문학' 제도화를 둘러싼 접촉지대로서의 '민요' 연구―고정옥 졸업논문을 통해 본 경성제대 조선문학 강좌의 성격」, 『동방학지』 177, 국학연구원, 2016, 34~35쪽.

조사 의뢰서의 학문적 체계를 갖추었음을 말한다.

- 歌者에게 가요(민요)는 비천한 것이 아니라는 점을 충분히 이해시킬 것.

- 종래전승 그대로 歌케 할 것.

- 기록자는 歌者가 唱하는 그대로 필기만을 할 것

- 만약 다른 말로 옮긴 경우라도 原語의 野趣는 그대로 보존함에 노력할 것.

- 가장 生命視할 것은 율격

- 부녀들의 가요를 들음에 주의할 것.

- 弊之하면 수시로 청자의 신분은 歌者의 신분과 동일한 수평선상에 있어야 될 것 등을 지키도록 한 것이다. 이런 조사 자세는 오늘날의 민요 조사에서도 당연한 원칙이다.[44]

위의 언급은 중요한 서술이지만, 그 출처를 제시하지 않았다는 문제점이 있다. 실제로, 필자가 발굴한 자료에는 위 문장과 일치하는 서술이 없었다. 배경숙은 다른 관련자의 언급 등을 참고한 것으로 보인다. 필자가 발굴한 일본어 자료는 4개 문서로 나눌 수 있다. 우선 〈민요채집의뢰의 건民謠採集依賴の件〉은 경성제대 문학부장 아베 요시시게安倍能成, 1883~1966가 1929년 5월에 각 보통학교장에 보내는 공문에 해당한다. 두 번째로 〈취의서趣意書〉는 1929년 6월에 경성제국대학 법문학부 조선어학 문학연구실이 작성한 민요채집의 취지를 정리한 글이다. 그 요점을 인용하면 다음과 같다.[45]

---

44 배경숙, 「문경새재아리랑의 영남아리랑사적 고찰─『영남전래민요집』을 중심으로」, 『음악문헌학』 4, 2013, 130~1쪽.

45 다음의 다카하시의 글에도 이에 대한 간단한 언급이 보인다. 高橋亨, 「朝鮮民謠の歌へる 母子の愛情」, 『朝鮮』 255, 1936, 14~5쪽을 참고.

이번 저희가 조선어학 문학연구 자료로 조선민요 수집을 기도한 것은 (…중략…) 민요가 그 향토 常民 사이에 자연 발생해 (…중략…) 민족의 언어 및 문학 연구에 있어, 중요한 재료가 되기 때문입니다. 실로 조선의 민요는 조선의 소설, 시문과 함께 저희가 연구해야만 할 조선의 문학예술의 소중한 부분입니다. (…중략…) 일본은 메이지 38년(1905년－인용자 주) 문부성 내 문예위원회의 기도로 전국의 민요를 수집해, 그 결과를 다이쇼 3년(1914년, 인용자 주) 俚謠集, 다이쇼 4년(1915년－인용자 주) 俚謠集拾遺라는 2대 저서로 간행되었습니다. (…중략…) 조선에서도 종래 혹은 총독부 편집과에서 혹은 민간의 동호자에 의해서 약간 민요 수집을 기도한 적이 있습니다만, 결국 연구 자료라 할 만한 정도의 업적의 발표를 보지 못했습니다. (…중략…) 이 민요도 오래 지나지 않아서 그 大半을 조선 땅 조선인의 입에서 상실되기에 이르게 된다는 것에 의문의 여지가 없습니다. 만약 지금 이를 수집할 방책을 세우지 않으면, 거의 영구히 이를 상실해 버릴 것이리라 생각됩니다. (…중략…) 이에 널리 이해 있는 다수의 여러분에게 의뢰하여 (…중략…) 오로지 각위의 양해와 원조를 부탁드립니다.

세 번째로 채집 〈요령要領〉인데, 다음과 같이 9항목이다.

1, 그 민요가 행해지는 구역 및 시기
2, 그 민요의 종별 및 호칭(남자만? 여자만? 양쪽 다? 성인? 소아? 둘 다? 잡가 등 13항목)
3, 그 민요를 부르는 사람(성명, 주소, 직업, 연령)
4, 그 민요에 附帶하는 전설 및 作者名

5, 그 민요를 부르는 경우, 반주의 여부

6, 가사는 현재 행해지는 대로 충실히 적고, 방언에는 주를 달고, 난해한
   가사는 해석을 첨부

7, 그 민요의 정조(애조, 쾌조, 골계조, 優美, 활달 등)

8, 음보가 있으면 함께 기재, 略譜도 가능함

9, 기한 본년 12월 중으로

　끝으로 〈민요기재용지民謠記載用紙〉에 다음의 8항목이 적혀 있다. 호
칭, 종류, 채집지 및 구역, 부른 이(성명, 주소, 직업, 연령), 악기반주, 애
조, 기타, 가사 내용이다.

　이상과 같이 필자가 새롭게 발굴한 4개의 자료는 다카하시가 주도한
것으로 보이는데, 그 내용은 매우 전문적 성격
을 띠고 있다. 전술한 바와 같이, 일본 문부성
의 자료 조사 및 서양에서의 조사, 그리고 조선
총독부 편집과의 조사 이력을 열거하였다. 실제
로 학무국 편집과의 세 차례 조사 자료는 1919
년 이후 조선총독부에서『조선민속자료』4권으
로 발행되었지만, 이에 대한 구체적인 검토는
매우 적다. 이들 자료는 '교과용도서 일반참고
서'로, 교과서 참고교재로 자리매김 되었다.[46]

〈사진 1〉 민요기재 용지

46　朝鮮總督府學務局,『朝鮮敎育要覧』朝鮮總督府, 1926, 163쪽.

① 『朝鮮民俗資料第一編 조선의 수수께끼(朝鮮の謎)』(1919년 비매품)

② 『朝鮮民俗資料第一編附錄 수수께끼의 연구(謎の研究)』(1920년 비매품)

③ 『朝鮮民俗資料第二編 朝鮮童話集』(1924.9, 大阪屋號書店 발매)

④ 『朝鮮民俗資料第三編 朝鮮俚諺集』(1926.5, 大阪屋號書店 발매)

위의 책은 1910년대 편집과의 구비문학 채집을 정리한 것임을 알 수 있는데, ①, ②는 1919년과 1920년에 조선총독부에서 비매품으로 발간되었지만, 1924년 이후에는 조선총독부에서 발간했고, 大阪屋號書店에서 발매했다. 〈조선민속자료〉 시리즈로 발간된 4권 중, ②, ③은 다나카에 의해 간행되었다. ①은 오구라와 다나카, 그리고 가토 간카쿠加藤灌覺, 1870~1948가 중심이 되어 정리, 간행된 것으로 보인다. 한편, ④는 가토가 담당한 것으로 보인다. 오구라는 1924년 8월, 재외연구원으로 영국, 프랑스, 독일, 미국을 유학한 후 1926년 4월 귀국했고, 다나카도 1921년 5월 독일 유학을 떠났다가, 1924년 6월에 경성제대 교수로 부임했다. 1924년 이후 오구라, 다나카가 부재한 상황에서 가토가 실질적 정리 담당자가 되어 민요집, 이언집 등을 발간할 예정이었지만, 결국 이언집만을 간행하게 된다.

조선총독부 편집과가 1926년 이언집(속담집)을 발간한 것을 끝으로 구비문학 자료집 간행이 중단된 상황에서 다카하시는 민요 수집을 계획한 것이다. 위 문서는 1929년 5월에서 6월경에 작성, 각 보통학교에 의뢰되어 그 해 말까지 채집된 것임을 확인할 수 있다. 다카하시와 다카기는 1930년대에 경성제대 조선문학, 국문학(일본문학) 강좌에서 민요 관련 수업을 병행하였고, 다카하시는 패전 후 일본으로 귀환한 후에도 계속해서 평생에 걸쳐 조선 민요에 관심을 보인 것이다. 이러한 다카하시의 작업은 개인적인 관심만으로 추진된 것이 아니라, 구비문학에 깊은 관심을 지니고 연구해 온 오구라, 다나카, 다카기 등의 후원과 지지가 있어 가능했던 것으로 사료된다. 무엇보다도 이들 조선문학 및 일본문학 강좌 교수들이 구비문학 분야에 관심을 갖고 이를 각 강좌에서 지속적으로 다루면서 조선인 연구자에게 미친 영향이 지대하다고 보인다. 이에 대한 구체적인 검토는 앞으로의 과제다.

5. 조선 구비문학 조사의 역사와 재구성

본고에서는 경성제국대학 부속도서관 장서를 구체적으로 분석하여, 다카하시 도오루와 오구라 신페이를 중심으로 한 민요조사와의 관계를 살핌으로써, 그 관련 양상을 구체적으로 검토하였다. 본문에서는 어문학 및 교육 관계서 가운데, 고대 문화와 관련된 구비전승 서적을 전반적으로 검토했다. 경성제대가 조선을 중심으로 한 동양학의 확립과 식민지 학지의 지배를 목표로 성립된 것을 감안하면, 조선어학·조선문학 강좌와의 관련성을 중심으로 이들에 대한 구체적인 검토가 필요하다.

이에 본고에서는 다카하시 도루와 오구라 신페이가 1910년 전후부터 조선 구비문학에 관심을 지니고 수행한 조사와, 이를 바탕으로 학무국 시기 이후의 지배를 위한 학지의 연장선상에서 그 흐름을 조망하였다. 학무국의 조선총독부 교과서 집필자들을 구체적으로 언급하며 그 교육적 활용을 해명함으로써 경성제대 문학부 계열 장서 내용을 맥락적으로 분석하였다. 본 작업을 통해 해당 교수의 강좌 운영 및 연구가 실질적으로 조선인 제자에게 어떤 영향을 끼쳤는지에 대한 배경을 이해하는 기반을 마련하고자 하였다.

구체적으로 어문학 및 교육 분야 장서 총 분류를 제시하고, 문학 분야 장서 약 469종(1,042책)을, 3600 어학 분야 장서 약 202종(314책)을, 2000 교육 분야 장서 약 695종(1,208책)을 분석 대상으로 하여, 약 1,366종(약 2,564책)을 분류하고 그 장서의 성격을 개괄하였다.

1905년 일본의 문부성 보통학무국은 도쿄제국대학 교수 하가 야이치와 우에다 가즈토시의 주도로 구비문학을 대대적으로 수집했다. 조선총독부는 이에 영향을 받고 다카하시의 선행연구를 참고하여 1912년과 1913년에 오구라가 중심이 되어 조선 구비문학을 조사했다. 계속해서 학무국은 1916년에 다나카 우메키치의 주도로 조선 구비문학을 수집했다. 도쿄제국대학 출신의 오다 쇼고 편집과장, 다카하시, 오구라, 다나카, 다카기 이치노스케, 곤도 도키지, 아키바 다카시 등은 모두 조선 구비문학에 깊은 관심을 지녔고, 후에 경성제대 교수를 역임했다는 공통점이 있다. 본고에서는 필자가 새롭게 발굴한 1929년 법문학부 민요조사 관련 문서를 구체적으로 제시하여 본 조사의 성립과정을 명확히 하였다.

참고문헌

구인모, 「조선연구의 발산과 수렴의 교차점으로서 민족성 연구−다카하시 도루[高橋亨]의『朝鮮人』과 조선연구」,『한국문학연구』 38, 2010.

_____, 「김사엽(金思燁)의 민요 조사와 연구에 대하여」,『동방학지』 177, 국학연구원, 2016.

김광식, 「일본 문부성과 조선총독부 학무국의 구비문학 조사와 그 활용」,『淵民學志』 20, 2013.

_____, 「한일 설화 채집·분류·연구사로 본 손진태『조선민담집』의 의의」,『동방학지』 176, 국학연구원, 2016.

김광식,『식민지 조선과 근대 설화−일본인의 구비문학 조사와 조선인의 대응』, 민속원, 2015.

김영심, 「植民地朝鮮에 있어서의 源氏物語−京城帝國大學의 敎育實態와 受容樣相」,『日本研究』 21, 2003.

김영희, 「고정옥의 〈조선민요연구〉 : 탈식민적 전환의 모색과 잉여」,『온지논총』 49, 온지학회, 2016.

남근우, 「'조선민속학'과 식민주의−송석하의 문화민족주의를 중심으로」,『韓國文化人類學』 35-2, 2002.

다카하시 도루, 구인모 역,『식민지 조선인을 논하다』, 동국대 출판부, 2010.

_____, 이시준·김광식·조은애 역,『완역 조선이야기집과 속담』, 박문사, 2016.

_____, 편영우 역,『조선의 모노가타리』, 역락, 2016.

문혜진, 「일제 식민지기 국가신도의 국민도덕화 담론에 관한 소고」,『정신문화연구』 38-4, 한국학중앙연구원, 2015.

박광현, 「다카하시 도오루와 경성제대 '조선문학' 강좌」,『韓國文化』 40, 2007.

_____, 「식민지 '제국대학'의 설립을 둘러싼 경합의 양상과 교수진의 유형」,『일본학』 28, 2009.

배경숙, 「문경새재아리랑의 영남아리랑사적 고찰−『영남전래민요집』을 중심으로」,『음악문헌학』 4, 2013.

신주백, 「식민지기 새로운 지식체계로서 '조선사', '조선문학', '동양철학'의 형성과 고등교육」,『동방학지』 160, 2012.

이윤석, 「다카하시 토오루[高橋亨]의 경성제국대학 강의노트 내용과 의의」,『동방학지』 177, 국학연구원, 2016.

이재욱, 「해제 조선민요서설」 임화 편,『朝鮮民謠選』,學藝社, 1939.

임경화, 「'민족'에서 '인민'으로 가는 길−고정옥 조선민요연구의 보편과 특수」,『동방학지』 163, 2013.

_____, 「식민지기 '조선문학' 제도화를 둘러싼 접촉지대로서의 '민요' 연구−고정옥 졸업논문을 통해 본 경성제대 조선문학 강좌의 성격」,『동방학지』 177, 국학연구원, 2016.

전경수, 「學問과 帝國 사이의 秋葉 隆; 京城帝國大學敎授論(1)」, 『韓國學報』 120, 2005.

정준영, 「경성제국대학의 유산−일본의 식민교육체제와 한국의 고등교육」, 『日本硏究論叢』 34, 2011.

진필수, 「경성제국대학 부속도서관 장서구성에 대한 일고찰」, 『사회와 역사』 105, 한국사회사학회, 2015.

宮本正明, 「解題」(加藤聖文・宮本正明監修・解說, 『旧植民地圖書館藏書目錄』 第1期・朝鮮篇 14卷, ゆまに書房), 2004.

金廣植, 『植民地期における日本語朝鮮說話集の硏究−帝國日本の「學知」と朝鮮民俗學』, 勉誠出版, 2014.

高橋亨, 『東方學紀要別冊2 濟州島の民謠』, 天理大學おやさと研究所, 1968.

高橋亨, 「朝鮮民謠の歌へる母子の愛情」, 『朝鮮』 255호, 1936.

森田芳夫, 「韓國における主要圖書館および藏書目錄」, 『朝鮮學報』 116, 1985.

京城帝國大學圖書館 編, 『和漢書書名目錄』 第一輯, 京城帝國大學圖書館, 1933.

朝鮮總督府學務局, 『朝鮮敎育要覽』 朝鮮總督府, 1926.

長志珠絵, 「「国語」という問題」, 刈部直編 『日本思想史講座』 4, ぺりかん社, 2013.

安田敏朗, 『「言語」の構築−小倉進平と植民地朝鮮』, 三元社, 1999.